现代罗马城的重构

THE RESTRUCTURING OF
MODERN ROME

EVICTED FROM ETERNITY

MICHAEL HERZFELD

[英] 迈克尔·赫茨菲尔德 著

林叶 许瀚艺 译

中信出版集团 | 北京

图书在版编目（CIP）数据

逐出永恒：现代罗马城的重构 /（英）迈克尔·赫茨菲尔德著；林叶，许瀚艺译. -- 北京：中信出版社，2025.7. -- ISBN 978-7-5217-7370-5
Ⅰ. K954.6
中国国家版本馆 CIP 数据核字第 2025EQ9552 号

Evicted from Eternity: The Restructuring of Modern Rome by Michael Herzfeld
Licensed by The University of Chicago Press, Chicago, Illinois, U.S.A.
Copyright © 2009 by The University of Chicago. All rights reserved.
Simplified Chinese translation copyright © 2025 by CITIC Press Corporation
本书仅限中国大陆地区发行销售

逐出永恒——现代罗马城的重构
著者：［英］迈克尔·赫茨菲尔德
译者：林叶　许瀚艺
出版发行：中信出版集团股份有限公司
（北京市朝阳区东三环北路 27 号嘉铭中心　邮编　100020）
承印者：河北鹏润印刷有限公司

开本：787mm×1092mm 1/16　　印张：29.25　　字数：339 千字
版次：2025 年 7 月第 1 版　　印次：2025 年 7 月第 1 次印刷
京权图字：01-2025-1540　　书号：ISBN 978-7-5217-7370-5
定价：78.00 元

版权所有·侵权必究
如有印刷、装订问题，本公司负责调换。
服务热线：400-600-8099
投稿邮箱：author@citicpub.com

怀着感激与深情，
将本书献给斯坦利·J.坦比亚
感谢他坚持让我先完成这项研究

目　录

前言及致谢　　　　　　　　　　　　　　　　I

序　曲　遇见永恒之城　　　　　　　　　　　V

第一章　罪恶与罗马城　　　　　　　　　　001
　　　　有关"不完美"的谱系　　　　　　　002
　　　　蒙蒂：贫穷的悖论　　　　　　　　　005
　　　　交际空间　　　　　　　　　　　　　012
　　　　与人会面　　　　　　　　　　　　　014
　　　　城中村　　　　　　　　　　　　　　017
　　　　苦痛与竞争　　　　　　　　　　　　025
　　　　文化保护的韵律　　　　　　　　　　031

第二章　人民与人口　　　　　　　　　　　048
　　　　匠人　　　　　　　　　　　　　　　048
　　　　店主　　　　　　　　　　　　　　　060
　　　　知识分子与政客　　　　　　　　　　062

第三章　原罪的报应　　　　　　　　　　　067
　　　　追责与迁就：原罪的实用主义　　　067
　　　　有原罪者还是兄长？　　　　　　　074

	诡辩与宽恕的辩证法	080
	对过去的热衷	089
第四章	对社会生活的折射	100
	裂变与辅从原则	101
	公民与文明	107
	会社生活	116
	冲突现场	123
	虔敬与侵吞的大戏	143
	被摒弃的神职人员	158
第五章	一个有缺陷的国家中的生活与法	162
	法与规	162
	法的界限	167
	法律漏洞的（不体面）起源	175
	宽纵的共谋	184
	宽恕与计算	192
	神圣形象与罪恶之地	203
第六章	社交丑闻	206
	扼住你喉咙的朋友	207
	酝酿恐惧	212
	归还与救赎	218
	避而远之的朋友	228

	家族里的朋友？	232
	本地叙事：招摇过市的受害者	236
	信用与违约	239
	收割恐惧	246
	策略性的沉默	251
第七章	勒索性的文明礼貌	256
	文明礼貌的迁就与公民的迁就	257
	引火烧身的共谋	259
	不文明的客气，不客气的文明	265
	文化与习俗	270
	和平的政治	276
	共有产权公寓中的文明	281
	公民文明的教训	300
	空间与风格的暴力	304
第八章	举报的艺术	309
	举报的逻辑	310
	警务展演	319
	断裂的权威：警务的多样性	330
	勒索咖啡和金巴利	335
第九章	撕裂社会肌理	354
	租客与房东	354

律师与知法犯法	360
驱逐与逃脱：时与地的高风险	367
士绅化与最后的边疆	373
收官之战	412

尾　声　永恒的未来 　　　　　　　　418
参考文献　　　　　　　　　　　　　　435

前言及致谢

这本书是我对罗马深厚热爱的产物,尽管这座城市宏伟壮丽,但它也充满了人性的弱点,有时甚至是悲剧性的。我的父母在我还是个学生时第一次带我去罗马,这座城市在我心中留下了深刻的印记,我对这座城市的热情随着岁月的流逝而愈发强烈。我试图传达这种强烈的情感,以及罗马人那辛辣的幽默、对华丽建筑的狂热,他们所面对的严酷的社会现实,他们所给予的温暖的社交体验,他们生活的脆弱性、面对失望与兴奋时的坚强自信。蒙蒂(Monti)是我在这本书中写到的罗马的一个区域,它欢迎我进入一个凸显这些人性维度的世界。没有任何人类学家、任何其他学者——或者说任何有感知能力的人——能对一个地方有更多的要求。

在这本书的创作过程中,许多人给予我无私帮助。列出名单可能会冒犯某些人,因为支持这个项目的人太多了,而且我与他们的交流至今仍在继续,有时会短暂中断,但不久后我们总是会回到我们共同热爱的主题。其中一些人给予我长期支持,我想记录下我对他们的建议、见解和支持的感激之情:洛雷达娜·阿卡、保罗·贝尔迪尼、卡洛·切拉马雷、阿德里亚娜·戈尼、路易吉·隆巴迪·萨特里亚尼、贝拉尔迪诺·帕伦博、安德烈娜·里奇、保罗·夏罗尼、里卡多·特罗伊西,以及整个瓦莱里家族(文森佐、弗朗切斯科、安德烈亚和保拉）。一些同事在具体技术问题上提供了帮助，包括经济学家里卡多·豪斯曼和语言学家保罗·迪·焦维内。凯伦·亨德里克森-桑托斯帕戈将我的混乱说明转化为一张清晰的地图。许多慷慨的灵魂阅读了手稿并提供了极其敏锐的评论——奥古斯托·费拉约洛、科妮莉亚·迈尔·赫茨菲尔德、道格拉斯·霍姆斯、盖伊·拉努埃、莉莉丝·阿卜杜勒瓦哈卜、马哈茂德、玛丽亚·米尼库奇、博登·佩因特、米里亚姆·沙科夫和克劳迪奥·索普兰泽蒂——他们值得特别的感谢。卡洛·切拉马雷和玛丽亚·米尼库奇还分别安排我在罗马大学他们所在的院系担任访问学者，并在这些年的研究中与我进行了广泛而富有成效的讨论，而科妮莉亚忠实地陪伴我走过许多地方，为这项工作的进展带来了洞察力和慷慨的批评眼光，同时也巩固了我们与蒙蒂和罗马其他区的人民的友谊。对于芝加哥大学出版社，我深深感激我的老朋友 T. 戴维·布伦特、布伦特极其高效的助手劳拉·J. 艾维，以及工作细致、理解力强且对文字敏感的编辑玛丽·格尔。其他许多朋友的声音在书中有不同程度的反映，对于他们在研究过程中提供的有用的建议，我的感激之情同样深厚而广泛。

尽管通常的个人责任条款同样适用于本书，但我想额外真诚地感谢那些帮助我完成这项研究工作的基金会。美国国家人文基金会和约翰·西蒙·古根海姆纪念基金会先后支持了我在 1999—2000 年的学术休假年研究。哈佛大学韦瑟黑德国际事务中心慷慨地支持了我在 2007 年的学术休假，这项研究的写作部分得以继续。我曾在墨尔本大学逗留，那里也为我提供了一个宝贵的休整机会。

所有未署名的引述均是我对受访者言论的翻译；除了不可避免

的例外情况（如公众人物或身份受到显著关注的人），我将避免使用他们的真名。许多人使用"标准语言"和"方言"混合的讲话方式，虽然这些混合的表达有时会让受过教育的当地读者感到惊讶，但它们确实代表了体现社交互动中微妙但不断变化的身份政治的语言习惯（特别是语码转换）。

当我开始考虑在泰国进行田野调查时，我的同事、泰国研究领域的领军人物斯坦利·J.坦比亚起初表示反对，随后表现出一些明显的不适——直到他确信我会将对希腊和意大利民族主义比较研究的兴趣放在首位。当我告诉他我打算在对泰国进行任何实质性研究之前先去罗马，并请他为我的学术奖金申请写推荐信时，他立即以他非凡的慷慨和对我的学术生活的关怀回应，这显然是他最初关切和犹豫的动机。他的谦逊和善良与他的学术灵感一样传奇，简单地说，他改变了一切。他和我一样，对罗马这座城市充满热情。这本书在某种意义上是对他带来的智力刺激和真挚善意的回应，我以最深切的感激和深情将这本书献给他。

马萨诸塞州剑桥
2008 年 5 月

序　曲

遇见永恒之城

从罗马市政厅大楼高高在上的办公室离开,三个自傲又愤怒的女人从容不迫地走下台阶。这座市政厅俯瞰着当初由米开朗琪罗在古老的卡皮托利诺山遗迹上设计的广场。她们穿过墨索里尼打穿了古罗马广场而修建起来的那条凯旋大道(今称"帝国大道"或"帝国广场大道"),坚定地走向她们的家。她们的家就在图拉真市场背后的某处,这座市场现在被无情的新自由主义者视为购物中心的前身——合该让位。本地政客没能在那股新自由主义力量将她们驱逐出家园之际保护她们,这使她们怒火中烧。她们庄严稳健的步伐和带有强烈冒犯之意的流畅手势都流露出这股怒气。尽管这些官僚打算玩一场拖延游戏,但永恒之城的节奏[①],即其社会交往的节律,还是掌握在本地百姓手里的。熟知本地情状的观察者能很容易地从她们的从容步伐中觉察到罗马手艺人和店主那种处变不惊的自信,以及未来长达数月的辛酸对抗的征兆。

我写下上面这段文字时,也意识到我本人对一种想象力的失败

[①] 我在布尔迪厄(Bourdieu, 1977: 6–7)的意义上使用了"节奏"(tempo)一词,即一种独特的和可操纵的节律。——作者注(如无特殊说明,本书脚注均为作者注)

感到愤怒。现在，这种失败令承载着帝国与教会历史的古老都城成为一场有可能是爆炸性的住房危机的现场。这可能是意大利有史以来最严重的住房危机之一，也反映了新的国际经济压力下全球许多其他地方的相似进程。我再度审视自己的文字，发现它们一旦脱离自己的语境，就会毫无意义。我的文字描述的是一段已经被毁的生活的残骸，只是像附近泰斯塔乔（Testaccio）古老的破陶罐堆那样的巨型垃圾堆的一角，那里如今已经是现代工人阶级的生活区。历史的碎片到处都是。一位在纳粹的拉网式搜索中存活下来的犹太小贩字字铿锵地慷慨陈词，称这里有多少块石头他都知道，他下嘴唇上翘，长着胡须的尖下巴直指天空，义愤填膺地抗议。多种历史的痕迹以一种巧妙的无序方式堆叠起来，破碎地散布在这些即将消亡的家园中。它们是疯狂考古后剩余的残渣，如今杂乱无章地运用苍白的章句，寄望于通过不断重述自己的失败，重述自己面对层层堆叠的灾难与胜利时的不断衰退，来恰如其分地表述这个地方的痛苦之美。

我们此刻身处旧罗马的心脏——蒙蒂，即罗马第一区（er primo rione de Roma），尽管从来没人能说清所谓"第一区"究竟是就历史而言还是就重要性而言，但二者又有什么本质区别呢？这里曾是古苏布拉街区，从过去到现在都是红灯区、都城的边缘之地；而对许多人来说，这座都城也是其所在国度的边缘之地，因城中充斥着据说相当缺乏教养的官僚和工人，而受其他地方的意大利人鄙视。蒙蒂是个悦目之地，有着巴洛克建筑极为斑斓的壮丽，当中夹杂着相当古老的遗迹，以及19世纪和法西斯时期，浮夸宣传烙下的唐突、粗笨的印迹。它向田野调查者提供了感官上极为愉悦的环境，但也因其美而招来士绅化（也译"绅士化"）之祸。许多此地居民热切地想将他们对此的想法和知识分享给我。

与整座城市一样，蒙蒂区正在成为全球联结（global connections）的一处焦点，这种经历对当地居民的古代先人来说再熟悉不过。在我居住的那条街上，一位来自德国的物理学学生站在安静的街头记录日食，一对住在附近的秘鲁夫妇驻足观看，随后，两位亚裔女性加入了他们，再之后是三位本地匠人。包括一位印刷工和一位铁匠（出于相同的目的，他也架起了自己的简易设备）。这种场景并不罕见。在街道尽头，几位早已在本街区站稳脚跟、备受尊重的中餐馆老板正用这个城市独特的调调跟顾客们寒暄。并非所有移民至此的人都如此受欢迎，因种族主义而生的不快经历时有发生。但只要这些移民掌握并践行本地的礼节，就能比那些搬来此地的意大利富人更受认可，因为后者并不在意他们邻人的生活。

我最初探索蒙蒂区时，一位陪同的大学教授朋友礼貌地问候了一位眼熟的绅士。后来我才得知，此人是意大利共产党（后更名"意大利左翼民主党"）的前领导人乔治·纳波利塔诺（Giorgio Napolitano）。几年之后，在我着手写作这本书的时候，他当选为意大利共和国总统。这里的居民会骄傲地指着一栋高大的楼，告诉你总统曾在里头住过；一位加入了共产党的肉商尤其骄傲地表示，自己曾把预加工肉卖给过这么一位了不起的人物。彼时的欧盟委员会主席、两次担任意大利总理的罗马诺·普罗迪（Romano Prodi）曾临时住在一家酒店式公寓（Residence）里，那栋楼几乎正对着我家。普罗迪现在的居所所在的大楼曾住过一名铁匠，铁匠是被驱逐出那栋建筑的。"蒙蒂，"他说，"再也不是穷人住的地方了！"即便是那些没有因为名人邻居的到来而受到影响的人，也表现出一种自豪与恼怒交织的复杂情绪。一位居民抱怨说，半个区都被那些愚蠢的外来户占领了，有演员、政客，还有妓女！考虑到蒙蒂素有恶名，他的评论中也许包含了些许悖谬的自豪。

他所描述的这个过程正是士绅化的过程，即对一个破败住宅区的升级。那些有足够财富购买雅致生活的人，追逐购买老房子的新潮流，但这股新潮流给低收入的原居民带来了灾难性的后果。作为罗马历史中心区的核心，蒙蒂拥有罗马所剩无几的由历史悠久的住宅楼构成的建筑群，坐落着圆形竞技场、帝国广场群、圣彼得锁链教堂以及罗马圣母大堂等建筑明珠——这些西方文明的标志性纪念物代表了罗马历史从共和国时期到法西斯时期的每一个阶段。即便如此，它也行将屈从于遗产工业（heritage industry）。罗马历史中心区现在已经变成联合国教科文组织认定的世界遗产。如今，在世界主义风尚的影响下，在这块据称凝结了世界文明史的土地上买房和居住，成了一件有难以抗拒的吸引力的事；日常交际的节奏被迫让位于对"永恒性"的商业化。新来者未必如贫穷的居民们所想象的那样对这一区域毫无兴趣，而是已经在其界限内外建立起了自己的社会生活。但不幸的是，日渐加深的阶层分化还是制造了"新来者脱离本地社会生活、傲慢自大"这一集体印象。

那些生活被规模化驱逐摧毁的本地人，尤其能意识到这样一种讽刺的现实，即那些将他们逐出家园的人却可以宣称自己是国家遗产的保卫者。这里的关键是patrimonio，即英语中的heritage或inheritance（遗产），这一术语是官方历史建筑保护话语的中心主题。patrimonio的含义类似"遗产"一词，但有着对"父系"

（patrilineal）这一意义的额外强调，它让人产生一种联想，即它是为后代子孙保管的物质遗产。①罗马不仅是一个拥有大量欧洲文明纪念物的城市，也是一个尚未完成巩固国家认同大业的民族国家的首都，这使得那些大谈国家遗产的人与那些强调自己生而为罗马人、生而为此一街区中居民的人之间的紧张对立大为突显。②

另一关键词 civiltà 传达了一种高傲的进化论观念，其指向的"进步"通常和英语中的 civilization（文明）联系在一起，并在社会意义上等同于都市性。它与 civility（礼貌）一词同源，而就好的举止造就如鱼得水的社会关系而言，"礼貌"绝对是其中的重要组成部分。但这个词只是在有助于维持社会的稳定与秩序的意义上才能表示公民道德（civic virtues）。而当人们感到自己的公民权利和义务（civic rights and responsibilities）正在被篡夺，人们有时就会表现得很不文明。

对许多意大利人而言，身为欧洲人、意大利人和特定城市的居民，civiltà 观念是他们的 patrimonio 的一部分。那些在像罗马这种城市的历史中心区购买了一块土地的人，声称自己拥有崇高的文明地位，这与罗马工人阶级的粗鲁举止形成了鲜明对比。而那些在原居民中占绝大多数的工匠、体力劳动者以及小商户，则拒绝承认新来者高人一等的地位和知识。

驱逐风潮中的冲突，本质上是生活空间、经济权利和经济目标

---

① 参见 Herzfeld，2008。对"国家受托保管遗产"的演绎或许也隐含了与[父系]家长制（paternalism）相同的性别意识。
② 关于法语中 patrimoine 一词和"产权"概念间的联系，参见 Handler，1985、1988；关于[墨西哥]西班牙语中 patrimonio 一词和"产权"概念间的联系，参见 Ferry，2005，82—88、215—216；关于 patrimonio 一词在意大利人的理解中和"产权"概念间的联系，尤可参见 Palumbo，2003：17–34。

上的冲突。但同时，这种冲突也以相似的方式存在于上述两个群体各自的文化资本之间。新居民们并不只是享受他们更强大的经济实力带来的好处，他们也在重新定义文化资本、意大利人的认同，以及许多群体声称拥有的那段历史的未来的意义。士绅化在全球范围内的诸多影响（这些影响当然也在各种不同的场景中被复制），以及由此产生的阶层冲突，都烙上了各地本土观念和实践的特征。[1]

罗马为我们提供了一个尤其有效的放大镜，供我们检视这些问题。这既是因为其历史在全球的重要性持续与本地居民的社区忠诚产生冲突，也是因为士绅化进程发生在这个城市的住房危机受到国际关注之时。在"全球化"一词被创造出来之前，罗马就已经是一个"全球化"中心。罗马是天主教会的行政中心与宗教中心，而天主教会接过已不复存在的世俗帝国的责任。天主教会也许是人类历史上持续时间最长、地理分布最广、有最多地方变体的全球性项目。[2] 对于既有全球化研究文献中的那些粗略概括，以及那些伪装成捍卫地方文化权利的法西斯排他主义咆哮而言，本研究构成一种平衡力量。我希望能够呈现的是，这两种刻板印象既不能恰当描述，也不能充分解释这座城市的生活中有时呈现出的那种令人备受折磨的错综复杂性。这座城市堪称人类巧夺天工、最具悲剧性的产物之一。在这座被称为"永恒之城"的城市中，无论是建筑还是其中的居民，都正在经历"重构"。

---

[1] 史密斯（Smith, 2006）对全球经济力量如何渗透到地方城市实践中，特别是对左翼和自由主义政府表面上偏爱"再生"（regeneration），而不爱使用有侵略性和阶级导向意味的"城市化"概念这一现象，做了很好的说明。
[2] 关于此，尤可参见洛萨达（Lozada, 2001: 198-199）对亚洲天主教的评论。

图1 蒙蒂地图。（1英尺约合0.3米。）

序曲　遇见永恒之城　　XI

第一章

罪恶与罗马城

这里没有完美的东西；一切，甚至失败，都是宏伟的；对这个城市的书写必然反映出一种令人痛苦的腐坏。很奇怪的是，这种腐坏倒是放大了这座城市逐渐衰老的美，在它坚实的表面上刻画出碎片与裂痕。这些碎片与裂痕暗示着这座城市社会生活里的脆弱性与偶然性。毕竟，罗马是一国之都。这个国家与腐败进行着持久而混乱的战争，而这个国家的公民并不完全——有时甚至完全不——以这种腐败为耻。罗马也是一个宗教之都，这种宗教允许其信徒诉诸原罪带来的不完美，这不仅可以用于解释他们的唯利是图，而且被当成继续唯利是图的借口。在这里，教皇和红衣主教们甚至可以命令长袍耀目的唱诗班献上悦耳动人的弥撒曲，将罗马人的灵魂从遍生于这个城市阴暗角落的卑鄙行径中拯救出来。

整个政府办公室为了追回一小部分未付的违建罚款而不知疲倦地工作，仿效教廷认罪与悔改的模式，在收到违建罚款的极小一部分后就赦免被罚者。或许这就是为何一位与我一起登高俯瞰这座城市的建筑师评价说，最终罗马大部分光彩夺目的财富都来自违反建筑条例的罚款。罗马有句俗语："野蛮人干不出的事，都让巴尔贝里尼做尽。"① 这句话让人想起教皇乌尔班八世（"巴尔贝里尼"是其姓）以及他的侄子们在1623年为了装点其家族宫殿而破坏罗马圆形竞技场的事。一位城市警察（地方警察）调用这则历史典故来批评市长弗朗切斯科·鲁泰利（Francesco Rutelli），鲁泰利为了用大众汽车公司提供的资金建造一个钢筋混凝土的禧年庆典咨询中心（Jubilee information booth），征用了一个公共花园和一座宫殿，并摧毁了一棵百年松树。或许，他还想以此典故暗讽，曾经坚定反教权的鲁泰利忽然拥抱教廷并在这一巨大建筑的施工过程中与教廷权威合作，而该工程表面上仅是为了方便2000年的禧年庆典。② 他的这一评价，体现了罗马人对过去的事件和人物的带点嘲弄意味的熟知，以及对其在当今的回响的认识。

有关"不完美"的谱系

罪恶与美德一样有其谱系。罪恶的这一谱系将普通的男男女女与教皇、政客、神父、警察联系在一起。这一谱系就嵌在罗马人的言语洪流之中。就像更早以前的罗马人借"开口的雕像"帕斯基诺（Pasquino）公开挖苦教皇及其世俗权力那样，今天的罗马人也用他们自觉为工人阶级的、带有口音的语调，向这个民族国家所声

---

① 原文是拉丁文：Quod non fecerunt Barbari, fecerunt Barberini。正是在乌尔班八世在位期间（1623—1644），伽利略因被视为异端而受到审判。司汤达（Stendhal, n.d. a: 27）注意到了这个评论的一个版本。
② 大约三十年前，年轻的鲁泰利在纳沃纳广场（Piazza Navona）清扫了圣阿涅斯（Sant'Agnese）教堂的台阶，象征对神职人员腐败行为的净化。

称的一切唱出带有讽刺意味的怀疑论。① 近年来，帕斯基诺又被当地人用来对市政府和国家当权派进行尖酸取笑，而且这类取笑常常是用包含罗马方言的荤话演绎的，能让人想起巴洛克时代的罗马诗歌。被我的警察朋友认为恰如其分、针砭时弊的那句关于巴尔贝里尼的名句，正是帕斯基诺"创造"的。

罗马人必须与四处蔓延的腐败共处，这样一种腐败似乎只有可能在古时宗教与权力的宝座上形成。② 来自西班牙的放荡不羁的教皇亚历山大六世（1492—1503年在位）甚至以此地的旧称苏布拉（Subura）为名竖起了一座纪念碑。市政当局中缺乏幽默感的官僚则小心翼翼地在一旁并排放置写有"苏布拉广场"（Piazza della Suburra）字样的路标，以显示他们至少会拼拉丁文（结果还拼错了！），而不使用方言（可是方言拼写方式恰好和拉丁文一样！），而另一处街区的管辖者则一如既往地坚持使用方言标牌。但是，这样一种竞相建立纪念碑的行为隐藏了一个事实——苏布拉曾是古罗马的红灯区，并且现在也是性工作者的大本营。此前，这里还是应征入伍的军人甚至神父们流连忘返的地方。一位本地人的放肆评价十分贴切：这些人说到底是肉体凡胎，跟所有人一般容易堕落。③

这样的现实不会轻易改变。1948年，国家下令关闭妓院，但

---

① 帕斯基诺是一尊古老的雕像（最初是女性形象），人们在上面放上评论时事的讽刺性诗句。参见 Giovannini，1997。一位对历史有强烈兴趣的蒙帝出租车司机评论说，市长普泰利埋应害怕同事们反对他的政策，因为"人们的抱怨……帕斯基诺说的话，确有一些道理"。
② 教皇本笃十六世在最近的一次告诫中说，腐败者不应该指望进入天堂（参见《"收回扣者不能升天"：教皇反对腐败》（"'Chi prende tangenti non sale a Dio': Il Papa contro i corrotti"），《共和国报》（La Repubblica），2007年4月2日，第15版。这一说法只在具体强调收取回扣（tangenti）方面具有新意。然而罗马人永远务实，对永恒诅咒（这一现实也是这位教皇的神学思想的一个主题）的危险的提醒有自己的一套应对逻辑。
③ 罗马著名的方言诗人贝利（Giuseppe Gioacchino Belli）在一首十四行诗中讽刺了教会利用妓院的意愿（创作于1834年12月11日，"Er Bordello Scuperto"，转引自 Rizzo & Stella，2007：25）。

一些妓院只是被分割成一个个更小的单位，以便租给个体妓女，让她们重操这份隐秘旧业，重拾生意。① 最近，警方对两名鸨母提出了指控，她们一个79岁，一个83岁，罪名是性剥削。本地人对此颇为困惑。因为警方所披露的并不是什么令人震惊的新闻。② 然而时至今日，一些右翼的地方主义者所熟悉的鸨母和妓女正愈加迅速地被来自东欧的女性取代，他们宣称自己对此痛心疾首。有人说，之前那些女人才是"我们的菜"。

蒙蒂区那更具永久性、更接近建筑的部分，也见证过鲜为人知的秘密。③ 教皇亚历山大六世为苏布拉所立的不朽标志，将一个下流的古迹〔奥古斯都（Augustus）就曾将议事广场用高墙围起，以不受这下流之地恶名远扬的火灾、污秽和犯罪之害，这堵高墙留存至今〕与当前存在于这一宏伟建筑和信仰中心的不完美（那些新近喷绘在苏布拉纪念碑下半部分的涂鸦再次暗示了这种不完美的存在）连接起来。在另一处地方，即中心广场，也可见到涂鸦者的智慧。在罗马队获胜之日，广场上出现了一处混合着惋惜与嫉妒，写给拉齐奥队的辛辣涂鸦："你自个儿哭去吧！"涂鸦的确到处都是，和无人收拾的垃圾堆一般如影随形；而且，涂鸦中的罗马方言常常

---

① 妓院（bordello）也被称为"宽容之家"（case di tolleranza），因为从独立到法西斯政府垮台，意大利政府基本接受卖淫活动是一种必要的存在。法西斯政府在1931年的《公共安全统一读本》（Unified Text on Public Security）中更新了相关立法，由此限制了妓女的权利，并且实际上将她们置于房东和当地警察的控制之下。妓院也被称为"封闭的房子"，因为1888年的一项法律要求妓院的百叶窗必须全部闭合，并禁止在这些场所出售食品和饮料。1958年，根据所谓的《梅林法》〔Merlin Law，第75/58号，以社会党参议员梅林（Lina Merlin）的名字命名，该法的主旨是"废除对卖淫的管制和抵制利用他人卖淫"〕，国家取消了管制，但随之取消的还有以前为妓女的健康和福祉提供的大量保护，这对外籍妓女的打击尤其大（参见 Cole & Booth，2007：111）。
② 报道参见《79岁与83岁各一名：她们在应召女郎之家剥削妓女》（"Una settantanove anni, l'altra ottantatré: sfruttavano le prostitute nelle case squillo"），《信使报》（Il Messaggero），罗马版（Rome section），2005年5月1日，第40版。
③ 对一个相似案例的深入研究，参见 Palumbo，2003。

表现出一种与该方言本身相联系的粗鲁幽默与尖锐的自我批评。在我所住的房子外，也有一处用方言写着"罗马人是垃圾"（Romani monnazzari）的涂鸦（我的一个朋友猜测这可能是在抨击往屋外倒垃圾的行为）；但这也同时说明，这种匿名抱怨的形式只是本地人之间的自产自销——毕竟，就像一些罗马人坚持认为的那样，这种语言过于粗俗，因此不会被用在更公开的场合。但是，蒙蒂人也曾试图美化这种语言，他们将这种语言与为人们所称颂的民间传统联系起来，这一民间传统本身就是文化亲密性的一种尤为持久的表达方式。人们为作家埃托雷·彼得罗利尼（Ettore Petrolini，这位作家创作了关于一名本地暴徒的喜剧《恶霸吉吉》）竖起了纪念碑，以赞颂他复兴了"将帕斯基诺送给罗马人"的那种语言。

无论看起来多么奇怪，这座充满低俗行径和狂野丑闻的城市毕竟是一个国家的首都。关于罗马人生活的研究，注定要就国家的本性，以及首都与将这座首都视为自己象征性中心的国家二者间的关系说点什么。民族志可以提供一个颇具说服力的答案，因为它能为了解包括官僚、知识分子以及政客的生活在内的"公民生活"提供一个扎实的方法。罗马在其所属民族国家中的边缘化地位——如同蒙蒂在罗马中恶名昭著的地位——为我们提供了丰富的机会，以探查文化性争论的昏暗小径，端详这一纪念性公共舞台背后的情形。

蒙蒂：贫穷的悖论

关于鸨母和妓女的故事，关于违法建筑和高官贪污的故事，关于那些被认为适用于喜剧和讽刺的低俗语言的故事，揭示出罗马正是这悖论的中心。那个将自己的总部设立于这座城市当中的宗教，通过为诸种因原罪而存在的弱点行方便，以及组织各种形式的忏悔，将自己的信众定义为不可避免地受制于这些弱点的人。而通过忏悔，罪人们可以寻得救赎。这种宗教既在众人身上运使巨大的权力，又提供了一种可利用的妥协方式。世俗权威渴望遵循这种方式，尤其是在管理城市空间的过程中。①

蒙蒂是个名副其实的下沉社区，这里的街道比加富尔大道（Via Cavour）19 世纪时的街面还要低数英尺；这里的房屋据说模仿的是古代样式，它们的阴影覆盖所有那些通往罗马城的道路的最后路段。②蒙蒂区处于"这座城市之下"（sub urbe），有人认为这就是其曾经的名字 Subura（苏布拉）的意思。③今天，蒙蒂位于繁忙的干道之下，这些干道见证了罗马在 1870 年后突然成为繁忙的首都，其明显的地理和道德分层让职业城市学研究者和小说家们都感到吃惊。上午 10 点，街道上总弥漫着一种期待感。即便是在车水马龙的、从 19 世纪起即横穿这一古老地带的加富尔大道上，从帝国广场大道冲将下来的机动车带起的暴躁尘嚣，也会被众多饭店中的某家所飘出的、撒了芹菜的肉汤浓香冲散。阴影和陡斜的小巷随处可见。下午，加富尔大道的交通噪声，游行队伍中传来的抗议歌

---

① 一个有充分依据的历史案例，参见 Bocquet, 2007：293-304。
② 城市规划者切拉马雷（Carlo Cellamare, 2007：53-54）利用蒙蒂与现代城市间物质性关系的这一侧面，让人感觉到此地根深蒂固的亲密性（intimacy）。而神秘主义小说家马里奥·夸特鲁奇（Mario Quattrucci, n.d.:8）则以令人回味的方式运用了蒙蒂街道在黄昏时分深沉的幽暗。
③ 例如夸特鲁奇（n.d.；也见 Ravaro, 1994：632, "Subbura"条）。但更常见的、"文献学上正确"（Palumbo, 2003：305）的解释是，它与附近更早的"Sucusa"有某种关系，它位于今天的切利奥山上（Lewis & Short, 1900：1785, "Subura"古代拼法条）。

声与喊口号的咆哮声,蜿蜒着经过通向古罗马广场群和威尼斯广场的那条宽阔大道,如同从一个混乱、热闹的上层世界一路摸索,缓缓渗入蒙蒂人静谧的居家空间和幽静的广场上。那些在博斯凯托大道(Via del Boschetto)上争相杀出路来的车辆都是无礼的入侵者。博斯凯托,意指曾存在于此的"小树林",后来人们为了在旧宫殿前铺设鹅卵石路而将树木移除。当灼热的暮光映照在土黄色和赤褐色的建筑物立面上时,其底部路面已经变得相当幽暗,只有路边有意设计的古董路灯——抑或在一些特殊情况下,来此拜谒圣像的朝圣者手中的烛台杯——间歇性地将其照亮。这些圣像点缀并凸显了这个羞涩、深沉的地方的家庭亲密性。窗内亮起的灯光映照出房梁的轮廓;站在街面上即可瞥见的门洞里,摇摇晃晃的曲折楼梯通向楼上。

这样一种纵深是有历史性的。就像考古遗址的地质分层,这一纵深展示了罗马如何肆意挥霍它的历史感和美感,而历史和美对罗马而言既是一种恩赐,也是一种诅咒。建筑师里卡尔多·达奎诺(Riccardo d'Aquino)调用布罗代尔的"长时段"概念指出,对某个地点的归属感,对这座非凡城市的归属感,是某种间接性情感联结的结果,这种联结在被塑造出的环境中的诸元素与当地文化的特定关系中生成。[①] 习俗制度与个人持续地相互作用着,由此产生连续性,当然也产生断裂;这一相互作用尤其集中在永恒与破灭间的变幻上。这种变幻感由无处不在的废墟——历史的诸块碎片——所唤起。通过(以废墟的形式)持续地被纳入鲜活的城市,历史进入了现在。代表罗马今日荣光的那些具有戏剧色彩的人工照明设施,

---

① 参见达奎诺(D'Aquino, 1995: 18–21)有关时间、地点和身份三者间关系的讨论。

在皮拉内西以及其他艺术家的浪漫主义版画中早有呈现。这些照明设施充分利用光线，揭示出事物在悬停的坍塌状态下未曾被察觉到的结构特征。① 罗马就存在于纪念碑的林立与废墟的杂乱散布所带来的永恒张力之间。

这一张力也反映在社会生活中一类常见的实际挑战中，那就是，在一个受到西方世界瞩目的城市里平淡过活。教会的训诲提醒我们，对所有人类而言，时间都是不完美的根源；因为生活就是不断地折中——一端是铭刻在纪念性建筑和《圣经》中的崇高理念，另一端则是在实际社会生活压力下不得不做的权宜之变。在这一点上，罗马是最好的例子。什么能够被保留下来，并不总是依照国家的命令。尽管与左翼共情，但蒙蒂区的居民拒绝统一拆除建筑上的法西斯标记。拆除会危及他们自己对战争的回忆，因为拆除意味着对法西斯地缘政治受害者亡灵的亵渎，当然除此之外更重要的是，这也是对住在这个紧密团结的社区中的亲人和邻居的亵渎。

罗马人的自我呈现中表现出的持续的不服从的倾向，让他们得以在数不清的越轨行动中体验到连续性，否则，城市的建筑肌理可能会被固定在一个时间的真空当中。政治学学者菲利波·萨贝蒂（Filippo Sabetti）曾试图讨论这样一个问题：为什么在历任政权都明显失灵的情况下，意大利仍然在包括经济在内的许多人类活动领域实现了傲人的成就。② 他着重考察了一套和罗马城的规划相关的法条，并像其他一些学者一样，在这些法条中看出了存在已久的、在"理论上的合法性"与"实际需要"之间的折中之法，而且，这

---

① 有关这个问题，参见 D'Aquino, 1995: 81。
② 参见 Sabetti, 2000, 尤其是第 ix 页。

一折中之法常常早在制定法条的阶段就得到使用了。[1]罗马就是这个自相矛盾的国家的首都，有时人们会以反常的方式调用这样一种充满可能性的模棱两可，这种调用依赖于讽刺幽默、创造性的诡辩以及迅捷的适应这三者的充分结合。

这种无耻的生命力，如同罗马圆形竞技场和圣彼得锁链教堂一般坚固，是使罗马在许多个世纪中保持其辨识度的根本原因。它为古老历史湍流中的人们或权力充盈的教会的末世论提供了另一种永恒。或者更确切地说，它提供了由许多种"永恒"构成的一组永恒，它们都是社会经验中的碎片性片段。这些永恒属于这个城市最伟岸的建筑的缝隙中被嵌入、被修订、被重温的那种生活方式。诚然，这些废墟被本地人，也被成群的游客理想化了。但是那些在圆形竞技场外语速惊人、收费与游客们拍照留念的现代百夫长以及宣称"罗马是异教的"的放肆涂鸦构成了历史调用不可或缺的一部分，其意义并不亚于那些以最严肃的态度被修复和建造的古代庙宇和巴洛克教堂。与国家持续角力的这个国家的代表们自己也身陷各种阴谋诡计当中，这一事实本身与正式的历史编纂学中的断言相比，是呈现时间深度的更丰富的来源。

这座伟大城市的悖论在于，其对腐败困境扬扬自得——它是"反常的意大利民族国家"所带有的更大悖论的一种转喻。这种悖论被铭刻在辉煌、深沉的词句当中，这些词句写的是艰苦生活之上的尘垢。罗马人，除了少数例外（比如帕里奥利区的中产居民），都倾向于认为自己属于工人阶级。罗马人的宗教狂热，以及他们对（视为己有的）圣物的崇拜，不仅没有削弱，反而加剧了他们对教

---

[1] 关于这个问题，参见 Bocquet，2007：304、341。

廷的深深厌恶，这样一种厌恶部分来源于被压迫的集体社会记忆，弥散在哪怕是最微小的细节当中，最引人注目的是罗马人独特的日常饮食。曾经有个肉商向我指出（他的这一主张我也从其他人口中多次听到过），罗马特色食品动物下水——著名的牛肠、牛尾、百叶、牛心和其他内脏杂碎——反映了一个事实，即教会的有权者独占了所有的好肉，仅留给信众很少的肉以及下水。这个肉商认为，他们这个行业引以为豪的切出异常薄的肉片的手艺，恰恰反映了历史上这些信众所拥有的肉是多么匮乏。

但是，请注意罗马人是如何从羞辱中找到自尊的：肉片的确切得很薄，但是肉商将之形容为纤薄精致，这反映出一种不向匮乏让步的文化。罗马人批评吝啬和贪婪的俗语"不吃就不用拉"（Nun magnamo per nun cagá）[1]也反映出人们坚信教廷通过剥夺人们的生计积累财富。我听到这句俗语时，人们正在抱怨，教廷会从那些不幸没有子嗣的富人那里继承他们的房产。离开尘世前，这类富人对永受地狱之苦的恐惧可以被教会利用，后者诱导前者爆发出虔诚之心。

毕竟，罗马人不是对所食之物的质和量毫不在意的；他们也不是出于特定的文化选择而故意苦行之人。相反，食物是可以让罗马人沉醉在他们的独特性中的诸多领域中的一个，是容纳他们关于"吃"的"文化性方言"的场所。这种"方言"招致的外界嘲讽并不比他们的粗鲁口语招致的嘲讽少。比如，用凤尾鱼味油醋汁拌的嫩菊苣叶沙拉（puntarelle）——它和下水一样，也是穷人餐食——就是这里特有的。对住在城外50英里（1英里约合1.6千

---

[1] 请注意这个轻微但实际上矫枉过正的做法（将俗语中的 pe' 改作 per）。这也许暗示了罗马人在揭露蒙蒂生活中更不光彩的方面或在批评教廷时总是表现出轻微的尴尬。

米）的人来说，这种沙拉闻所未闻。食物还是记忆之锚。在当局将一个人从他生长于斯的房子里驱逐出去时，这个人在绝望之下想起的却是"撒上胡椒，带有精巧调料的奇特香味的鸡"；而在今天，这个人惋惜道，他们只能吃三明治这种大众化的、提前做好的、哪里都能吃到的方便食品。

虽然本地饮食素有朴素的名声，且反映出一段贫困的历史，但它也充当了罗马人引以为豪的独特性标记。罗马人坚称，食物的丰富性和美味并不在于精心调制的一整套酱料，而在于对制作时间敏锐和精准的把控。换句话说，这是一种对心灵手巧、随机应变的致意，而不是对那些在皮革精装书里逐渐腐朽的、丰碑式的菜谱的悼念。这也是社会交往中非常重要的一个部分。因此，人们常会回忆起节日的欢宴。准备宴席时精准的节奏代表了一种精确的匠人直觉。这样一种直觉根植于身体和记忆当中，并在微妙的品味过程中得到再生产。而其他地区更豪华的菜肴，不过是淹没在油腻浓稠的酱汁中罢了。

许多罗马菜式也提醒我们犹太社区的文化意义，犹太居民自身就是纪念过去贫穷和匮乏生活的碑铭。现在，多亏了他们的保存，否则许多古代烹饪方法早在几个世纪前就不复存在了。其他一些菜式尽管在犹太教意义上不洁，但却与犹太人聚居区的典型食物一样美味，这些菜式反映了阿马特里切（Amatrice）腹地养猪户的产品特征。容我再次提醒，二者都有贫穷与匮乏的谱系，但二者又都被证明有着超凡的韧性。它们的混合代表一种迁就（accommodation）[①]

[①] accommodation 也可译作"和解""调和"，作者使用这个词形容罗马人的非凡韧性和矛盾心态。下文将依语境交替使用这几种译法。——编者注

的习惯，这样一种习惯被罗马人以一种近乎刻板印象的方式反复地归因于对教廷残酷权力长达数个世纪的逃避。目前人们仍旧普遍感到梵蒂冈的存在是具有压迫性的，因而有必要对批评和反抗加以隐瞒——"因为如果你不这样做，你就活不下去"。

无论罗马本地人有着怎样匮乏的过去，今天罗马仍然是一国之都——不管罗马市民喜不喜欢这一点（事实上他们中的大多数人并不喜欢），都是如此。在城中那些隐秘小巷中发生之事反映和折射出的，是那些坐在行政府第和国际会议中心大厅里的人的作为。这些作为是他们将国内、跨国官僚机构与本地生活协调起来的持续努力的一部分；而他们之所以这样做，说到底也是因为，这些有权有势的官员要么自己也是罗马人，要么就是已经移居至此而不得不生活在罗马城的现实之中。

交际空间

许多罗马公共空间的建造就是为了营造戏剧感，而且至今仍用于突出国家领导人过分戏剧化的风格。我的一位朋友在我们参加新年前夜庆祝活动时感叹，罗马就是座大剧院，已故指挥家朱塞佩·西诺波利（Giuseppe Sinopoli）彼时正在总统府奎里纳尔宫附近的一个露天场地中指挥一支完整的管弦乐队演出，成群的观众聚集在那里，挤满了台阶和过道。罗马的小巷和广场，也是上演幕间剧的所在，充满惊心动魄的阴谋和停滞不前的失败所带来的苦痛。罗马容纳并展示强烈的情感，这些情感激励着一个更大的世界，罗马不仅引领这个世界，也跟随它。罗马就像一个最丰富多彩的歌剧舞台，全方位展示着惊人的人类复杂性，也暗示着永恒性，而这些暗示，是那些时而友善、时而贪婪，曾接受耐心顺服和粗野狡诈之道教育的公民永远无法把握的。

并非所有的交际空间都同样具有公共性。尤其是在工作日，男性（有时也包括女性），通常会去小馆子呷一杯浓缩咖啡，享受一段如咖啡一般浓缩的友情时光，然后回到自己的店铺中、出租车里，或是活计上。更加严肃的社会性邂逅发生在午餐时间；在更加放松的晚餐时间，朋友们有时会给彼此点上一瓶红酒，但每张桌子都是一座隐私的孤岛。饭店中更大型的聚会通常在晚间举办，这种聚会通常是属于同一个周转信贷互助会的男人和女人的欢宴。到了周末，一些家庭会聚在中意的饭店里享受美食，而且通常每周都在同一家饭店，直到一些小小分歧破坏了双方的关系以及顾客对菜肴的看法。饭店老板用充满热情的姿态问候常客，偶尔也会把他们叫到一边耳语一些低俗笑话和秘闻，而且最后付钱时总有优惠。但许多男性，以及女性，对自己的厨艺引以为豪，因此关系较近的朋友会去彼此家中吃饭，随着旅游业逐渐将本地人从他们曾经钟爱的饭店中驱赶出去，这种情况越来越常见。

尽管旅游业是无所不在的经济重组所产生的影响的现成替罪羊，或者说是其转喻，但它确实对社会交往的形式产生了冲击。罗马人继承了将公共空间视作其家宅延伸的观点。[①] 尽管他们已经不再参与夸张的斗殴活动，这种争斗在两次世界大战之间，都还是蒙蒂区的街边一景；此外，他们也已经很久不在温暖的夜晚恍

---

① 这与诸如希腊内陆村庄的建筑形成对比，参见 Friedl, 1962: 12—14。

若无人地坐在街上分享美食、相互调笑，但是他们仍会驻足问候熟人。

他们也会在参加数不清的会议时分享半公共的空间。蒙蒂社会网络（Monti Social Network）是当地各种会社中最新、最具包容性的一个，它经常在当地一家书店舒适而宽敞的室内举行会议；在一个炎热的夜晚，一次会议改为在一条小路的台阶上举行，在那里隐约可见一座宏伟的宫殿，里面有十户人家正面临驱逐，这使得关于该地区人口迅速减少的议程变得紧迫起来。

与人会面

其他形式的会面有一种临时性的气氛。一名从政的左翼法律顾问为了增加其知名度组织了一场街区会议，以讨论交通流量的问题。那天他穿着随意，懒洋洋地坐在摩托车上，一边分发印有相关法令（ordinanza）的传单，一边与本地的店主和居民们轻松地交谈，低沉洪亮、带有方言口音的声音在狭窄的鹅卵石街巷中飘荡。

这次会议开始时，一位上了年纪的居民想让他谈谈本地的集市，以及集市为什么没有生意。但这名政客并不想谈这些，他到这儿来不是谈论集市的，他说，至于本地集市为什么没生意，原因在于只有三名商人响应政府的倡议前去竞标。"我认为，他们应该举行第四轮竞标。嗜！但是，没有人参加，没有人参加能怎么办呢？再说了，没人参加也可以理解，因为实际上——"话说到此，他做了一个手指开合的手势，意思是在本地的集市上赚不到钱。他不屑一顾地补充道，无论如何，这个老人可能在"用30年前的思维"看事情。随后，他挥动左手食指，大致指向周围的建筑，断言道："现在住在这一带的人已经变了。"

聚拢在这名顾问身边的听众中更年轻一些的人似乎颇为同意这一断言。但刚才那位上了年纪的居民继续问同样的问题。政客显然被激怒了，开始粗鲁地重复起方才的解释：政府在三个不同的场合倡议商人们竞拍摊位，但几乎无人响应。

见那上了年纪的居民依旧不依不饶，这名政客大声说道："耐心点！"但说完后，他自己却变得有些焦虑。他向那些同情他的年轻人苦笑了一下，暗示希望他们能和自己站在一边，然后解释道，本地集市没有生意"不是我的错，而且又不关我事，是吧？"。

他的听众尽管对老人的感叹没有什么直接的兴趣，但似乎仍愿意商量出一个替代性策略，以利用集市的空间，从而也能复兴本地的生意。对这一问题的关注也激起了他们对处理交通流量问题的兴趣，他们最终回到这个话题上，让这名政客详细讲述了他为改善人们的生活付出了怎样的努力。

但是，这场正在发生的更大规模的经济和人口进程，对于某些居民的伤害更为直接，触及了他们在自己家中居住的权利。在此地，频繁的公共集会最终会被证明是徒劳的。一场反对驱逐的集会曾经在本区的广场上举行，一张桌子摆在这个小广场（Piazzetta，实际上是该区域举行社交集会的主要场所）上，供人们写出自己关心的问题。更正式的集会有可能在教区教堂旁边那所大学的礼堂中举行，特别是当行动范围超过一个区时。但是，仅仅采用谈论的方式，并不能阻止"驱逐"这场灾祸。

少量新居民以及受过更多教育的老居民也参与各种各样的公共集会，既包括区内的，也包括其他区的。政党办公区是一类重要的集会地点。本地知识分子可以拜访一个以布鲁诺命名的自由思想家联盟的办公区。布鲁诺逝世四百周年纪念活动就在他自己的塑像前举行。这尊塑像位于这个历史中心区对面的鲜花广场（Campo de' Fiori），四百年前他就是在这儿被当成异端烧死的。在这里，激进主义者们建立起"无教皇地带"。这里也是我们和绝大多数来自蒙蒂区的左翼朋友见面的地方，他们常常是刚从位于广场边的左翼民主党办公区的政治会议上下来。公开抗议政府的活动也很常见，尽管这些活动通常不是在区的层级上组织的。抗议队伍沿着加富尔大道而下，伴着管乐、各种旗帜（大多是共产主义组织的红色旗帜）以及零星的唱诵，往往未见其形，先闻其声。随着抗议队伍经过街道，他们的领导者有时会问候那些向他们招手的熟人。

由此，集会和聚众示威在空间范围和正式程度上都有伸有缩。但在所有这些场合中，最重要的交往时刻却总是短暂的、转瞬即逝的，藏在一个突然做出的手势里，或音调变化的暗示中。即便是在那些相对更正式的集会上，我也常能感到，人们做出决定依据的不是那些正式的交谈，而是正式交谈结束后在那些迅速交流的时刻获得的信号。他们操的口音越重，里面深藏的信息就越重大。对于正规程序（formality），罗马人能掌握它的秩序，也常常夸张演绎其流程，但并不以之为首选的交往秩序。对他们来说，在小馆子里喝着咖啡快速交换信息，或在推着婴儿车穿过有着16世纪大理石喷泉和忙碌报摊的小广场的当口简短地聊天，才是更可靠的获得情报的方式。

城中村

在人们的印象中，蒙蒂区是一个村子（paese）。这个体现了社会包容性的亲切称呼同时也暗示了一种地域性和乡土性（rusticity）。[1] 人们的乡愁以一种自相矛盾的方式表达出来，这里的居民经常评价说，蒙蒂所保持的乡村特质在于一个人总能在街上碰到自己的朋友，但他们同时也认为这样的情况已经不再发生。在那些强调变化的人的回忆里，以前即使是最贫穷的居民也能指着一整条街说这里住着他的三亲六故；人们会分享从集市上买来的食物，以丰富其简朴的饮食；在街上偶遇时人们会彼此问候、乘兴而歌。

直到 20 世纪 60 年代，即当前房地产市场膨胀的起点，蒙蒂的许多匠人都生活在贫困的边缘。但是，他们现在认为，当时友好的社交氛围缓解了现实生活的艰苦。不同的家庭会聚集在卖红酒和食用油的小饭馆（trattorie）里分享食物（尤其是面包和奶酪），现在许多房屋的门楣上还保留了红酒（vini）、食用油（olio）以及烘焙店（forno）的铭牌。一些男性被称为 fagottari（方巾打包者），他们会带着打包好的食物前来，这些食物用方巾（fagotto）以特定的方式包裹，一眼就能认出来。这些公共场所，包括餐馆、商店，事实上成了周转信贷互助会的集会地；有些现在仍是如此。但是，在个小酒吧要么已经消失，要么变成时髦的高消费酒吧的世界上，昔日的社会交往形式无以为继。

有人评价道："现在没有人唱歌了……我们现在个个都虚情假

---

[1] paese 一词既可指"乡村"，也可指"地方性共同体"，因此它和希腊语中的 patridha（Herzfeld，2005：79）以及泰语中的 moeang（如 Tambiah，1976：112–114）都很相似。

意。"(Mó non canta più nessuno...Siamo tutti finti adesso.)这一表述，前面用了罗马方言中的 mó，后面用了标准意大利语中的 adesso（这两个词都是"现在"的意思），并将意大利语中的 adesso 置于句末以示强调，重现了随时间而变的感觉，即句中的时间复制了这样一种历史时序：从情深意切的邻里和睦向凉薄甚至可能是虚假客套的现代国家文化的转变。

这样一条轨迹以令人心痛的方式让我们回想过去的时光，或者说提醒我们当下人们如何以一种天真的方式重新想象那段时光。理发店的一位客人称他已经等了两小时，理发师申辩了几句，但这位顾客称他这样说其实是在称赞。他随即补充道，全罗马只有在这里他还能见到人们像朋友一般相互问候。但是，理发师最初的申辩向我们呈现了新的理念——在这里是"准时"——已经如何侵入并重构了有关社会交往的习语。

1999 年我开始我的田野调查工作时，还能偶尔看到一个上了年纪的人从阳台上把大篮子（sporta）降到街上收取各类杂货和日常补给，但现在，这已是非常罕见的情景，人们也不像以前那样隔着阳台交谈了。在一栋其中的所有租户正在抵制驱逐的楼里，住在一楼的女性充当非正式的看门人（拥有这栋楼的银行拒绝委任她为正式的看门人）。她除了负责日常的邮件收发外，还负责在有访客或有公职人员临门时提醒其他住户。而且，当暴力驱逐迫近时，她能及时给人们报信。当地住户也经常聚集在街上对着被破坏的车辆摇头叹息，或分享一些本地丑闻。但是他们也哀叹旧日的那种社会交往已一去不复返。

一位车库值班员回忆道，蒙蒂以前的社交语言"比新现实主义还新现实主义"。值班员引用的是费里尼、帕佐里尼等电影人的电影语言，他们的新现实主义影片展现了一种"流浪汉冒险小说"式的亲密感（picaresque intimacy），而我在蒙蒂区常常能体会到这种感觉。①另外一位居民回忆起以往频繁举行的、伴着吉他和曼陀林乐声的街头欢宴，以及更为简陋的居住环境，比如冬天完全没有供暖。他说："我们的文化是一种农民文化……但后来，随着经济繁荣之风吹来，我们变得工业化了。"

最令人们惋惜的是，对弱者及缺乏保护者的照护一去不复返了。旧街区的头头儿们认为自己的角色是专门保护女性不受骚扰和保证穷人不受区别对待。有时，旧街区有一种冒险精神。1943年德国占领罗马时期是一段凄凉且食物紧缺的岁月，两个男人（其中一个是意大利宪兵）潜入德军强制接管的一个军营中偷取了一大盒配给券。他们的一个亲戚将配给券分发给穷人。但是他们其中一人的儿子回忆称，如果有任何人想偷取这些配给券，定会死在乱刀之下。这样一种群体的团结感也包含了惩罚性暴力的可能，但这种暴力所维护的是一个道德共同体。

这种团结的些许痕迹至今仍有留存。当一位老年女性从她的公寓中被驱逐出去时，最后一批蒙蒂旧式帮派头目之一的女性姻亲筹办了一只援助基金，她的客户每次来取洗完的衣服时会留下10 000里拉或20 000里拉作为匿名捐助。那些捐款的人是附近商店的老板，他们中的许多人已经在这个地区住了数十年。在这位老妇人身上，他们看到了曾经充满生机的社交生活的遗风。

那种旧日集体认同感的一个令人哀伤的遗存是一位长着络腮胡

---

① 一位居民对我的民族志电影的类似评论让我印象深刻（Herzfeld，2007a）；蒙蒂人保留了大量以罗马为背景的新现实主义电影中的谈话和举止风格。

子的老者。他的穿着极尽整洁，但是从街上走过时他总是喃喃自语、形容不安，偶尔会突然发起酒疯。本地人给他食物和香烟，有时还给他钱，并礼貌地拒绝他令人痛心地回赠的那些奇怪的香烟和纸币。人们还想办法保证他有一个安全的地方过夜。事实上，他最终在人行道边获得了一个相对固定的铺位。有人说他曾是一位出色的外科医生，但后来生了一场灾难性的病。他飘忽不定、四处游荡的行为所激起的只是人们的同情和善意。每个人都认识他，并用他的名字称呼他，而且人们经常说起他受过高等教育的、正式的谈吐风格。

他常做出的古怪行为以及情绪爆发更多时候会把本地人逗笑，而不是遭到他们的蔑视。偶尔有人会给他点活干。一位小型超市的女经理曾雇他卸货，告诉他不要搞混装牙膏和去污剂的箱子，他恼怒地反驳道："可牙膏就是一种去污剂！"有一天，他缓步走进一家日料店想寻一支烟抽，附近商店的老板跟在他后面，又一次温和地劝说他离开。后来，这位店主向我解释说，以前有一次老者喝得很醉，打碎了那家饭店的玻璃板，经营饭店的日本女人从那时起就很害怕他，所以这位店主希望她不要再受惊了！

这种对街头群体的同情能保留到现在，蒙蒂人认为是由于搬到蒙蒂区的新富们大多是左派（一位愤世嫉俗者或许会补充说，这种行为能够减少一些他们因为带来驱逐狂潮而产生的负罪感）；但真正的原因是，认识这位老者的大都是在这里长期居住的居民，而且也正是他们在照看这位老者，确保他不受伤害。有一次，一个保健食品店老板跟我在一家餐馆里聊天，她拿起本打算给服务员的2000里拉小费，将它交给了那位老人，然后解释说，服务员肯定能理解为什么这次没收到小费，而且不会生气。

*

　　但是，游民的数量自20世纪90年代中期的一系列恶性事件后开始急剧下降，一部分无业游民在这些事件中为法西斯帮派的打手（brigatisti neri）所伤。而此前一位意图给移民开设接待站的活动家似乎也为这帮人所伤；此外，该帮派还洗劫了一家珠宝店（在这起事件中，他们明显得到了安插在警察中的内应的帮助），并在重建共产党（Rifondazione Comunista）位于本地的办公区纵火。尽管如此，怪客和游民仍在这里受到友好对待。一位形容憔悴的老人每到晚上便在各家饭店之间蹒跚游荡，用尖锐的嗓音——那种声音就像从跟他差不多年纪的留声机中发出来的——唱着跑调的歌（包括一些外国歌曲），一边唱还一边应着曲调若有若无地挥动着手。他总是面带和蔼的笑容，试图与饭店的顾客交谈，尤其是外国顾客。有一次，他因为从我和另外一位顾客那里收到一些钱而十分感激，因而又开始主动献唱。此时，有些恼怒的饭店经理不失礼貌但又笃定地告诉他完全没有必要这样做，并急忙将他带出门外。

　　这一幕令人感受到那种共享的团结感挥之不去的痕迹，而这种团结感在今天比这位暮年歌手更加衰弱。那些在每年10月的各类庆典到来时聚集在小型中心广场上的人，大多已不在蒙蒂居住，但他们会回到这里重新找回记忆。他们要么是被墨索里尼20世纪30年代宏大的城市卫生与监管计划赶出这一地区，要么就是被当下新自由主义急躁的士绅化过程驱逐。他们回来的原因，正如一句谚语所说，"在罗马，如果你离人们的视线太远，便也离开了他们的心"。一些人回来参加与圣母马利亚年度庆典有关的仪式活动，这些活动由教区教堂一手操办。在这些活动的高潮，数千名上了年纪的前居民以及他们的家人聚集在广场上那个16世纪的喷泉周围。但也有一些人在其他时间回来，坐在春天或秋日的阳光下与为数不多还住在这里的老居民交谈。他们操着罗马方言，有一搭没一搭地追忆往昔，讲一些粗俗的笑话。他们的谈话，与手拿公文包、迈着坚定的步伐径直走过广场的大多数年轻人所使用的那种清楚明快的措辞形成鲜明对比。

此外，这里还有一些"猫奴"，他们通常是上了年纪的人，给在这个街区里惬意游荡的野猫们喂食。罗马人对猫深深着迷，在银塔广场，即威尼斯广场的西边，有个巨大的猫咪庇护所，它们与古代遗迹共生共存。当政府资助的考古学家威胁要移除这一庇护所时，人们愤怒的反应使得考古学家落荒而逃。一位会定时喂猫的蒙蒂报摊摊主严肃地告诉我，"喂猫比喂人强（Mejo a'e bestie che ai cristiani）"。在这一表述中，他像从前的人一样使用"基督徒"（cristiani）一词来指代"人类"，试图唤起一种共担原罪的感觉。他又补充道："真正可耻的人少之又少。"①

在二战前的时代，蒙蒂被两个敌对的家族头目（capi rione）控制，他们把设法保证邻居不被欺诈、打劫，女性不被骚扰当作自己的责任。② 一个家族的拥护者将自己描述为"社区看门人"，坚称他

---

① 关于基督徒身份中对原罪、耻辱、（也许还包括）贫穷的表述，也见 Heatherington，2006。
② caporione 一职最初为教皇国（the papal state）政权下的民选官职；在17世纪时，蒙蒂地区 caporione 的任期为3个月，可调遣30名从手工工匠和商铺经营者群体中招募的下属，以维持公共秩序（Paita，1998：57-58）。对这一职位的控制权此后逐渐转移到贵族家族手中，至18世纪时则直接转移到教皇本人手中（其时，只有蒙蒂地区的 caporione 被视为地方行政官群体之一员，也因此被视为统治阶级之一员，说明当时蒙蒂的地位确实是"罗马第一区"）；到教皇统治结束时，这一职位已然被 presidency 取代（该职位也是由教皇任命的）。直到20世纪中叶，caporione 一词仍在流行，但其含义主要与黑社会联系在一起。这一系列转变揭示了教皇权威和地方的社会管理形式之间某种有趣的连续性。

们家族从不容忍勒索保护费的行径和贩毒者,"而且我们一直以来都不得不将这些人清理出门户"。人们熟稔彼此在社区的角色。直到最近,人们都还以职业身份——屠户、出租车司机等——而不是以其姓名为人所知。即使从事同一种职业的几个人住得很近,他们也会被人们冠以可以区分开他们的独特的职业标签。那些被贴上标签的人有一种深刻的共谋感,这种感觉主要针对无处不在的外来掠夺者——包括国家官员——的干预。这种共谋类似于黑手党的"缄默原则"(omertà,这一术语有时会在这种语境下被提及),但却非常脆弱。在一个城市警察都来自工人阶级队伍的城市里,这种共谋很容易被告密者和孜孜不倦于顺藤摸瓜的公职人员渗透。

人们现在常常用上述脆弱性来和旧日的牢不可破做对比,但这种旧日情形其实往往是带有怀旧性质的改编版本。一个珠宝商在哀叹呼吁工匠们联合起来共同维护集体利益之难时说:"过去我们这儿的那种团结再也见不到了。"这番怀旧还糅合了一种强烈的阶级认同。在人们尚能记起的过去,工人阶级人口的数量优势是压倒性的,而当时那些为数极少的能被本地人视为"真正蒙蒂人"的富豪和贵族——据今天的蒙蒂居民称——能够和工人阶级和乐共存。这些说法的重要性,在于它们构成了对当下的境况——尤其是士绅化带来的恶劣后果——的强烈批评。此外,人们也常常模糊他们对绝对称不上平等的天主教共栖主义(mutualism)的记忆。[1]

19世纪的格里罗侯爵(Marchese del Grillo)便是一位这样的

---

[1] 这一点在西班牙的历史中尤其清晰,在那里,天主教共栖主义是教会和国家间达成的共谋的关键因素(参见 Maddox, 1993: 125–126;意大利的情形,参见 Holmes, 1989: 109, 192–195)。

贵族，他在蒙蒂的传说和记忆中占据尤其重要的位置。这位深受教廷喜爱的易怒贵族的宫殿占据了该区上段，横跨将蒙蒂与古代广场群隔开的那条大路，在这座宫殿中他培养了一批出身工人阶级的家臣。有一部关于格里罗侯爵的罗马方言喜剧，至今仍在为那些喜爱它的观众上演。但在真实的生活中，这些大人物并不像他们今日的舞台形象那么和善。尽管少数贵族和富商对工人阶级工匠以礼相待能缓和二者间的关系，但人们从不会认为这种"以礼相待"等于"平等相待"。即使是对过去互动的幽默回忆也带有关于另一个时代的暴力色彩。有人告诉我，这位侯爵曾要求教皇允许他向路过的犹太人丢石头。教皇告诉他犹太人受到教廷的保护，不应该受此伤害。因此，这位侯爵决定向犹太人扔生土豆，以免引起教皇的不满。而保护——无论是以停车场收取停车费这种零零碎碎的保护费的形式，还是以教皇对一个很容易被威吓住的宗教少数派实施的家长式统治的形式——对那些明知它不一定带来好处却别无他法只能接受的人而言，其实是沉重的负担。而且，在本地人的普遍说法中还带有这样一层意思，即贵族和教会在对待犹太人及工人阶级的态度上只有程度之差，而无本质之别。

　　与之相反，现代主义对于阶层的理解，以更为直接、清晰的方式在空间中折射出来。对于空间的所有权本身成为阶层身份的标记，在这种情况下，以往最贫穷的居民的公寓现今成为文化区隔的象征性标记。其结果是，在正经历士绅化过程的地区，穷人和粗鲁的人的存在，让这里的新来者觉得罗马与其所标榜的那样一种生活尤为不符。无情的市场驱动了这样一个过程。结果，在今天，没有任何一种人们缅怀的旧日礼仪能够保护弱者免于富有投机者——这些人被恰如其分地称作"住在公寓楼里的人"（palazzinari）[1]——的无礼对待。

苦痛与竞争

今天的罗马被视为优雅的首都和国际中心，但同时被认为存在住房危机，而且严重到联合国认为有必要介入。短短二十年快速增长式的驱逐将这座城市的历史中心区变成了上演三个群体之间焦灼冲突的舞台，这三群人分别是富有的高知阶层［他们仅将此地视为睡城（dormitory town）］，来自东欧、非洲、亚洲的贫穷移民，以及留下来的年老居民，最后这个群体的痛苦与日俱增，人数则快速减少。

这种境况之所以是一个悲剧，并不是因为变化（罗马从来不是一个静态的城市，而且自古以来它就不断吸收不同文化的影响），而是因为流离失所的家庭茫然无措，容易成为种族主义和新法西斯主义煽动者的牺牲品；亲眼看着自己熟悉的地方被"重建"，成为那些对这个充满集体记忆的空间毫无感情的人的住所。在这样一种驱逐之下，旧式的经济也解体了。如一位印刷工所指出，现在这些"外来人"买光了那些重建的住宅，却忽略了本地的商店。他说："他们从来不在这里花钱，他们只是来这里睡觉。"他补充道，租金总体上已经被推高到远超大多数工人和商人所能承受的水平。而

---

[1] 这个词很容易让人想到19世纪后半叶意大利统一后，罗马的急遽发展。参见Insolera，1993：38—51。

且，钱大都被支付给了不在地房东（absentee landlords）。

这种情况的悲剧性在于，它抹除了新自由主义憧憬的那种美好生活以外的其他一切替代性可能。这一悲剧性还在于，这场运动的发起者们宁愿让那些好房子空置，也不让现有居民以他们可承受的价格居住在里面。那些人可能是希望通过孤立这些居民、忽视其具体存在以逼促这群乌合之众永远离开，特别是在建筑的破败成了业主在1998年相关法案的准允下单方面拒绝续租的理由的情况下。与此同时，业主们关停工匠的工作场所，安心期待这些地方在未来为高级饭店、精品店所取代，而那时，飞涨的租金将成为对他们今日之耐心的回报。①

一个商铺空间被空置了二十年，最终引起了一位自行车修理工的兴趣。商铺业主数次同意面谈，但却反复让修理工空等。这位匠人绷着脸愤怒地说："他这是在耍弄人。"位于伊博内西街（Via degli Ibernesi）的一处公寓，是剩余租户抵抗驱逐的根据地，他们在这里进行了十五年的激烈对抗。这里直到1997年才通了自来水，但这也是在楼中租户施加巨大的法律和政治压力后才实现的。业主们显然计算过，即使他们将房子空置二十年，损失的租金在最终租给一个富有的租户时也会得到充分的补偿，这在很大程度上可以说明租金和地产价格"一飞冲天"的现状。这一过程带来的系统性忽视将造成破坏性极强的后果。业主、银行及被委派施工的工人会合力故意塞压空置建筑的管道，令里面的公寓完全无法居住，也因此无法成为非法占居者的家园。富有的业主愿意并且有能力支付因

---

① 1998年第432号法案第3d条准许业主"在其房产所属的整栋建筑已严重损坏的情况下"拒绝和租客续签合同。

空置而变得更高的税款。过去的居民现在无法发声，这些无人居住的公寓所宣扬的是投机者的信息：治疗衰败的唯一有效方法就是士绅化。

这一切又是一场悲剧，其悲剧性在于，这是在左翼当局的一味顺应下发生的。他们几乎在城市管理的所有方面都屈从于自由市场的逻辑①，轻而易举地将胜利拱手让与所谓的"社会右翼"，社会右翼曾在墨索里尼的全盛时期驱逐了成千上万的市民。

这一境况的另一层悲剧性在于，这是在教会的支持下发生的。教会对慷慨精神进行宣扬，对不必要的浪费避而不谈，对身处困境的居民不闻不问。除个别成员偶有善举外，教会无所作为。（我听到的另一种观点是，教会对慈善事业和教区建设的热情支持主要是为了使自身力量在社区层面如毛细血管般铺开，从而将社区变成自己的"票仓"。）

其悲剧性还在于，在这座永恒之城中，官僚系统否认他们与纯良百姓所遭受的任何个人苦难有关，也否认正是这些苦难给官僚们自己带来了高官厚禄。这样一种否认获得了全球性的共鸣，因而势必在时间和空间意义上产生深远影响。但这并没有逃过我一位朋友的眼睛。正是在 2000 年的禧年庆典上，教皇呼吁罗马人收留穷人和有需要的人，但与此同时，整个城市的教会和兄弟会都在驱逐长期居民。不仅如此，正如发生在蒙蒂中心博斯凯托大道的一个路段的一幕，世俗业主们也在驱逐租户以赚取快钱。市政当局对此表示

---

① 同样参见 Berdini，2000：50–64。贝尔迪尼（Berdini）尤其谴责左翼抛弃了那种长久以来看重协同寻则并强调日常性社群生活——而非非凡/特权性（straordinarieta）——之重要性的"文化"；与贝尔迪尼所谴责之事相似的还有左翼对市场力量的拥抱，许多左翼知识分子正是以牺牲更贫穷的罗马民众为代价而从市场力量中获益的。

担忧，但除了做些象征性的姿态之外，没能进行干预。

有些读者可能已经意识到，以上文字带着意大利政治语言中的某种腔调和华而不实的修辞。上述几段文字也大可以翻译成意大利语，用罗马人那种粗野轻快的语调说出来。这并不是巧合，我就是带着对罗马境况的愤怒写下上面这些文字的。如果不承认这点，就太虚伪了。与驱逐的斗争，就是与强大得多的资本力量的斗争，而即便是那些受所信奉的意识形态感召而同情被驱逐者的人，也往往视市场的猛进为不可抗之物，因而只是耸耸肩表示无奈。

可以确定的是，抵抗无处不在。我清楚地记得一个男人隐忍不发的怒火，他曾经可以用自己微薄的收入向一位贵族业主支付租金，但这位业主的继承人对他们新获得的房产的老租户毫无兴趣，冷酷地将租金提高到一个旨在让人立即退租的水平。用他的话来说："我们现在是战时状态！"（Mo'stamo in guerra!）我的朋友保罗回想起大约十年前自己经历长期斗争后最终被驱逐的场景，他无意中听到罗马银行旗下的房地产公司的代理人礼貌地向一位贵族邻居保证，一旦将保罗和其他租户赶走，他们居住的（同时也是银行所有的）那栋疏于维护的豪宅将停止漏水。他回嘴道："你们得带着华沙条约组织所有的装甲车来才能把我们赶走！"调用一个已经解体的联盟作为喻体既不恰当，意头也不好：对租户来说，这些斗争很少以胜利收场。

随着失败蔓延开来，无助的愤怒紧随其后。我亲眼看到那些被地产代理律师用难懂的阔论羞辱的老罗马人被迫签字放弃他们旧痕斑斑的老屋，他们眼中含泪，痛苦地颤抖着声音和双手，屈服于官僚形式主义冷酷的漠视，疲于穷尽最后一丝申诉的可能。他们期盼的是通过争取未来能继续安宁地生活在熟悉的地方和人群之中的机会，结束驱逐的威胁带来的生活断裂。他们内心绝不愿接受这一断裂，但却不得不向它低头。我曾在他们的家中环顾，那些玻璃的或塑料的摆设、那些被精心安放的相框或某个家庭成员从圣地带回的纪念品透露着中产阶级情操，象征着这些居住者想要活得更体面的努力。可以想见，他们在惊慌搬离时有多么不安，那时这些物品的命运会是什么？每当我想起这些租户塌下的肩头，想起他们在曾经熟悉、而今即将沦为锤下之物的地板上迈出的沉重脚步时，都能再次感受到他们共同的炽热的怒火。

但是，悲剧往往不是单方面的。签字放弃自己家园的人中有我的朋友，我想与他们同仇敌忾，但我也可以理解那些使他们陷入这种屈辱境地的力量中，也有一些人会陪他们一起哭泣、一起欢笑以抚平这种痛苦——可能是法警、城市警察、市政官员——随后，这些人会摇摇头，似乎徒劳地想要拂去氤氲在自己身份之上的那层坚不可摧的厌恶感。对他们而言，在他们共享且熟知的社会体系（social universe）中，道德与持久友情的价值并不亚于官僚主义的或公民意义上的服从义务（obedience）。他们自己也被卷入了突如其来的巨大变化所带来的错位中，让整个人生在失败和混乱的酸腐气味中渐渐被消耗。

我也认识一些面临驱逐的人，他们将要搬进一个令人满意的新家中。我能意识到，地方主义情绪是滋生种族和宗教褊狭的根源。这场争夺罗马历史空间的激烈斗争的一个讽刺性的副作用是，对那些与自己不同的人的偏见正在不断增长。人类的生活是复杂的，在罗马偿还原罪之债往往附带奇高的道德利息。没有人可以免疫嫉妒、不诚实以及欺诈这类日常的社会性疾病。

上述变迁构成的故事并不是关于纸上英雄和纸上反派的伤情故事，因此它其实更具悲剧色彩。如果我试图把它讲成那种伤情故事，就会犯下炒作"民间传说"的错误；这些居民已经深受其扰了，因为关注他们的媒体总是带有此意。这个故事始终有其复杂性，因为并非所有公职人员和企业家都是恶毒或麻木之人。事实上，一些公职人员和企业家因他们自己的所作所为而陷入深深的矛盾甚至痛苦中，他们认为恐怕没有什么方法可以让这些作为得到社会性的赦免了。

这样一种环境加深了悲剧色彩，其所引起的共鸣让我们得以寻回强大的人类情感，这种情感不仅是巴洛克式的罗马人生活的实质内容，而且也证明认为表演与全情投入（performance and commitment）二者互不相容的看法是错误的。我无法假装冷静。我不接受一位投机者的论点，他认为将工人阶级的家园改造为小巧精致的公寓，实际上是在改进城市肌理，甚至让它变得完美；与此同时，绝大多数被驱逐的人"都获得了经济援助，可以再找个地方住"。他承认这对那些必须离开自己家园的人造成了长期的心理创伤。但是，他的首要目的显然是牟取暴利；因此，他为了加速租户离开而事先安排好的那部分钱，其实已经被算在他的总投资额中。尽管如此，我能看出他有关城市升级改造言论背后的动力[1]，他实际上全情投入（commitment）于这一过程中，这样一种真诚甚至显得有些危险；与此类似，我也能看到这类人所做的策略性的计算，这样一种计算导致一些保卫家园者认为自己是最后的古罗马人，另外一

---

[1] 这点尤可参见史密斯对"城市更新"（urban renewal）一语的尖锐批评（Smith, 2006）。

些人则在鄙夷某些政客的意识形态的同时又接受这些政客的支持。

实际利益和依恋之情交织在一起，密不可分，这使整个悲剧更加深重，使人们更加震惊地感到这场悲剧是如此不可避免，也使这场悲剧的影响可能长至几十年甚至几个世纪，这场悲剧将带着今日罗马的这双老旧的大理石之手进入这座城市的未来。这双手破旧、开裂、污迹斑斑，和那些正被摧毁的房屋和生活一样；这双手疯了似的想要抓牢这座城市的永恒性，即便这永恒性已被撕碎了、踏脏了，只剩下些磨损的碎片；这双手在老居民们拼命想要留下来的努力中拉扯着最后几根松垮的线头——这些居民想继续留在他们的那个社会世界（social world）中，但它正遁入黑暗之中，即将被酒吧、夜店、舞厅的动感灯光和刺耳鼓点整个地抹去。

文化保护的韵律

用对语言的讨论，而不是诸如邻里、工作或者家庭等更为传统的主题引出本研究的民族志核心工作，似乎有些奇怪。但是，罗马人通过对"复杂性的表白"（profession of complexity）来守卫他们的文化亲密感，他们坚称自己的方言不仅是一种言语形式，而且是一种"生活方式"。这样一种态度以不同情态显现出来，揭示了在这一最具地方主义的地方社会关系中的张力。其中最突出的即一种约定俗成的双关语。比如，问候很久没见的熟人时，人们可能不说"好久不见"（non t'ho visto），而会说"好久没有'过'你了"（non t'ho vissuto）。

这类插科打诨是一种边界标记，提醒我们半个世纪以前这里几乎没人说标准的意大利语，本地方言则提供了一种有效的排斥手段。一个上了年纪的男人坚称法西斯独裁时期实际上强化了地方主义，比如，政府要求，如果你是西西里人，"你必须从警察那里获得许可证才能待在罗马"（tu avevi un permesso d'a questura pe'stá qui a Roma）。鉴于墨索里尼竭力将国家标准强加于各地，以及说话者本人甚至在这一句话中就先用标准意大利语，然后改用方言，这种观察具有讽刺意味。

在说起带有亲密性的八卦时，这种方言表现出一种近乎有壁垒之功的语义学上的微妙性。"你这是上哪儿去？"至少有四种说法。"dove vai?"是标准意大利语的中性说法（在生活中确实有时听到人们这样说！）；"ando vai?"是老罗马话的讲法；"'do vai?"是更加随意的一种变体；"'ndo vai?"则是在发 n 这个音前，要先斜睨着眼停顿一下，这句话的意味是猜测对方是不是正要去干点行骗、跑路、非法冒险的勾当。① 在这里，"去某个地方"并不被当作中性的行为；要想从罗马人的社会中找寻某人的踪迹，是需要些巴洛克式的语义学悟性的。

一位罗马朋友曾向我讲起，有一次他依照中央车站（Termini）的指路牌走，结果走进了一条死路。所以他掉头向反方向走，结果却走对了。他若有所思地自言自语道，外国游客肯定会像他一样感到困惑，无法理解怎么应对这些准确性飘忽不定的指路牌。但是，当他建议一位工作人员为游客考虑或许应该把这些指路牌换掉时，

---

① 这种言简意赅到几乎有些夸张的方言用法常会带有讽刺的语气。比如当我和一位水管工说来年我回到这里时还想再见到他时，他回了我一句："E,'ndo vado?"这意思显然是他也没有什么别的选择："呃，那你觉得我还能上哪儿去？"

逐出永恒　　032

那位工作人员反驳称车站工作人员不可能总是换指路牌。这样一种对普通事物进行滑稽的神秘化处理的情况并不罕见，正如方言一样，此类做法有时是为了保护这座深受各地对其文化蔑视之苦的首都的集体亲密感。

这层古怪的关系反映了一个事实，那就是意大利的国族建构大计总处在未完成的状态。[①] 就一个国家被强大的分离主义运动折磨的程度或被互有冲突的地方文化/政治自治力量撕裂的程度而言，意大利在欧洲各国当中算得上是独一个。二战后执政时间最长的意大利政府，即西尔维奥·贝卢斯科尼政府（2001—2006年），是结合了极端民族主义右翼和可能更极端的、狂热的反罗马的北方联盟（Lega Nord）的吊诡同盟。[②] 罗马人自己对那些北方分离主义者的同情之深是令人惊异的，要知道，这些人谴责的就是罗马对他们的劫掠，认为"罗马贼"（Roma ladrona）就是长在他们身上的寄生官僚。

即使是罗马人也承认，他们的城市是政府雇员之家，允许国家机构对其进行过多的监视。他们同样也怨憎，这样一种介入的程度之深，已经形塑了日常交往的文化形式。让一位修补家具的工匠尤

[①] 杜曼尼斯对国族建构计划之成败有很好的阐述（参见 Doumanis, 2001）。对意大利国族情感之可能性的批判性阐述，参见 Rosati, 2000。这两位研究者都发现国族认同在20世纪末有了越来越高的重要性。
[②] 有关北方联盟对意大利的正式国家机构、谦恭的习俗和男性气概这三者的"顽皮"嘲弄，以及它对标准化政治话语和政治想象的颠覆，参见 Dematteo, 2007。值得注意的是，她指出，许多被国家边缘化、心怀怨恨、因此曾为北方联盟获得最终权力投票的北方人，在领袖翁贝托·博西（Umberto Bossi）放弃那基本无法实现的分离主义目标和其他反建制目标，并与贝卢斯科尼的意大利力量党和詹弗兰科·菲尼（Gianfranco Fini）的民族联盟结盟后，都反感地退出了该党（Dematteo, 2007: 226）。在这一同盟于2006年的民意调查中失去支持后，博西又重拾了他过去的一些分离主义言辞。鲁米兹对北方联盟的分析（Kumız, 1997）则总体上更同情其对意大利民族国家的不满这一出发点，聚焦于它在反抗官方权力结构时对象征主义的运用。

为生气的是，警官们来此向你表示友好，只不过是为了窥探。他们的任务是找出并惩罚那些日常欺骗行为，而正是这些行为使一个人的生活在经济和社会层面上过得去。这种怨憎以及因接待大量官僚和交涉人员所带来的不便导致的一个结果是，许多人，甚至包括许多身居高位的人，更希望将首都改为其他城市。至少有两个罗马人的组织专门致力于达成这一目标，或者至少也要降低这个城市作为首都给其居民生活带来的影响。其中一个组织的负责人还是彼时城市交通系统的二把手。正如其组织的宣传品《大众身份》（*Identità Popolare*）所说："我们越不像一个首都，就越像一个城市。"（Meno capitale, più città.）这样一种态度在更平民的以及年轻人的圈子里并不罕见。我曾评价称，即使是罗马人有时也怀有分离主义的态度，一位本地报摊主的儿子毫不犹豫地应道："我愿意分离！"（Me staccherei!）

　　上述这种首都与国家之间的吊诡关系反映并强化了主流政党内的地方主义者和民族主义者的机会主义行为。左翼政党越发同情 19 世纪民族主义者的困境和逻辑；意大利前总统钱皮对国歌和阅兵的热衷也显然是对北方联盟及其源自右翼政党、坚持民族主义的盟友的联合阵势的一种平衡。这些共同支持北方分离主义的人屡屡表达对首都的蔑视。他们所做的最显眼的一件事，或许是不允许首都人，即他们所谓的南方人，去他们在兰佩杜萨岛（the island of Lampedusa）一块专属区域里建的别墅酒店度假——好巧不巧，这一区域正位于西西里之南！[1]

---

[1] 比如可参见《新的自治联盟闯入两极间的斗争》（"Le nuove Leghe autonomiste che irrompono nel duello tra i Poli"），《共和国星期五报》（*Venerdì di Repubblica*），2005 年 5 月 27 日，第 13 版。

罗马人生活在这样一个国家里,北方分离主义者公开鄙视南方,认为那里是未开化的一潭死水(这也在最近一段时间鼓舞了南方本地的分离主义者的野心)。但罗马人自己并不拒绝南方人的标签。他们公开表示对那不勒斯人的景仰之情,称后者有更深邃的幽默感、更好的咖啡以及更国际化的生活观念。而且,对南方人的刻板印象于他们而言,可以充当本地生活的亲密性领域(intimate areas)的某种借口,在这些领域,"修修补补的艺术/凑合的艺术"(la bell'arte d'arrangiarsi)是他们从这个笨重低效的官僚国家中获得的唯一一丝宽慰。①

当北方联盟于2000年组织规模庞大的"向罗马进军"运动时,罗马人多多少少有些茫然。这场运动的象征意义令人想起墨索里尼而非加里波第的作为,这一点并未逃过罗马居民的眼睛。后者中的一部分人甚至对运动参与者抱持同情,但也小心地指出,运动参与者反对的罗马是作为政府之所在的罗马,而非那个他们深爱的家园。当看到运动参与者烧毁一面意大利国旗时,罗马人并不特别伤心;面对那些就涂抹在这座城市里的、指控"罗马贼"的涂鸦时,他们也会报以同情。和运动参与者相比,他们自己对官僚气息浓重的民族国家的感情也积极不到哪儿去。

1871年,罗马刚刚获得首都的地位,便立即成为历史上投机性城市主义最肆意增长的地点之一。大量的区域被开发,不动产的

---

① 对那不勒斯工人阶级的刻板印象中那种狭隘的自私所扮演的角色,可参见帕尔多的讨论(Pardo, 1996:13)。关于"修修补补的艺术/凑合的艺术",尤可参见帕尔多对那种不假思索地将非正式经济安排拉扯进对这一议题的讨论的倾向的详细反驳(Pardo, 1996:11)。关于"应付/混"(muddling through)如何作为人们应对官僚力量对日常生活的入侵的基础,参见de Certeau, 1984:xix; Reed-Danahay, 1996:212-213; Scott, 1998:328-333。

价格以毁灭性的速度一路上扬。新街道切开既有的城市肌理，以适应迅速增长的人流与车流。一些地方仍然保留了不合时宜但又带有迷人的质朴气息的名字，比如普拉蒂区（Prati，字面意思是牧场）。这里成为正义宫（Palace of Justice）的所在地，同时也是法律工作者的首选办公区以及资产阶级的住宅区。自意大利统一以来，乡巴佬（burini），即来自罗马腹地的乡下人，移居到城市中，以寻找比乡村工资更高的工作。这一单词所包含的意象仍保留下来，用于解释那些表面粗野但内心质朴的市民的粗鲁行径。

可以说，这些人就是"教皇的异教徒"（papal pagan）。paganus（异教徒）一词就像英语中的 heathen（异教徒）一样，在古代的意思是"山野村夫"。城市罗马人对他们乡下亲戚的优越感一直延续至今。其与异教信仰的联系也并不仅仅是失落的过去留下的阴影。梵蒂冈对异教复兴的危险感到不安，这与这种友好的粗野存在有关："异教徒"不仅涂鸦宣称"罗马是异教的"，并且叫"神父滚蛋！"。而且，恰恰是异教徒（pagano）这个词提醒我们与旧宗教关联在一起的质朴（rustic）特性，而基督教试图用自己的城市性取代的正是这一——换句话说即"不开化的"——特性。

也许，说罗马方言时出现的那种尴尬感就是由此而来。比如，曾有个本应乐意使用工人阶级的语言的意大利共产党前党员向我道歉，因为他在批评现任左翼领袖时用了带有罗马方言色彩的语言。还有个人，当他描述某个中国移民曾指责他有法西斯主义和种族主义倾向后，他对我说："抱歉，我讲得可能太偏罗马风格了。"但其实，他是在意识到自己用 morto di fame（快饿死了）形容那个中国移民刚到意大利时的状态的时候感到尴尬的，这个词可能不礼貌，

逐出永恒　　036

却并不算是受方言影响的那种表述。因此，与其说他是为自己的方言而尴尬，不如说他的那种羞愧不安正好说明，罗马话不仅是一种语言，更是一种心态。

这种不适感展现了一种普遍存在的意识，即罗马方言及其"乡村亲戚"的地位明显低下。在愤怒时刻使用方言是对亲密性的一种共享，但如果一个罗马人在和外来者交谈的过程中也这样做了，他可能当时便倏然感到或在事后感到，这是不合适的。① 对我而言，我将如此使用语言视作信任和情谊的符号。尽管一些左翼政治家在媒体上露面时仍使用方言，但是当不经意地使用罗马方言让工人阶级左翼感到尴尬时，就能发现持续增长的资产阶级与民族主义价值观的影响变得越发明显。当他人滔滔不绝地跟我说被人指责为种族主义者所带来的不适时，这也反映了资产阶级对于坏名声的恐惧，这样一种恐惧也通过经常出现的一句免责声明表达出来，即"我不是种族主义者，但……"（Non sono razzista, però...）②。

这些免责声明的意义是重大的。许多意大利人公开视种族主义心态为与现行有关公民和谐（civic harmony）的理想相脱节之物。这种散发着法西斯历史臭气的心态与新兴的世界主义（cosmopolitanism）及其政治正确原则是冲突的，对于那些诚心在意此事并追求社会公正的人——这类人数量众多——而言，尤为如

---

① 这也可能是一种威胁的模式，如当一位中年男性在夜里被住在楼下的富有的西班牙青年打扰到时，他曾以此种方式威胁说要将他们赶走。他如此描述这场遭遇："'你们必须走'，我用罗马方言跟他们说。"（'Dovet' annávene', ho detto in romanaccio.）事实上，他对罗马方言的词形（annávene 而不是 andarvene）的强调表明，对他来说，这是一种粗暴对待这些恼人的外国年轻人的方式。
② 这类表达很普遍，在意大利边境以外的地方都能遇到，参见 Herzfeld, 2007b。关于所谓意大利没有种族主义、更沾沾自喜的观点，参见 Cole, 1997: 9。

此。但同时,指责少数族群(尤其是吉卜赛人[①])和移民不能跟上本地人在法律、卫生、诚信和喜好上的标准,又为那些继续拥抱种族主义的人提供了自我辩白的机会。有个居民曾说,这些人是由于活得"太文明"(troppo civili)和经常遭到粗鲁的回应,才变成种族主义者的。但实际上,上述说法不过是另一种免责声明罢了,并且体现了这些人在拿"文明"当排斥其所厌弃之物的工具这条路上已走了多远。有位木匠曾在承认某些移民的确是为了"挣口面包钱"(er costo der guadagnasse un pezzo de pane)而努力后,旋即谈起了"移民都是犯罪分子"的那种刻板印象。虽然较之前那个居民的说法更为精心一点,但这也不过是又一轮自我开解罢了。

简而言之,这些新兴的且在全球范围内散布的文明形式(forms of civility)为破坏将新来者纳入社会主流中的公民项目(civic project)提供了手段。政治上正确的礼貌行为作为文化资本,也标志着富裕程度和受教育程度,有利于潜意识中实为法西斯主义取向的那种礼貌话语(polite discourse)的出现。[②] 更有甚者,它们吸收了意大利语言中既有的礼貌和矜持的形式。我在后文中会再谈

[①] 意大利语中更政治正确一点的对吉卜赛人的称呼是 Gitani。此外,Rom,意指罗马人中的一种,也是对吉卜赛人较为尊重的称呼。我则更倾向于在价值中立和高度一般性的概括的立场上,使用"Gypsies"这一也可以用来指涉其他以迁徙为特征的共同体(traveler communities)的词,这个词可能确有些可疑,但我想用它来表示这个遭到意大利社会不同层面的主动歧视的群体。

[②] 科尔(Cole,1997:131-132)认为,西西里岛城市巴勒莫(Palermo)的中产阶级居民一般不会对非欧洲移民公开表达种族主义观点,他们把非欧洲移民作为自己阶级地位的标志。而工人阶级市民从自己对罗马和北方富人的怨恨角度出发,对移民表现出一些同情(也见 Cole,1997:112)。他正确地指出,将任何一个群体描述为是或不是种族主义者,既是一种简单化的做法,也是一种误导。在罗马这样一个主要遭到该国其他地区鄙视的城市,运用文化资本(参见 Bourdieu,1984)的能力——发表有教养的言论和践行城市礼节——掩盖了一种类似的模糊性。这样一种情况由于对来自前东欧集团国家的移民的不信任而进一步复杂化。新法西斯主义政党民族联盟从工人阶级对已经岌岌可危的经济活力的潜在威胁所表达的愤怒中获利,但工人阶级中的前共产党员可能相对不愿投票给新法西斯主义者。文明礼仪(civil manners)不一定能保证形成公民价值观(civic values);带有种族主义意图的免责声明可能对掩饰种族主义尤为有效。

到对"文明"（civil）和"公民"（civic）的对比，二者之间的差别可以说明社会冲突与社会合作的新兴形式。但是就目前而言，我只是想指出它在挑战全球化模式——对自由、民主价值观的传播，并明确认为这一传播有所裨益——时所具有的价值。

语言使用与文明的理想形式之间的关系非常复杂，且以阶级结构为基础。对许多资产阶级罗马人来说，使用方言与不文明的可怖形象有关联。而与此相反，工人阶级市民则参与到更为本地化的文明形式中，他们使用相同的表达模式，有时甚至使用程式化的无礼和挖苦的语言来表达情感。掌握标准语言，就像掌握政治上正确的术语一样，是一种文化资本。一位女建筑师说，当她使用建筑业行话（l'architettese）时，人们会问她是不是来自北方——那个最讲究礼节与高雅文化的地方。相比之下，从工人阶级罗马人的角度来看，使用尤为粗俗的短语和独特的方言形式，可以保护一个充满亲密感的文化世界不受好奇的，而且是往往带着轻蔑的外来人的影响。

资产阶级表达对罗马方言的厌恶，和他们亮出种族主义免责声明一样常见；而且和后者一样，这种厌恶也透露着对民族身份或都市人身份的强调。中产阶级居民，尤其是那些向上流动的中产阶级居民，一面连连否认独特的罗马方言的存在，一面又自相矛盾地装出被罗马方言中的暴怒粗话、轻快的污言秽语、色兮兮的比喻震惊到的样子。（他们常常这样解决这一矛盾：他们会抱怨道，当代罗马口语已经不是19世纪严苛的方言诗人朱塞佩·焦阿基诺·贝利所使用的那种高雅罗马话了；他们也因此会坚持把当代罗马口语称作romano，而不是更雅致的romanesco或更亲切、更令人熟悉的 romanaccio。）某次，我正和一位女士吃饭，她是个家具修补匠。我听见我们隔壁桌的两位女士聊道，只有那些受教育程度极低、不懂正确的意大利语的人才说方言；而与我共进晚餐的女士很肯定地指出，其实这两位女士自己就是罗马人。她们的这种态度在更高阶层的资产阶级，尤其是住在繁华右翼社区的居民中十分常见，比如帕里奥利区，该地区最初就是为满足墨索里尼时代高级官员的居住需求而建立的。①

这种态度也不是在罗马出生的人的特权。一位来自特雷维索（Treviso）、现在在蒙蒂居住和生活的平面设计师，赞扬了一两位老居民的说话方式（speech）。在他看来，老居民的口语表达能够召唤出那种旧日的态度，但绝大多数罗马人的口语是一种资产阶级的"堕落"（calata）语言。这种语言因为新的繁荣景象的到来而变得非常傲慢。这样一种"后堕落"（postlapsarian）时代的意象，作为"腐化的质朴传统"这一更宏大的话语的组成部分，反映了一种有特权的怀旧以及世界主义专家们在文化方面的势利态度。他们中的许多人并没有在这座城市中成长，但却来此寻求成功，而且还编造出一套审美立场以符合他们的社会雄心。② 与这位平面设计师的态度形成对比的是一位大学教授兼专业语言学家的评论，这位左倾的蒙蒂老居民习惯于跟其直系亲属说罗马方言，并敦促我不要忘记

---

① 我的一位在社会阶梯另一端的工人阶级朋友在普利亚大区（Puglia）长大，有一次，他和一位同龄的罗马人一起穿过西班牙广场（Piazza di Spagna）。当他们无意中听到广场上有些人操着巴里（Bari）、福贾（Foggia）［二者都是普利亚大区内的城市］一带方言对话时，那位罗马人才惊讶地发现他们讲的也是意大利语中的一种！
② 参见简·希尔对"怀旧"作为一种表达权力的方式的分析（Jane Hill, 1992）。将工人阶级罗马人视为"高贵的野蛮人"的那种视角在看待这些罗马人的地方传统时，充满了民族主义话语。那些受过高等教育的居民赞扬少数讲罗马方言的老人坚持了传统口语表达和价值观，而同时又将那些更具攻击性或不尊重他人的本地人痛斥为"民间的"（folkloric）。

"对我们来说，意大利语是第二语言"①。

罗马方言之所以更容易被简单地视为标准意大利语的堕落版本或错误版本，而不是像弗留利话和西西里话那样被视为独特的方言，恰恰是因为罗马方言相对而言更接近标准意大利语。②它的批评者们至多承认它曾经获得过文学上的荣耀，但会带着怀旧式的厌恶摇头否定它里面那些堕落的黑话。这些黑话被认为是曾经辉煌的罗马方言衰落至今的结果。一个蒙蒂人曾告诉我，他觉得他那位从费拉拉（Ferrara）嫁来的老婆说起话来有音乐性。但他同时认为，她那种像任何一个罗马人那样去咀嚼字词的讲话方法也是一种堕落。即便是受教育程度颇高的学者和文职人员也会倾向于习得他们所居之地的土话，罗马方言依然有此种强有力的影响，在人们的实际生活中总能达成类似的效果。③

消除这种尴尬的一种方式是声称罗马方言与其说是一种被广泛接受的口语形式，不如说是几十年教廷统治下的无知和不安全感的一种反映。但即便是在该方言这样的一种丑陋之中，这种说法也在一种难以言喻的意义上，表达出了共情。④但是这样一种观点，就像它所针对的语言一样具有讽刺意味，认为在那种温文尔雅

---

① 这位教授的表达也许因其知识分子和语言学家的身份而过于自觉了，但他的观察确实与普利亚洛科罗通多（Locorotondo）的农民的经历十分相近（参见Galt，1991：205）。
② 即便是狂热的左翼地方主义者，有时也会为自己惯于使用罗马方言而感到尴尬。我的一位显然已投身政治的好友在和我的一次简短聊天中就自纠了两次用语（将表示"现在"的mó改为adesso，将表示"我要去"的annavo改为andavo）。在听到我的小小抱怨后，他答道，"因为我正在努力强迫自己说意大利语"——这句话特别能说明问题：虽然他努力想说官方语言，但这句话已表明他心底里认为罗马方言和意大利语的地位是一样高的。希腊的情形则相反，希腊人会把"我们的方言"与"正确的或官方的"希腊语对照起来，显示出希腊与意大利截然不同的国族建构史。
③ 我妻子在当地的意大利语老师中的一位起初对我对罗马方言的兴趣表示困惑，因为对她来说这种方言根本不存在。直到有一次在超市里，她发现自己听不懂两个明显是罗马本地人的女人间的谈话，才不得不承认这种方言确实存在。
④ 这些说法出自最近一些尝试编纂罗马方言辞典的人，参见Malizia，1999：7；Ravaro，1994：17。

的（urbane）厌恶情绪的日常作态下隐藏着的一种深刻联系：罗马人在一个主要由他们的说话方式所界定的空间里享受他们的文化亲密性。①方言、污言秽语以及侮辱都可以传达感情。比如，称一位密友为"婊子生的"（fijo de 'na mignotta）或者"浑蛋"（stronzo），又或者咒骂"你祖宗"（li mortacci tua）是真正的亲密性的一种标志，或者说是一种测试。②一位木匠所表达出的刻意的粗鲁正有此意：他蛮横地对一位餐馆老板说"给我来杯卡布奇诺，喂！"（Fammi er cappuccino, á!），这句话最后那个唐突的音节，也是罗马方言中的一个语气词，而对朋友以外的人使用这个词会让人感觉被冒犯。它既是对真正的亲密关系的肯定，也仍是——如服务员后来所埋怨的——没有教养的标志。这种语义上的模糊性传达了日常社会关系的模糊性，这些罗马人可不管语法学家卖弄学问用的那些精确规则！

但从逻辑上讲，这种对社交灵活性的测试也有风险；对错误的人或在错误的时刻说脏话，会带来灾难性的后果。此外，一个男人在称呼一个与自己没有社交关系的女人时，不会像对另一个男人那样直呼她的名字，而是称她为女士（signora）。一家专门经营异国家具的精品店的（女）老板解释说，一个男人这样做是在向这个女人的丈夫暗示，他应该"放心，我并没有觊觎你的妻子"。

---

① 罗马人觉得罗马方言对外来者而言是难懂的，这证实了这样一种看法：文化亲密性在意大利很可能——在罗马则是"必定"——更常在地方层面而非国家层面得到捍卫。希腊的情形则相反，希腊人认为外来者难以进入的是该国官方语言，而雅典方言在这个城市被提为首都的几十年后就消亡了（参见 Newton, 1972: 14—15）。

② 其中一些用法建立在一些有趣的往事的基础上。一位匠人告诉我，曾有个婴儿被遗弃在某个教堂专门设计来接收弃婴的转轮装置前（参见 Kertzer, 1993），遗弃者留有便条，上面写着"figlio di m. ignota"（一个身份不详的母亲的孩子），而这被当地人读成 figlio di mignotta（娼妓之子）！这是个双关语，既暗示孩子母亲的不光彩的身世，又暗指一个不断发生此类不幸事件又总能解决它们的世界中的亲密性。

这些用法精准地标示出亲密性被延展和被控制的程度。但那些讽刺性的用法也是值得注意的。比如，当人们调侃有权者——尤其是那些自诩左翼政治身份，却总以相反的方式操弄权力、支持相反法规的有权者——时，方言可以被用来伪装谦卑的表象。某次，意大利总理马西莫·达莱马（Massimo D'Alema）走进一家珠宝店，店主假装像对待一个路过的托钵修士那样对待他，但用的又是夹带着方言形式的敬语："您要来杯水吗？"（Vole un bicchie' d'acqua？）在随后的对话中，达莱马对店主这一坚持了重要传统的举动表达了赞赏，但这位店主直率地回应道，一个不支持恢复学徒制的政府对他的生意一点意义都没有。

在我最初结识这个社区的人时，我特别留意到，人们几乎刻意地避免使用姓氏。人们用名字介绍自己或别人；进一步的亲密关系则通过方言中对朋友的轻声呼唤而得到公开展示［例如，"a（hoo）Miché！"］。使用名字被认为是"友好的"，但这个概念的含义不一定总是积极的。但正是因此，它定义了一个社会空间，在这个空间里，即使是敌对关系，也能以对更大的社交语境造成尽量少的伤害的方式得到处理。

根据一位年长木匠的观察，过去人们更愿意用他们的姓氏来介绍自己，而单独使用名字是一种不尊重（dispetto）的行为，这与上述观点并不一定冲突。他所说的是不同社会等级的人之间的区别，这种区别近年来已经变得越来越少。事实上，今天姓氏偶尔也被用于讽刺。它被用以呼唤一个有一定地位的熟人，但使用者又不想对他表示过分的尊重。因此，当地一位知名人士以这种方式向西西里工匠工会主席打招呼，他的一位更激进的工人阶级邻居也这么做了。通过接受这种称呼方式，他避免了可能招致的一种温和但持久的嘲弄。然而，对于关系亲密的人，人们不愿意使用姓氏。大多数人的名字都来自一个相对有限的备选库，因此，在单独使用这些名字时，可保护其持有人不被认定为"法律意义上的人"（legal person），从而不必在某种正式的意义上承担责任。真正强悍的人，特别是旧式帮派头目都有一个绰号。有时，也许是为了达到讽刺的效果，绰号由一个阳性冠词 er 加一个阴性名词组成。①

在标准语言中，非正式的称呼方式可以作为归属和合作关系的标志。例如，一般来说，即使在说正式的意大利语时——如律师、医生和学者通常被期望的那样——那些专业人士也会很快采用非正式的代词 tu（你）指称。不用 tu 而用正式的对应词 lei（您），则有冷落的意味。不管怎样，礼貌形式可以传达一种社会优越感，例如，当一个资产阶级女房东称呼当地的水管工为 lei 时，会将这种用法与水管工的名字结合起来，以确保这个礼貌称呼形式仍能明确传达等级意义。另一种情况的例子是，当男性警察对一位受过良好教育的拉美女性移民使用非正式的 tu 时，她提醒警察这是不恰当的（尤其是在她的证件完全符合要求这个前情下）。而警察告诉她，这是因为她来自第三世界。他们的蔑视令人痛心地随意。

在其他语境下，造成伤害的是礼貌的形式。当一家大型房地产公司的律师以礼貌的形式对租户的辩护人讲话时，后者的反应很愤怒：他是一个年轻但并非没有经验的专业人士，是其中一个居民的近亲，因此此事关乎其个人利益。他觉得自己被故意置于一种社会

---

① 比如 Er Cipolla，意为"洋葱"。鲁泰利市长被人挖苦为 Er Cicoria，意为"菊苣"。最难伺候的上司则被冠以一个略带讽刺意味的头衔 Er Mejo，意为"最优秀之人"（The Best）。

性的不利地位，而没有在名义上得到平等对待（nominal equal）。

这些语言的使用方式不仅有社会性的暗示，而且有实际的物质性意义。给使用非正式语言的服务员或酒保付小费可能是一种侮辱，因为这种行为拒绝了一种平等和友谊的姿态，重新设立了等级制度。事实上，餐馆是协调男性伙伴关系的重要场所，而且往往是通过这种语言上的细节协调。① 与餐馆关系密切的人——他们被称作 de casa，字面意思就是"我家人"——即使就座，餐馆也只会向他收取站在吧台喝酒的费用（比就座的费用低）。想获得这种理想的地位，需要通过一个仪式，即需要让已经拥有这种地位的人让新来的人请熟客喝酒，以获得名义上平等的权利。而且双方都得说罗马方言，说正式的意大利语将意味着回避或拒绝。

即使在那些说话习惯于接近国家标准的人中，一个微小的口音变化——语言学家所谓的"辅音弱化"，比如弱化 ti saluto（我向你问好）中 t 的发音——也能表达出超越短语本身的亲密感。在正式的口音中，这个短语也可以是一个警告。一个珠宝商向我解释说，他用这个短语表示"祝你好运"，但也暗示谈话现在应该结束了。他表示，"ci vediamo"（再见！）是一种更好的（più carino）表达方式。同样，"dica"（告诉我。一种用于请别人点单的礼貌用语）一词以罗马口音伴着正式的态度说出来，可以是一种表达微妙的排斥而不是友好的方式。

说一些表面上友好但暗带刺激性的话，符合罗马人相互合作但偶尔也会紧张对立的社会关系的自我定位（self-stereotype）。也许

---

① 可进行比较的例子参见 Kapferer，1988：155-161；Papataxiarchis，1991。卡普费雷尔对澳大利亚（男性的）平等主义和种族主义间的联系的揭示（Kapferer，1988：192-200）颇具启发性。

其中最有趣也最短的例子是 Boh! 这是对怀疑和困惑的一种表达。一位珠宝商，同时也是一位精明的方言注释者，用 "che ne so?"（字面意思是 "我怎么知道？"）或 "che me frega?"（关我他妈屁事？）来注释这个词。但是，他随后指出摆在我们眼前的一个例子——一位交警，面对不少于三排违法停放的汽车，绝望地摇了摇头，抗议道："Boh!" 然后匆忙离开。如此一来，他就不必冒着失去权威的耻辱尝试不可能的事情——他显然发现整个混乱的局面已经超出了他的能力范围。

由于学校教育的存在，孩子们在成长过程中不是只说罗马方言，他们也迅速地学会了在亲密的家庭圈之外的地方避免讲方言。在这种情形下，父母会偶尔对自己的孩子讲正式的意大利语，摆出要收回感情的姿态。对这些父母来说，在教训孩子时将正式代词和标准意大利语双管齐下，远比粗鲁有用得多。我有个朋友是家具修补匠，他为人十分和善，早年在一个国家机构里当药剂师，大约五十岁的时候决定退休，转而追逐他长年被压抑的手艺梦。他在转行后就遇到了这种形式的排斥：尽管他自己也是说着罗马方言长大的罗马人，但蒙蒂地区的工人阶级工匠就是不肯和他讲方言。面对他友好的提议，他们总是用正式用语应答，从而将他挡在这个群体之外。这让他沮丧，但他也会故意滑稽地模仿他们这种敌意，以此反击。正式用语表面上很恭敬，使得他难以开口抱怨，这令他尤其感到这是一种故意的排斥。在这些工人阶级工匠的敌意背后是一种真实的愤愤不平。我的另一个朋友也被这种愤愤不平针对过。他是个极有天赋的业余工匠。更为年长的匠人们暗示道，业余工匠仅为自娱从事这一行，因此要价更低（当然这也可能是因为业余工匠缺乏经验），而这会夺走那些不得不以此为生的职业工匠的饭碗。对于这些不够体谅同行的竞争者，那些真正的匠人常会带着一股义愤而拒绝表示亲密。

　　罗马的工人阶级中存在很强的排他态度。但是，罗马不只有——可以说远不只有——工人阶级。在罗马，你可以见到雅士、名人和巨富。在罗马，你还能听到人们频繁提起这座城市是"世界之都"（caput mundi，这是一个一望便知的拉丁语词组，提醒人们记住这座城市古代的帝国荣光），以显示其历史性和世界性的地位。除此之外，罗马人尽管不解，但承认罗马就像一个话匣子（chiacchierone）。罗马人爱说话到了这样一个程度，有一次，一位女士看到另一位女士的腊肠犬开始对另一只狗狂吠，便评价道，显然它也需要聊聊，它也是个话匣子！这样一种甚至感染了狗的爱说话的性情，对任何人类学家而言都无疑大有裨益。[①] 但对于那些比较克制的罗马人而言，当他们的同伴与素不相识的北方人搭讪，就气候变化和政府的各种缺陷发表精心打磨但又浮夸的言论时，"话匣子"这一特点则显得有点丢人。罗马人对谈话的自然真诚的喜爱也打开了社交生活中最私密的领域，并造就了八卦与社会舆论的公共景观。简而言之，罗马人就是民族志学者的梦想。蒙蒂在一个狭小的空间里聚集了工匠、商人、知识分子和政客，强烈地折射出这样一种诱人的反常现象（perversity）。

---

① 德蒂恩内（Detienne，2007：2）最近提醒我们，"人类学家"在亚里士多德看来也是"话匣子"，早于亚里士多德几十年的阿里斯托芬认为他们是"散布流言蜚语的人"。这种谱系提供了人类学-民族志学者乐于承认的一种身份，正如我的罗马朋友乐于承认自己是话匣子一样（Gluckman，1963）。

第二章

人民与人口

蒙蒂目前正在经历其历史上最剧烈的人口转型。新自由主义经济，尤其是疯狂增长的投机性的房地产市场，连同逐渐降低的出生率，正在实现罗马过去的众敌未能实现的目标。老一辈蒙蒂人经常用一种略带夸张的方式评价称，人们在街上再也看不到孩子；对宫殿（palazzi）的改造（restructuring）造就了这一地区数量可观的不在地房东以及一些小规模的富裕家庭；与此同时，有一些证据指出，正在减少的人口实际上反映了一种刻意为之的士绅化政策，这一政策旨在将整个历史中心区转变为特权者的保护区。这个曾经（工人阶级）人口密集的区由于今日的人口减少（spopolamento）而引人注意。这一人口减少进程始于墨索里尼对历史中心重新规划的尝试。但讽刺的是，时至今日，恢复这一进程的恰恰是声称自己是正牌左翼的城市管理者。

匠人

尽管蒙蒂以自己的工人阶级身份为傲，但其立场并不像都灵等城市那样是产业工人的纯粹的无产阶级性的。非常明显，蒙蒂人的身份认同是手工工匠。他们在一定程度上忠于左翼政治组织，但可以确定的是，他们也是保守的，对技术变迁和革新充满怀疑；而且他们能意识到自己与上层资产阶级以及本地贵族有深远的共生史。进一步来说，今天左翼政治组织更明显是由知识分子、党派活动家以及艺术家所代表。而本地的匠人和店主则经常因为这些新来者的一些主张而感到愤怒，比如，新来者要求开辟步行街，增加其他士绅化的附加物。前者认为，凡此种种阻碍了他们的生意。

匠人群体自己也是在变化的。数量越来越少的是那些基础性的实用工种，比如修锁和栅栏的铁匠、做门的木匠、水管工、玻璃工、泥瓦匠等。这类匠人的日子过得越发艰难。不仅他们所需的原材料的价格在不断上涨，而且他们必须支付的税款和社保金额也在增长。如果他们有学徒，那么需要支付的社保金额就会异常巨大。但大多数人说他们无法承担这笔费用，而且对手工感兴趣的年轻人寥寥无几。因此，工匠们在自己生命中最后几年的活跃期里，为维持生计而挣扎，此后便黯然放弃了自己的职业，任其消亡。少有的例外是那些能够说服自己的儿女也从事这份工作的人，但这种情况也越发稀少。还有其他一些因素也不利于招收学徒。比如，一个木匠不再需要年轻助手为他制作胶水，因为像许多其他材料一样，现在可以买到现成的胶水。此外，由于国家教育系统提供替代性技能，年轻人一般都避免从事手工劳动。匠人作坊的神秘感对年轻人来说也没有什么吸引力：多疑的师父担心学徒的野心，这会导致持续的紧张关系。此外，在作坊里学徒受许多条条框框的限制，而且学习周期很长。

一些级别更低的匠人仍然留在蒙蒂，但这只是一小部分人，他们要么是长期拥有自己的住房的人，要么是能够以可承受的价格购买其所租的房产的人。新来的一拨匠人明显艺术水平更高，佣金也更高，但即便是他们也面临着困难。例如，一个玻璃工必须花相当多的钱购买原材料，但即便是相对大批量生产，也无法与设计师品牌的商业力量竞争。越发多见的一种情况是，商店复现了以前那种汇集匠人多种技能的模式。匠人与其说是创造者，不如说是修复者，或者说，他们"通过修复二次创造的"物品是个性化的，每件都是独特而昂贵的艺术品。修复已经属于顾客的艺术品，带来的收入很少。但一位修复师告诉我，如果不是为顾客修复，而是他自己买下该物件，修复后就可以以原价的两倍卖出。一些这样的二手匠人因为无法与玛格塔街（Via Margutta）和念珠商街（Via de' Coronari）等地的技艺更高的同行竞争而逃到蒙蒂。现在他们即将退休，让位于水平更高的匠人。

很少有匠人能在那些负责将旧宫殿"改造"为公寓楼的人那里找到工作，而对所有这类工作的严格控制——至少在房屋外观方面——使工作局限在相对少数被认为有能力的匠人身上。四周似乎有什么东西正在迫近匠人们的生活——这几乎可以按照字面意思理解，因为在历史中心区的一些地方，一些纪念碑周围竖起了金属围栏（recinti），并划定了交通限行区，这进一步切割了日常生活的空间。市政府计划将尽可能多的匠人聚集在泰斯塔乔的老屠宰场（Mattatoio），这似乎成了压垮骆驼的最后一根稻草——通过这一计划，官僚将匠人们围起来，同时也破坏了他们在城市其他地方的生活方式，其中也包括蒙蒂。[①]对纪念性空间的划分越来越严格，扰乱了居民使用街道和广场的习惯，他们以往会在上述地方辩论那些对他们生活影响最大的问题。

图2　反思过去与未来——一位蒙蒂玻璃工。（本书作者摄。）

这一逐渐加速的分离进程带有一丝令人伤感的讽刺意味。匠人和小商店主一直以来都是蒙蒂经济的支柱。尽管那些通常在相当基础的层面提供必要服务的匠人（如木匠、铁匠和建筑工）和那些以艺术家自居的匠人（这类人的原创性产品更多为满足审美需求，而非功能性需求）有所区别，但匠人总体而言被视为保守且不合群之

[①] 一位右翼企业家义愤填膺地表达了对当时由左翼领导的市政府和中央政府的坚决反对，他认为市政府的这一计划不过是当权者用以摧毁光荣的意大利小规模企业传统的手法的又一例证（关于这点，参见 Piore & Sabel，1984；Yanagisako，2002）。他认为，这么做不过是打着"适应欧盟法规"的幌子、建立更大的企业单位，以便中央政府能更好地控制这些企业。

人。[1]那些以艺术家自居的匠人可以获得更高的收入，而且收入并不完全来自本地顾客。有些匠人有自己的网站，也有人试图创建更具包容性的网站，将更为弱势的匠人的作品在更大的环境中进行展示。更加专精和在艺术上有创新性的匠人最能适应新经济的竞争舞台。后者中，有两个玻璃工（vetrai）尤为突出，他们在知识分子的活动中也很活跃，其中一个还参加左翼政治活动。大多数级别更低的匠人与其说是敌视政治左翼，不如说是对其漠不关心，这是因为他们个人主义的工作方式与合作性的社会行动格格不入，也因为左翼本身一直倾向于挣取工厂工人的支持，而将匠人视为边缘的和保守的。

  匠人们对那种超出至亲关系的合作方式的抗拒，已经众所周知。在我住的这条街上有一对合作修补皮套的兄弟，街对面则有个和自己退了休的修表匠亲戚合作的钟表匠。即便是至亲，修补皮套的两兄弟也会有合作不快的时候。两人中承担了更多设计工作的那个觉得，另一人整天听广播，分散了自己工作时的注意力。当送鱼的人错将给隔壁饭店的鱼丢到他们门口的台阶上时，他会不断地强调这些鱼持续发出恶臭，让他分心，然后无缘无故地就此责备起另一人来。和没有亲属关系的其他人合伙做生意更难维持，也更少见；在不断增长的经济压力的限制下，这类合作关系的不稳定性也在加剧。例如一个四人合伙的家具维修团队在1993年面临散伙时，四人中唯一一个想为门面续约的人不得不重签租房合同，而和他们在8年前签的那份合同相比，房主这轮开出的价格比此前的两倍还多。

---

[1] 帕里西（Parisi, 2002：155）在对巴西利卡塔（Basilicata）某小镇的描述中提到，那里的匠人们会怀旧地使用 artisti（艺术家）和 scienziati（科学家）这两个词来指称自己，以回忆他们声称的自己过去曾拥有的比现在更高的声望。

将匠人们动员起来共同抵御上述压力的努力屡屡因内部的相互猜疑而破产。我结识的一位蒙蒂金匠在1988—1989年参加了一个包括市内12家公司的合作性组织的创建工作，12家公司中有2家在蒙蒂开有门面。但这个组织在5年后就解体了，因为组织内部的两个群体，即那些原创性的匠人和那些只卖其他人做好的成品珠宝的商贩，对彼此间应保持何种关系持不同的观点，分歧无法弥合。如果这两个群体当时能保持一致，他们本可成功地将产品联合销往美国，各人都可从这趟冒险中获得可观的收入。但大多数成员还是选择了仅靠店面橱窗招揽那种上门选购的本地购买者。这是个让他们感到安全、熟悉的销售渠道，碰巧看中心仪之物的外人毕竟不能带来稳定的营业额。

匠人们的这种态度在整个地区仍为工人阶级所把控的年代还是行得通的，但在当前境况下，却完全无法适应。除了那些在物品的美观而非效用上下大力气的少数匠人外，大多数匠人都感到自己因旧日的社交圈未能扩展和技术上的传统守旧（traditionalism）而在今天被边缘化了。他们还没有做好适应市场经济新形式的准备。他们的工作不像工厂生产线那样按流程进行，因此缺乏那样的规律性；他们也不总能及时付清日渐高涨的原料费，因此缺乏申请银行贷款时所需的抵押物，从而轻易地掉入贪婪的放高利贷者的陷阱中。有时，原料商同时是放高利贷者，随时准备好接收那些违约客户的全部家当。

少数匠人不愿借高利贷，转而向信用合作社贷款。他们缺乏个人资源，却必须向合作社证明，自己在走投无路时还有拿着固定工资的亲友能代为担保。他们的亲友则除了得不情不愿地承担这项风险，还得花费大量时间办理没完没了的官僚化手续。一旦负债匠人违约，那些为数不多的很例外地向他们发放了贷款的银行或合作社就可以合法地没收他们的商品充当补偿。从理论上讲，它们本不应该把违约匠人的吃饭家伙都没收了，但实际结果就是如此，因为大多数匠人除了这些东西外身无长物。

匠人并不像工厂工人那样，在工资、安全以及健康保险方面得到很好的立法保护。与此同时，他们与工厂所有者之间对顾客忠诚度的竞争也在前所未有地增长。尽管他们明确地受到意大利宪法的保护[1]，但他们的生计和工作方式在新经济条件下无法顺利推进，这样一种转变与士绅化进程同时发生，也在后者的影响下被进一步深化。现代性的猛烈降临对消费的模式来说也意味着毁灭性的改变。一位汽车修理工向我指出（由他指出正合适），匠人们不仅制造物件，他们也修复物件。那些制作日常生活用品的人，可以依赖其持有者保持这些物件"可用"且"好看"的欲望：保持其"可用"是因为在物质紧缺的经济条件下，替换物件相对昂贵；保持其"好看"是因为持有者的名声依赖这些物件的外表。但是，修复也可能昂贵，特别是在一个产品被刻意设计成不耐用的时代，这一点就显得尤为真实。因为其原则就是刻意将产品设计为供短期使用，从而使替换整个产品的花销更为便宜。此外，即使是像金银珠宝制作这样精细的手工生意，匠人们也无法轻易与在更有效和更便宜的基础

---

[1] 见意大利宪法第 45 条。但该条将手工艺（artisanship）置于对促进手工艺的社会性发展而非促进手工艺匠人经济收益的普遍关注这一背景下，因此颇有讽刺意味地回避了匠人们的困境和实际的经济问题。该条开头写道，"共和国承认以互惠为形式的、不以私人投机为目的的'合作'所具有的社会功能。本法以最适宜的方式促进和支持手工艺的发展，并在适当的控制下保证它的性质和目的得以持续"。然后，该条才在一个单独段落中续道，"本法为手工艺行业的管理和发展提供支持"。

上组织维修工作的大公司竞争。

由此，大批量生产模式使罗马人对自身的定性，即"南方的"（southern）、不够工业化，转变为一种沉重的经济负担。与此同时，手工或手工艺观念自身也在被稀释。比如，对这个观念的消费主义解读就致使"手工"冰激凌店涌现在这座城市的各个角落；同时，手作商品逐渐高昂的价格又使手工转变为有特权色彩的活动、只有富人才能光顾的生意。匠人中，能在这一转变中坚持下来的，只有那些技术特别高超、适应力特别强的人。

许多匠人认为，对他们工作环境的过度限制导致了进一步的问题。一项规定要求作坊至少有3米高，这对于蒙蒂绝大多数建筑来说是不可能的。其他一些对通风和下水道的规定给这些老房子制造了更多的问题。针对机动车的限入规定只被少数人欢迎，大多数人对其表示担忧。人们认为，顾客们来此购物的积极性会大打折扣，更别说需要装、卸货物的商家将要面临的困难。其痛苦的另一来源在于，质量管理机构将与其职业气质格格不入的精确标准强加于一些行业，同时将源于古代和中世纪的公民秩序重新厘定为对现代主义官僚程序迂腐的痴迷。

但讽刺的是，恰恰是对"历史"财（地）产（"historic" properties）的日益重视，给了老匠人阶层的自尊和经济生存能力最龌龊的一击。在对历史建筑，特别是对教堂的修复规定越来越严格的情况下，监督修复工作的责任从教区神父转移到了"美术监察局"（Inspectorate of Fine Arts）。从考古学的角度来看，这是一个理想的变化，因为神父们关心的通常不是历史的准确性，而是上帝的更大荣耀（这是根据他们的说辞来理解的）或对教堂本身的美化（这是出于怀疑论的立场来理解的）。

然而，老一辈匠人的技艺不停退化也是——尽管不必然是——原因之一，他们被经过正式培训和有官僚体制认证的修复师取代，后者要价更高——据估计能达老匠人的25倍。老匠人的反应在绝望地屈服和创造性地适应这两个极端之间游荡。一个木匠完全停止了工作，只是偶尔为当地富有的专业人士（如建筑师和工程师）制作非常昂贵的小件家具。因此，他现在得以享受舒适的生活，但他是一个罕见的例外。由于经济上越来越困难，大多数男性匠人的妻子现在从事有偿工作，而不是协助她们的丈夫，而匠人自己则被迫将工作时间继续延长。级别更低、干零活的匠人发现自己越发被挤出该领域，或被降级去从事最机械的工作。他们作为工匠的地位受到新压力的威胁，受到曾经引以为傲的"artigiano"（匠人）称号的淡化的影响。现在，"artigiano"这个称号已经被士绅化到难以复归的地步。甚至各种利用互联网的推广计划也加剧了士绅化的进程，造就了更富裕、受过教育的商人-匠人（merchant-artisans）群体，这实际上排除了那些缺乏技能、资金或兴趣的人。

在这种局面下，那些适应能力差或技术较弱的匠人感到自己正坠入灾难的深渊。若是在过去，他们可以过上受人尊重、收入稳定的生活。今天，他们却必须和那些揣着更多官僚化技术证书的同行竞争。而教育背景良好的阶层又流行起进修手工技艺，这使竞争更加激烈。一个家具修补匠酸溜溜地评价道，只有通过在作坊里观察师父如何干活来学习技艺，才是真正的学徒。的确，"学徒应该用眼睛偷师"是整个意大利的普遍观点，也是世界上其他很多地方的普遍观点。① 相比之下，那种充斥着文字化的讲解和规则的正式进修课程为匠人们所痛憎，因为这种放纵的知识吸收方式是他们剩下的为数不多的学徒所不能及的，后者吸收知识的方式是缓慢的，就算非常有学习欲望，也必须单纯地凭借"对手工技艺的爱"来学习。②

正式进修课程开放的名额很少，常常主要向外国人开放；而且另一个修补匠告诉我，申请者必须有政治上的关系或有很有背景的朋友的强力推荐；这种课程的学费就更不必说了，是很高的。因此，这类课程的参加者一开始就是站在特权位置上的，同时一心只想进入最高级的匠人手艺领域；学成之后，他们收费也很高，因为他们之前获得的这种资质提供了针对这个小圈子的行业保护价，而蒙蒂区的那些老匠人和这一切彻底无缘。但同时，这类课程也使得一些不借助与有经验的老牌匠人共事的方式而成长起来的新修补匠涌现。即便这些人中的少数人曾在老匠人那儿以不合法的方式（in nero，字面意思就是"黑着干"）干过。这一点加剧了新老匠人间的竞争。

曾经深嵌在蒙蒂人社区生活之生产、消费方面的老式工艺，其面临的致命一击就是20世纪80年代末期的租金突涨，当然这个判断还可商榷。如果这一击不曾发生，匠人们，例如制作门框、窗框

---

① 这一观点在意大利社会中的体现，参见 Angioni, 1989; Lai, 2004: 20–21; Maher, 1987。其他文化中的相似表述，参见 Herzfeld, 2004: 107–108、115; Singleton, 1989: 26–27; Lanoue, 1991。格拉塞尼的研究（Grasseni, 2003: 180–185; Grasseni, 2007）表明，如果观察能更密切地关注"认识论"和"视觉（vision）的社会性用途"二者间的联系，受过高等教育的观察者和熟练工人在观念上的距离就有可能缩小。
② 有些年轻移民乐于成为学徒和助手，哪怕是非法的，因为这样他们至少可以有 技之长，以摆脱停留在劳动力市场最底层的命运。他们学习手艺的目的通常直指未来的经济收益，即将新习得的技术当成谋生的基本手段。

的那些技工，本可抵御缺少手工产品之吸引力的组装式产品的冲击。当房租开始以指数增长，很多匠人选择把家搬到别处，但保留了门面铺。这一过程使过去那种"家连店"（casa e bottega）的经济单位崩解，这种单位在过去为居住者提供了很多便利，它使一间店里能有很多双眼睛共同警惕不速之客，而且使匠人可以调动家庭成员无偿地替店铺干活。[1]虽然新时期的步行化改造工程下的营业面积与收入之比连同生产小物件的优势都对金匠有利，但同时发生的士绅化过程正在将其他门类的匠人赶出城市中心。士绅化过程意味着，今天，只有住在这些街上的老居民才会仍然喜爱手工制品，并愿意按如今的市价购买；一旦匠人们搬去郊区，我相信，那儿的居民是不会投资如此昂贵的物件的。也正是在这个意义上，这些匠人一方面面临驱逐，另一方面又不得不拼命留在老地方。

对于"什么行为会妨害公共利益"，新居民的观念也与这里的旧观念不同。比如，一个木匠就因其工作时制造的噪声而被赶出了作坊。可是随后在作坊旁边开的酒吧制造的声音明明更大且持续到夜晚。这位匠人的前雇主自己干活时也制造噪声，而且还违反了对工作分区的强制规定，却能够继续安然地在那个作坊里干活。[2]一

---

[1] 杰奎琳·莱维特（Jacqueline Leavitt）于2005年调查了罗马的"强迫搬迁"（displacement）情况后指出，这类"强迫搬迁"对妇女的影响尤为严重：作为妻子和母亲，她们既面临失业，又要照管孩子。她的这些观察结果被写入了联合国相关委员会的最终报告里（AGFE, 2005：115-127）。亦可参见《联合国：罗马无驱逐——针对住房危机的国际考察》（"Onu: 'Roma libera dagli sfratti: Missione internazionale per capire l'emergenza abitativa'"），《共和国报》，罗马版，2005年2月17日，第2版。前述报告还讨论了曼谷的包帕素棉堡（Pom Mahakan）社区，我一直在那里致力于解决类似问题（AGFE, 2005：11-12；亦可参见 Herzfeld, 2006）。

[2] 当局对噪声的容忍有很大的选择性。一位女性凌晨3点走到门外抗议附近一家酒吧发出的巨大噪声，结果遭到酒吧老板的殴打，但这个老板此后既没有因打人也没有因妨害公共利益而被司法系统追究责任。另一位女性，则因为其生日派对一直持续到凌晨1点，而被罚了50万里拉。虽然无法确证，但当地人相信，区别对待这些新来的入侵者的做法是受到政治庇护的。

个刚搬到此处的咨询公司女职员写了封匿名投诉信，抱怨这里的一些年轻乐手制造的噪音；乐手的父亲愤怒地说："她根本没胆子署名。"许多新来的居民和本地匠人、商贩之间的社会距离由此可见一斑。

一个早年将生意搬来此地的修补匠一开始是将作坊和零售店面开在一起的，很快，他的这种安排就面临合法性问题。他懊悔地同意停止这种安排，因为他觉得法律必须被尊重。由于在那之后一直抱持着这种"制作物件者不应售卖它们"的信条，他现在已经彻底变成一个商贩，专卖那种可爱的工厂流水线产品，以矮脚猎犬迎宾垫为代表。其实，他的选择和生活在历史中心区其他地方的许多匠人的营生模式有点类似，他们成功地留在了原来的地方，代价是彻底转行去卖古董和旅游纪念品。

因此，士绅化至少以如下两种方式伤害了匠人们。第一，它使匠人们的持续居住变得更加困难，从他们的视角来看，改造和修复意味着一种尤具讽刺性的结构性暴力形式。第二，它没能给很多匠人在新的历史保护经济（conservation economy）下提供替代性工作。尽管许多匠人在20世纪80年代晚期就已加入本地的周转信贷互助会，但这些组织已经开始消亡。这使得匠人们腹背受敌，一面是顽固的银行拒绝为其提供贷款，另一面是同样顽固（有时甚至暴力）的放高利贷者那分毫不让的、令人难以承受的利率。[1]

---

[1] 帕尔多记述道，那不勒斯的穷人认为，银行虽能提供稍微便宜点的贷款，但其运作更官僚化；放高利贷者提供的贷款虽稍微贵点，但他们往往更通情达理（Pardo, 1996: 114–115）。我在罗马的报告人基本上都不认为银行具备哪怕一丁点儿的便利性，而且他们都觉得即便是那些有可能谦卑恭顺地行事把债偿给自己的人，也还是会在非法放贷者的贪婪和银行的"合法"高利贷（他们是这么认为的）间为难地徘徊。确实有些人得到了银行贷款，但谈起对银行的总体看法，人们几乎一致地表示对其不能容忍。

第二章　人民与人口　　059

因此，匠人们如果想要继续留在老工作场所，就需要寻找新的职业身份形式。最重要的是，他们需要一份能够给予更高、更快回报的工作。一种适应行为是，木匠转变为修补匠，而不再担任原创物件的制造者。这份工作通常比打造新家具更安静，同时收入也相对高。一位修补匠承认，他只需工作几个小时，就可以清洗一个用25万里拉买来的19世纪大理石牌，然后以两倍的价格转卖。有些人则卖掉了他们的生意。但是，正如一位前暖气安装技工所指出的，接手他办公场所的女陶工的经济状况不一定比他好。至少，他可以依靠人们的实际需求，而她则需要在一个众所周知的变幻莫测、竞争激烈的市场中建立更广泛的网络。

一位汽车修理工对比了南方匠人（他将罗马人包含在内）保密的习俗和北方匠人形成合作组织的倾向。他说，后者是靠手艺存活下来的唯一方法；而对于南方匠人，他怀疑他们是否能够迅速克服相互猜疑的习惯，以挽救他们的职业生涯。真是一语中的，这一评论不仅揭示了罗马人的"南方人"形象，也揭示了侵入式的公民管理理想与旧有的公民保密模式之间的张力。

店主

尽管一些匠人已经转为店主，但人们的想象中存在一条分隔两类人的线。与匠人相比，商人应当是政治上的右翼，他们迎合顾客的喜好，并决心为子女留下一份不菲的遗产和社会优势地位。直到20世纪80年代，这样一种区分还具有相当的真实性。但随着士绅化向前推进，商业模式也发生了程度可观的变化。尽管小商店的数量依然巨大，但其中一部分是具有创新精神的企业，比如草药商和电脑供应商。其中一位商人是一位一般意义上可以被界定为有左翼倾向的年轻女性。她热衷于宣传新替代性药物的诸种好处。她经常忙于照顾她的顾客，专注于增加她的产品的种类，而不愿意在闲谈中浪费很多时间。即使是更为传统的行业的老板——他们中的一些人相对而言是这一地区的新来者——也都有相对进步的政治态度。即使是一些上了年纪的商人，如果不考虑其生意和公民态度的话，也往往以其左翼观点而闻名。

随着小型但高效的超市的到来，食品供应商面临一场艰苦的斗争。有谣言声称，至少有一家新企业与黑社会有关系。这种谣言的存在至少可以反映本地人对超市的竞争力的恐惧。由于这些超市在任何时候都可以提供大量不同种类的商品，它们所代表的不仅是对老式杂货店经济生存能力的挑战，而且是对互惠规范的挑战。然而，这些规范仍然很强大，甚至那些政治观点完全相反的顾客也继续在他们熟悉的老式杂货店里购买东西。

正是在这些家庭式的商业活动中，我们看到了罗马人所宣称的作为其独特社会风格的适应和迁就的主要来源之一。"礼貌"表面上作为一种社区团结的表达，实际上则作为优雅竞争的关键要素而存在，一个粗鲁的回应就会让顾客另寻卖家。表现出漠不关心可能是致命的。一位服装商人说，只有当遇到那种频繁出入但从来不买东西的顾客，他才会拉下脸来。他将这类顾客称为"磨人精"（rompicoglione），对这种人他最终会失去耐心。当生意不稳定时，这种礼貌则会变为谄媚，甚至达到自我贬损的程度。如一位愤怒的老店主所说："做生意很卑微。"（Il commercio è vigliacco.）他还对"姿态"在决定社会等级方面的作用给出了有意义的解释："一个好的商人绝不可直盯着顾客的脸（意思是除了保持谦逊的礼貌外，不要有其他动作）。"他的说法揭示出隐藏在适应之下的愤怒暗流："我必须屈从于暴力的人；必须屈从于举止无礼的人；必须屈从于聪明人；必须屈从于无赖，也必须屈从于温文尔雅的人。我必须屈从于所有人，意大利人，还有外国人。"

这位老店主——他的朋友中没有移民，也没有恃强凌弱的警察——用屈辱中带着疲惫的声音，说出了小店主和匠人们在这个社会中生存的代价。当然，他这种对屈辱的逆来顺受可能隐藏了某种精于算计的本质。当我的一位朋友在他的店里买了一个西红柿时，这位店主的女儿（我的这位朋友从小便认识她）按过高的单价报了总价。当我的朋友向她提出异议时，她做了一些模糊的手势，重新计算了总价，没有解释什么。不管这种适应性的谦卑态度背后的动机和习惯是什么，当一位老熟人和邻居试图进行这种小欺诈时，肯定会让人难以当面指责。毕竟，每个人都得谋生。毕竟，除了那些最有信心和能力的人之外，所有人都害怕放高利贷者会在自己生意失败后伺机而动。

知识分子与政客

假如我遵循关于意大利的人类学写作的普遍传统，我很容易就会将对人口的描述局限于匠人和店主。我的一位同事曾告诉我，她住在蒙蒂的朋友们似乎并不知道我在那儿出现过。我确实在蒙蒂遇到过（非匠人也非店主的）知识分子、政客、艺术家，也在"蒙蒂社会网络"的活动中与他们会过面。尽管他们中的很多人对我的不情之请的大方回应不逊于其他居民，但他们的确很少像后者那样能常常在街上与我相遇。因为他们和那些匠人、商贩没有什么稳定的交集，也因此和习惯于跟那两类人往来密切的我没什么交集。除了他们自己专业领域的社交圈外，这些人的社交范围是在蒙蒂——甚至是罗马——之外的。

也许是因为这里的两所大学的系所带来了可观的学术性群体，蒙蒂区还保留着大量书源丰富的书店。但新一轮士绅化带来的是，一些学者越来越担负不起居住在此的成本，其学术收入已赶不上租金的增速。学生们也一样，住不起蒙蒂，而只能成群结队地走路、骑自行车或摩托来上课，有时窄小的街道会因学生大军而拥堵，他们一面堵着路，一面激昂地辩论或放肆地调情。

那些想和老匠人一样在蒙蒂稳定地做生意的知识分子会被挡在本地人的自留地（reserve）之外。一个想在蒙蒂开古董店的前记者就曾被本地人轻蔑地告知："您是市长、温和左翼人物弗朗切斯科·鲁泰利的朋友。"他认为这句话的意思其实就是"你不属于我们这儿"。携着一个在地方大学兼职教书的外国合伙人，开一家相当不寻常的、与修补匠和木匠们的门面极不相同的店——这些都使得这位前记者和本地的生意模式格格不入。

能将知识分子和资深匠人及店主强有力地联合起来的是"城市激进主义"。一些知识分子率领这样一个迄今为止都一团模糊的群体，开展草根式的介入行动。"蒙蒂社会网络"这个组织就是一例，而且其中的核心人物就是政治经济学家里卡多·特罗伊西。特罗伊西批判全球化运动的残酷表象和毁灭性后果，同时抱持非暴力的政治态度——这一点源于他对基督教取向的民众运动的积极参与。他无疑是组织内的调停者，无论是在住房会议上还是在组织内的活动上，他都不喜欢参与者之间的冲突，也因此有时候其他成员会觉得他过于追求让所有人达成共识，以至于非要听完所有方案再做决断。但也因此，他实干的本事很强，比那个一向很有想法、声称就是喜欢这些会议带来的精神冲撞的玻璃工要强得多。

尽管如此，特罗伊西还是认为追求本地复兴的某种形式是可能的。这种形式是指匠人和知识分子组成一个共同体，这个共同体不屈服于士绅化那已支配了全球的经济驱力，不接受当局对这个城市的博物馆学式（museological）的态度。为了寻求这样一种替代性的发展方案，特罗伊西认为最重要的是将那些左翼政党的地区委员会曾掀起过的激烈的政治活动重新组织起来。他呼吁重建"社会性、政治性联结"（legame sociale politico），因为他认为这种联结在新秩序的压力下已经松动。和新自由主义在非洲干的那些事一样，这里的新自由主义也在通过垄断修辞、故意将批评歪曲为敌意等方法，压制人们过"政治生活"的可能性。①

在热亚那，当"不要全球化"（No-Global）运动的参与者与警察发生暴力冲突并致一名示威者被杀后，那里的乌克兰天主教教堂外墙被刷上了巨大的涂鸦文字"八国集团：凶手卫队"（G8: GUARDIE ASSASSINE）。这个涂鸦显示出，上文中提到的"重建联结"的过程似乎是在这一年开始的。这些文字是用蓝漆喷的，涂

---

① 这个有关非洲的典故受弗格森（Ferguson，1990）的启发。

鸦者在蓝字下面先喷了一块白色背景,从而遮住了更早的、主要是关于足球话题的涂鸦。我的两个左翼朋友生动地评价道,这个新涂鸦具有双重意义:一方面,用"卫队"这样一个能唤起人们对墨索里尼时代记忆的词来称呼这次冲突中的那些警察,而不是直呼其"警察",影射了警方在广场上骚扰移民的法西斯行为;另一方面,白色背景不只是为了用更具政治介入性的热情盖掉对足球的狂热,还向本地人开放了一块可以签上自己名字的地方,事实上有很多人签了名。这是多年来第一次不去强调某个政党的倾向,而去表达一个集体的愤怒与团结的行为。对于那些很想看到一种能调动起既有社会联结的新情感出现,而不是只有对新自由主义程式的温顺屈从的人来说,这次行动的确是个让他们受到鼓舞的信号。

虽然这次抗议显然不是"蒙蒂社会网络"发起的,因为这个组织严格按照法律原则运行,但是,这似乎预示着该组织的政治积极分子希望复兴他们积极关注的一些议题。这些积极分子非常清楚"时代"的压力,因为新自由主义的管理风格会侵蚀那种有利于开展批判性辩论的社会条件。特罗伊西是组织中参与度较高的积极分子之一,另外一位是城市规划师卡洛·切拉马雷,二者都为我理解本地动态做出了巨大的贡献。特罗伊西是本地居民,切拉马雷不是,后者在罗马第一大学位于本地的城市研究系任教,并且成为阐明以尊重商人和匠人利益的方式减少交通噪声和污染这一复杂问题的关键角色。还有许多人,包括很多学生也为我的研究做出了贡献。在这里提到他们,而不仅仅是将他们放在正式的致谢中——就像在变焦镜头下发现了物理景观中的一些关键特征,并将其放置在显眼位置——旨在强调他们在重塑环境的过程中发挥的巨大创造性作用。蒙蒂人作为同事和报告人的身份界限在我们共同参与活动的喧闹过程中逐渐模糊。知识分子在这部民族志作品中占据了很大一部分。①

---

① 其他人包括城市学家恩佐·斯坎杜拉（Enzo Scandurra），两位参与安杰洛·马伊（Angelo Mai）项目的建筑师，以及一直在调查罗马市中心的所有历史建筑的另一位建筑师，甚至还有一位外国人类学研究者——乌拉圭学生马齐泰利（Adriana Goñi Mazzitelli），一位来自"蒙蒂社会网络"的政治积极分子。我至少和三位住在本地的建筑师、一位语言学家、两位经济史学家和一位考古学家交谈过，他们都不是"蒙蒂社会网络"集会的常客。我熟识的两位服务员是或曾经是人类学专业的学生。今天，本地知识和学术知识之间的界限确实很模糊。参见帕伦博（Palumbo，2003：11–13）的讨论，他本人曾经住在蒙蒂。切拉马雷（Cellamare，2008）对蒙蒂的规划和激进主义（activism）进行了有创见的分析。

第三章

原罪的报应

教会及其一整套官僚系统的存在深刻地影响了蒙蒂居民的日常生活。即使是那些不在教堂里敬奉上帝的人，如老犹太社区的成员、穆斯林移民以及无神论者，也无法免受其影响。教会的存在无可回避，仅仅从教堂以及宗教机构拥有的房产数量上看，可以说它占据了蒙蒂人展开日常行动的空间。无论是匠人还是知识分子，无论是诚实的商人还是狡猾的债主，即使他们不接受教会的教义原则或者其自封的公共道德监护人身份，所有人也都必须谨慎面对腐朽的神圣性四处弥散的气味。在人们眼中，前左翼政客一旦通过选举获得市政职务，就会与异常持久的教廷权力达成妥协。这些政客会带着愤世嫉俗的态度无奈地耸耸肩，承认这样一种迁就就是长期以来支配他们日常生活的那种模式。

追责与迁就：原罪的实用主义

在本章中，我想探讨教会这种超乎寻常的——既让人敬畏又遭人痛恨，既是神圣的又被认为是有罪的——统治地位，对今天城市中正在发生的事情可能产生的影响。这一探讨需要对教义问题进行探索性的尝试。几个世纪以来，神学上和政治上的道德时而协同一致，时而冲突断裂。二者共同指引着对城市及其居民生活的管理。

尽管很少被提及，但原罪的教义是最重要的一个问题。似乎理所当然地，原罪作为一种原因论（etiology）可以解释普通人为何有缺陷，同时也为归咎与追责提供了一个框架。此外，由于这个世界中充满恶行，因此有关尊重、礼节以及相互致意（mutual regard）的语言为补偿社会秩序的缺陷以及管理不断变化的日常关系提供了途径。这些语言表达了另外一则教义——互助（mutualism，与前文的"共栖主义"含义相近）——的实用性一面。由此，表面的互惠和礼节得以掩饰但无法抑制等级划分的现实。正如在西班牙，这样一种现实往往允许教会和国家在很长一段时间内强化彼此的权力结构。[1] 更贫穷的罗马人完全清楚事情是如何运作的，有钱人"掌管一切……他们有钱，他们有权，他们什么都有"。在这种语境下，文明礼貌（civility）作为公民参与（civic engagement）的对立面，就成为在教会旗帜下以稳定和互相依赖为名的、维持不平等的手段。甚至慈善工作在此也带有工具性甚至压迫性色彩。[2]

对于近来罗马公民生活发生的一些难以预料的变化，评论家们时常大为错愕：一个相对左倾的政府竟然如此轻易地一并迁就了教廷和新自由主义意识形态的要求。想要理解这种情况究竟是如何发生的，就必须认识到"人类是有缺陷的"这一特定假设的持续存

---

[1] 可以证明国家和教会间存在这种互惠交换的正式"礼物"，参见 Holmes, 1989: 98。在二战后的意大利，"对教会的服从"意味着虔诚的天主教徒长期听从教会的指令，在大选中只给天主教民主党投票（而在统一后的三十年中他们根本就不投票）（Putnam, 1993: 107）。"服从"和"接受自己在现世的地位"（Putnam, 1993: 107）再现了宗教教义指令本身具有的阶层结构。但正如萨贝蒂（Sabetti, 2000: 231-234）指出的，这并不是说，教会力量强大的地方就永远生长不出公民机构。

[2] 对这一发展过程的有趣——但有点泛泛而谈——的讨论，参见 Putnam, 1993: 107-109。

在。在这一假设下,政治妥协的必要性、腐败的顽固性、利他主义的不可能性,总是持续出现在那些代表教会和国家行事的人的实践中。一些人试图将这些实践归结为社会落后或不发达的必然体现,这种说法不过是对那种来自外国的批评的可悲学舌。它什么也解释不了;但它本身倒是有关"价值"的国际政治之体现。[1]

与之相反的是,这样一种有关原罪的一般模型也说明了罗马人的腐败与文明之间长期存在的勾连(conjuncture)。它有助于我们理解这种建筑上的辉煌成就以及强大的政治是如何在数个世纪的非法建造和暗箱治理下崛地而起,甚至成为一种典范的。有关人际互动和艺术创造的美学生发自现代城市文明(civiltà),在此,优雅的表面功夫总是胜过对法治的死板遵守。

原罪是一种神义论,其背后是那个创立了亚当和夏娃从伊甸园中被驱逐的叙事的思想传统。无论是东正教传统还是天主教传统都要依靠这种神义论来解释人类是如何在一个神授的世界中生活的,又为何仍然受制于深深的、难以根除的缺陷。罗马这个城市将自身界定为基督徒之城(当然,这里其实还有很多其他宗教存在);这里的基督徒们则将自己界定为罪人。罪人不仅仅是一个神义论上的辞令,还勾起特定的社会性联想。把别人称作"基督徒",意味着把他们看作像称呼他们的人一样本来很知礼、却因邪恶现世的裹挟而被迫撒谎、偷窃、欺骗、争吵、私通的平头百姓。他们这么做,往往损害了有钱有权者的利益,却也由此与他们的近亲、邻里团结在一起。在坎贝尔(J. K. Campbell)对希腊北部萨拉卡萨

---

[1] 从班菲尔德(Banfield, 1958)到帕特南(Putnam, 1993)都属于这个思想传统。面面对针对这种种族中心主义的评头论足行为的尖锐批判,这些站在外国立场的评论家中的一些人明显持抵制态度或对此一无所知(例如 Faeta, 2004; Lai, 2002; Minicuci, 2003)。

（Sarakatsan）游牧社群的精彩记录之后，人类学家已经认识到这种道德托词对虔诚教徒调合理想与总有不足的现实而言有多么重要。[1]伊塔洛·帕尔多（Italo Pardo）曾指出，工人阶级那不勒斯人认为，那些常见的罪都能通过此世的受难或死后的炼狱阶段赎清。[2]这些态度传达出一种模糊但强烈的、关于小奸小恶的原因论思想；这种思想不甚准确地（应用如此之广、无处不在的解释，也许就是不能太准确）反映了基督教会的教义信条。[3]

蒙蒂人常常大声宣告自己有罪。那些在圣周（Holy Week）时节走在庄严的游行队伍中的人会大声祈祷，呼唤圣母"为我们祈祷"（prega per noi）。这个代祷的请求会被他们一遍又一遍地以阴沉的语调齐声喊出，绝大多数是女性的声音。这些声音一般以便携喇叭中传出的神父那有如咒语的开场祷告为先导，之后则不时夹杂管乐队的庄严乐声。这些祷告者的举动提醒着整个共同体：人人皆有罪担；而想要减轻罪责，等级制度——既包括神职体系里的等级差异，也包括社会性的不平等——是多么重要。忏悔仪式能为虔诚天主教徒卸下具体的罪带来的重担，但由于其不能彻底洗净这个衰落中的天主教虔信群体共有的罪，结成这样一个共谋的宗教集体之代价，就是教会的权威得到了维持。

即便是那些从不上教堂的人，当被问起是否承认人之缺陷必然

---

[1] 参见 Campbell, 1964; du Boulay, 1974; Herzfeld, 2004。这一思想在希腊文化的世俗领域内的延伸，参见 Herzfeld, 1992。天主教文化中的相似情况（如葡萄牙），参见 de Pina-Cabral, 1986。
[2] 参见 Pardo, 1996: 113-119。根据帕尔多的记录，那不勒斯的严酷审判排除了那些真正邪恶之人——尤其是更为冷血的放高利贷者——任何获得救赎的希望。但是，与帕尔多的那不勒斯报告人一样，罗马人有时也会在那些不那么冷血的放高利贷者身上看到能弥补其过失的、有益的社会作用——因为他们给那些被银行无情抛弃的罗马人带来了希望。
[3] 有关教义在大众的道德观念和习俗中的反映，相似的个案参见对印度的记述（Prasad, 2007）。

逐出永恒　　070

存在时,也会耸耸肩或顺从地眨眨眼以表认同。他们总能在附近见到那种多半是故意被主人忽视的房子。这些房子的走廊破裂、塌陷,庭院里杂草丛生,向人们展示着此世的无常与痛苦。这些废屋在引致一种浪漫美学的同时,也述说着历史的不断消退和一再死亡。保护主义者们总想让这些被时间侵蚀的建筑能在未来很长一段时间里继续持久地保存,并总想将它们的意义普遍化;对那些数代居于其中、早已容忍其缺点的老居民而言,这些建筑的意义却是具体化的。因此讽刺的是,保护主义者们的努力恰恰在破坏这种具体化的意义。而更大意义上的讽刺在于,作为一个天主教国家的首都,作为一个拥有曾吸引过18世纪艺术家皮拉内西的浪漫废屋的地方,负有"永恒之城"盛名的罗马在今日呈现的,却是对老房颓败(fatiscenti)的抱怨的频发和人们政治生活中的道德腐败。于是立刻,这种连永恒之城也不能逃脱的暂时性/时间性(temporality)同时具有了神义论和社会性的意义,而和它们牢牢绑在一起的,是所有物质性的东西都无法避免的腐坏(decay)。

"原罪"在神学上被视为"欠魔鬼的债"。[①]而"债"本质上是一种强调时间感的状况,"偿还"的过程也被极有意味地[②]称作"赎清/救赎"(redemption)。基督之所以是救赎者,就是因为他通过自己受难偿清了人类的罪,为人类带来回到永恒乐土(eternal bliss)的希望。他也随之允许人类取得被饶恕的状态,他们的灵魂在地狱和天堂之间的现世红尘中有净化的机会。在人们实际的社会生活中,

---

① 参见 Lukken, 1973: 167。
② 穆勒(Mueller, 2001)描述了中世纪传教士在传教时便用赊欠(credit)和债(debt)的概念来解释尤其是与原罪相关的神学问题,因而他们宣讲的宇宙论无法摆脱(他们试图谴责的)高利贷逻辑。

这一过程落实为经济性的行为，在富人那里尤其如此。因为他们有财力支付更多弥撒的费用、立更多圣像圣碑以表虔诚，并向在地上代表神的意志的宗教机构（教会）献上更多礼物，这些礼物中最突出者就是富人们的遗产。而教会发放赎罪券以使这些人更快地通过炼狱的做法，则实际上将暂时性转变为了对永恒的一轮新的希望，而且对信徒来说，这种希望就相当于全面彻底的救赎了。在这个意义上，人于是只面临两种可能：要么用上述经济性的行为在现世请求宽恕，使自己在"此世"这一时间序列内犯下的许多小罪得到赦免，要么冒着遭受永罚的风险生活。

因此，赎罪（偿还债务）在世俗生活中有其对应的部分。理想情况下，偿还债务应当不需要支付利息，也应当是自愿且无关乎时间的。实际上，如果无法认识到经济损失只能在一定程度内被容忍，经济生活就无法运行。在这个意义上，经济学是人类必朽性最典型的标志。至少从马克思的时代开始，经济学家就已经认识到盗窃和高利贷所造成的不平等现象都是源于一些本不应该发生的原初状况或事件。对马克思来说，那个本不应该发生的事件，就是殖民主义对那些成为西方国家殖民地之处的自然资源的掠夺；而这，就像他明确但讽刺地说的，在政治经济学中相当于原罪。因此，无法矫治的原罪的观念就像教会的教义一样，是为那些实际控制相关资源的人所编造出来的方便法门。但是，由其所表征的负债状况并不一定是不可逆转的。这种观点经过适当的修改，已经被现代经济学家拓展到对另一则谎言的编造上：新兴国家不具备借外汇的能力——但这些经济学家又说，没有什么能迫使这些国家像经常发生的那样放弃其独立性。①

债务问题的重点在于偿还（redemption），它是一个时间性的过程。教会许诺信徒进入永恒乐土，只要信徒有一个节奏精确的赎罪过程。政府亦是如此，但政府是通过经营其法律系统实现这个过程的。这一法律系统频繁地将公民贬斥为罪人状态。这一点有时通过腐败的公职人员的行为实现，据说他们会利用自己的职权索贿。罗马人可以毫无困难地阐述这样一种相似性，正如一位店主所说："我们一生下来就有罪。无论如何都是如此！无论是跟政府打交道还是跟宗教打交道。"他还补充道："它们就像一座监狱，因为它们不得不具有压迫性。"尽管它们也不知道人们到底做了什么，但唯此才能迫使人们活得"有负罪感"。但另一方面，人们知道教会的这一"借口"（scusa）会给人们带来宽恕，因而人们也享受这样一种安全感。因此，日常的原罪感通过不断地提醒人们人类缺陷的存在和赎罪的必要性来确保人们服从教会。

有罪便有罚。惩罚包括支付罚款，但拖延战术有时可以在政府那里买到赎罪的机会。可这招对放高利贷者不管用，他们利用人们因经济能力不足而产生的债务奴役人们。因此，放高利贷者再生产了人类在被驱逐出伊甸园时产生的对魔鬼的普遍负债。因为负债涉及支付利息，又因为利息是以"时间"为基础计算的，所以，这样一种社会困境的一般形式不仅使欠债者任由其不可控制的事件

---

① "这种原始积累在政治经济学中所起的作用，同原罪在神学中所起的作用几乎是一样的。"（Marx，1976：873）这一观点近年在一些经济学家针对那些难以用本国货币向外国借贷的国家的解读中复苏，参见 Bordo，2006；Bordo, Meissner & Redish，2003；Eichengreen & Hausmann，2004；Eichengreen, Hausmann & Panizza，2003。因此，债并不单纯是个金融问题，它也关乎时间和关系，而在一个被公认为有缺陷的世界中，时间和关系也被认为在道德上是有缺陷的。有关互惠和依赖的文化假设及道德假设由此一面是社会关系及经济关系的产物，一面又影响着社会关系及经济关系。

支配，而且给社会经验注入了一种能引发其内在痛苦的"时间性"。这样一种时间性是现世的（of real time），连同其一并被注入的，还有现世的不确定性以及不可预测性。① 通往永恒的障碍就是道德与经济债务的时间性，这类债务的赎清被永远推迟，以加强对现世/现实权力（real power）的维护。

教会发放赎罪券，从而使对轻罪的偿赎形式化，赎罪券据说可让人在一定（有限的）程度上免受炼狱折磨，也就是减免身处炼狱的时间。罪人们在炼狱洗清原罪剩余的不良影响后便可进入天堂。意大利政府给未付清的罚款发放赦免令，这种实践实际上采取了一种完全一致的模式，受罚者只需要立即支付一小部分罚款，就可免除大部分罪责。正如我们将要看到的，这种方式使得正在进行的城市建设最终可以被解读为一系列连续和彼此重叠的对各种法律的层层违反，尤其是那些与分区、交通管制和历史保护有关的法律——那些与罗马人居住空间的肌理相关的法律。

有原罪者还是兄长？

在这个意义上，"历史"的物质性存在形式，是对世俗世界中某种原罪形式之报应于现世中的记录。由于违反的是由人类立的法，而非神所立的法，因而这类原罪形式不可免除。这些法由立法者设立，而立法者也是活生生的人，有各自的欲望，故他们自身也

---

① 关于偶然性（contingency）和"赌徒/投机者"（gamblers）社会生活中对时间节奏的安排，参见马拉比的重要研究（Malaby, 2003）。

被困于肉体凡胎的腐朽之中。比如，那些立法反对高利贷的人，往往也是有能力从中获利的人。教会的神父们自己找到了许多诡辩法门，使可以获得利息的借贷成为可能。尽管他们不安地意识到这些例外情况会使人们质疑教会的道德立场，但最终教会还是参与到了这项活动当中。

在某种程度上，这是通过对特定人群进行妖魔化实现的。这种妖魔化为教会出台反对高利贷的教令提供了基石。这些被妖魔化的人就是犹太人，他们深深地存在于罗马的历史记录中，同时清楚地提醒教会存在一个与之敌对的阶层。而教会自己的原罪就来自对这个在它看来被永恒诅咒的民族的道德准则的依赖。讽刺的是，蒙蒂的教区神父模仿教皇约翰·保罗二世，在一次令人动容的庆典中承认一个地方教会强迫罗马犹太人改宗。他称犹太人为"我们的兄长"，并寻求他们的宽恕。在此，犹太民族对高利贷的谴责被表述为拒绝诱惑自己的"兄弟"陷入债务。[1]

在蒙蒂，犹太人的存在是对附近的犹太人聚居区以及一段犹太人历史的微弱呼应。1634年后，新改宗的犹太人被强制隔离在一栋类似修道院的建筑当中。这栋建筑与教区教堂相连，距离圣萨尔瓦拖雷教堂（Church of San Salvatore）仅几步之遥，以前是教区神职人员的所在地，现在是罗马的一所世俗大学的所在地。犹太人在严格隔离的40天（40天具有仪式意义）里被灌输新的信仰。在教区教堂里，也埋葬着一位拉比。他不仅改宗，而且还为教廷的主人服务，试图将他以前的追随者带入基督的羊群。他的坟墓上有

---

[1] 参见 Aho，2005：45；Haney，1922：94。关于梵蒂冈的反犹主义，参见 Kertzer，1997、2001。

一段希伯来文铭文。就像犹太人聚居区入口处的圣格雷戈里教堂（Church of St. Gregory）门口出自《圣经·以赛亚书》的双语铭文一样，这段文字标志着教廷在不断努力吸收犹太人的同时，将那些改宗者标记为"永受其集体历史玷污"的人。①

承认犹太教、天主教这二者的历史关系，甚或承认二者是共享原罪信条的，是20世纪以后才有的事，是随着死于纳粹军队之手的犹太人终以"信犹太教的罗马公民"这一简单却令人动容的名称得到纪念而发生的。这个名称强调，犹太人既不应被当作长居罗马的外来者，也不仅仅是意大利民族国家的公民，而已经是这个城市之灵魂不可或缺的一部分。② 两个着黑衫的新法西斯主义者在和我独处的不同场合打包票，说罗马的犹太人才是最后的真罗马人。③ 蒙蒂地区的一些犹太人之所以能在纳粹占领时期幸存，是因为得到过此地修女们的保护；那时甚至还有个激进法西斯主义者冒着生命危险帮助犹太人藏身。这些事件后来频频被拿来证明：尽管也有叛徒（当时不少犹太人被本地告密者捅给了纳粹，这些告密者里甚至包括某个蒙蒂家族全家），但意大利人本身并不反犹；墨索里尼施

---

① 从中世纪到统一运动时期的记述，参见Caffiero，2004。19世纪和20世纪的相关记述，参见Kertzer，2001。
② 奥塔维亚门廊街（Via Portico d'Ottavia）的遗迹上刻着短语"信犹太教的罗马公民"（cittadini romani di religione ebraica），位置就在曾经的犹太人聚居区入口处，紧邻圣格雷戈里教堂——犹太人曾在此被迫听基督教布道，内容包括威胁他们未来将万劫不复（而且使用的是《圣经·旧约》经文）。有关两教对原罪的相似论述，参见Lifschitz，1993。
③ 意大利法西斯主义者和犹太社区之间的关系是错综复杂的。意大利法西斯主义者并不想协助纳粹实施种族灭绝政策，一位犹太蒙蒂居民就曾在战后的一场审判中为一名激进法西斯主义者辩护，理由是此人曾在德国军队抓人时把他藏起来，救了他一命。在德国要求墨索里尼迫害意大利犹太人的压力压倒墨索里尼曾——或许是策略性地——宣称的对纳粹种族理论的拒斥之前，也确实有一些犹太商人是支持他的。但是，为墨索里尼开脱种族主义罪责，充其量是一种危险的天真。对意大利的种族观念的概述，参见Burgio，1999。

行种族主义制度也完全是迫于希特勒和纳粹党的压力。[1]这种自脱干系的做法在多年后终于获得了一点迟到的反思[2]，但无论如何，今天的人们在看待罗马的犹太人时，已经是抱着平静和喜爱了——当然也免不了右翼带着敌意的抱怨，例如责备犹太群体任由中国移民企业家买光他们在蒙蒂附近的埃斯奎利诺（Esquilino）地区的房产。蒙蒂教区的神父十分认真地认识到在教会和其犹太根源之间重新建立联系的重要性。从他那毫不畏惧的演讲中，可以感受到他对此议题的热诚——演讲之前是正式的祷告仪式，演讲之后是对圣萨尔瓦拖雷教堂在通过隔离强迫犹太人改宗的过程中发挥的作用的历史性诠释，承认教会确实对犹太人民犯下错误——但同时他也坚称，这种错误源于一种虽被误导，却不失真诚的拯救他人灵魂的愿望。

就像欧洲其他地方一样，罗马的犹太人在过去因顶着"敲诈性的放债人"的恶名而遭人厌恶。实际上，犹太人放高利贷，不仅是因为统治者禁止他们拥有农地，还因为基督教信仰驱使他们承担这一角色。阿奎那和中世纪其他教会领袖都曾声称应该把放高利贷一行交给犹太人去做，反正犹太人本就是被诅咒的。他们认为这样做，不仅可使基督徒们免于自己放高利贷而带来贪利之罪，还能使那些需要借贷的绝望之人不至于犯下与放贷者同谋这个同等严重的罪，因为基督教认为，如果请求一个基督徒以带息方式借钱给自

---

[1] 有些背叛行为更多是出于经济上的矛盾，而非对犹太人本身的憎恨。有关犹太人战时经历的描述，参见 Impagliazzo，1997。
[2] 墨索里尼推行种族主义，在很大程度上是出于工具性的考虑（参见 Sarfatti，1999：332）；但就像他自己曾愤怒坚称的那样，他推行反犹政策可能与德国施加的压力无关（参见 Gillette，2002：94）。

己，就会将出借者的灵魂置于永罚地狱的危险之中。[1]

几个世纪以来，尤其是同一教区内的成员之间被允许进行限额借贷以来，教皇对犹太社区的压迫越来越重，但仍在持续利用犹太人的金融服务，这也相当于默认教皇实际上受惠于这个被其妖魔化的群体。教皇虚伪地利用犹太教律法，从而能同时依赖和压制犹太社区——这一战术可以部分追溯至方济会在14—15世纪的斗争[2]，后来犹太人在罗马持久的文化模糊性（ambiguity）和罗马商业同样持久的道德模糊性都以之为模板。正如雷纳塔·阿戈（Renata Ago）指出的："神学文化和商人文化的交织和相互影响是既强大又持久的。"[3]

事实上，教会一直容忍某些形式的高利贷的存在，并用机敏的诡辩为之辩解。[4] 在教皇统治的末期（即教皇国末期），高利贷已显然不再是犹太人的专利，在一些地方，本地神父介入特定形式的低息借贷，已为正常之事。[5] 由此，教廷最终准许了以教法规定的利息为限的借贷行为，随着这一切的发生，犹太社区，即曾经被教廷容许继续存在并充当教廷替罪羊的银行家们——也逐渐消失在公众视野之中了。[6] 犹太社区在意大利统一运动前的两个世纪中逐渐衰落，但教廷的金融活动却在这一时期大为增加。对这一转变持辩

---

[1] Aho, 2005: 47; Haney, 1922: 95.
[2] 参见 Todeschini, 1989: 168–172。
[3] Ago, 1998: 118.
[4] 参见 Kaye, 2001; Todeschini, 1994; Vismara, 2004: 37–85。
[5] 帕尔多在其田野调查期间发现，类似的事情仍在那不勒斯发生着。
[6] 在教会因迁就物质性（materiality）而造成的许许多多有讽刺意味的事中，有一件恰与正文内容相关：罗马银行（Banca di Roma）的前身罗马储蓄所——在后文将讨论的一桩重大驱逐个案中扮演核心角色——的创立，就是为了通过向小商人和匠人提供与高利贷不同的、受到监管的贷款，来抵制高利贷。关于犹太人从巴洛克时代到统一运动时期的逐渐"隐形"，参见 Caffiero, 2004: 16。

解态度的解释认为，它的发生是出于当时特定的社会关系的实际需要，也是由于"一个诚实的商人总是面临风险"。负债者有时候会特别感激放高利贷者，因为后者冒着让自己的灵魂和道德生活双双堕落的风险，将他们从眼前的绝望中解救出来；而且教会也说，如果禁绝有息债务，就等于否认基本的互惠形式。[1] 中世纪教会主张的余音已极为微弱，中世纪教会甚至提出，放贷者不应设定还款的期限，而且即便仅仅是心里期望得到互惠回报也是违背道德律条的，因为信徒不应该希冀物质性增益。[2]

教廷的上述推论在道德上将小额高利贷变成了与逃税、贿赂一样无足轻重的小罪过。就像一些神父开始以一种行善的姿态往外借钱一样（类似的还有著名的 monti di pietà，一种作为天主教慈善机构的典当行，它也被允许这么干），腐败的官员们也摆出救星的姿态，仿佛他们贪腐才能救公民于窘迫之中。

高利贷，无论是作为一种贪婪的机会主义，还是作为一种援助，都无法使放高利贷的人喜欢上他的债务人，后者遭受着社会污点以及严重的经济负担带来的双重痛苦。罗马存在一些最为恶劣的敲诈形式，在这个城市的"文化亲密感"的隐秘空间里，高利贷已经被当成罗马的特有问题，而教会则被当成使高利贷现象持续存在的那个机构。教廷插手银行业导致了一些重大的令人难堪的事件，其中最具有戏剧性的当数 1982 年总行设在米兰的安布罗夏诺银行（Banco Ambrosiano）的倒闭。[3] 在教廷对选举政治的影响力急剧下

---

[1] 这部分的讨论借鉴了历史学家希尔万·皮龙（Sylvain Piron）富有启发性的描述（Piron, 2001: 74—86）。
[2] 参见皮龙从互惠理论角度进行的讨论（Piron, 2001: 84）。
[3] 尤可参见 Calabrò, 1991; Cornwell, 1984; Guarino, 1998; Ledl, 1997。

滑的当口，这一丑闻点燃了意大利公众冷嘲热讽的劲头。[1]没有什么事情是人们不愿意相信的。尽管给那不勒斯的大主教焦尔达诺定下放高利贷和勒索罪的多次努力没有结果，但许多意大利人似乎相信，这仅仅证明了他在地方上拥有巨大的权力。无论这些无法被证实的指控的真相到底为何，它们都狠狠地损害了教会的道德权威性。

诡辩与宽恕的辩证法

高利贷一直以来持续在罗马扩散，甚至遍布全国。由于高利贷必然涉及支付利息的时间，教会谴责高利贷的这个方面尤其令人发指，因为时间作为一种公共的善（common good）是属于上帝的，正由于此，时间被人类挪作他用不可能合法。[2]放高利贷的人在催收欠款时表现出的精确性，模仿了忏悔室中的神学演算法（theological calculus），但其结果不是授予赎清罪恶的机会，而是将抵押物敲诈到手。此外，放高利贷者按照时间流逝来计算利息，但却适时地愿意在精确性上妥协并放松他们的控制——在实践中他们的确是这样做的，也素有此名——但这仅仅是为了有效地强迫负债者找到还债的方法。而这个方法通常是，去找其他放高利贷者借钱。

---

[1] 关于这点，参见 Putnam，1993：109；亦参见 Kertzer，1980：208-209。
[2] 根据黑尼的研究（Haney，1922：94），经院哲学家们认为，支付利息等于支付时间，因此这种行为是违反上帝之法的；时间属于所有人，也因此最终属于上帝。亦可参见 Piron，2001：78。

那些落到放高利贷者手里的人，直接与他们灵魂的缺陷以及他们所生活的社会世界的缺陷遭遇了。罗马不仅是教会之都，而且是国家首都，对于很多人来说，它还是高利贷的中心。① 国家在遏制高利贷之恶——人类集体原罪的报应——上的惨败，恐怕也最清楚地表明了这个国家内部的分裂和结构上的脆弱。与高利贷相比，国家自身通过赦免以换取部分罚款的实践更具有救赎性而不是惩罚性（尽管它对过去和现在长期缺乏现金的政府系统也是有利的）。但是国家在有效控制银行及其经营者方面的失败，导致许多贫穷的商人和匠人落到放高利贷者的手里，同时也使国家和银行达成了共谋关系。二者沆瀣一气，使这样一种实践长期存在，也使之成为深重而无尽的痛苦的根源。如詹姆斯·阿霍（James Aho）所说，如果复式记账法这种精准的簿记方式的出现是忏悔室对罪恶精细核算的延伸——这样一种方法导致了宗教改革后公民管理中有关"追责"的术语的出现——那么可以说一个同样精细但在社会和神学意义上有害的计算形式，通过自上而下的债务螺旋（这正是高利贷的特征），偷偷重新确认了时间性。②

尽管意大利是一个以天主教为主要信仰的国家，但它随后还是像北方的那些强国一样，转向了后宗教改革的公民道德模式。然而，现实生活提供了与当地社会的亲密需求和宗教实践更为一致的替代方案。这就是导致人们认识到公民理想与社会实践之间存在分歧的原因，这样一种观点有时是愤世嫉俗的，但又总是切合实际

---

① 参见全国反敲诈委员会委员加埃塔诺·格拉索的报告摘要《加埃塔诺·格拉索认为，首都的危险在于，"罗马是座高利贷之城"》("Per Tano Grasso, il pericolo della capitale: 'Roma è la città dell'usura'")，《共和国报》，罗马版，2001年7月18日，第8版。
② 这是阿霍的核心论点，参见 Aho, 2005。另一相关论点参见 Todeschini, 1994: 147。

的。人们带着从经验而来的偏见去观察那些本应按公民原则行事的当局采取的行动。因为他们知道，官僚就像忏悔室里的神父一样，并不总是践行他们所宣扬的内容。而且，对道德内省的呼吁，并不能保证人们服从。在这一点上，教会的世俗政权也成为人们用以理解承继它的现代世俗国家的模板。

放高利贷在形式上是大罪，因为据许多中世纪的布道者说，它与食人一样代表了一种反社会的行为。尽管如此，其社会效用以及随之而来的友谊有效地使它看起来更像堕落的人类所具有的一种可以被赎清的特征，即它是原罪的一个结果。这样一种有关例外情况的诡辩，为那些愿意赌上自己灵魂以追求利益的人打开了广阔的可能性。16世纪末，至少有一位有影响力的神学家声称，感激是"礼貌"和"文明"的标志。由此，这样一种捷径使人们可以接受一些特定形式的利润和价值流通，"但前提是这种价值必须被其给予者以某种姿态抹去"①。通过这种为"文明礼貌"赋予特殊地位的过程——这一过程本身又反过来掩盖了那些早期谴责高利贷的人所特别关注的内在动机——我们能够看出有关举止和友谊的修辞出现的过程。这种修辞在今天弱化了高利贷的暴力性，而且实际上是对社会认可的违反宗教和公民正式法则的系列行为的主要伪装。

这样一种诡辩，无论我们如何熟悉，都令罗马人感到教会经常不遵守自己的戒律。这样一种情绪在禧年庆典期间表达得最为强烈，这一庆典复原了《圣经·旧约》中免除债务的画面，并为教会提供了许多机会来推进其对罪人群体的拯救工作。② 罗马人其实将

---

① Piron, 2001: 99-100.
② 例子可参见 Pocino, 2000。

禧年庆典看作一次商业机会，认为教廷会为一己私利在这个过程中捞得盆满钵满。有批判精神的观察者注意到，通过告解使原罪的结果获得宽恕的途径忽然增加，这一情况恰好与两件事同时发生。一是新一波建筑增长热潮；二是所谓的教会为以往罪行（sin）的例行道歉，当然今天教会依然在重复这些罪行。[①] 罗马既是一个神权联邦的首都，也是一个有着强烈左倾倾向和强烈反对教权的工人阶级的世俗国家的首都，在这样一个城市中，一段被教会压迫的历史和各种丑闻的存在最能证明：没有人能在抵抗诱惑的过程中免于失败。

特别是在高利贷和不动产产权的问题上，教会含糊而诡辩的处理和随之而至的对债务人和租户的迫害成为引线，使积累了数个世纪的对残酷僵化之统治的愤恨被点燃。禧年庆典的这一年，对朝觐者即将到来的预期使罗马的大量建筑得到重建，房地产投资大为扩张。本地人普遍将这种所谓的发展看成市政府和教会高层为共同的经济利益而进行的勾结。他们并不认为禧年庆典能为大多数人带来上帝的恩宠；甚至有个算是信徒的保皇党店主说"这个该死的2000年"——这一年该死，是因为那么多盼望借机大捞一笔的人几乎都注定会面对难以承受的失望。这个店主预测说，只有教堂和旅行社能在这时获利。换句话说，在这个店主看来，禧年本身就是有缺陷之物，这个有着历史意义的重要事件布满了"太人性的"缺点——这个店主的愤怒反应倒是在这个意义上与教义吻合了。

[①] 为配合禧年庆典期间的活动，教会在人行道上设置了许多忏悔亭，重点进行对个人的赦免，而非对集体罪过的缓减。在一次于圆形竞技场遗址上举行的庆典中，有约2000名神父轮流在312个特设忏悔亭中听取人们的忏悔。同时，教会领导层还重申、宣传"宽纵/赎罪券"在教会事务中的核心地位。参见 Vigli, 1999: 152-154。

这一年也可以说是有史以来"进入城市的权利"被抗争得最激烈的一年。特别是在这一年夏天举行的世界同性恋者骄傲游行（World Gay Pride demonstration），该活动试探了罗马一度被大为吹捧的容忍度，然后发现其容忍范围极其狭窄。尽管和意大利就此达成过某种协定，但教廷仍声称罗马是自己独特的职责所在，因此不允许游行在禧年于罗马举办。① 教廷领导层试图迫使罗马市政府对整个游行下达禁令，但最后失败了，这也因此成了鲁泰利市长为数不多的不向宗教势力低头的事件中的一桩。教廷争辩说，这场游行会侮辱教皇，而且是品位低下的活动。本地的右翼报纸《时报》（Il Tempo）还搞了收集签名活动，以支持教廷的争辩。② 游行最终还是办起来了，而且很大程度上是出于对教会及其同情者们如此高度公开的憎恶的一种反抗而办的。反对者们一度威胁说要阻止游行队伍进入圆形竞技场，但也失败了。游行参与者涂着艳俗的身体彩绘、穿着装饰着大羽毛的暴露服装，站在花车上以性感挑逗的姿势卖弄滑稽相，这一切仿佛是故意用来嘲弄那些自诩高品位捍卫者的人。有秩序的人群、强大政党的有力站台以及许多自己不是同性恋者的人在游行中表现出的团结感汇聚在那个冗长炎热的 7 月午后，展现了日渐增长的对神职人员及其右翼支持者的强硬反对。

教廷的另一些行为也展示了和宽容八竿子打不着的态度，比如将卖宗教类商品的犹太小贩从协和大道（Via della Conciliazione）

---

① 对梵蒂冈对同性恋者组织的不宽容持批评态度的左翼政客搬出了国家独立性这面大旗——从法律上讲，梵蒂冈只是被包围在意大利国界之内的另一个国家。左翼政治家尼古拉·津加雷蒂（Nicola Zingaretti）在万神殿前热情地演讲时，就攻击了梵蒂冈——这个"非共同体"（extracommunitario）国家对意大利事务的干涉。extracommunitario 常被用作对移民，尤其是从欧盟之外来的非法移民的贬称。
② 对那些违背教皇意愿的行为的抱怨，参见《反"同性恋者集会"运动》（"Crociata contro il raduno gay"），《共和国报》，2000 年 1 月 29 日，第 23 版。

逐出永恒　　084

上赶走，而这是条连接梵蒂冈和罗马其他各个地方的要道。这件事的讽刺之处在于，教会引领了对这些小贩——我们也许可以将其看作对他们那些放高利贷的先祖的微弱呼应——所干买卖的厌恶，但也正是教会从这些买卖中获得物质上和宗教宣传上的好处，比如这些小贩出售的一个标志性物品就是小型圣母像。教廷还争取到意大利警方的协助，暴力驱逐了在圣彼得广场（St. Peter's Square）上过夜的流浪者。这一切也同样没有逃过本地批评者的眼睛，他们震惊地发现，就在这场驱逐行动发生的同时，教皇还在呼吁罗马家庭要善待流浪者。

毫不意外，关于"进入城市的权利"最本质的问题是住房问题。在此，这一问题与教廷的联系更加脆弱且更缺乏连贯性。但是，我们不难找到教会在驱逐和士绅化的过程中暗中参与了共谋的证据。以往世代居住在罗马历史中心区的许多家庭在驱逐过程中只收到来自不同教会机构的延期驱逐的通知。这种延期策略被设计出来，只是为了避免在国际瞩目的禧年发生野蛮的生死对抗，这过于讽刺。但是，这也无法掩盖在这神圣的一年里，尽管救赎和免除债务的承诺言之凿凿，许多人却正在准备永远地离开他们的老宅。

罗马，这座被称为"永恒"但却布满瑕疵的城市，深深地浸润在其历史中。所谓历史，如我们所知，就是堕落（the Fall）的一切后果。正是由于这样一种悖谬的存在，罗马成为天堂在世俗世界中带有讽刺性的回声。从天堂中被驱逐，以及其他一些事件，成为人类生活存在时间性的一个寓言。它揭示衰老、别离以及人类经验固有的各个方面的腐朽与崩塌——肉体的堕落和灵魂的堕落。作为一座被称为"永恒"的城市，以及作为如此关注尘世万物之"转瞬即逝性"（transience）的宗教的总部所在地，罗马需要对物质性存在进行无休止的清算；随着建筑物的衰败，灵魂的状态也在倒退。

对于那些一心想着未来不负责任的行为可以获得正式赦免且毫无忏悔之意的人来说，赦免他们这类人的罪行在教义上是被禁止的。但是，这仅仅是从教义的观点来看。实际上，谁能知道一个人到底有没有悔过之心呢？尤其是在一个人们不敢轻信对方表面的友谊表达的城市中，一个人如何判断这样一种不可见的状态呢？宗教对这个两难问题也给出了一个有效的答案：别人怎么想并不重要，因为真正的判定只在末日审判（Last Judgement）时被记录在案，而且这一结果将是永恒的。

这样一种境况对于一个其命脉在于小规模交易的城市来说是重要的。教堂里的神父教给我们，所有的财务交易都不应以利益为目的展开，仅仅是微小的获利欲望也是一种罪。贫穷的修会中的修士和修女多次起义反对中央权威，最后一次革命催生了新教（Protestantism），但是，教会发家致富的道路却从未被成功阻断，教会将自己任命为所有邪恶诱惑——包括财富——的守卫者。由于其财富的来源之一是赎罪券制度，因此，哪怕买券之人看中的其实是赎罪券带来的"未来能继续堕落"的许可，教会也根本不会去质疑这些寻求其祝福的人的动机。

这样一种内在的共谋弥散在罗马所有有关权力关系的谈判中。教会高级神职人员明显的免罚现象揭示了这种动态的两个最重要的维度。首先，即使是地位最高的高级教士——推而广之，最有权力和看起来最廉洁的公务员——也不能被假定为清白，因为所有人都会受到诱惑，没有人能够完全抵挡诱惑。第二，无罪判定层出不穷——很重要的一点是，被告被判定无罪用意大利语来说是被"赦免"（assolti）——加强了已经存在的权力。举一个世俗的例子，终身参议员、在二战后七次担任总理的朱利奥·安德烈奥蒂（Giulio Andreotti）被指控密谋进行政治暗杀，但最终被判定无罪。[①]他在蒙蒂的一位最严厉的批评者承认，确实没有足够的证据。而且，因为所有证据都是由悔过的（pentiti[②]）黑手党提供的，所以难以匹敌这位前国家领导人（他将自己的虔诚"适当其时"地昭告天下）的威严气势和沉着自信。这位批评者称，如果这事发生在别的什么人（un'antra persona）身上，就有可能被定罪。这清楚地表明，追责与实际发生了什么，甚至与人们认为发生了什么都没什么关系，而是与身陷其中者的相对社会地位有关。因此，一位持极右翼观点的上了年纪的女士称（她是法西斯时代的人类学学生），安德烈奥蒂太聪明了，他不可能让自己卷入这些事情中。但如若有什么事情牵扯到已故社会党领导人克拉克西，她都会相信。归罪和免罪基于等级制度、意识形态和当时的情况，而不是基于抽象的公民意义上的正义。正如一位五金店老板娘的敏锐发现：罗马人也明白，政治是"可能性的艺术"（l'arte del possibile）。

但是，这样一种态度可能也偏重于迁就外部权力，或者说向其投降，尤其是受城市管理影响越来越大的经济力量。由此产生的变化不可避免地影响了普遍存在的时间性意识。尤其是，新的公民秩序要求一种新的核算形式，这种新形式更多地嵌入以测量为基础的管理理论，而非社会经验中。一批人类学家将之恰当地称为"审计

[①] 这些事件的简短概述可参见 Schneider & Schneider, 2008: 77。
[②] 关于"悔过"的出现及其随后在对卡莫拉成员和其他黑手党成员的审判中的出现，参见 Arlacchi, 1994; Jacquemet, 1996。

文化"。① 这样一种系统在控制人们的诚实方面或许并不比其他系统更有效，对忏悔仪式而言亦是如此，尽管其修辞可能暗示了完全相反的结果。② 这一系统在罗马找到了先例：通过精确核算，忏悔者在炼狱中的时间凭借赎罪券和表示悔罪的虔诚行为得以减少。但是这种观点与本地人认为的"人类的缺陷使妥协变得必要，由此对完美的追求可以推迟到永恒的彼世"的看法相左，转而追求在现实时间中创造一个枯燥的理想型社会。

这样一种管理式的意识形态以一种非常不同的方式对待永恒。它旨在为一切时间固定一种文化模式，而不是为已经部分腐烂并且永恒悸动的社会与建筑肌理赋予荣耀。它阻止并消解物质性腐败的过程（并徒有其表地声称将政治腐败一并革除）。最重要的是，它常规化了归罪和责任的管理制度，将道德化约为数字审计，将历史化约为由人名和数据构成的一尘不染的编年。因此，罗马的永恒被以管理的方式重新划定格式，被化约为一种分类工具，以栅栏、标签的形式使分层化等实践遍布这片土地。通过对抗腐蚀性的时间流逝，它与宗教教条和社会经验分道扬镳，因为它反对二者在永久保存（permanent preservation，指永生和居住）方面表现出的傲慢。为了实现这一目标，必须驱逐当下的居住者③（他们都是糟糕的罪人），并以更少的人取而代之，所有这一切都致力于维护同一个僵化的秩序。

---

① 至少从埃文斯-普里查德（Evans-Pritchard）对赞德（Zande）巫术进行分析以来，"追责"（accountability）就成为人类学的一个关键点。亦可参见 Douglas, 1970。关于审计文化，参见 Strathern, 2000。
② 尤可参见 Handler, 1986。
③ 这当然也是其他一些国家的目标。参见 Askew, 1996，以及泰国对这一目标的追索（Herzfeld, 2006）。

讽刺的是，恰恰是议会的政治光谱中最右的那一派人浸润在意大利特色"社会法西斯主义"中，尤为反对将"社会"（società）置换为"博物馆"（museo）。正如一位态度相对温和、由本地选出的右翼政党"民族联盟"的政客所说，"将历史中心区变成博物馆是不对的，如此一来就只有少数人能被允许住在历史中心区"。毫无疑问，他的愤怒部分地指向拆除帝国广场大道的计划，这是墨索里尼以巨大的建筑和人力成本在古代公共集会场所的遗址上修建的宏伟的仪式性道路；[1]但他把这一反对意见用关系到社会的语言表述出来，赢得了更广泛的政治支持。

对过去的热衷

如果说，历史是对人类道德、对躯体之朽坏与灵魂之腐败的编年，那么，历史也是人们共享的社交与自豪感的来源。正是这种充满罪恶的特性使它成为诞生亲切感——事实上就是一种亲密感——之地。蒙蒂人就深刻地参与到与他们历史有关的各种活动中，他们为自己生活在估计是世界上现存最古老的红灯区中而感到骄傲。

我在田野调查中和两个出租车司机（tassinari）变成了密友。罗马的出租车司机在过去总是被人与现代罗马人这一身份联系在一

---

[1] 墨索里尼统治时期，这条大道被称作帝国大道。它的名字虽然在后法西斯时代被改掉，当局巧妙地以"帝国广场大道"代之——这个名字将大道的意义拉回了古罗马时期，而那正是墨索里尼试图挪用以赞颂自己的统治的东西。

起,不过最近这个群体的名声有些不好。[①] 他们二人均为有关罗马的古籍的狂热收藏者,为了搜寻初刊本,他们总是要小计谋。有一回,他们热烈地讨论某古籍各版本的相对优点。其中一人收藏有某个版本的一份摹本,言语间透着对自己那种小奸小诈之智的得意。他有时会吹嘘自己如何拿着我的名片闯过某机构的一个傲慢的图书管理员的关卡,最终看到一部古籍。那部书里有一首17世纪的诗歌,写的是臭名昭著的罗马暴徒(bulli)中的一位,那是他所能找到的仅有副本。当然,他在乎的是拿自己手中的摹本和那份初刊本比对。但同时,他也在意自己从朋友——"教授",也就是我——以及那位傲慢管理员那里取得的"胜利"或"优越感"。他也以向我讲授蒙蒂文学史为乐,在此过程中不仅慷慨大方地传我以信息,而且不吝进行讽刺性的奚落,以提醒我:至少在蒙蒂这个地方,他知道的远比我多。他其实是第二代那不勒斯移民,但对历史的热衷使他获得了"纯正蒙蒂人"的身份。他尤其喜爱讲述蒙蒂是如何躲过1527年罗马之劫之后的大屠杀的,而他的口音也已深深为本地方言所影响。

传统的说法是,只有在罗马城住了"七代"的人才算是纯正罗马人;但人们普遍认识到,真正能达到这个标准的没有几个人。那些生长在罗马城边、有着浓重罗马口音的人,常常被蔑视为乡巴佬。但正如一个古董商所说的,所有居住在此的人都无可逃离地被堆积的历史遗留物包围,而这恰恰给了他们一种安全感。这个古董商出生在撒丁岛,曾是位因工作而到处旅行的记者。他说,他觉得

[①] 参见例如恩佐·西西利亚诺(Enzo Siciliano)对这个人群较为消极的书写,《从中央车站出发,打一辆出租》("E da Termini comincia la caccia al taxi"),《共和国报》,罗马版,2001年7月20日,第1版。

自己既不是撒丁人，也不是意大利人，而是罗马人。站在他那间位于一条建于 19 世纪的主街上的店中，只需向外一看，即可见到一座建于中世纪的塔、一座古代基督教长方形会堂、帝国广场的边线和意大利统一（Unification）之后立刻修建起的坚固的中产阶级殿堂。作为它们的背景而高高矗立的是议会大厦，更远处则是设计于 19 世纪的维托里奥·埃马努埃莱（Vittorio Emmanuele）纪念堂顶上的古战车。墨索里尼开辟的那条用于仪典的大道贯穿多个广场，延伸至圆形竞技场，纪念堂就在这条大道边上。

图3　从蛇街望向圆形竞技场。（本书作者摄。）

在罗马，过去是无法回避的，尤其是在蒙蒂区，罗马圆形竞技场让人无法忽视它的存在。在我住处的斜对面有家由一对夫妻经营的饭店，女老板告诉我，罗马皇帝喀劳狄一世的妻子梅萨利娜的鬼魂偶尔会在街上游荡。由于淫乱和政治不忠，喀劳狄一世最终下令处决了她。好奇的路人更想从这位传说中的"百事通"那里了解，著名电影人马里奥·莫尼切利（Mario Monicelli）是否真的还在他们的饭店用餐。事实的确如此，她回答说——这些偶尔会参与公民事务的著名公共知识分子不可能有任何隐私，因为他们也已经成为集体遗产的一部分。莫尼切利有一次参加了一些本地政治积极分子在一家葡萄酒酒吧组织的新闻发布会，以促使人们更积极地参与该地区的未来计划。虽然他说得很少，但他以及当地一位知名记者兼作家的到场，使大家变得热情且积极。当普罗迪搬到他在蒙蒂的公寓后，尽管这位大人物很少实际住在那里，而只是在他不得不返回自己国家的首都时才将之作为短期临时住所（pied-à-terre），但住户们还是向路过的游客们炫耀此事。这样一种关联所带来的魅力，显然足以吸引少但持续不断的好奇游客。（当时住在附近的一位英国人类学家评价道："可怜的普罗迪！"）

这样一种关联也使蒙蒂子弟中那些有名者得以持久地在场。物理学家费米的老实验室就常常作为一个被投注了这种特殊兴趣的地点而被提及。① 内政部和一个本地学术组织之间漫长的斗争很好地说明了国家官僚和本地政治积极分子在"什么才是最重要的"这一问题上的巨大分歧——内政部想用这栋建筑来存放老档案，声称除

---

① 费米和他的同事们曾在蒙蒂区帕尼斯佩尔纳街（Via Panisperna）上的一个实验室共同工作。他和我母亲关系很好，我母亲曾在德国一所大学获得化学博士学位。我在罗马进行田野调查期间，92岁的她最后一次到这里游览。在参观费米实验室时（只能看看外面），我俩都很激动，这座房子将她的过去和我对年轻时的她的回忆，与我当时在这条已与费米的名字紧密相连的街道周围做田野调查时的兴奋，联系在了一起。费米的妻子是犹太人，在纳粹政府上台时，费米曾劝我母亲不要往意大利逃，而是去英国本书。（作者的母亲也是犹太人。——译者注）

此之外没有其他地方可以存放，本地学术组织则希望看到费米这位本地英雄得到尊重。而对本地人来说，现代性似乎比来自古老过去的亡魂有更直接的吸引力。一个饭店老板甚至劝我买房，他告诉我这儿的房价最近迅速跌到了原来的一半（不过这个消息是错的），并争辩说，来自更好阶层的新居民有助于对本地"文化"的保存，比如费米的实验室就是这种文化的一个代表。

对名人的兴趣多少掩盖了人们对有钱有名者的不耐烦。博西奥（Bosio）咖啡店自夸曾是费米及其同事最爱的地点，还分发写有罗马方言诗歌的小纸条，纸条上的文字提到，教皇约翰·保罗二世当年就读于离此处不远的宗座圣多玛斯大学时，常路过此处喝上咖啡一杯："在此驻足，享受一杯咖啡和一个微笑吧 / 就连教皇也前来品尝过它 / 也许它有天堂的味道！"

古老的过去也引发本地人的共鸣。我们所住的那条街一直延伸到广场，延伸到奥古斯都建立的大石墙。他下令建墙不仅是为了防范火灾，也是为了挡住苏布拉区的肮脏百姓。像罗马城中心地带的其他地区一样，蒙蒂彻底地，而且有点令人费解地呈现出"地层性"（stratigraphic）。① 在我们脚下展开的这条街初建于古老的过去，上面有意铺设了传统的菱形鹅卵石（sampietrini，圣彼得之石）。这些石头令从它们头上驶过的出租车嘎啦作响、弹弹蹦蹦，就像两个

---

① 米里（Mirri，1996：47）指出，意大利城市的特点，就在于这种地层性，也包括对旧材料的重复利用，以及"空间上毗邻的建筑物在年代上却往往相去甚远"的这种张力。尽管米里认为这种催生出此地居民对过去-现在关系的独特理解的模式并非罗马所独有，但我认为这种时空扭曲在罗马表现得尤其强烈。德·切萨里斯（de Cesaris，2002：54-59）指出，尽管人们对罗马进行过多次考古发掘，但与罗马的可见地层相比，罗马的地下地层自古以来在城市景观塑造上所起的关键作用仍然被大为忽视。

世纪以前驶过的双轮马车一样。[①]一个本地建筑师断言，在可能是世界上有人持续居住的最老的街——蒙蒂圣母街（Via Madonna dei Monti）上，较老的那些房子复制了古老的因苏拉建筑（insulae，古罗马高层住宅）的结构。要说这些建筑是在许多轮拆毁和重建中复制的古老样式，似乎不大可信，但因苏拉建筑结构的总体原则的确在这些房子上得到了印证，例如内嵌的中庭、外伸的露台和朝向街道的作坊。[②]

这一地区体现出的对过去时代的呼应也十分丰富。我们住在一栋坚固的18世纪殿式公寓（palazzo）中。最初，我们那位虔敬善良的房东的祖父买下了它。这位祖父是个出身佛罗伦萨的工程师，1890年时为梵蒂冈工作，那正是这座城市被最终统一进整个国家领土的20年之后。在我们这栋建筑的斜对角，有栋更小的建筑，建造时间恐怕还要早上四个世纪。那里头的打印店还保存着一架老印刷机，不过已经完全过时了，因为房东的儿子如今已转而使用电脑技术——面对这一切，房东只是带着不解但又含着温情的好奇，摇摇头。这位老人平时十分自觉地使用罗马方言，而且时不时地插

[①] 2007年初，市长瓦尔特·韦尔特罗尼（Walter Veltroni）公布了有关换掉民族街（Via Nazionale）上的菱形鹅卵石的决定，这是一条将共和国广场（Piazza della Repubblica）和通向威尼斯广场的斜坡路段连接起来的街。参见《民族街将变得更安全：在今夏告别菱形鹅卵石路》（"Via Nazionale diventa sicura: in estate sampietrini addio"），《信使报》，罗马版，2007年3月28日，第38版；《民族街，再见，菱形鹅卵石路》（"Via Nazionale, addio ai sampietrini"），《共和国报》，罗马版，2007年3月28日，第2—3版；《别碰菱形鹅卵石，但没人能修好它们》（"Non toccate i sampietrini ma nessuno li sa riparare"），《共和国报》，罗马版，2007年3月29日，第7版；《监管：对菱形鹅卵石的"记忆"仍留在民族街上》（"La soprintendenza: in via Nazionale resti la 'memoria' dei sampietrini"），《共和国报》，罗马版，2007年3月30日，第11版。当罗马的许多中心路段刚刚开始改铺沥青时，市政府声称这么做的理由是这些鹅卵石已与罗马无关，因为它们是在香港制造的。参见《威尼斯广场上的鹅卵石》（"Via i sampietrini da Piazza Venezia"），《共和国报》，罗马版，2005年7月13日，第1版。更早的相关讨论参见《台伯河堤坝的构造》（"I maquillage dei lungotevere"），《共和国报》，罗马版，2005年3月1日，第1版。

[②] "家连店"的布局一直持续到二战后。关于因苏拉建筑与其中世纪后继者间关系的详细记述，参见Mirri, 1996: 25。

入一些尤其能突显他对这一方言的忠诚的短语；而他儿子的口音虽然也有点罗马味道，但每当他和外人打交道时，都会轻易地滑向标准意大利语。

一些方言语法常常令讲话者自觉其所用语言的古旧；[①]与此不同的是，一些曾被认为过时无用而被抛弃的物件在今天却越来越得到重视。位于打印店拐角处的那家餐馆展示着某任店主留下的20世纪40年代风格的老式木制冰箱。更远处的一家理发店摆出了满架子老相机，令我们想到，曾经尝试去记录视觉性事实的并不只有旅行家和人类学家。附近的博西奥咖啡店则摆出一台笨重、矮胖、几乎到人肩头这么高的老式咖啡研磨机，所有来客都能看到（这一点对于那些新生产的机器来说，是卫生法所不允许的）。这台机器似乎显示这家店在本地历史里曾占有一席之地——其效果，至少能和店墙上那些刻意用罗马方言写作的诗歌所显示的历史感匹敌吧。一家药店则干脆将始建时间（1740年）亮出来。药店过去的一任店主还时不时光顾此处，他很积极地塞给我一本罗列许多罗马老店的大画册，他的药店在书中被放在很显眼的位置。[②]

我们所住的这条街上伫立着一座建于16世纪的教堂，它旁边的旅社曾被用来安顿新改宗的犹太人。这些人当年被基督徒从犹太社区生拉硬拽来此，却又受到那些怕被他们污染的纯正基督徒邻居的孤立。这条巷道被命名为"新改宗者街"（Via dei Neofiti），以歌功颂德，这个名字沿用至今。在街的那边有一家老印刷厂，曾为意大利银行印制钞票，后来因丑闻而被关停。在这个令人印象深刻的

[①] 除了策略性的语言转换外，个别人还会表现出特异的用法；另有少数人保留了所谓的古语形式，例如一位犹太流动小贩偶尔会使用在罗马犹太古话中很典型的希伯来语派生词。
[②] 参见 Sanfilippo, n.d.；（尤其是）94–97。

建筑的附近，法西斯主义者的战争纪念碑和巴洛克风格的本教区教堂极不协调地比肩而立。而马路对面，徘徊在一块大石板旁的小贩在兜售她的鲜花，这块大石板被认为已经在此安放了数千年。

沿主街向下朝圆形竞技场走去时，人们常会被从巨大的绿色垃圾桶中溢出的发臭垃圾堵住去路。而在主街边一条位置稍高些的边巷中，一块镌刻年份为1749年的石刻——这样的石刻在城中到处可见——上写着要对那些不顾"街道长官大人"的命令而丢弃垃圾者罚款并施加其他惩戒的威胁话语。但问题从未因此解决。即便一度有愤怒的居民在附近张贴了请求人们不要堵路的手写标语——"务必将垃圾扔进垃圾桶，而非别人家窗下！"——也无济于事。标语很快就被人撕去，垃圾迅速再次现身。

很显然，蒙蒂深嵌于一个非凡的"长时段"中。我甚至在犹豫将这个长时段称为"历史"是否妥当。因为我们实在太容易感受到它的在场性、即时性，太容易感受到它是一个被活生生的人居住的所在了。同时，它还带有传说般的气质，没有一个本地居民能忍住不在讲述时对它所涉事件的张力和它的时长大加渲染。就连我自己也时常受到这种修辞热情的诱惑，也会津津乐道于"'我们'这条街已经被人类几乎不间断地行走了两千年了"这样的言辞。

居民对历史的意识虽然能够被深深地感知到，但这种意识似乎离不开一种更明显的对历史性的戏剧性生产。蒙蒂地势较低的一端延伸至圆形竞技场，在那里，直到最近，那些插着红色羽毛、手持现代钝剑的"百夫长"还在摆出姿势哄骗游客拍下昂贵的照片。许多年来，尽管有法律禁止在几乎所有考古遗址上从事商业行为，但当局一直容忍这些"百夫长"；他们因所提供之服务的"古老"

（antichità di servizio）而被允许存在，而这很好地证明了罗马人妥协的能力。但是，到 2005 年春，事实证明这些"百夫长"实际上是一帮当地的混混，听命于罗马黑社会的一个小头目。这个小头目最近刚从监狱里出来；在他的指挥下，这些入侵者用严重的暴力威胁赶走了他们的对手，现在正从一些更容易受诱惑的游客那里获得丰厚的回报。[1]

有更多独立想象力的游客可能会选择在任何情况下都不接受他们相当笨拙的拍照服务；比如，在距此不太远的地方，游客可以看到最初的角斗士学校已被摧毁但尚未被重建的地基。那里唯一的塑料制品就是路人从冰激凌店或者比萨店出来后丢弃的垃圾。但假冒的百夫长也已经成为罗马现代景观的一个组成部分，当然还包括那些损毁墙壁的涂鸦。这些"百夫长"就像墙上的涂鸦一样，使用的是口音非常浓重的罗马方言。这对于这些后世本地小权贵的跟班来说恰到好处。

其他一些时刻则更多地唤起有关过去的民族意识。我能想到的一个情境是：宪兵队的铜管乐队在罗马圆形竞技场边奏响威尔第著名的《飞吧，思想》。这首歌曲在歌剧中是由被流放到巴比伦的犹太人奴隶演唱的一首合唱曲，在意大利复兴运动期间（意大利统一运动时期）被认为是第二国歌；而且最近这首歌也为那些意图建立

---

[1] 参见报道：《假导游和骂人的"百夫长"，28 人受到指控》（"False guide e centurioni abusive, 28 denunciati"），《城市报》，2005 年 4 月 15 日，第 22 版；《圆形竞技场的"百夫长"是黑社会雇用的》，（"Centurioni abusive al Colosseo erano assoldati dalla malavita"），《共和国报》，2005 年 4 月 15 日，第 31 版（此为本注释对应的正文出处）；《圆形竞技场，"百夫长"的勾当》（"Colosseo, il racket dei centurioni"），《信使报》，2005 年 4 月 15 日，第 34 版。

一个独立于罗马的国家的北方人所认可。[①] 尽管这个场合透着官方气息（当然我不是太关心），而且意识形态也被令人不快的反向力量征用，但是听着充满激情的铜管和声，我发现自己也对之报以强烈的情感。然而，这是一个非常戏剧化的场景：你悬置了你最珍视的那种感知力，即对世界该如何运行的感知；随之而来的是另外一种现实，这一现实存在的时间足够长，足以让你瞥见那种奇异的魔力——那种能让本地人眼中难以运转的国家和难以管理的城市得以维持其看似坚不可摧、实则虚假的荣光与团结的魔力。

这类表演所生产的那种"永久感"，虽可以无限重复，但其本身却终究是暂时性的。其中包含的破碎性也是确定无疑的。在某种意义上，这种破碎性在于那种被"地方社会学家们"辨认出的"微型分区"的持续存在（这些地方社会学家承担着将迅速现代化的城市恢复到适合人类交往的尺度上，从而将社会空间还于人们的普通活动之用的责任）。在另一种意义上，如同文化（cultura）一词，"微型分区"（micro-quartieri）这一表述本身已经成为一个日常的描述性术语；罗马人或许浸润在历史之中，但他们也是不知疲惫的社会学家。社会学调查，包括一些受城市当局委托进行的，聚焦于各行政区中内部分化出的小型分区。社会学家洛伦佐·贝里契尼（Lorenzo Bellicini）给"微型分区"做了更准确且更学术化的定义，但该定义的吸引力很大程度上来自其对本地居民的经验与感知

[①] 这首合唱曲是威尔第创作的第三部歌剧《纳布科》（Nabucco）中的亮点之一，曾被建议定为官方国歌。北方联盟将这首曲子视为他们将自己从意大利国家解放出来的努力的象征，并强调曲作者本人就是一位北方天才——但其实威尔第本人所持的意大利国族主义信仰，即使不那么正统，却也十分坚定。出于显而易见的原因，这首曲子在以色列甚至希腊都引起了共鸣。也许正是这首歌曲的歌词给了威尔第灵感，鼓舞他在失去第一任妻子和两个孩子（Toye，1931：21—25）的人生艰难时刻仍坚持创作歌剧。

的呼应。[1] 我的一位电工朋友在讲出一连串各有其典型特色的街道的名称后，解释称，正如蒙蒂的每个分区都各有其特色，放高利贷者也以反映每个地方的经济和社交特征的方式在蒙蒂特定的小区域里游荡。

在他的讲述中尤为有趣的是，他将切利奥（Celio）也包括进来。但是，1921年，教皇就通过法令将这一区域从蒙蒂区分割出去，在此约半个世纪前（1874年），一个类似的法案将埃斯奎利诺分割出去。人们对蒙蒂区的缩减至今仍耿耿于怀。但在地方主义的相对主义逻辑中，这并不能减少那些因被驱逐而被迫生活在新边界的另一侧——埃斯奎利诺——的人对他们被流放的悲剧感到的怨恨。这些重新分区的行政法案永远无法根除本地人对整个蒙蒂地区的集体归属感，这既指对自己属于罗马最大也是最重要的一个区的归属感，也指对自己属于唯一一个在外国侵略的过程中从未发生过人口骤降的区的归属感。而在今天，这种历史自豪感的来源，已随着该区人口的急剧下降以及老一辈家庭的消失，而变得空洞。

---

[1] 贝里契尼是关于住房与土地问题的经济、社会、市场研究中心的技术总监，该研究中心通过发布传统出版物和网络文章的方式定期更新贝里契尼及其同事的研究现状。

第四章

对社会生活的折射

在宏伟的意大利银行对面、主路的后方,有条小小的侧街(side street)。街边有许多小公寓,勉强够妓女和她们的客人容身。在它的上方是帕尼斯佩尔纳街,物理学家费米和同事们工作过的实验室就在此处,使得这条街有点名气。实验室是栋小房子,处在相当老旧的住宅群中。这条街上的老宅都有数个世纪的历史,其中一些已经明显露出行将垮塌的迹象。有两条平行的路垂直地穿过帕尼斯佩尔纳街,两条路都连接着蒙蒂和上方车水马龙的民族街。其中一条是干道,使车流得以汇入建于19世纪的加富尔大道和罗马圆形竞技场外的环形路,后者为建于文艺复兴时期的壮观城墙所环绕。这片城墙一直伸至圣彼得锁链教堂,该教堂因存有米开朗琪罗雕刻的摩西像而负盛名。另一条小得多的道路的名字的字面意思是小树林路,得名于此处一片早已消失的树林,可译作"博斯凯托大道"。如今,这条路两边开满了小店,并深陷令人窒息的交通拥堵问题,狭窄的道路两侧几乎要被挤破。在上述这些大大小小的街道上,许多宗教纪念品售卖点出售镶有或画有圣母像的吊坠,显示出这种持续了许多个世纪的大众崇拜仍在流行。对于这一无论是在社会性上还是在建筑结构上都相当分裂(碎片化)的地区而言,它彼此不同的各个部分因膜拜同一种宗教图腾而得到了联结。

如果美德能被街角售卖的圣母像体现，那么相似地，它在天主教教义及实践中的宿敌——堕落——也可以由错综的建筑环境所折射。相较于罗马其他地区而言，在那些有恶名的地区，圣母像买卖往往多得多。其中最多的，无过于蒙蒂和另一个至今仍因恶名而深困于难以扭转的对抗处境之中的地区——特拉斯提弗列（Trastevere）。[1] 堕落也有自己的地理分布，而且不逊于美德。比如，人们现在可以按不同的性产业风格把罗马划分成不同的部分，而这种划分和按族群对罗马进行的划分是重合的。[2] 和性产业一样，不同地区高利贷业的不同形态也为一个个微型分区构成的网格结构所折射。有息借款在过去被认为是有问题的行为，在今天也一样，就像一个恼怒的商人喊出的——放高利贷"就像'世界上最古老的职业'一样"——是的，实际上，性产业和高利贷就是常常绑在一起的。

裂变与辅从原则

上述这种对美德与堕落的地方化，实际上是对某种社会组织原则的概括。这种原则与梵蒂冈的统治原则竟然相当一致，而且这种一致并非巧合。这种一致从两个方面得到体现。首先，二者都有一

---

[1] Antonello Ricci, 1999: 38.
[2] 参见一篇详尽且颇有深度的关于"卖淫地理学"的报道，这份报道指出特定民族群体或来自特定国家的人群与罗马特定地区之间的对应关系。参见《卖淫：强硬对待嫖客》("Prostituzione, linea dura con i clienti")，《共和国报》，罗马版，2000 年 5 月 5 日，第 5 版。关于西西里岛上卖淫、移民和民族身份这三者间的关联，参见 Cole & Booth, 2007: 109–117。

种务实的认识：社会生活总是既包含善又包含恶的，而且往往，对抗腐败远不如与腐败相结合来得有效。但这样总会留下问题，就像谚语所言，"面包师的手上总有揩不掉的面粉"。在这一点上，神职人员做得并不比普通人更好，而且他们表现出的人性，恰恰就是由他们与其他人共有的软弱决定的。还有一句罗马谚语说得好，神父会用这句谚语劝诫他的信众："要按我所说的那样去做，而不是按我所做的那样去做。"梵蒂冈指望神父们与自己的良心做斗争，却也默认一些神父终归会为诱惑所捕获。既然已经对原罪教义抱着这种实用主义的理解，那么接下来创造新解释和蓄意为恶的空间就相当之大。

其次，这种一致体现在结构的趋同上。在罗马，一个区就是一个由不同身份层级构成的系统，并分裂为一个个更小的单元。这既是因为小单元之间的敌意打破了表面上的统一，也是因为该区当局有意将责任下移，这样，这个区就不必作为一个共同体集体地承担由所有居民的罪共同结成的这股压力了。现存的这一社会关系原则也因此催生了特殊的道德经济。比如圣祠（指去制度化的微型圣所）在蒙蒂这种地区暴增，就可以被理解为该区能够脱离教会的监督、拥有相对自治权的一种结果。这种自治权既来自蒙蒂地区在16世纪时对教皇命令的反抗，也来自该地区对"下层人乌合之地"这一自我形象的持久营造。邪恶——不亚于善良——也可以通过尘世的区分而得到折射，尤其是在罗马这个人们早已将四美德与七宗罪当作来回弹唱的老调的地方。

因此，微型分区组织以及底层的社会关系不仅重新定义，而且颠覆了"统一且永恒的城市"这一理想。一位一直在本地公民事务中颇为积极的匠人评价称，公民生活的理想形式应该是"良好的交际性"（una socialità sana），即一个人能够轻松地与他在其他环境下倾向于避免更亲密接触的那些人——尤其是那些"坏"（cattivi）人——相遇的社会环境。与此类似，知识分子也认识到，不去回避许多社会互动所具有的冲突（conflittualità）特质——甚至看到有的社会交往或许正是建立在冲突之上的——是多么重要。[1] 冲突自身成为一种文化"财产"（cultural property）。正如意大利人类学家贝拉尔迪诺·帕伦博明智地指出的，冲突成为一种本地社区亲密性的特征，因为它挑战国家和城市官方话语所竭力主张的那种死板的统一性。[2] 冲突被外来者视作一种倒退的标志，而且有时还被官员们用作拒绝认真聆听本地利益诉求的借口。但是，这样一种躁动不安的潜质标志着，本地人在面对巨大的，而且往往是外部强加的控制与变化时，他们的自我欣赏——实际上是一种文化亲密性——究竟是多么生机勃勃。

因此，城市规划者恩佐·斯坎杜拉——他在罗马第一大学位于蒙蒂的城市规划系任教——不仅深度介入对官方那种同化文化多样性，尤其是同化公民参与的实践的抵抗[3]，而且提醒我们，居民的需求包括"手足之爱，对关系的欲望，但同时也包括艳羡和嫉妒"[4]。

---

[1] 例如，参见城市规划者莉迪亚·德坎迪亚（Lidia Decandia）的动议，即新思想和新形式可能产生于那些因总是与冲突相关而被边缘化的地方（Decandia, 2000: 262）。关于"冲突如何决定城市发展轨迹"的不像德坎迪亚那么乐观的看法，参见 Bocquet, 2007。

[2] 尤可参见 Palumbo, 2001: 33; 2003: 12-15、47-48。说"冲突"是某些社会关系的特征，仅仅重申了本地人的看法，以及为"冲突"赋予了理论建构的色彩。而通过聚集这个抽象的意大利名词（conflittualità）传达的"特定社会关系的冲突特质"的内涵，我们能更容易地避免那种常见于过去的人类学作品，同时流行于意大利公民道德家中的认为"冲突必恶"的假设。

[3] 他尤为尖锐地批驳市政当局官僚文化中那种想将"参与"改塑成一种例行活动的倾向，并强调抵抗这种倾向的重要性（参见 Scandurra, 2003: 18; 2006）。

[4] Scandurra, 2006: 10。亦可参见 Cellamare, 2008: 84。

这样一种伦理上的慷慨姿态不仅仅是罗马人典型的迁就行为，他们也连带地承认社会现实，并指斥，那种将所有社会经验都按"金科玉律"化约为善恶问题的官僚主义倾向是有违人性的。

艳羡或者说嫉妒作为一种破坏性的存在，长期以来被视作意大利南部社会的突出特征。它既是本地人无法为集体利益合作所导致的后果，也是一种被制造出来的产物。这种文化决定论在意大利有长久的历史。爱德华·班菲尔德（Edward Banfield）对"'非道德'家庭主义"（amoral familism）的指控就是例证，这一指控进一步被罗伯特·帕特南（Robert Putnam）作为一种历史事实来处理和修正。尽管年轻一辈的学者已经开始对其有所质疑，但其已经成为意大利学者的一个信条。[1] 帕特南的处理方式与早期研究工作有很大不同；他恰当地指出了市政事务透明度和公民介入市政事务的出现牵涉大量的文化因素和历史性力量。但是，他没有吸纳班菲尔德的评判主义（judgmentalism），而是不加质疑地相信了这样的假设：缺乏官方的公民意义上的交往性的生活意味着家庭和其他群体之间普遍缺乏各种形式的合作。他的研究中出现的有些过度简化的南北二元论，部分可归因于他对民意调查的依赖。在这些调查中，受访者显然共享了研究者的某种预设，并将这种预设嵌入将自己的原初答案进行官方化（officializing）后的回答当中。这反映了外国学者和当地知识分子在一些情况下的共同立场。[2]

---

[1] 尤可参见Sabetti，2000：212-238。
[2] 参见Putnam，1993：88。关于将本地观点官方化的策略，参见Bourdieu，1977：37-40。萨贝蒂的批评（Sabetti，2000）在此尤为贴切。彼得鲁塞维奇（Petrusewicz，1998）记录了意大利南方知识分子如何开始部分地吸收有关本地区的负面刻板印象这一历史过程；莫伊（Moe，2002）则对过分简化的南北二元论进行了批评；关于这些刻板印象在意大利国内外新闻界的一再重现，参见Schneider，1998：7。

没有人类学家能够合理地否认帕特南的主张，即地方社区道德观的差异是国家发起的地方治理实践存在差异的原因。事实上，我想进一步说明：地方实践（practices）也在将国家的价值观（values）作为一种现成的材料拿来重新利用（reuse）。比如，居住在克里特岛山地的牧羊人将对氏族的忠诚连接到地方上有权势的政治家的网络中，借此重新定义了民主选举制度。这戏剧性地说明了我指出的这种重新利用。[1] 这种适应行为发生在漫长的时间里。因此，正如帕特南正确地观察到的那样，有必要仔细关注历史先例和过程。所以，我将重新定义他对历史的重要性的强调，以便为行动主体提供一个比他所划定的更大的空间；旧的实践"沉淀"[2] 在新的实践，甚至是身体中，但人们会有选择地使用它们以形成阐释并决定政治前途。

但是，我与帕特南的最大分歧在于帕特南的韦伯式假设，即为了全体公民的最大整体利益有效地部署民主建制——帕特南将这一公民气质（civic ethos）追溯到托克维尔等人那里——构成了现代性的最终目标。在此，尽管是以一种更为复杂的变体的方式，但我们回到了班菲尔德对"倒退的"（backward）社会的描述所代表的那种进化论思维。这种语言正是詹姆斯·弗格森（James Ferguson）在他关于"发展"的论述中所批评的，但是这种语言也出现在诺贝特·埃利亚斯（Norbert Elias）的"文明的进程"这一概念中——而且，正如我们将看到的，这种语言经常将"公民的"（civic）与"讲文明礼貌的"（civil）混为一谈，这将为我们理解那些与盛行一

---

[1] 参见 Herzfeld, 1985: 92–122。
[2] 关于"沉淀"的隐喻，尤可参见 Connerton, 1989。

第四章　对社会生活的折射

时但不断变化的气质有关的政治实践带来灾难性的后果。[①] 不幸的是，尝试确定一种单一、持续的精神气质，而不是持续变化的实践聚合体，是人类学家也必须承担的责任；它导致了一种决定论的思维逻辑，排除了其他现代性的可能性，并将现代性的概念调整为一种东方主义式的话语。"南方"被设定为"倒退的""乡村的"，甚至是"东方的"或"非洲的"——这种观点混合了各种类型的欧洲中心主义偏见，并将一种在意大利日常话语中已经相当受重视的态度固化为科学。[②] 许多意大利批评家乐于接受帕特南的表述，即意大利的北方人更循规蹈矩，而南方人则更关注经济来源。[③] 但是，将公民管理等同于照本宣科就会产生一个有疑问的命题，即那些更受经济来源支配的人对社会规则不太感兴趣；尽管帕特南否认这是他的论点的有效延伸，但这肯定是意大利公共话语中的一个常见假设。

此外，帕特南似乎的确赞同班菲尔德的论点，即认为南方共同体中那种对家庭利益的维护一定同时是"非道德的"和"倒退的"。与这种论点相反的是，南方的民族志研究既揭示了这里的人对道德的强烈关注，也揭示了他们在将文明礼貌价值视为一种表面行为的前提下对这一价值的强调（以及比帕特南所认识到的更多的公民建制和态度）。正如我们将看到的，罗马人对正式的公民典范的有效性及其与日常生活中道德行为的相关性表达了严重的怀疑，但他们的怀疑仍然是基于对良好治理的渴望。

[①] Elias, 2000; Ferguson, 1990.
[②] 参见 Faeta, 2004; Minicuci, 2003; Petrusewicz, 1998; Schneider, 1998; Teti, 1993。福博恩对希腊的历史建构主义的讨论有助于我们理解此问题（Faubion, 1993），这一讨论也因敏锐地把握到现代性存在多重可能，而为意大利学者所称道。法埃塔（Faeta）的评论则尤其有助于将各式关于"东方"元素、"非洲"元素的话语——也包括视觉话语——从"南方"文化中分解出来。
[③] Putnam, 1993: 23.

公民与文明

保持批判性和分析性的视野,以与深植于殖民扩张和资本主义扩张逻辑之中的诸进化论模式保持距离,对我们来说是极有必要的。这些进化论模式得到很多意大利人的支持,这个事实很有趣,提醒了我们社会科学话语并不是被纯然封闭起来而与自己的分析对象隔绝的。我们必须抵制"某种侵入性的公民气质更为优越"这种假设,而且要看到,"公民"和"文明"两者之间的紧张关系被"civic""civil"两词那因过分熟悉而产生的语义蚀变(semantic slippage)遮盖,这和我们在意大利语和英语之间草率翻译一对有词源关联的同根词时发生的情况差不多。[1] 我提出的"公民参与"(civic engagement)概念,意指一种乐于投身各种各样积极而普遍的政治参与形式中去的意愿,无论这些政治参与形式是激烈还是温和,无论其原型是舶来的还是土生土长的。另一方面,文明(civility)有时只不过看似礼貌,实则是为让人厌恶的社会不平等加油添柴之物。斯坎杜拉将艳羡和嫉妒视为那种有活力的社会生活之一部分的呼吁也因此是对地方政府新的管理风格——一种将一切抹平的社会性消毒行动(social antisepsis)——进行深思熟虑后的

---

[1] 布霍夫斯基(Buchowski, 1996: 79-85)提出了一种与我的方法非常不同却很有说服力的区分"civil"和"civic"的方式。他将"the civil"界定为更大的、将共同体集体活动方方面面都纳入其中的"社会互动"地带,或可译为"民间"[在此,就像格尔茨(Geertz, 1973: 193-196)对"意识形态"一词的扩展一样,布霍夫斯基也有效地扩展了"民间"这一政治术语的意涵];他将"公民社会"(civic society)界定为那些反对来自国家的压迫性控制的各种组织的集合[也就是"civil society"(民间社会)一词迄今为止被人们认为所照管的那个领域]。布霍夫斯基的区分模式可以有效地描述极权政府下的政治生活,我则更倾向于将"公民"(the civic)的概念留给那些我们能在各种结社活动中找到的价值和实践——国家的各个层级的代理者准允的那些活动也在这些结社活动之列;同时,我保留意大利语中的 civile 特有的含义,即这个词可以用来描述"与他人相处的能力"——尽管这种能力有时候也是会令他人感到压抑的特质。

第四章 对社会生活的折射

回应。这种管理风格在前市长鲁泰利身上得到印现，他那一届市政官僚集团举办的"邻里节"就给人与人之间的小小冲突扣上了"低效"和"不诚实"的帽子。（但"竞争"呢？不用说，当然是被他们当成另一码事。）

不仅如此，如佛朗哥·拉伊（Franco Lai）所指出的，这种将冲突视为紊乱的文化决定论相当能反映人类学家及其他一些人共同抱有的那些假设，就如它也能反映某些本地人在它影响下的行动一样——这些人把别人的艳羡和嫉妒当成解释自己失败的借口。[1] 这些人也在参与，参与的是一场刻板印象之战。他们利用刻板印象，以获得策略性的、有时候甚至是暴力性的效果[2]，并由此调整自己的决定和行动。社会行动者常能充分认识到"调用自己身上的刻板印象"这种能力的政治价值，刻板印象可以被用来为他们已被人发觉的弱点进行辩解，或者被用于声称他们具有某种特殊力量。在这个意义上，就像对"文化"的调用一样，对刻板印象的调用所体现的所谓社会日常生活和智识想象之间的关系，是耐人寻味的。

法律的实际操作及其各种实现方式（包括税收制度、区划规定、交通规则等等）都是向平常的社会生活取经的，但同时又往平常的社会生活中注入了法律自己的修辞。教会关于"在哪些特定时候带息出借钱款就是合理的""在哪些特定时候对犹太儿童强行施洗是一种高尚的行为"的诡辩为那些依法律原则统治世俗世界者提

---

[1] 见 Lai，2002：302–305。亦可参见玛利亚·米尼库奇对"南方"分别在意大利人类学家和非意大利人类学家的想象中之作用的重要讨论（Minicuci，2003）。
[2] 例如，"南方人施加的家庭暴力更多"的假设——如普莱赛特（Plesset，2006：199）以北方富裕城市帕尔马（Parma）为例所证明的那样——就既能满足北方男性的实际利益，又能促进北方人的集体自尊；如果结合科尔和布思观察到的"北方男性比西西里人更常嫖妓"这一判断（Cole & Booth，2007：110）来看，普莱赛特的证据就尤具暗示性。

供了方便的模板。[1] 法律的刚性（rigidity）为那些知道如何操弄法律语言的人提供了一道盾牌；同时，像"法律的制定者在一开始就在法条中留下了许多模棱两可之处"这样的认识（这样的认识也是凡俗心灵的产物）也给了社会行动者机会，使他们得以预设法律具有（至少是某种程度上的）灵活性。这个认识得到了广泛的共享，使得人们有机会去算计某种违规行为对应着什么样的代价，也因此已经成为生存的切实关键。这个认识的那些非法面向往往借用了法律的修辞，而反过来，法律的运作者们又常常极为依赖真实生活的灵活性，而这种灵活性在法律的表面话语中是听不到的。公民的规则和社会实操的文明性就是这样深刻而互惠地交缠在一起。

因此，我对公民（civic）和文明/民间（civil）的区分是一种分析性的区分。它们并不是两种不相干的社会行动领域，也不能被便宜地化约为像"新与旧""外来与本土"那样的二分。二者的区分应该类似于官方宗教和民间宗教之间的区分，即一种服务于教会霸权利益的有误导性的区别对待；教会将地方性元素从仪式实践中清理出去的努力，其首要的作用就是展示权威。而这种权威是完全忽视官方宗教语言和民间宗教语言所共有的那些源头的。[2] 类似地，原罪既扎根在正式教义之中，也扎根在大众心态之中，而且正式教义中的原罪和大众心态中的原罪除了一点修辞性的区别外，并不存在什么严格的区别。同样，用于管理公民的法律原则和文明性的社

---

[1] 关于"'非法行为'的合法性"（la liceità dell'illecito）这一表述所指涉之事，即那些善意的、坚持为有证据表明并非属从教会的儿童施洗的神职人员所面临的两难困境，参见 Caffiero, 2004: 81–87。在罗马社会，这类诡辩有着深厚渊源，而且就像我在有关"临时之物的持久性"的讨释（见第 106 页）中所说的，这种谈疑论与"正确"的实用主义理想有关。

[2] 希腊的类似案例，参见 Stewart, 1989。

会实操实际上是互为必需的。比如，出台禁止腐败的法律反而可能令立法者和警察获利，因为顺从的大众更愿意向这些人献上一些小的"猎物"，以便在日后出现更重的腐败行为时能得到这些人的通融；而且这些法律的制定者自己也不过是普罗大众中那些易犯错的普通人罢了。这种权衡在立法实践和管理实践中有时根深蒂固，比如一个市民面临多项罚款，只要他每项都缴纳数额达到某个比例的罚款，剩下的罚款就都可以免缴。[①] 其他手段违法的处理方式则被划为腐败行为。不过，在这些人看来腐败其实是互惠的一种形式。它不只出现在官员身上，还被看作人人皆有的原罪的印记、在人的社会中生活的印记。因此很讽刺的是，官员要想完成其行政任务，"拒绝诱惑"反而成了个不大可行的选项。这一点并没有得到那些批评所谓的"南方人的家庭主义和唯利是图"的道德家们的关注。

　　罗马是研究这些问题的一个理想地点。它的市民深信（或将之作为一种实用的信念）他们的文化是"南方"文化，北方贵族和教廷介入市政和城市生活管理的长期历史，以及罗马人对他们作为首都市民这一身份的矛盾心态，共同造就了这一具有其自身特性的"混合"文化。当罗马人谈论起，自己为了适应那个控制了市民生活方方面面的、严厉且无处不在的教廷政权而形成的从刻板印象上来说很"不南方的"对冲突的一贯回避的态度时，应该会毫不迟疑地认同帕特南对历史性解释的强调。但是，这种解释既说明了微型政治联盟、社会互动中的文明礼貌以及实践中对教会行政结构的挪用，也开了后门，放进了对黑社会活动、贿赂、敲诈的顺从。

　　蒙蒂人倾向于将"附近"（neighborhood）想象为一个村子

[①] 参见第189–192页。

（paese），所以他们以农民社交的预设形象为基础创造了一种"南方性"的特定版本。在此，他们非常准确地再生产了米尼库奇对意大利人类学家们所做的观察，她认为，意大利的人类学家们"预设了南方的固定形象，并且在这一预设中研究农民的世界"。其研究确认了知识分子和其他人之间在这一认知上的连贯一致性。而危险的是，今天的人类学家忽略了这一点。[①] 简而言之，这些罗马人将自己视为一个文化世界的一部分，认为自己知晓且理解这个世界的价值观。但是，在那个世界中，他们也试图寻找究竟是什么让他们自己与其他南方人不同。由此显现的这种模式，不仅确认了米尼库奇强调的任何所谓南方社会中社交形式的内部多样性[②]，而且凸显了斯坎杜拉的洞见，即欣然接受冲突（而不是将其本质化为"南方的"或"低效的"）的态度向由刻板印象生成的有关治理的支配性语言提出了概念上的重大挑战。

罗马人在很大程度上拒绝帕特南这类作者所推崇的公民道德（civic virtue）的理想类型模式。但这并非受到所谓"南方人"唯利是图气质的影响（尽管他们可能会把这当作一个借口）；而这正是关键所在。诚然，在帕伦博对西西里人社区栩栩如生的描摹中[③]，我们能看到，"声称具有南方身份"可以证成（justify）那些尽管对社区有实际好处，但被明确认为是非法的行为——而且，事实上，这些行为建立在这样一个假设上：遵守法律在这样一个社会中是没有

[①] 米尼库奇明确而敏锐地观察到了这一点（Minicuci, 2003: 144），而这与她在非意大利人类学家的研究策略中看到的趋势相反。亦可参见施奈德的批评（Schneider, 1998: 6–8），关于西班牙的类似讨论，参见 Fernandez, 1983。关于对刻板印象的调用，参见 Herzfeld, 2005: 156–164。
[②] 亦可参见 Arlacchi, 1983; Galt, 1991: 2。
[③] Palumbo, 2003: 145。

用的。在这种南方文化的视野中，日常生活中的实用主义将"形式上的合法性"摒弃为对拖延战术和官僚主义的顽固的屈服。在一个有缺陷的世界里，依着这一逻辑，人类的堕落状况及其温暖的亲密感（familiarity）都在作为世俗生活有利条件的战术技巧中被放大了。

尽管许多罗马人在具体的行动中依赖这一模式化的自我辩护（self-justification），但是，他们并非断然拒绝以良好管理和公平竞争为基础的公民生活的理想模式。长期以来，罗马这个地方都有很强的周转信贷互助会传统。帕特南特地以此类会社为例来说明"社会资本"这一概念。正如他所说，"社会资本"是有效的公民生活的先决条件。① 另一方面，罗马人并不认为这样一种完美状态是可以达到的。在此，他们的逻辑至少保留了一点神学底色。他们更倾向于妥协，这一选择反映出进而接受了"艳羡和嫉妒"的现实性以及人类缺陷的其他后果。我曾从事希腊社会关系研究许多年，罗马人避免纷争时所表现出来的轻松经常给我留下深刻印象。一位西班牙女士曾经告诉我一位邻居的女儿，当她看到罗马人大打出手之后还能友好地一起共进晚餐时，她感到震惊。罗马人不会抱怨到令人讨厌的地步（尽管他们实际上抱怨很多），而是从长计议。当人们问罗马人的近况时，他们的回应往往是耸耸肩，"我们没有抱怨"（nun ce lamentamo），或者更正式和积极的回答，"我们相当满意"（ci accontentiamo）。有一次我问一个人近来如何，他回答说："我适应了。"（Mi adatto.）

---

① 帕特南尤为谨慎地指出，此类会社运转的有效性并不要求所有成员之间有绝对的相互信任或利他主义精神（Putnam，1993：167—171）。但令人惊讶的是，在他的一本有关意大利的著作中，他没有解释"这类组织为何能在一个从刻板印象上来说'南方的'城市中蓬勃发展"。从某个重要角度来说，我的论点与帕特南的论点一致，因为我将罗马的周转信贷互助会视为罗马人其他形式的政治会社和公民自我管理的先驱。

事实上，感到满足是相对于不可避免的现实而言的。许多罗马人是根深蒂固的怀疑论者，他们拒绝相信——或者至少拒绝承认他们相信——诚实、恰当的行政管理的可能性。然而，出于同样的原因，他们也欣然接受这种拒绝在战略上是有用的，因为他们经常需要为自己的非法行为寻求辩护。例如，一个负责监督工人安全和赔偿的人告诉我，市政当局违法利用无证移民劳工——这些罗马尼亚人的工资低于法律要求（工作50小时最低应得50 000里拉），并且工人在工作时没有法律规定的安全保护——作为按时完成所有禧年庆典建筑项目的捷径。他质问道，当政府这样违反法律时，还能指望私人经营者不违法吗？

他的气恼表明，公民诚信还仅仅是个理想，而非可被体会到的现实。人们甚至会真诚地认为，公民诚信是根本不可能实现的。不过，它至少可以被当成对明显常常达不到这一严格标准的政府的一声棒喝。一位前店主告诉我，他曾愤然跑去垃圾回收部门质问为什么他家旁边的垃圾桶没了，害得他拖着垃圾出去却没法扔掉。这位好市民得到了一个严肃的回复：挪走那些垃圾桶是为了不让它们杵在某场政治游行的路线上。显然，"政治游行"作为罗马生活中的例行之物，单是在令垃圾桶被不停挪动这一项上，就给市民带来了太多麻烦（fatica）！还有一次，市警局称"无法收缴人型遮阳伞"，因为"我们没地方搁它们"。这种大阳伞被一些饭店放在门外，为饭店向街道公共空间延伸的非法经营区域遮阳。官方的这种回答，加上大量行贿能使警方推迟收缴行动的预期，使违规者不仅觉得自己可以行违规之事，而且在行事的过程中还要招摇地彰显自己对法治理想的不感冒。就像一位左翼议员怒斥的，这种行为就是在"展示傲慢……就像狗在树下撒尿标记一样"。同时，这种行为还自有其用处，可以警示那些胆敢质疑这些违规行为的人，使之不敢靠近。在这种情况下，"本市根本不可能出现清明政治"的怀疑论大为流行。

突然爆发于20世纪90年代并遍及全意大利的反腐运动带来了两样东西：一是理想主义式的狂热；二是关于那些靠提出"诚信加廉政"的政纲获得政治地位者的动机的怀疑论，尤其是在当时的司法系统暴露出不能克服自身常见腐败问题这一缺陷之后。为了替名誉扫地的社会党找补，一位本地支持者不惜辩解道，那个靠贿赂和回报维持的系统（Tangentopoli，"回扣之城"）虽然在社会党内蔓延，但它实际上创造了新的经济机遇和就业机会，尤其是因为它鼓励政府官员纵容小企业非法转包活动。这种辩解可能与某些本地人的态度、实践产生共鸣（尤其与金匠的经验产生共鸣，政客和官员的情人们找金匠打造金饰，将自己的非法所得支付给金匠，因此金匠在这样的运作下日子过得很好），但不可能在绝大多数市民那里引起共鸣，因为后者感到权贵的运作和交易与自己无关，自己是被边缘化的。这种割裂进一步强化了正在滋长的怀疑论。很快，这种怀疑论击垮了有关反腐败努力的理想主义，使不论是本地还是全国的那种对新道德世界的狂热的短暂爆发冷淡收场。①

不过，蒙蒂的本地知识分子和社区领袖们现在有了新的追求，它和上述怀疑论源于相同的现实主义，不过是这种现实主义的一个新的、更乐观和更强调积极行动的版本。他们不再屈从于以妥协和合谋为核心的策略，而是尝试探问"优雅的礼貌和修辞上的平稳运

---

① 实际上，如果意大利编年史家们没有夸大其词的话，那么这场运动似乎没能改变什么。最近的评论尤可参见Caporale, 2007; Rizzo & Stella, 2007。

行是社会和谐的本质"这一肤浅假设背后的实质和其他意义。他们接纳人类的瑕疵,将之作为实现公民行动的必要前奏,鼓励人们表达异见,并将异见之力发展成与当选政客和市政官员之间虽然粗鲁,有时却颇有成效的交战。他们拒绝接受对"文明礼貌"的那种肤浅解读,那种解读认为,政府最理想的目标就是社会中不存在冲突。他们的拒绝揭穿了那种将生活视为没有深度的美丽表象的谎言。[1] 最重要的是,他们坚持将合法冲突纳入应有的社会秩序之中,接纳"市民同胞偶发的粗鲁"的重要性,这种坚持既对抗了公民审计文化中的管理理性主义,又对抗了传统上和"南方恩庇主义"(southern clientelism)联系在一起的那种压制性的彬彬有礼、表面优雅的威慑。[2] 在上述两种对抗场景中,他们都将朴素的实用主义置于滑稽的礼貌之上——在前一种场景,即与管理理性主义的对抗中,是一种将合法冲突以及对它的接纳塑造为新的传统的实用主义,在后一种场景,即与压制性的彬彬有礼和表面优雅的威慑的对抗中,则是一种提供了新的管理方式的实用主义。

这些本地思想家拒绝接受文明生活的旧模式(这些旧模式没有为绝望的悲观先知或烦人的格格不入者留出空间),也拒绝接受行政官员武断的权威。曾有一位考古学家在陪同美术监察局检查时看到一个看上去像第二世界移民的人在一段建于文艺复兴时期的台阶顶上解手。这位考古学家没有找警察或如天主教救济机构这样的社会服务组织来处理此事,而是找了她自己所在机构的领导,并和这

---

[1] 巴尔西尼对"意大利人"作了著名的刻板印象化的描述(参见 Barzini, 1964);更新一点的,不过是从劳动者阶层视角出发的对这个国家的特点的归纳,参见 Bravo, 2001。
[2] 洛伊佐斯(Loizos, 1996: 56-58)指出,撒切尔夫人表面上试图减少政府对人们日常生活的干涉,其实际目的却恰恰相反;在这一点上,意大利的情况与之惊人地相似。

第四章 对社会生活的折射

位领导一起把台阶所在的这条通道封了起来。这是一条直连起加富尔大道和圣彼得锁链教堂的路，因此封锁之举令本地居民和店主震怒。一反过去的妥协态度，这一次，他们不再忍受因封锁造成的不便，而是组织请愿，并积极地收集签名。其中一位组织者——一位古董商——说，"这是为公民介入（un intervento civico）做出的一个榜样"，这种事在他们这地方仍然很少见，但这次行动显然预示着一场转变态度的浪潮。

会社生活

我们不能脱离既有的概念样板来理解公民意识（civic consciousness）的这些新形式——当然，认识到这些概念样板并不能严格决定未来所有行动，这也同样重要。构成地区的那些微型分区当中涌现的新的冲突-联盟形式，也能在许多逐渐致力于解决本地问题的会社的历史中找到。这些自发行动本身的存在，以及它们可能受到过去由行会运作的周转信贷互助会的启发这一事实，都揭示了那种认为这里的人历来不能结成公民团结组织的刻板表述的荒谬。

在蒙蒂，除了各式宗教会社外，其实大量其他会社也由来已久。其中，数量最多、历史最长的，就是所谓的互助社或周转信贷互助会。20世纪，尤其是二战以来，这里有体育俱乐部（里面主要是罗马足球队的球迷）、匠人协会、街区协会，还有一个在中心广场活动的社交俱乐部。在这个社交俱乐部里，（基本上是）男人们聚在一起，打牌、讨论足球和政治、组织一年一度的十月节（ottobrata monticiana，其内容就是于夜晚在中心广场上奏乐、跳舞和宴饮）那样的节庆活动。该俱乐部声称与政治无涉，为此谢绝了很多野心勃勃的政客赠送的水果和其他表示支持的物品。尽管如此，这个组织还是被谣传成了"法西斯分子的窝"。组织中的确有很多（但不是全部）人持右翼政治理念，尤其是拥有反移民心态，在试图阻止移民在乌克兰教堂前集会的人群中，他们大概是最积极的。乌克兰教堂就在中心广场的另一头，来自乌克兰和其他一些地区的移民一周两次（周四和周日）在此集会。

即便这个俱乐部背后真的有右翼力量，那这股力量也没有什么实际价值。因为不久之后，当右翼联盟在 2000 年获得拉齐奥大区的行政管理权后，就将这个俱乐部从其位于中心地带的活动场所驱逐了出去。这场斗争持续了相当长的时间。活动场所被私人购去，而这位买主似乎打算将来以极高的价格将其再次售出。他的律师称，这个俱乐部以前就是"四个小老太太打牌"[①]的地方。俱乐部律师的解释则与之相反，他说这个俱乐部组织体育活动和一年一度的十月节庆祝活动，是蒙蒂地区近二十年来社会活动的主要组织方。但申诉被无视了。最终，这位律师由于担心他的父亲——俱乐部主席——有得罪手握权力的市政府及大区政府执政者的风险，如败诉的话还得支付诉讼费，因此选择了撤诉；俱乐部其他领袖只好去寻找一些更隐蔽的地方，充当新的活动场所。在这个过程中，俱乐部没有什么强硬的理由能拿来抗辩，因为市政当局很多年都没有向他

---

① 这个轻蔑的短语让人想起一个类似的表达："四只猫"，它被用来表示对几个无关紧要之人举行的协商的不屑。

们收取过原活动场所的租金。有人建议他们现在补交所欠的租金，以此获得留下的权利，但这些欠款完全超出了他们的支付能力。

足球俱乐部很能体现一种自二战尾声以来深刻影响社会关系和政治修辞的派系二元论，这样的影响不仅发生在蒙蒂，而且事实上遍及整个意大利。拉齐奥队的支持阵营在传统上更倾右翼，这可能是因为这些人主要来自内陆乡村。但近些年，罗马和拉齐奥两个队的支持阵营都被极端主义者占据，他们中有高举反犹旗帜者，有崇尚法西斯主义者，有暴力爱好者。对于这种发展趋势，蒙蒂本地球迷——无论支持哪支球队——感到厌恶。一位支持拉齐奥队的验光师说，他是因为偶然的际遇而成为拉齐奥队球迷的，并不是因为爱好足球（实际上他对歌剧更为沉迷）。这个际遇指的是他少年时曾与一个流动小贩做伴，在潜移默化的影响下，他很自然地支持起这个小贩支持的球队。不过，他也认为，一旦确定地成为某支球队的球迷，以后就很难转变成其他队的球迷了。他甚至开玩笑说，换老婆都比换喜欢的球队要容易！对于拉齐奥队球迷俱乐部内部出现的极右力量，他感到极度痛心，将之形容为"就像我家里发生了丑事一般"。直到20世纪60年代的头几年，才出现两队比赛过后胜利一方的本地球迷抬着一副象征装有对方球员尸体的棺材沿巴奇尼街（Via Baccina）游行的事。罗马队球迷俱乐部的做法恐怕更醒目，这可能是因为该区的左翼传统更浓，还有可能是因为这个俱乐部在巴奇尼街上的活动场所至今还是一个男人们会去打牌，并在球队出国打比赛时组织球迷活动的地方。当罗马队在全国联赛中大胜时，整个罗马城都在狂欢，蒙蒂区的汽车集体鸣笛数小时之久，到处飘扬着俱乐部旗帜和披巾。①

　　足球能够引发巨大的激情，也能为开不那么有恶意的政治玩笑提供空间。一名倒卖旧衣的小贩在评价鲁泰利市长众所周知的对拉齐奥队的支持时低吼道：选民们还是希望他改做弗罗西诺内（Frosinone）的市长！② 有一回我正和一个朋友在他开的餐馆里聊天。这个朋友是个好斗的左翼人士、移民支持者。这时，一个右翼的饭店老板走了进来。我这位朋友马上挑衅地大声说，此人是他们这个分区的耻辱，因为他支持拉齐奥队。③ 饭店老板不甘示弱地反驳道，罗马队属于最低的社会阶层——这无疑是在影射蒙蒂地区"平民"的社会地位，但还真的有点好笑，因为这个老板自己完全是个本地人，说着一口很重的罗马方言。听到这个反驳，餐馆主人朝窗外一辆汽车比了个骂人的手势。他以为那是饭店老板的车，但忽然发现车里握着方向盘的另有其人！饭店老板没有在意对手的这个失误，而是抱着一种带有特殊的边缘感的语气直接回应道，本地人中的拉齐奥队球迷"虽少但精"。这场争论始终在轻松友善的气氛下进行，直到双方告别。罗马队球迷承认，他们为2000年全国联赛冠军被拉齐奥队而不是其他地区的某支球队夺走而感到高兴，但如果可能的话，他们当然希望罗马队才是大禧年的冠军。

　　本地区的诸多实际困境也催生了其他的互动-组织方式。比如，这里的人就常常创小街区会社来处理一些特定议题，"巴奇尼街团"

---

① 在诸多专门介绍罗马方言的网站中，其中一个网站在分栏比较标准意大利语和罗马方言时，一栏顶端放的是意大利国旗，另一栏顶端放的是罗马队的队徽。
② 弗罗西诺内是拉齐奥大区的一个内陆城镇。
③ 不过，他用了 quartiere 这个词，暴露了他并非此地土生土长之人。严格来讲，奥勒良城墙以内的地方得叫 rioni，墙外的地方才叫 quartieri（quartiere 的复数形式）——真正土生土长的蒙蒂人是很看重这个区别的。

(The Via Baccina group)就是一例。虽然这个团体后来和地理边界更广的"匠人团"合并,并最终被并入"蒙蒂社会网络",但它最开始是为了呼吁更多人来复兴衰落的地区市场而创建的,这个市场里的摊位在鼎盛时期有三十个甚至更多,现在则只剩三四个。邀请匠人来这个市场设摊,同卖食品的小贩一道做生意,这个主意引起了一些人的兴趣,但没有真正吸引到愿意签约入驻者,市场因此依旧生意寥寥。

而另一方面,"巴奇尼街团"成员们却将过多的精力花在组织的命名问题上,这引起他们中那些更重视实干的成员的愤怒。一个经常直言不讳的成员总是仗着自己的右翼背景和自负的行事风格疏远组织中那些更年轻的匠人。另外两个成员——一个金匠和一个书商——则公开反对该组织"政治无涉"的原则。他们认为,组织中那些支持政治无涉的成员说的"本组织应当政治无涉"这句话,本身就已经是一种政治选择——这看上去是个微小的问题,但是他们要为此和那些坚持将政治无涉写进组织章程的成员辩论到底。那位书商说,"无党派的政治立场"(apartitico)和真正的"政治无涉"(apolitico)有天壤之别,"巴奇尼街团"如果称自己的立场是"无党派的政治立场"就合理多了。这个组织的复合性尤其在于其成员来自许多极为不同的群体,例如知识分子、商人、匠人、艺术家和退休官员。不过,到最后,可能恰恰是这种丰富的杂糅性使它在"蒙蒂社会网络"组建——本地区迄今为止最成功的自发行动——的过程中扮演了形塑和过渡的重要角色。

除此之外,还有许多类似的小型会社,每一个的覆盖范围都不过某条街而已。其中一个会社就覆盖着加富尔大道尽头的一条辅路，这条辅路连接着另一条通向罗马圆形竞技场的路。这个会社的历史就相当有代表性。被邀请出任主席的人，即一位前记者把该组织的目标描述成"保卫卡代罗街（Via del Cardello）的身份，保卫它不受非法停车的侵扰"。停车问题就是这个会社最关切的问题，不仅是因为太多车停在这里会破坏卡代罗街所在的这个小分区的历史氛围，还因为市警局不去管那些胆敢将车停在这里的外人，而是不停地就此向本地店主们收缴罚款。而那位主席一开始可能并未意识到自己新近获得的影响力其实是因为受到本地黑社会头目的庇护，但他很快感到自己缺乏领导这样一群五花八门的人所需的政治头脑。比如，一位住在这条街上的检测员想要将整条路封锁起来不让汽车进入，这个想法引起其他成员喜怒不一的回应。再比如，一位住在此处的建筑师几乎想在这里每栋建筑的外墙上都挂上写有建筑历史信息的牌板，这个想法对许多人来说，简直就是此人自大狂妄的写照。此外，运作会社必需的官僚化程序（例如必须找到一位愿意核验会社文件并代替会社与市政当局交涉的公证人）对于这样一个脆弱的组织来说也过于繁重，会社成员们甚至不愿意交他们曾答应过要交纳的会费。那位无奈的主席评价道："这个会社在出生的那一刻就死掉了。"（L'associazione è morta sulla nascita.）他还特别指出，激起成员们做出这些滑稽举动的"妒忌"（gelosia）之力最终只能将会社带向混乱，就像二战后各国政府呈现的多样性一般。大多数本地会社都是在这种内部的不合下瓦解的。

  本地会社的不稳定再现了国际政治的那些范式。无论是在本地会社中还是在各国政府之间，政治原则上的共识和长期规划上的共性都被工具性的临时联盟击败。"各保各家"（difendere il proprio portone）的想法使本地社会行动者为了实现眼前目标而接受临时联盟；但到最后，同样是这个想法，促成了临时联盟的分裂和混乱。政治观念大体相似的人常常能形成共同目标，而且会并肩寻求法律干预的途径，以从根源上解决某种问题，比如噪声或者污染。但一旦将他们集结起来的问题被解决，这些团结行为也就结束了；而鉴于意大利的法律实践总是延宕，事实上很多会社在其成员的共同目标达成之前就解散了。比如，一个创办于20世纪80年代早期、致力于保护蒙蒂的穷人不被驱逐的会社就从来没有顺利地开展过一次筹款活动。我们可以很容易地想象，相互间的怀疑、集体行善传统的缺乏、因支持不同党派而发生的争吵和总想让别人看到自己为会社事业付出了经济牺牲的心思，这些因素在其集体行动中发挥了怎样的作用。会社中的一些人，尤其是一些年长的匠人，会单纯根据自己的人生原则而不信任集体性的举措。一位拒绝参加任何集体活动的独行侠生气地说，那些参加的人仅仅是因为"害怕"被朋友孤立而参加，因为他们的朋友也参加了，或者是因为想从中捞些好处。

一些会社最终纠结于成员的社会需求与正在壮大的新自由主义公民管理观念的雄心之间的互不兼容。一个极为戏剧性的例子是，为了把所有匠人圈在巴奇尼街上那个很老的地区市场里，负责劳动管理的市政官员试图成立一个匠人协会，但匠人们没有让他们得逞。问题的根源在于，这些官员不考虑匠人们现在的工作方式，而只是想让他们重现"罗马的古老职业"。"他们让我们在商店橱窗下干活"，一个木匠回忆道，他对这个计划的愚蠢大为惊叹——这个计划更适合找一帮演员来实现，而不是让这些正当年的、已有自己的生意的匠人来实现。在当局召集选民为协会管委会投票的那天，一个人都没去。当局的计划最终胎死腹中。

那些正式的老会社几乎都被本地层面上的日常冲突侵蚀了。但这些会社并非因此就毫无意义，而是反映了蒙蒂地区的——甚至是整个罗马的——社会关系的形式和动力。它们也许在经营上是失败的，但却使持续不断的重建—解散的循环范式得以存在，这种范式不仅容易辨认，而且可以被预测，因为它将寻常社会关系中的不稳定性纳入了虽然短暂却富有效力的社会行动之中。这种范式最新近的化身——蒙蒂社会网络——的相对成功和持久，在很大程度上来自成员们拒绝将其活动制度化或统一化的努力。对于这样一个只要结构稍微僵化就会因不能整合各种矛盾立场而破裂的组织而言，上述这种注重实效的灵活性提供了必要的支撑。不仅如此，这种灵活性也迫使市政当局保持（比较健康的）警觉，因为永远不能指望立场单一的政治团体中出现社会改革力量。[①]

冲突现场

蒙蒂人民分裂和重组的繁杂花样，反映了这个群体对不断变化的政治经济利益的适应能力。这　小群人的分分合合可以被看作罗马人妥协、迁就的能力在今天的一种实现。实际上，这就是18—19世纪蒙蒂社会的显著特征。在曾经的罗马，人们用以结成能和这个城市的其他部分构成象征性对抗的分区（rione）的，有时是真实的暴力。蒙蒂区和特拉斯提弗列区间的争斗就尤为凶

---

① 尤可参见切拉马雷的描述（Cellamare，2007：69-71）。

残。在诗歌、绘画和大众记忆中，都能看到对蒙蒂人在投石大战（sassaiuole）和长时间的酗酒斗殴中对抗特拉斯提弗列人的行为的赞颂。只有在拿破仑一世的军队入侵罗马时，两个地区的人才放下彼此之间长久的仇恨，联手对付法国兵。直到二战后，这里的人对家庭暴力和街头暴力仍司空见惯。一位早先成长于一个更斯文的地区的老太太回忆道，她刚搬来这里时，常因为听到骚乱中的扭打或恐吓的声音而感到恐惧。我的爱好古籍收藏的出租车司机朋友中的一位曾提醒我阅读司汤达小说中的一段文字。司汤达把蒙蒂人形容为"都很可怕"，并描述他们与对手，即特拉斯提弗列人的互相仇杀。① 类似的争斗也在蒙蒂内部发生，不过会更本地化，常常在蒙蒂内部的更小分区之间爆发。其中一些发生在两个泛泛的群体（比如"上蒙蒂"和"下蒙蒂"）之间，另一些则发生在非常具体的"这条街"和"那条街"之间。蒙蒂人会因其所居住的那个小片区而被集体地冠以名姓，比如"钱卡莱奥尼人"（Ciancaleonini）就是根据一条辅路"钱卡莱奥尼街"（Via dei Ciancaleoni）来命名的。用住在附近的一个居民的话说，"叫这个名字的人就好像属于同一个大家庭"（事实上，通过这种命名而体现的集体认同感很可能反映了一段在罗马其他地区也常见的历史。这条街上的建筑都是由钱卡莱奥尼"大家庭"中的一家捐赠给一个兄弟会的。根据遗产捐赠

---

① 司汤达的这段文字如下（我这位朋友最初给我读的是意大利译本）："昨夜发生了两起命案。我邻居的儿子向我讲起此事：一个几乎还是个孩子的屠夫捅了他的对手——一个24岁、非常英俊的年轻人。'但他们都来自蒙蒂区,'他补充道,'这个地方的人都很可怕。'请注意，这个区离我们仅一箭之遥，就在罗马圣母大堂的一侧；在罗马，一个广场之隔，就是两个世界。"（Stendhal n.d. b: 23, 参见1828年2月27日日记）（以楷体字标出的强调为原文所加。）这段话还表明，在司汤达的时代，罗马极度分裂以至于形成诸微型分区的现象，就已十分明显（事实上这个现象在更早的时代就存在了）。至于司汤达记述的准确性，参见Tillett, 1971: 99, 106。至少从一般意义上来说，他对这些方面的描述与当代罗马人的记忆是十分吻合的。

逐出永恒　124

条约，这家人遗产中的房产必须低价出租给残障家庭，遗产中的钱财必须用于照顾孤儿）。所有这样的街都时不时地通过和其他街之间的暴力对抗来确认其内部认同。不过，这个居民补充道，"如果是蒙蒂地区和其他地区之间有冲突，那么这些街一定会联合起来"，即各街联合为一个更大的整体，以应对共同的敌人。

罗马各区之间的争斗确实存在过，巴尔托洛梅奥·皮内利（Bartolomeo Pinelli）绘于19世纪早期的那些画作可以印证这一点。[1] 到了今天，过去的争斗更多地被当成笑料而非真实的敌意。不过，即便是在这些显然是善意的玩笑中，也仍能清晰感受到各区之间的互不信任，比如一个店主总是抱怨她有多讨厌蒙蒂，又有多怀念她的成长地特拉斯提弗列（尽管她也承认自己不可能再搬回那儿住，因为那里现在已经被外籍居住者占领）。实际上，这种玩笑显示出，在这里，对抗与联盟——就像罪恶与美德一样——随一时之需或结合或分裂得有多么轻松。

冲突的相对性是人类学家所谓的"裂变"（segmentation，也译"分散"）的一个重要特征。人类学家常将裂变视为那些缺乏基于国家的治理形式（state-based forms of governance）的非欧洲社会的典型特征。人们缺乏围绕民族国家的强烈统一感，这或许解释了为什么裂变在罗马人的生活中如此突出。这个社会性逻辑总是令人联想起一些非洲或中东社会理想化的部落结构。[2] 但实际上，它并不必然和单系世系制度的结构联系在一起，也未必不能和集权政府——尤其是相对羸弱的集权政府——兼容并存。而且，欧洲其

---

[1] 他有一幅描绘蒙蒂和特拉斯提弗列两个地区年轻人投石争斗的版画，翻印版参见 Cascioli, 1987: 219。
[2] 经典的论述参见 Evans-Pritchard, 1940；可比较 Peters, 1967。

他社会中显然也有裂变存在。[①]例如，曾发生过一个重大事件，使某个世系社会陷入了与当时处在可能是有史以来内部精神最为统一的时刻的意大利民族国家之间的对抗。这个事件就是昔兰尼加（Cyrenaica）贝都因人对抗墨索里尼的法西斯政府的反殖民战争。极为强调作为一种社会组织方式的裂变现象之重要性的人类学家埃文斯-普里查德（Evans-Pritchard）很有见地地阐释了，为什么利比亚民族国家的出现在很大程度上就是各裂变分支融合的结果：正是为了抵御意大利侵略者的威胁，原先彼此间征战不断的诸部落才在宗教领袖的带领下联合了起来。[②]罗马人在面对拿破仑一世占领军时并肩作战也是裂变分支的融合，只不过规模小些。最近，意大利人类学家马里诺·尼奥拉（Marino Niola）还援引埃文斯-普里查德的这个概念来解释那不勒斯城的宗教效忠和政治地理形成的巢箱结构。[③]

需要注意的是，援引裂变模式来分析罗马人的社会规制（social arrangements），并不是要将这个正式模式套用到罗马人实际上相当非正式的风格上去。大多数情况下，罗马人并不是被世系家族组织起来的。当然，某些黑社会群体确实是按世系组织起来的，文艺复兴时期的显赫家族和随后赋予现代罗马城以贵族结构的那些家族也体现了这种趋势。[④]但一种压倒性的"折中的社会思想"催

[①] 可参见 Herzfeld, 1985; Papataxiarchis, 2006; Salzman, 1978。
[②] 这位宗教领袖后来成为利比亚国王，不过最终在一场革命中被推翻；这场革命在卡扎菲的世俗领导下进一步巩固了国家的统一（Evans-Pritchard, 1949；关于利比亚后来的发展，参见 Davis, 1988）。
[③] 参见 Niola, 1995，尤其是第 33、79、111 页。关于欧洲民族国家背景下的裂变的更广泛意义上的讨论，参见 Herzfeld, 2005: 95。
[④] 这种趋势在教皇统治的最后几十年里（尤其是在城市规划的成形期）再次加剧。参见 Lanoue, 待刊。

生了和裂变模式相似的情况——罗马人以有时候快得吓人的速度根据利益的变化（相同的利益也许这一刻是共有的、下一刻则需要双方争夺）来组建集团和解散集团。在此，罪恶和美德那种奇异的共生再一次被反映出来：罗马人承认，派系斗争是破坏性的，而且应该受到道德谴责；但同时，他们又常常毫不隐瞒地享受派系斗争为日复一日的平凡互动带来的新奇戏剧，哪怕有人谴责说这种戏剧是与公民管理不符的，他们也乐此不疲。

不仅如此，整个意大利的派系斗争样式都常常是以区（districts）或分区（quarters）为边界展开的，著名的锡耶纳赛马节（palio of Siena）就是一例。在意大利的许多地方，派系斗争也常被说成分别守护着各自地区的主保圣人之间的"战争"，或者甚至可能是同一个主保圣人的不同形象之间的"战争"。[1]在这些实例中，日常生活中的社会性动荡所折射出的，恰恰是教会及其诸形象的统一；而个别教区、个别兄弟会的相对自治，也使那些有时相当物质的事业增添了宗教权威的因素。

在二战以前的罗马，敌对关系的相对性在人们的童年时期就已经展开。孩子们很小就学到了这个原则，比如当父母在街上露天吃饭的时候，孩子们就开始互扔西瓜皮。而当他们长大，开始互扔石头的时候，态度就变得严肃得多，因为有人开始"受伤"。也正是从这时开始，他们开始郑重其事地开展裂变的生活："当我从自己家里出来，就可能和隔壁邻居吵架。然后我们可能联手和楼下邻居打架……接着，我们这些人可能联合起来和进楼门右手边的那一整

---

[1] 关于赛马节，参见Handelman, 1990: 116–135; Silverman, 1979。关于主保圣人间的诸战争，尤可参见Magliocco, 1993; Palumbo, 2003: 110–125; 2004。

半边的邻居打架……之后我们可能一起出动，去和住在另一条街的人打架。"最后，双方的范围可能扩得更大，比如扩大到下蒙蒂一带和切利奥山一带间的斗争，最终，可能扩大到两个不同的区的议会代表之间的斗争。这个例子并不是想证明儿童时期的玩闹能决定未来社会关系的形态，而是想表明，在一个居民生命的早期阶段，这种玩闹提供了一个环境，令其学习到"相对的忠诚"和"相对的团结"如何可能。

在上述形式下，地方主义式的派系斗争成了人们日常生活中政治组织方式的核心。它呈现的风格是空间的、相对的，并常常和这样一种观念紧密相关——这个城市的每一个裂变分支都受到某个特定圣人的保护，或者与某个特定的圣人遗像或圣像联系在一起。在罗马，那些曾经再现了宗教性空间戏剧（比如苦路和通向任何一个圣母马利亚圣坛的队列）的神圣空间后来已大多让位于世俗的、布满匠人和店主的街巷组织，今天则更是让位于借电脑技术之力而运作的"蒙蒂社会网络"。这个组织可能是罗马有史以来最彻底地实现了表面统一的组织。而且，它是通过拒绝成为某种政治程式来实现的。"蒙蒂社会网络"的许多成员都和斯坎杜拉有着相同的认识，他们中的一些人可以举出许多失败的案例，来说明那些号召统一的行为最后如何变成了巩固权力的手段并因此导致组织解体。

罗马人社会关系的不稳定性与罗马城城市肌理的碎片化是完全相符的。这种碎片化表现为这个城市的巴洛克美学，或者说是一种"杂糅的地层学"，即每一年代的地层既可糅合新时代的事物，又可与其他年代的遗留物共处。也因此，这样的杂糅性挑战了那些由国家资助的研究惯有的纯粹主义。① 但这样的政治累赘是和被称作"辅从原则"(subsidiarity，也译"辅助性原则")的天主教式的权威-管理模式完全相称的。② 这种模式认为，所有事务都应由管理体系中最小、最地方化的分支来处理。比如，梵蒂冈并不会认为自己应该干预某个教区的事务。因此，如果进行逻辑性推演，我们就可以看到，辅从原则承认每个教区神职人员的自治权，甚至承认位于宗教阶次上的任何一个成员的自治权，保护他们不受同阶次其他人的干扰——因为如果他人可以进行干扰，那就意味着存在一个包罗更广、地位更高的权威阶次。在辅从原则下，任何议题都有其适合的特定阶次，同时，代表了管辖权的某个特定阶次的教牧人员必须凭良心行事并倾其所能。③

罗马人社会生活上的裂变特质刚好与这种宗教上的辅从原则相契合。后者在作为教义适用于教会运作的同时，也作为社会规则适用于平信徒的生活。罗马平信徒的共有之罪深嵌在一套围绕物质利益而构成的道德地理之中，这些人能化"自扫门前雪"的规矩为实际的好处——或者至少会相互劝勉这样去做。出于相同的逻辑，当

---

① 参见 Niola，1995：77–78。关于学术上的纯粹主义进行的社会性生产，尤可参见 Palumbo，2003：250–263。
② 参见 Holmes，2000：29–30；关于辅从原则在其他社会（如马耳他）教会中之影响的例子，参见 Ranier Fsadni 和保罗·克雷莫纳主教（Mgr Paul Cremona）的文章，《泰晤士报》(The Times)（马耳他版），2006年12月7日。有趣的是，霍姆斯（Holmes，2000：30）在这 讨论之后立刻援引了原罪概念（尽管是在比我对原罪概念的引用更隐喻的意义上），以探索多元文化论和欧盟成员国领导人潜在假设间的张力。
③ 马耳他天主教知识分子拉尼尔·萨德尼（Ranier Fsadni）在一篇对新任马耳他大主教极尽赞赏之情的文章中指出，这位新任大主教在过往各种职位上的服务经历都是遵从辅从原则的，他的经历不应被看作通向职业顶峰的基础，而是"对被分散了的权力——而非集中性的权力——的行使"；他还评论说，"在一个被钉在十字架上的人为中心的宗教中，衡量'成就'的，不是你想要的结果实现得有多快，而是你为了宗教理想失败得有多么荡气回肠，多么充满情意"，从而将十主教的经历与人类存在之不先关，即原罪的源头，营蓄地联系起来（与保罗·克雷莫纳主教合撰，《泰晤士报》马耳他版，2006年12月7日）。这一评论简直可以说是罗马政治-文化生活的座右铭。

自家私事被外人好奇打听时，他们会假装漠不关心，"我才不在乎呢"（me ne frego）。这条"应故意漫不经心"的原则常常表露为一种相应的漫不经心的身体姿态。① 而即便是这样一条原则，其实也是裂变逻辑支配的结果：对"干预自己身边他人私事"这种行为的小心避免，塑成了这个国家及这个城市中的有权者，尤其是官员的那种漫不经心、"满不在乎"（menefreghismo）的态度。这也是为什么指望市警局有力打击于非法经营时间营业者和非法停车者的人总是发现自己的希望落空，而在罗马本地人看来，市警局的打击不力只是表明了他们的漫不经心；而如果有人看到打击行动向自己希望的方向有所推进，那也只能说明这个说话者是个善于唤起人们对他人社会性公认权利（哪怕是最学究意义上的官僚教条中规定的权利）之尊重的老江湖，而这种尊重和上文所说的"不干预"是相似的。

"满不在乎"和辅从原则是同一枚硬币的正反两面，只不过前者是社会性的一面，后者是教会性的一面。罗马人常常不讲究地表现出对他人私事的漫不经心，但该习惯本身并不包含什么宗教理由；"不要干预他人的越法之举"主要是一种日常文明礼貌意义上的处事圆通。就像神职人员可以根据辅从原则对其他教区内被教会驱逐的教民之苦不管不顾一样，被驱逐者的邻人们也可以傲然拒绝卷入别人的困境中，因为他们认为人人都应"自扫门前雪"——尤其当被驱逐者和他们的政治立场相左时。

集体利益的这种内在分裂使罗马警局和其他权力机构极难开展

---

① 或可参见马拉比（Malaby, 2003: 21）在克里特社会语境下对此的戏称："工具性的冷漠"（instrumental nonchalance）。

对轻微犯罪的打击，即便他们内心确实想要打击——他们对努力打击轻微犯罪的承诺也总会遭到公众的审查和质疑。无论是教会意义上的还是社会性意义上的，分裂总会以个体私利来削弱集体责任感。逃税者大概不会像神父那样因自己的重度贪婪行为而苦受良心折磨，但他的最终归宿也差不多。在这个听任人人自行其是的社会里，人们必须面对自行其是结下的果；人们也总想通过对物质得失的计算去预期可能的结果——偷漏税者会去计算，是因为违法之罪最后有可能被赦免；神父会去计算，是因为从买赎罪券到肉体禁欲的一系列自我剥夺行为可以使人之罪得到救赎。

天主教是一个深深关涉物质世界的宗教。只有严格区分物质世界和象征世界的笛卡尔主义者才会对这一点感到惊讶——笛卡尔主义也是超脱于社会生活之上的二元论，认为戏剧性必定是肤浅的，而美德与堕落是截然对立的。但对罗马人来说，这种理解显然扭曲了他们活生生的经验。对他们来说，如果没有堕落及其物质性诱惑，没有不停歇的冲突，美德就没有机会照耀世界。一个没有邪恶的世界是无法想象的。

通过"原罪"——这一同时为人类存在注入世俗性和历史的灾难性事件——的概念，天主教为日常生活中出现的诱惑赋予了极大的重要性。它既是一种道德托词，也是一项道德试炼。也因此，它既包含虔信者的日常罪过，又同时提供了在彼世减轻罪果的手段。正如一位护教者所争辩的，如果说教会所信奉的那种对历史的敏锐为由犯罪力量（如黑手党）所代表的死亡文化提供了唯一的解药[1]，那么一种相同的世俗感和伴之而存的不完美也为现实中的

---

[1] Savagnone, 1995: 172–173.

小恶提供了神学上的赦免。记绘着人从原罪状态到最终得救之路途的那种史实性,强有力地承载了无数讲述不幸堕落的个人故事。而使罗马城历史中心区成为历史中心区的那些丰富的美学风格和经一代代打破规则后沉积的结果,就是"因罪而得报应"的最突出的实例。

事实上,罗马人那种"耸耸肩就接受了小恶"的表达背后是一套特定的宇宙观。鉴于罗马城的城市空间就是过去各时代的人对那些常常转瞬即逝、定义不清的法律的种种违犯沉积而成的,可以说,这种宇宙观也影响着这个城市自身的自然发展。不过,人类的有罪状态也同时为这种信仰自身的代表者带来特定的实际困境。比如一位神父就试图让我相信,一些神职团体之所以不能去阻止各色教会和兄弟会执行那些令人痛苦的驱逐,是因为他们不能去干预那些神职人员与物质世界诱惑的较量。这位神父的一位年长同僚指出,宗教团体抛售其所拥有的房产也是为了给慈善事业筹款。这也成了梵蒂冈统治集团反复强调的"不能干预地方的特定事务"这一主张背后的一个历史性意义上的推演。在辅从原则的信条下,这一切并没有被当成应该从头改起的错误,所有的责任重担都被加在个体神父的灵魂之上了。[①] 无论是在此世的良心拷问中还是在彼世的神圣审判中,神职团体中的每个人都必须独自面对自己的行为所引

[①] 梵蒂冈之所以对最近世界各地有关神职人员恋童癖或其他性侵行为的揭露反应迟缓,可能就是出于这个原因,而非因为其与这些人沆瀣一气。不过,我们也应留意诗人贝利的那种怀疑论。在这位诗人一生中的大部分时候,教皇都掌握着对罗马的统治权。其间,在贝利所形容的那个越升越窄、直到建筑顶端的楼梯上,处在每一级台阶上的神职人员都在收取贿赂;在此情形下,处在建筑顶端的"大人物"(er piú grosso,正如我们都知道的那样,必须/想要与受贿者保持距离/这样他就可以宣称自己从未捞过分毫"(十四行诗第284号,1834年4月26日)。此处的隐射显而易见。今天,pezzo grosso(字面意思是 big piece,大块儿)一词被用来形容有钱有势者,而且常常指这些人财产雄厚。

发的后果。

辅从原则也许可以为以教会之名所行的房地产投机行为提供道德托词，但这些行为有时是神职团体最高层的直接授意，这一点也是不争的事实。禧年到来的四年之前，即 1996 年，梵蒂冈就企图将在阿夸弗雷达（Acquafredda）农业区耕作的农民解雇并驱逐出去，以将地块转为经济收益更佳的用途。[①] 无论教皇本人是否积极卷入其中，也无论教皇是否知晓教会官僚体系中的那些要员的目的，一个无可否认的事实是，教会这个机构似乎并不关心那些将被其经济政策殃及的生命。毕竟教会会说，难道贫穷（而不是其他苦难）不是为了试炼信众的灵魂才出现的吗？而且按照辅从原则，难道那些下令驱逐的神父或平信徒不会因此承受自己的道德重担吗？再者，教会还会说，教会对物质性善财的追求本身就是个神圣目的。

而在那些被驱逐的居民看来，辅从原则这套托词完完全全是对责任的推卸。一对老夫妇曾就涨租一事恳求大主教的帮助。他们住的房子为某个由平信徒组成的兄弟会所有，而这个兄弟会关联着位于图拉真广场上的圣母圣名教堂（the Church of the Most Holy Name of the Virgin）。这对老夫妇居所的租金在 1993—1994 年时为 25 万里拉，后来涨到 40 万里拉（这还是和兄弟会砍到半价以后的数字），现在却一下子涨到 120 万里拉。这个数字已经超出了他们所能负担的范围，在更远一些的郊区建一栋新住宅都没有这么贵。实际上他们已经打算这么做，而且根据法律规定，他们目前的租约也可以由此在新住宅建好以前延长一段时间（proroga）。鉴于曾经

---

① 参见贝尔迪尼（Berdini, 2000: 93–94）对此相当有益的讨论。

成功地将兄弟会提出的原始租金砍掉一半，这对老夫妇提出现在支付60万里拉的租金。但这一次，他们立刻被兄弟会拒绝了。教区要员对这对老夫妇说，自己对此一无所知，因为这只是拥有房产的兄弟会的事。但之后，这个兄弟会还是将这对老夫妇推给了大主教！这对夫妇中的妻子对她正在遭受的苦难的根源感到疑惑，而且可能因为她还住在这里，所以不愿声张谴责。于是，她对我说："我觉得想把我们赶出去的并不是那些神父。"但其他的居民并不这么认为，而且他们可以举出许许多多的先例，来证明神父和平信徒的道德责任总是会在他们自己那易犯错的良心的牵引下消散。

更值得我们注意的是这位老妇人的疑惑本身。这尤其是因为，据一位本地知识分子形容，她平常实际上是个机敏而睿智的人。因此，她的疑惑反映出这套体系的（也许是有意，也许是无意）的作用：那些想向更高级别的权力机构申诉的居民只会永远处在困惑与受挫的状态，因为更高级别的权力机构既在辅从原则的教条下不愿干预下级事务，又在现实中从不现身。正如这位烦乱不安的老妇人所言，教会按理无权变卖这些房产，因为它们只是明确留与教会使用的遗赠（lasciti）；但在现实中，凭借遗赠条款中所规定的"所有房产须用于救济穷人"一条，"教会往往打算将这些房子进行翻修，以便租给那些能支付更高租金的人"。而且，教会和兄弟会总能找到诸种法律手段来达成这个目的。比如，一个总部在贝加莫（Bergamo）的兄弟会就绕开了相关的法律约束，卖掉了位于蒙蒂的一处这样的房产。这个兄弟会的理由是，他们需要额外的钱来重修总部，同时成功地辩解道，重修总部一事也是对卖房所得钱财的一种慈善性支出。而在他们将这处房产卖给一家大型不动产公司后，租金在十年间暴涨到了最初租金的 5 倍。在我观察到的又一起这样的个案中，其中一位被驱逐者告诉我，"当我为了上诉站在法庭上，遭遇律师方阵时"，才意识到兄弟会及其他那些人"握有的权力大到我根本无法去碰撞"。

说回那对老夫妇。到 1995 年的时候，按理说，他们可以去竞争一套市政府提供的住房。他们可以讲明自己的需求：丈夫无业，妻子收入极少，孩子尚小，而且一家人即将被驱逐。但老妇人告诉我，由于没有恰当的关系，他们根本无法去竞争；所谓恰当的关系，即一封由某个在市政厅有职权者写的推荐信（raccomandazione）。"总是这样。"她哀叹道。由于蒙蒂总人口的减少，她的杂货店生意也跟着日渐凋敝，这意味着他们难有资金继续修建在郊区的新房子。与此同时，教会权威始终保持着一种温暾礼貌的超然态度，这使她不知道到底向哪里诉说，尤其是她不知道到底应该追究谁的责任。这对夫妇所住的这栋楼中其他一些公寓的重装工作一直在进行，不过进度极其缓慢；由于兄弟会过去这些年也许是有意不管不顾，因此这些公寓在重新装修前差不多已不适合居住，其中一些直接被空置。

而毫无疑问的是，无论是关于良心的诡辩之说，还是关于禧年的说辞，以及相应的宽恕、容忍观念，都瞒不过罗马百姓。他们因教会握有特权而对其大为厌恶。比如，虽然教会总是自辩道，它之所以可以免交房产税，乃因为这些房产均作宗教之用；但它对宗教之用的定义出离了罗马百姓能容忍的程度——教会对有关遗赠房产免税的法律规定作了极为宽泛的解释，即只要是用于慈善日的就行——这使得罗马百姓根本不相信这些定义。不仅如此，最近有人控告教会漏交租

第四章　对社会生活的折射　　135

金收益部分的税款，还有人呼吁对教会强征市政房产税，这是自这个税种在1992年被提出以来第一次有人呼吁让教会缴纳。①这些呼吁引起了罗马工人阶级和左翼知识分子的共鸣。教会高层一面泛泛地主张宽容，一面又在行动上仅仅有选择地宽容——这一点尤其可以从它对世界同性恋者骄傲游行的不宽容上看到。罗马百姓对教会的批评还包括，教会的"要对移民宽容"的呼吁是虚伪的，其实际目的是方便引入廉价劳动力以填补国内房产市场和人力市场的空缺，而这一切是以牺牲意大利本国劳动力的利益为代价的。

期待获得相当的物质利益，作为面对如此社会压力的报偿——这种想法在教会内部持续地存在着。它似乎违背宗教改革时期的基督教价值观，但却应和了教会在日常生活中被广为承认的行为：毕竟，是教会及其盟友（所谓的黑色贵族），而不是韦伯笔下那种认为可以通过努力工作来确信上帝蒙恩状态、从而显示自己是上帝选民的清教徒，被人们认为应当拥有大量不动产。

不过，管理房产的负担也制造了新的伦理难题。辅从原则现在被用来使这些伦理难题脱离梵蒂冈中心权威的管辖，就像这个教义过去曾被用来正当化资本积累和欧盟极右翼政客鼓吹的种族排他主义一样。在我进行田野调查期间，意大利是一个由右翼联盟统治并笼罩在教会阴影下的国家。教会颂扬其所界定的正统欧洲身份的基督教底色，并且不愿向伦理相对主义或文化相对主义观念妥协，因

---

① 参见《教会应为其不动产缴纳市政房产税》（"Torna l'Ici per i beni della Chiesa"），《共和国报》，2006年6月29日，第11版。教会在新闻界大肆宣传，辩称：官方认可的所有宗教均享有同样的免税待遇，且天主教会当局在为自己那些用于商业目的的不动产缴税。这个说法的前半句似乎是准确的，后半句现在看来就像《共和国报》中这篇文章所说的，存在争议。亦可参见洛伦佐·萨尔维亚（Lorenzo Salvia）的文章《普罗迪拒绝为教会减免市政房产税：拉选票之举》（"Prodi boccia i tagli all'Ici per la Chiesa"），《晚间邮报》（*Corriere della Sera*），2005年10月7日，第5版。

此，教会在日常生活中借助腐败的诱惑（venal temptations）试炼公民和神职人员的伦理意志——毕竟，他们都是罪人。在这样的环境下，公民中还有可能出现新教认识并持存吗？在一次次目睹世人试炼闯关、拒绝诱惑的努力失败后，人们更加相信教会的教义了，尤其是赎罪券的逻辑——可以预期如何令尚未犯下的小恶在真的犯下之后被宽恕。如果我们是真正的罪人，那我们就不能没有这可以被一遍遍许下的救赎承诺。而即便是如此憎厌罪恶的虔敬辞藻，有时也反而维系了全民的腐败；但这种腐败又恰恰是这套辞藻平日所声讨的。①

作为天主教世界的中心，罗马同时又是个极度反教权的地方。后二战时期的政治左翼将腐败和右翼天主教民主党的原则联系在一起，因此习惯性地反对腐败。蒙蒂的一处写着"DC=mafia"（天主教民主党＝黑手党）的政治涂鸦恐怕影射的就是对朱利奥·安德烈奥蒂的审判，今日的他已是终身参议员，并成为最公开倡导忠于教会价值观的人之一。而即便是左翼出身的罗马市长，也不得不特为与梵蒂冈修好，率居民们听之任之："不过我们这儿有教皇管事，不是吗？"

---

① 值得注意的是，教皇本笃十六世曾重申地狱是真实存在的，参见《共和国报》，2007年3月30日，第47–49版。他也断言有腐败行为之人将无法逃脱永堕地狱之罚，见《信使报》，2007年4月2日，第9版；《共和国报》，2007年4月2日，第15版。他的前任、教皇约翰·保罗二世也曾极力坚称赎罪券并不意味着（对未来所受惩罚的）某种减免（sconto），《时报》，1999年9月30日，第5版。但这些表态并未说服大众，这从媒体对教会为发放禧年赎罪券而创的那些特别教问答的反应上便可清楚看到，见《赎罪券手册：禧年，上天堂诀窍大全》("Il manuale delle indulgenze: Giubileo, tutti i trucchi per andare in Paradiso")，《信使报》，1999年9月18日，第1–11版；奥拉齐奥·拉·洛恰（Orazio La Rocca），《少抽一根烟，也能助你上天堂》("Anche una sigaretta in meno aiuta ad andare in Paradiso")，《共和国报》，1999年9月18日，第21版。今日罗马人的这种怀疑论并不新鲜，贝利市甘蒂献刊1889年10月20日的一篇十四行诗（第231号）中就曾借一个小姐的通奸者之口喊道："就算这是一种罪过那又如何？反正早已准备好／一场虔诚的忏悔和圣餐／就能让你在所有教内节庆中与上帝和解。"

和"罪"一样,"权"也是人类的负担,它那腐败的面相在这座城市的街巷和建筑中生根。在距蒙蒂那处攻击天主教民主党的涂鸦一街之远的地方有家老印刷厂,曾为意大利银行印刷纸币,直到因丑闻而突然关停。尽管有着不光彩的结局,但这家印刷厂在本地居民心中很有分量,深受尊重。我的一位已经搬离蒙蒂、却仍不时想法子回蒙蒂探望的朋友就曾自豪地向我展示一把椅子,椅子上还模糊地留有印刷厂的标记。这把椅子是在厂子倒闭时被出清的,现在被当成蒙蒂的历史遗物来看待。如今,印刷厂重新开始生产,只不过标记换成了"该隐"(Cain)。有人将工厂挂牌出售,但在交易中途又被叫停,还被迫贴了几个月封条,因为反黑手党委员会(the Anti-Mafia Commission)在对印刷厂的所有权进行调查。没有人知道这一切到底是怎么发生的,也没有人知道封条是什么时候被撕去的。政府叫停交易的通知在工厂再次复工前很久就不见了。显然,委员会没有在工厂所有人那里查出什么不利的证据——"当然了,"邻居们会点着头这样说,"怎么,难道你希望查到点什么吗?"——交易最终继续进行。就这样,这家老印刷厂如同不祥的提示,提醒人们那股难以遏制的、同时也是他们熟悉的恶之暗流的存在。在教会、国家、公民管理运转之时,这股暗流永远浸渗其中。

大多数人怀疑印刷厂即将进行的交易实际上是为了洗钱,这个过程用本地人的话来形容就是"回收"赃款。当然,这些本地人里并没有谁真的知道真相是什么。更一般地说,也没有谁能确定,那些徘徊在此的衣着光鲜的不动产投机者中是不是真的有黑社会人物。一切都只是怀疑而已。当然,这些怀疑也有些依据——虽不

逐出永恒 138

一定是什么确凿证据,却包括对某时某地闪现的黑手党式礼貌的辨认,比如那些不动产投机者展现的精致举止和招摇衣着,再比如对旧工人公寓和工厂进行的大张旗鼓的收购、重新装修以将其变为供权贵居住的高雅住宅的行为。应该看到,认为黑社会卷入其中的猜测,是一种有可能自我应验的阴谋论。

不过,居民们最大的怒火还是指向教会和兄弟会的。一位快被某宗教团体从其住所驱逐的老先生又气又急地怒斥神父们的"可怕生意经"(commercio terribile),他说道:"办葬礼,他们要钱!办婚礼,他们要钱!办洗礼,他们还要钱!"而所谓的世俗国家却选择与这种行径共谋,"国家对此毫不关心,因为这些人是神父,是发号施令之人"。更有愤怒的涂鸦写着"是教廷在驱逐百姓"。市政当局对此则两面三刀,一面转移甚或激化民众对教会力量的愤怒(偶尔还发布点声援信或抗议信),一面又通过实际上的按兵不动来保持自身与教廷间的良好关系。市政当局的做法反过来又使教会得以保住自身的利益和不受约束地继续原有操作的能力,并增加了人们的恐惧感和无助感。除了最无畏者继续批评外,其他人的怒意都进一步被恐惧和无助转移了。地上世界与精神世界相连贯的一点是,负责管理罗马神圣地理之物质层面的本地实体,也同时控制着那些可能连通人神二界的地点。就像阳光被碎玻璃上微微闪烁的光面折射出去的情形一样,神之圣洁也通过象征着那个内部分裂的政治集体(body politic)之诸部位的诸圣物,折射出多种多样的色彩与强度。①

罗马空间的社会性分裂与此处的道德经济相契合。每个子单元

---

① 参见 Lombardi Satriani, 1999b: 13; Niola, 1995: 77–78。

只负责其自身的集体行动，至于这种集体联合到什么程度，则取决于当时的需要。比如在前二战时代，本地头目会负责监管本分区内的小片区中人们的举止是否良好、彼此是否团结，这种小片区的范围一般不超过两到三条街。到了今天，当一个人干预他人私事并使他人不快时，却可能被怒骂一句"干你自己的破事去！"——而鉴于这种团结的多变特性，也许这个骂人的人和被骂的人不久前还在别的情境下愉快地合作。雪茄及其代表的秘密交易是让自认多嘴的罗马人最接近极度缄默的事物，而黑手党打手们就是以这种极度缄默为其行事特点的。①

事实上，这种缄默被人们广泛称为"黑手党的第一粒种子"。这种缄默虽然预示着可能到来的暴力惩罚（主要是当所暗指之事没有被听从的时候），但它本身不是一种身体性暴力。一位花贩本答应和我谈谈她对聚集在中心广场上的那些移民的公开不满，可当闲谈时机到来——我看到她开始看报纸而且周围没有客人——时，她却决定不再和我交谈。由于这个时候她明显比平时清闲得多，此举显然是对我的拒绝，但也不是什么特别不礼貌的行为。附近一位受过点正规教育的匠人将这些都看在眼里，对这位比他传统得多的女同行的行为感到困惑。他有些恼火地评价起女花贩的反应，认为她可能觉得自己已经泄露了太多，因此害怕了。他说："没人敢说，没人敢听，没人敢看，没人敢知道。"在这样一个常常因家庭争吵和愤怒妓女的竞相号叫而上演街头大戏的城市中，黑社会势力必须将重暴力作为威胁，以确保制造出不漏丝毫的全体缄默，令所

---

① 在西西里岛，这种缄默是"男性的节制"最为充分的体现，违反者常常会遭受相当暴力的惩罚，参见 Blok, 1974: 211–212。

有人恐惧：只要使人不明不白地感到害怕，并且不让准确的信息得到流传，就能让牛群乖乖待在牛圈里。当然，尽管如此，人们还是会不断地观察、得出结论，最后绕道而行。人人都知道，可以积极收集信息，但不能传递它。这位匠人朋友说，不管旁人怎样打听，这里的人都会想着"我以后还得在这儿生存呢"，因此担心自己若主动说出点什么——哪怕说出的根本是没有危险的信息——不知什么时候便会遭遇不测。那些能通过散布恐惧而获益的人是乐于助长缄默的，这种缄默也利用"强大而缄默的男子气概"这样的老套典型。① 乍看上去，这些典型似乎与常见的那种兴致勃勃的多嘴没什么关系，尤其是，人们轻松愉悦地交谈似乎并不会危及什么明显的利益。可是，即便是那些最多嘴多舌的人也会尊重那些心存秘密者的感情，也知道不能把玩笑开得太重（pesanti），即不能针对对方个人、不能让人感到被冒犯。

"自扫门前雪"之所以成为一条珍贵的道德箴言，恰恰是因为很少有人能真正做到。人们当然会在关乎要紧之事的时候奉行它②，但在平时，它主要是对"不介入"之姿态的一种刻意表演。（就像那位匠人朋友观察到的那样，）这种姿态仿佛使一个人"减轻了身为公民的责任重担"；同时，这个公民又对自己所做的不正当勾当抱持一种类似的圆通形式。这是一种以忽略邻人之作为为内容的、阴沉的礼貌（civility），是一种共谋形式。这种共谋足以表明，这

---

① 这样一种行为规范本身传达出一些清晰的信息，这些信息应当被放进一个重视语言的灵巧性、认为言谈比缄默更有欺骗性或模糊性的文化中去理解。这样做显然会影响我们对那种"令人想到刻板印象意义上的缄默型男子气概"的表演的解读。迪·贝拉（Di Bella, 2008: 27 等）从源头上对这一现象进行了重要的分析。
② 贝利在他的一首十四行诗中（1830 年 9 月 14 日，第 2 号）赞美了一位父亲的智慧（"让每个人只顾自己的事"），并评论说，只要礼拜的同时还能带着把刀，那么当个基督徒也挺不错。

种礼貌实际上是对正统公民理念（civic ideals）的摒弃。

邻居之罪，无论是违反神法还是国法，都因此只是他们自己的事，而且只属于他们自己。当被邻居的某种违规行为影响到时，比如由于邻居违反建筑规范而给自己造成生活不适时，罗马人大多会毫不犹豫地直接向违规者抱怨。但向权力机构举报就是另一回事了。举报首先带来的一重严重风险，是举报者未来可能得长久而复杂地牵扯其中，还可能付出代价或被人反诉。那些真的告发了他人的人，则往往是将告发当成转移注意力的策略而已，而不是真的那么清白，仿佛自己完全没有犯过类似问题似的。此外，就像忏悔室的保密性被普遍认为是一种欺诈手段、个人却可以有效地利用其从共谋的神父那里轻易获得赦免一样[1]，世俗生活中的犯错之人可以用外来的公民美德——隐私（la privacy）——来保护特殊利益集团和本地秘密不被政府染指、不受法律约束。[2]

蒙蒂就是这样一个充满生机勃勃的社会生活、充斥着人性弱点和人群差异的地方。蒙蒂的穷人们以及蒙蒂人特有的亲密性总是交替地处在"与这个天主教国家和解"与对其侵犯这种亲密性之举的反抗的状态中。与之相似的是，蒙蒂人的宗教狂热也是既调和又极度本地化。意大利人自我典型化的能力恐怕可以在此帮我们进一步

---

[1] 参见 Nicotri，1993。对神职人员在具有保密性的忏悔室中做出的让步行为（compromises）的曝光，就其引致的道德争论而言是很有趣的。这位作者装成一位通过向一个政党许诺好处而获得了经济利益但也因此陷入对自己的道德怀疑的商人，去不同的忏悔室告解；由此，他从各种各样的神职人员那里获得了各种各样的回答，其中的许多人都对他的行为表示理解，甚至提供道德上的共谋。但忏悔室的伦理本意应是对忏悔者的保护。这是我看到的唯一一篇对忏悔者行为做了广泛调查的新闻报道。
[2] 对"隐私"概念的精彩综述，参见罗多达（Rodotà，2005）。在我进行田野调查期间，这位作者（同时也是官员）担任国家隐私权保护机构的观察员。有趣的是，意大利法律中采用的就是"privacy"一词，而非意大利语中具有"隐私"之义的对等词 riservatezza。事实上，身为左翼政治家的罗多达也公开承认意大利法律中使用的这一概念源自美国。这体现出意大利左翼在接受那种据说源自美国的民主程序及保护民主程序的理念上已经走了多远。

理解他们：葛兰西曾将天主教信仰的某种本地形式形容为"天主教工人阶级那消极而懒散无赖式（lazzaronesca）的'优雅'"；我在一个左翼的匠人店主朋友那里也听到了类似的表达，他在试图解释银行如何通过拒绝给无钱无地者放贷而变相维系了高利贷行业的存在时说："意大利就是一个懒散无赖（lazzaroni）之地！"[①] 我相信，这种相似并非巧合。

虔敬与侵吞的大戏

同一个街道内部存在的亲密性，以及蒙蒂人的日常遭遇所带有的戏剧性，为观察者源源不断地提供机会，使他们得以见证"虔敬"与"过失"的强大混合体。从前的蒙蒂女人向来以大声且公开的斗殴而臭名昭著，人们甚至津津乐道于某次一个女人最后竟极度戏剧性地当街跳起脱衣舞，就为了"让老公难堪"。司汤达也曾带点惊讶地指出，罗马女人如果喜欢上了某个男人，就绝不隐瞒自己的喜爱，或者就是认定自己一辈子不会变心。[②] 和希腊、中东甚或意大利南部村庄都不同，这里是人们剥露情感与肉体并将其表演出来的"喜剧"与"歌剧"之地——"他们一定要把这一切演成戏"。这里的妓女在吵架时会撕扯对方的头发，这里的女人在即将开展"尖叫大赛"时一定想方设法把战场开在特里同广场（Piazza del Tritone）上，因为她们认为在那儿会有更多路人观看她们的"表演"。

---

① Gramsci, 1975, 181，转引自 Scaraffia, 1990: 23。
② 司汤达（Stendhal n.d. c: 134）对这种主要以言语形式进行的男女情感之交进行了速写，从中我们可以看到，通常这种情感联系都是由女性发起亦由女性终结的。

这些女性声张主见（self-assertion）的戏剧性片段还在不断上演，只不过有的是以更文雅的腔调、更小的规模来进行，以及常常不至于落到那么难看的结局而已。这些戏剧性片段也不仅仅关乎女人之间的邻里关系。这些女性大声说"不"的意愿，也同时是我参加过的各式各样的会社会议或公寓会议的特点，她们说出的其实常常就是对权力和规矩（propriety）的声张。某次，我遇到一位出租车司机因为没法从一辆停在窄巷中的小汽车旁挤过去而喋喋不休地抱怨起来。那辆小汽车车主是位女士，她下车大声说，那地方明明宽到可以过卡车，如果她来开这辆出租车就肯定能过去——接着她就真的这么做了！这位女士尽管泰然自若地大声道明自己的观点，但也明白构成"英勇"气质的最重要的那部分内容还是"审慎"——在此，著名的"罗马式和解"又出现了。因此，这位女士最后还是将她的车开走，去找一个更合法的车位。事后她承认，当时出租车司机威胁说要报警，而她并不想为了应付警察而当众出洋相（figuraccia）。她已经重挫了那人的锐气，这就足够了；而现在她又把车停去了合法地点，因此那人找不到复仇的机会。

我们在这个事件中看到的那种"活力与审慎的结合体"在典型时刻显示出一种对结果与自尊的独特权衡，而这种权衡弥散在这儿的大街小巷中所有的社会交往中。一位并非出身罗马的本地古董商愤怒地说，那些随时停下来卸货的货车堵塞了狭小的街巷，"几乎天天发生，甚至都让我觉得无聊了……这是我们妥协的结果……就是这点最让人受不了"。在这一个又一个小小片段中，我们看到的是某种特定的社会互动模式的反复上演。这一模式据说就是人们过去与教皇权威的互动模式，而现在，它又隐隐在一个经济型世界的商业关系中存续。在这个经济型世界中，一个人能否将自己的"谦恭"（courtesy）落实到细节上，决定了他未来是幸存者还是破产者。

和解，并不意味着对傲慢权贵卑躬屈膝是心甘情愿的。但罗马人，尤其是罗马店主们，在面临如不屈膝便将遭重大经济损失的关口，还是会选择弯下腰去。每种社会互动在进行之前都需要权衡风险，声张主见能将一个人的尊严从最羞辱的境地中夺回，但也可能同时引发重大的经济损失、腐败官员的骚扰或法律的制裁——而这些都是有可能通过主动屈尊来规避的。这样一种经验性语境甚至影响了人们对"永恒"的感受；于是，当我们看到巴奇尼街上某幅圣像（Madonnella）下的铭文告诉路过的罪人，只要带着至少有悔过之意的心念上几句祷文，就能减少他们在炼狱中的时日时，就不会感到意外了。①

圣像——圣母的画像，有时是其他圣人的画像——是最为醒目、能提醒人们"此地是一个破碎整体中的一小块"的物质性存在。它们嵌入社会关系的兴衰起伏，受到一些特定家族的保护，也受到天气条件和房产所有者的心血来潮的制约，比如有些所有者会想要改变房子的立面。因此，很多圣像已经消失了。就在意大利统一前不久，即1847年，这些圣像脱离了教廷治下的水务与道路总监部（Prefecture of Waters and Streets），转而受市议会管辖。这也开启了一场对这些圣像的"世俗化-纪念化"运动，并随之带来信仰实践的私有化运动——这个过程的高潮事件极为讽刺，人们用这些圣像办了一场正式的展览，用于支持圣像内容中涉及的圣祠和社

---

① 还值得注意的是，这条条例又是以教皇庇护六世的名义镌刻的。这位教皇之所以受人咒骂、被帕斯基诺讥讽，正是因为他曾大力推行过对罗马城的纪念化（monumental）装饰；例如，可参见 Anon., 1993: 72–74。

第四章　对社会生活的折射　　145

图 4　刻在石头上的赎罪券,"即使灵魂已在炼狱",也可赦免 200 天的惩罚。刻于 1797 年。(本书作者摄。)

会边缘群体。市政府在接管后所负的诸责任之一就是对占用公共空间的行为（occupazione del suolo pubblico）进行监督和预防。市政府的这一功能在今天有相应的法律准则和体制基础，用以抵挡那些把景点和餐饮地点打包做广告的餐馆、饭店老板对人行道和广场的非法私有化。而管理者变更带来的最大的影响，首先是对那些圣祠的正规化，把它们变成公共遗产，接着是逐步肢解那些曾遍布街巷的喧闹的露天崇拜。① 教会也反复试图以宗教理由来"净化"这一大众信仰，以不符合教规教义为由，摒弃其原有的社交性。其中与教会观念最为相左的，是蒙蒂和特拉斯提弗列两地居民与强烈的圣

---

① 此处相当一部分内容出自 Cardilli, 1990a: 153。

像崇拜之间的联系（当然，对圣像的崇拜在整个罗马到处可见）；除强烈的圣像崇拜外，这两个地区另外两种响亮的名声是本地人言行上的声名狼藉和轻罪不断。[1]

由此，蒙蒂人每天都在追求的神圣又总是不断地被他们每天犯下的罪恶玷污。在这个充斥着"腐坏了的美"的城市里，"虔敬"——就像上文所讲的"谦恭"那样——从狡诈-暴力的粪潭中汲取营养。蒙蒂，就这样浸没在这个还保持着19世纪样貌的熙熙攘攘的城市之中，笼罩在圣彼得锁链教堂森然的阴影之下，展现着这个城市日常生活中那种以小罪不断为特点的独特亲密性。这里的居民曾在16世纪违抗过某位教皇的命令，拒将手中最神圣的画像交与教廷，又在拿破仑的军队于18世纪入侵时，在意大利军队于复兴运动时期进入时，拒绝将圣像取下。这种强烈的地方主义可能也反映出这么一种感觉：此地的这些破败的住宅是"无法守护住户们的亲密性"的，因此干脆"成了一种'里'（inside）与'外'（outside）之间不存在真正分隔的空间"[2]。而在街上露天吃饭的习惯，以及将打包好的自制食物带入各种社交场景的每一个方巾打包者（fagottaro），也曾使邻里们团结在一个欢乐宴饮的空间中。直到现在，这类情景还时常温暖地浮现在居民们的回忆中。

随着国家和市政府逐渐接过公共秩序、卫生、城市规划等事务的管理权，一些圣祠即使在这个过程中留存下来，也已失去与

---

[1] 关于与这些神圣图像有关的那种"虔敬"与"恶名"的吊诡结合，参见 Antonello Ricci, 1999: 38–44; Scaraffia, 1990: 19。迪·诺拉（Di Nola, 1990: 34）指出，这些神圣图像除了因引发聚众而制造了城市管理者的难题外，其鼓励信众投身的那种奉献形式也完全脱离教会的监管。

[2] Scaraffia, 1990: 22。认为"内部"就是指家内空间是一种普遍假设，而罗马人直到二战前都一直过着的那种街头生活所呈现的"极具包容性的亲密"则直接打破这一假设。

那些只有本地人才清楚的活动、人物间的联系。[1]另一些圣祠则消失了，因为曾经守护关于圣祠奇丽原貌的记忆的那些家族业已消亡。这些家族之所以守护，据说是因为很多家族的起源与特定的圣祠有关；而它们在消亡后并没有在新的官僚格局中留下接替者。作为曾抵挡住教廷之高压和新近上位的国家资本之威力的受敬之物，另有一些圣像得以保留到今天，作为那种仍存的、倔强的边缘者的象征而存在。而保留的唯一途径，恰恰是被它们曾坚决反抗过的那些机构接收。[2]许多因素共同导致了圣像在地位上的这种根本性转变。比如，供奉在圣像前的烛火曾是当时夜间唯一的人工光源，但拿破仑开启的城市规划为这里带来了新的城市照明系统。接着，理性化运动再次掀起，这次是针对城市街巷的名字。但这还只是后来随着墨索里尼法西斯政府掌权而发生的"消毒"运动（或"空间清洗"运动）这场暴风骤雨的序曲。掌权者想通过"消毒"运动达到的目的，是对罗马的所有部分——尤其是蒙蒂这一部分——做彻底摧毁。[3]这也由此开启了一个漫长的动荡时期。在这个过程中，一些私人住宅先是被纪念化，接着得以在

---

[1] 参见 Cardilli, 1990a：155, 该页引用了 Rufini, 1853：VII。奥多里西奥（Odorisio, 1990：25）注意到有关圣像的史料很少；早期的奉献行为所具有的"个人性"在很大程度上是通过公共事务的形式实现的，尽管也几乎正是这种对共享空间的公共控制为近世的私有化过程铺平了道路——现在的奉献活动更像是一个经济性过程而非奉献性过程，但一些私人个体或类似的社会团体在很大程度上抑制了公共敬拜（奉献）。很重要的一点是，我们不能将"个人"活动和"私人"事务混为一谈，前者也可以是非常公共的活动，可以包含大量的（参与者间的）共享知识和共享经验，而后者则被认为是只属于举行活动的人自己的事。

[2] 关于这一过程，参见 Cardilli, 1990a：特别是第 153-155 页。该卷中的几位作者（例如 Scaraffia, 1990：20）都谈到了这些神圣图像具有的"反现存体制"的特征、与反教权意识及实践间的关联，以及消解公共街道和私人住宅间界限的能力。如想对希腊进行的类似的纪念化过程和本地记忆的闭合过程有所了解，参见 Caftanzoglou, 2000、2001a、2001b。

[3] 参见 Francescangeli, 1990：53、58-59。关于在一个非常不同的语境（即希腊）下发生的类似个案，即也是先于"历史保护"并构筑出"历史保护"的"地图重绘"过程，参见 Herzfeld, 1999。关于墨索里尼的"公民清洗"计划，尤可参见 Horn, 1994。关于"空间清洗"，参见 Herzfeld, 2006。

图5　一座殿式公寓上的圣母装饰。

"消毒"运动中幸存,成为"小小的珍宝"(这是一份法西斯时期的旅行指南上的说法);然后到了今天,落入企业家们之手,被回炉再造成奢华的迷你公寓。房产中介们强势的推销话术和刺眼的广告横幅淹没了沮丧的原居民们在稀稀落落地彻底搬离之际留下的轻轻叹息。今天,噪声、交通和公共空间的所有权再次成为这个城市的冲突焦点,圣像则被人们当成了失落历史的象征。大家现在把它们当成对美德的纪念,而不再是永恒的罪恶污点——这种罪恶已经被遗忘了。

这些变化合力切断了——尽管不是瞬间摧毁了——这个虽然绝对数量不多,但相对而言算是人丁兴旺的人群曾经拥有的那种地方归属感。这个人群曾经买得起自己所居的陋室,也买得起新房子。地方归属感被切断也使一个出生在罗马，但父母来自意大利东北部弗留利（Friuli）的本地神父能把某个更为现代的、本地人其实并不在意的时期的信仰形式，说成此地信仰的传统形式——当然，这个所谓的传统形式也被仔细地重新界定过了。这位神父已经意识到一些圣祠的历史在新的界定标准下存在矛盾，因为这些圣祠中有关神圣存在的证据恰恰只可能在肉欲横流的时代出现；但他仍然坚持用今人对"得体"和"虔敬"的理解来重写这些圣祠在过去的意义。过去，与这些圣祠相关联的信仰实践，是生活在罗马城拥挤的中心地带的穷苦大众从所居之陋室中暂时解脱出来的手段，也是他们抵抗教廷铁腕的武器；今天，在同一个地方，主要的信仰者——比如跟从这位神父的那些人——却成了高雅的、以维护教廷为己任的中产市民。对大众信仰的"净化"，最终将原有的大众信仰物化成了似乎和教会本身的神圣性毫无关联之事。[1] 一方面，这一过程强化了教会对穷苦劳动者及其中产阶级接替者的家长式监管；另一方面，通过精心策划一场又一场对圣祠的朝拜，这位神父用教会语言塑造了这些圣祠的新意义，这套语言与市政那套"纪念"话术又是高度契合的。[2]

这位神父也是位公开发表过论著的历史学家。他是以"对历史的精确考证"、"对本地传统的尊重"的名义，来重写本地信仰曾经的大众形式的。通过对本地那栋教区教堂"每一块砖石"（ogni mattone）的研究，他进一步强调了自己与本教区及其中大大小小

---

[1] 参见 Savagnone，1995：173。
[2] 关于新教语境为物化带来的截然不同意义，尤可参见 Keane，2007。关于对民间宗教和教会宗教进行的所谓的分离具有的霸权性质，参见 Stewart，1989。

教堂的物质性空间之间的"情感纽带"。① 其实，他进行历史研究的动力之一是想对本教区过去的神父们的情况有更多的了解，但最后，他还是决然地将那些纪念着曾经的大众崇拜之物与教区教堂绑在了一起，以此来强化（甚或是延伸）被他用宗教语言重新定义的那种"社区感"。他尤其将两件事视为己任：鼓励本地人将圣祠作为可敬奉之物而重新使用它们，以及提高圣祠在本教区居民历史感知中的中心地位。在例行筹划基于本教区主要圣像开展的小游行和朝拜活动，并事无巨细地安排每一环节的过程中，这位神父既强调这些行为具有的历史深度，又强调对强大的地方情感的营造。所以，象征性地，这些游行或朝拜的参与者现在会在行进途中唱一首本地人于18世纪谱就的圣歌。

  这位神父对这些承载着宗教热忱的地点的着迷显露出一种耐人寻味的紧张，即既利用了与这些圣祠有关的工人阶级历史，又面对当代教会教义的内在悖论。一方面，通过吸收一些解释性的批评，并由此生产出一套足以掩塞过去人们对圣祠之真正理解的文字学，他似乎是支持本地区正在推进的士绅化运动和纪念化运动的。但另一方面，他对本教区物质性空间的强烈关心又代表着经教义认可的那种对身体性欲望的转移。也就是说，他将自己的感官快乐投向了这些宗教地点。而对他来说，令他在生活的其他方面选择"压抑"——这是就非修者而言的——这一感官快乐的，是对"禁欲"这一神圣职责的主动领受。正如他所说的，"我现在谈到的是一个神父与其所在的教堂的那个物质性场所之间的联系，也就是要提到

---

① 以种谦逊几其揭示了教会与物质的世界（也因此是罪恶的世界）间的密切关系，因为mattone（砖石）就常被用作指代"不动产"——房地产投机商试图从中榨取利润之物——的代名词。

第四章　对社会生活的折射　　151

一个关于情感的讨论，这种情感与我们对禁欲和这套生活方式的选择有关——重点就在这里，即有关情感的那些现实情形，也可以说是情感性的现实"。

一方面，这位神父说，教区神父的身份使他成为一个管理者；但另一方面，他又会洋溢着温暖之意地描述，他在将本来已废弃了的圣萨尔瓦拖雷教堂清扫完毕并扔掉里面堆积多年的垃圾后所感到的愉悦。"那真是个美妙的时刻。"他说。接着，当他在这个新近清理出来的教堂里主持完一场圣餐礼后，他的目光落在了祈祷书上一段为那些落至俗用的教堂祈祷的文字上。其实，圣萨尔瓦拖雷教堂从来都没有落至俗用过，它只是被遗忘，然后渐渐被弃用。但这位神父却感受到了突然袭来的鞭策，并为之困扰："在那个时刻，我突然感到我们应该祈祷，应该让每个人都到这座教堂里来祈祷，然后就在这里，认真思考这个物质性场所，把这座教堂当成一个建筑来思考，再把它当成一个象征之物来思考；我知道，这对人们来说将是个极为紧张的时刻，对我来说也是。"这些时刻实际上早已远远超越了他那管理者的身份，而已经是对一种深沉热烈之爱的真诚自发的表达了。

这位神父分享了如何作为普通人类的一员对人的有罪状态进行升华，这种升华使"诱惑"反而变成了一种最终能再现和赞颂基督之爱的实体（materiality）。然而，这种升华一方面反复地在本地人所敬奉的那些场所中塑造这种物质性（physicality），一方面又在此过程中将这些场所与蒙蒂社会生活过去的坏名声之间旧有的联系"净化"了。这种关联性，即神父和物质性意义上的敬奉场所之间"有点奇特的关系"（una relazione un po' strana），进一步驱使着他，比如，驱使着他自发地为教会过去对犹太人犯下的罪行进行痛悔祷告（prayers of contrition），而且他特地在圣萨尔瓦拖雷教堂——这个在针对犹太人的迫害中起到关键作用的地方——举行祷告。他既承认迫害的残酷，又解释说迫害的本意其实是拯救犹太人的灵魂，由此提出对"救赎"的一种新定义，而这种定义与那种已经被刻意修订过的关于"天主教会-犹太人"关系的教义是相契合的。出于同样的逻辑，这位神父又认为，如能组织起每周例行的祷告仪式，是再好不过的。他提出，这一仪式既是为了乞求上帝原谅教会对犹太人犯下的罪行，又是为了感恩教堂对犹太人的物质性（physical）拯救——这座教堂曾像许多其他这样的场所一样，因其具有建筑空间和地方机构的双重属性而成为纳粹迫害时期的犹太人避难所。除此之外，这位神父还想加上用以纪念"犹太人被纳入上帝的救赎计划"的复活节祷告，但又极具政治敏锐性地坚持提醒道，这场祷告需要做得"非常谨慎，非常能体现兄弟之谊"。他也同时向我强调，圣萨尔瓦拖雷教堂在当代对待犹太人时也曾留下负面形象，这个事实使他投身发掘教堂历史的努力变得更复杂了。不过，他又说，这些都是罪和过去的人留下的负担。

这位神父由此可以将过去的教会力量视为一个整全的宗教团体加以接纳，而不顾其中的某些部分至今仍被他所服务的这个教会蔑视，因为这些部分永远在提醒今天的教会所犯下的罪恶的源头。本着相似的逻辑，这位神父亦可以将大众信仰纳入本教区官方的仪式空间中。这些作为将很容易令人们忘记：在一个更早也更素朴的年代，虔敬与肉欲的并存并不是什么引人惊异之事（在我们今天这个后新教时代则不然）。在这个意义上，这位神父建立在所谓历史事

第四章　对社会生活的折射　　153

实基础上的进步主义恰恰是保守的，它令人回想起那个大家熟知的教义：历史本身是人类之罪的结果，而人们应当以实现一个大同的基督教社会为根本愿望。

对蒙蒂人现在的社会处境而言，这样的局面自有其实用性的逻辑。正是拜上述那位令人喜爱、广受尊敬的教区神父的个人投入所赐，其建筑无处不在的教会的存在才得以社会性地嵌入今日的蒙蒂。不过，从那些始终反对教会介入日常生活或至少对教会的无处不在感到不适的人的立场看来，这位神父如此的人性展露也构成了几分威胁。[1]对神父自己而言，他对自己教区的投入具有的实体性是他对教众的热忱的源头（在他的判断中，他的这种热忱有时候已远远超过了这个本身更强调沉思性的信仰的要求）；这种实体性意味着，他所进行的宗教意义上的人性斗争也涉足日常现实的政治冲突之中。由此，精神世界彻底地嵌入了物质世界之中——不仅在神学意义上如此，而且在政治意义上也如此。如果将这些要素分离开来、单独看待，那么就扭曲了蒙蒂社会生活中的经验事实，也掩盖了罗马人常常表达出的那种妥协和互利共生的愿望。

向圣像进发的游行作为一个戏剧性的实例，体现了当人们想要在泛泛地声张天主教信仰的同时强化地方主义的情感时，对场所、神圣性和历史的调用变得多么重要。这赋予蒙蒂一种独特的实体性——它与罗马任何其他地区的实体都不同，尽管实体性在其他地区也是重要的，也会引发共鸣。蒙蒂的圣像游行是极其性别化的，绝大多数参与者是女性，她们在行进中唱起表达女性的虔敬的赞

---

[1] 关于神职人员在召集教区信众上的其他尝试和由此引发的多种反应，参见 Heatherington, 1999: 318. 对天主教的改宗实践，尤其是针对那些严格来说已经融入天主教信仰的第三世界移民的改宗实践的更具批判性的看法，参见 Napolitano, 2007: 83–85.

美歌，虽不整齐，却克制地表露热忱。被便携扩音器放大了的神父的声音飘荡在这些女性信众的歌声之上，尽管他刚刚赴任本教区不久，但其声音也能不时显露出明确的威严。那声音有时是在引导歌唱者，但更多时候是在解释这次游行及其社会地位的历史背景。在这个连出租车司机都是历史爱好者和藏书者的城市，这位对本地信仰史富有研究、在成为神父后的短短几年内即编纂相关著作的神父很容易受到人们的关注。

对本地人来说，他筹划的小型朝拜活动成为一种邀请，邀请人们在自己熟悉的家乡地界重新发掘在过去数个世纪开展的无数朝拜活动想在罗马找寻到的那个模式。这些小型朝拜活动净化了这个城市之肌理中的一部分恶名（也许也净化了这位神父为自己的感官快乐而感到的不安——这种感官快乐让他想到自己的教牧生涯总是处在与实体性的斗争之中）。这些小型朝拜活动由此在那些饱含希望的炽热时刻创造出了一套道德轨迹，这套道德轨迹不仅将有罪的过去升华为理性的现在，而且象征性地克服了这个街区即将发生的社会解体带来的骇人悲剧。此外，这些加剧了的欢腾也不时地突出了本地的斗争。在辩论交通难题的居民大会上，或在同一栋公寓中年长居民与年轻居民间爆发的暴力对抗中，都可以看到这种斗争，而其实质，就是"与一个'文明的，但有时有些令人压抑的'社会相关的价值观和实践"与"被理想化了的参与式公民管理模式"之间的斗争。①

---

① 这里的"欢腾"意象是在涂尔干意义上的；迪·诺拉（Di Nola, 1990: 39）也使用了这个意象，不过是在那种能将大众的狂喜更狂放地宣泄出来的旧习俗的意义上使用的。我想在此指出的则是，现在，国家和教会都在试图通过借用一个恰当的新自由主义的比喻，来"私有化"那种欢腾，并由此使其受制于公民规约的新形式。

蒙蒂自谓"罗马第一区"，这个称呼一方面凝结着蒙蒂人的某种悖论，即既强调本地的独特性，又承认这里[和其他地方差不多的]世俗性，另一方面又体现着普世教会和罗马城森然的永恒性在这里所具有的中心性地位。置身这个城市中的宗教活动场所的人们能获得对神圣性的直接体验。① 但同时，那些受到大众欢迎的圣祠也作为日常生活的物质性化身而既是道德腐败之地，又是自上而下地抵制道德腐败之地。这是因为，这种信仰要求信众与物质性进行斗争，于是，当教皇或其代理人展现出过度的傲慢、唯利是图和权力欲，或仅仅是不允许地方教区/兄弟会作为神授之城的一部分而拥有自治权时，这种信仰就会自发地变成对教皇权威的反抗。

蒙蒂教区教堂中保存着一幅倍受崇拜的圣母画像，蒙蒂人都为此而骄傲。16世纪时，蒙蒂人曾为保护此画而奋起反抗教皇格列高利十三世。这幅画在一座简陋的房子中奇迹般地被人发现，不久后这位教皇即试图将这幅画偷偷移往梵蒂冈。当然，教皇表面上因为当地人不希望画像被运走，而愿意将它留在发现它时它所在的那座房子中，实际上他很害怕这一地方性崇拜会颠覆正统神学教义。② 当时一场可怕的暴风雨袭来，这令蒙蒂人相信，圣母画像不愿意离开此地。甚至，拒绝迁画的不仅是当地的贵族，还包括这幅画像自己——对它的任何一点挪动，都会导致它化为尘土。最后，教皇终于明白他不可能将此画迁走，于是转而温和下来，甚至送去了自己

---

① 如参见 Lombardi Satriani，1999b。
② 画像最初是被一个在神示之下看到了圣母的贫妇发现的，她根据自己所听到的神示内容找到了画像，参见 Corrubolo，2004；尤其是第 133–134 页和第 147–151 页；Pifferi，2004。关于希腊传统中的奇迹的神示和对圣像的发现，参见 Stewart，1991：84–87。尽管罗马教会在很大程度上抵制了破坏圣像的运动——这种运动扰乱了东正教会并最终逼促其进行宗教改革（参见 Antonello Ricci，1999）——但它对偶像崇拜的恐惧是真切的，这种恐惧一再被人们对本地圣物和圣像之强烈崇拜的爆发激活。

对画像的祝福，并命人按教堂的建制重塑那座房子，使其具有与画像相称的华美外表。前文提到的那位教区神父将那座房子的位置指给我看——它现在也是个有数个世纪历史的老建筑了——也就是在那里，某位当地名流曾组织过对教会集权的反抗。

因此，罗马城的历史并不是一段关于教会力量和反教权阵营间的竞争的简单故事，二者间的关系是不能用"斗争"（battle）来清晰界定和书写的。与某位教皇的权力进行搏斗，并不意味着质疑教会的道德权威，而是要用比之更高的神圣裁断来压制教皇对权威的不正当的使用。这样一种反抗者与被反抗者在宗教教义上的内在一致性在今天已绝难存在。意大利的战后政治史——其中包括共产主义党派和天主教党派之间一直延续到20世纪90年代早期的强硬对抗——似乎更容易引导人们对其做绝对的二元论式解读，但戴维·科泽（David Kertzer）提醒我们，教会的那些与之不共戴天的敌人实际上采取了与教会相同的象征形式和策略，也因此越来越部分地接近教会的态度。[①] 因此，二者间的缝隙从来都不像现代政治话语所声称的那样是清晰的或绝对的。这主要是因为，在政治舞台上，道德斗争的发生并不像在个体良心那里发生得那么频繁，其具体情形也因各个冲突时刻所处的情境各异而有所不同。每一个蒙蒂居民都能看到，在由衷的虔敬和无法避免的罪污之间（正是罪污使虔敬成为必需，并滋养着虔敬），在这个普世信仰的完美、伟大和

---

① 参见 Kertzer, 1980: 148–159; 1996; 而西尔弗曼早在其关于翁布里亚小镇的民族志中，在关于那里的教区神父于仪式活动和社会活动的组织中的作用的讨论中，预见到了科泽后来的洞见（参见 Silverman, 1975: 173–174）。不ять令人吃惊的是，与教会有着归属关系的人组织的世俗活动越来越呈现出源自仪式实践的那种宗教意味，比如帕伦博所描述的，西西里岛人就以耶稣的"苦路十四站"为核心比喻来指代其露天历史剧的数个阶段（Palumbo, 2003: 281）。至于希腊地区自称无神论者的人对家内空间的宗教化安排，相关证据参见 Hirschon, 1989: 233。

它在俗世中之化身的破损、腐败之间，存在着永恒的张力——从他们向无数画像上出现的那位俯瞰着街巷的圣母投去的、意味模糊的眼神中，我们可以确信他们对这一点十分清楚。

被摒弃的神职人员

我们已经看到，人们对教皇历史中不那么有教化意义的那部分内容所抱有的怀疑论式的回忆并不意味着"反宗教"的态度，而只是告诉我们，没有哪个凡人能逃脱在善与恶之间痛苦摇摆的命运，或是能不用狂热地纠结善恶之间的分界线到底在哪里，哪怕此人是教皇（当然，也没有哪个神父能逃脱这一命运，因为他们需要管理所在教区教堂的世俗财产）——原罪的本义就是如此。当某个时期的教廷被人们发现背叛了谦逊、仁慈的价值观时，地方性信仰甚至可以成为人们的道德避难所，以使其躲过这样的教廷。再例如，某个老共产主义家族的一位子弟，从蒙蒂被驱逐出去之后，竟开始带着他的儿子们参加起蒙蒂教区教堂兄弟会组织的宗教游行。对他而言，参加游行，使他在被物理性地"流放"到蒙蒂区边界数米之外的一处居所后还能维系本地人的身份认同。但与此同时，效忠其出生地（蒙蒂）的教区教堂、尊崇那位品貌兼优的教区神父，并不会让他对教廷的痛恨有一丝减少，他依旧对教廷伪善的不宽容——尤其是教廷对在罗马举办的同性恋者游行活动的敌意——大加谴责。

本地信仰和教廷范围广泛的世俗权力间的斗争引发的反响穿越时光，回荡在各个时代。比如，一位"出租车历史学家"和一位左翼肉商会毫不掩饰、面露欣喜地一块儿回想教皇们从 1309 年开始被流放到阿维尼翁（Avignon）之事。其间，这位肉商又挖苦地说道："到今天为止，我们已经过了两千多年有教皇的日子……我们曾试图把他送去阿维尼翁，也曾把他送去维泰博（Viterbo），但教皇总是能再回来，别问我为什么，反正他总是能回到罗马。我不知道为什么！我不知道为什么！教皇不停地回到罗马！"

反教权主义情绪如今以庞大的东欧移民群体为新的抨击由头。在蒙蒂，这些移民极其显眼地在中心广场上那座乌克兰教堂前定期举行集会。以下这类小事件很能体现蒙蒂本地人心中越来越强烈的对移民、政府、教会三者间关联的判断。有一天，一位本地居民刚好看见一拨吉卜赛孩子欺负我。这些孩子拿了一大张硬纸板堵住我要走的路，借此迷惑我，这是罗马街头一种很常见的小偷小摸的把戏。这位居民觉得，根本没有什么办法能杜绝这类事件。他对此毫不遮掩地批评说，当局在执行教廷反复要求的"宽容"之法的时候缺乏严肃性（serietà）。这种清晰明确地表露出来的对移民和吉卜赛人的偏见助长了很多年纪更轻、和移民没打过什么交道、支持共产主义党派的工人阶级群体心中的反教权意识。一位加入本地联防队的退休老先生，总是会去那些据说吉卜赛孩子常欺负游客并试图抢劫他们的地方转转，每当他赶跑这些小子、得到那些差一点就倒霉的游客的千恩万谢时，会感到极其快乐。在这些自视为公共安全保卫者的人身上，教会所要求的"宽容"是引发不了什么共鸣的。

蒙蒂人今天的反教权意识可能是有史以来最强烈的，一个重要的原因就是教会正频繁地将工人阶级租户从他们的居所中驱逐出

第四章　对社会生活的折射　159

去。如果谣言属实的话，教会此举有时是为了在租金飞涨的形势下将这些房子腾出来，以密集得多的方式让移民居住。负责执行最近数起驱逐任务的几家兄弟会，要么属于外国机构，要么来自一些一贯看不起罗马、同时在罗马人眼里跟外国差不多的意大利城市（比如伦巴第大区的贝加莫）。对绝大多数本地人而言，他们一眼就能看出，这些外国团体根本就是"那个梵蒂冈"的代理人。

一位目睹了某教团兄弟会执行的一场尤为残酷的驱逐的本地人悲愤地说道："我是个信徒——但我也反教权，因为这种驱逐实在不公平。"在另一个场合下，这位本地人再次向我申明他的根本信仰是天主教，以此来解释他为什么要将受到狂热崇拜的皮奥神父的一幅小像挂在家里。但他又同时表明，绝不会上那些纪念圣徒的圣祠去，因为他不喜欢这门夹带了朝拜活动的"生意"（他直接用了 business 这个词）；他认为，这门生意中体现的精神和去非洲拯救贫病者的那些神职人员的无私精神是相反的。与机构化教会疏离，在蒙蒂已有数个世纪的传统。这种疏离并不一定与个人信仰发生冲突，而是相反地，个人信仰中的价值观恰恰提供了准绳；通过它，人们得以对整个神职团体进行评断，然后发现他们做得真的不够好。

对"那帮神父"（i preti）——尤其是他们对本地贫病老者的无情漠视——的厌恶，绝非新鲜事。让我们想想司汤达乐于与之交谈的那位年轻的特拉斯提弗列理发匠吧，每每想及教皇权威做出的荒谬之事，他都会大喊："不然我们还能怎么做呢，先生？我们总是被神父（的权威）压着呀。"[①] 到了今天，尽管教会的世俗权威下降，

---

① Stendhal n.d. b: 26（1828 年 2 月 27 日日记）。

但没有任何证据能让我们相信教会的独裁主义和贪得无厌也跟着减弱了。

  对教会的疏离和愤恨一经出现就被本地的民族联盟积极分子迅速利用起来。教廷和移民之间的勾连成为某种极其激进的阴谋论的主题：波兰裔教皇约翰·保罗二世不仅力主宽容对待已经到来的那些移民，还主动鼓动东欧人离开东欧、成为移民，因此，他必须为轻度犯罪在本地的加剧负相当一部分责任。由于民族联盟的一部分支柱群体是天主教信仰坚定的中产阶级，该党派领导层因此一直在官方层面努力与教廷修好。但民族联盟蒙蒂分支的情况非常不同，近年来越发借着反教权态度获益；要知道，反教权态度在过去更主要地被共产主义者持有的，而现在，新法西斯主义者正在试图夺取蒙蒂——这块曾经属于共产主义选区的阵地。拥护新法西斯主义的民族联盟由此彻底扭转了人们的预期——这有些像左翼联盟当年占领市政厅的过程，但方向是完全相反的：鲁泰利率领的当政左翼现在不仅开始向教廷示好，而且像教廷一样想将罗马城的整个历史中心区变成一个人口密度极低而博物馆群集、供富人居住、供服务业盈利的地方。世俗权威和教会权威就这样共同打算献出这里的考古学财富，以巩固二者之间出于某种诡异的实用考虑而结成的联盟。[①] 现在，即便是在最见多识广的居民中，也有人开始相信，市政府和教廷正合谋将这个历史中心区里的社会生活全部抽光。

---

① 此处尤可参见 Berdini，2000。

第五章

一个有缺陷的国家中的生活与法

正如詹巴蒂斯塔·维柯（Giambattista Vico）很久以前就向我们指出的，民族国家的自大在于：总是声称自己拥有永久性和古老性，却又并不真的具备它们。[①] 在罗马，这种古老性看上去几乎是摸得着的；但实际上，这座首都又是最容易提供经验性反证，从而令民族国家所谓的长生不老不攻自破的。因此相比之下，教廷对其所宣讲的"信仰的永恒性"似乎比民族国家的长生不老更有说服力。在这样一个很难说清其内部有什么共享文化的国家，颁布于首都罗马的法律条规充分说明一个事实，即这个国家的实情离它自己标榜的"代表对人类私利的崇高而永恒的超脱"这一目标还很遥远。

法与规

我们可以用一些例子来简短说明这个国家对其人民的行动几乎没什么影响。在几乎正对着我住的那栋房子的地方，是一条朝向喧闹的加富尔大道的窄窄的辅路。这本是条单行道，但司机们仍会频

[①] 维柯的这段话，我在其他地方也引用过，"关于国家的自大，我们听说……各个国家……都曾抱有如下愚蠢的自大，即认为自己是领先于其他国家的"（Vico, 1744: 174–175）。

频大胆地从反方向长驱直入。某天，就在一位左翼议员开他那场街头会议的当口，几辆车就这么逆向开了进来——说来也怪，会议的主题正是交通问题。然而，现场没有任何一个人关心那几辆逆行车的情况。当这位政客谈及遵从法定程序的必要性时，大家根本不为这发生在眼皮子底下的违法行为所动。

就在离这儿不远的地方，一位店主一直在偷偷帮他那些最佳客户保留暗账。他轻蔑地耸了耸肩，承认这个行为是非法的。但比起是否守法的问题，他更关心的是如何留住客户，而这类基于非正式信用系统的行为就是确保客户能继续忠实惠顾的重要手段——对这位店主来说，留住客户这件事本身而不是通过留住客户获得的更高盈利才是更重要的目的，因为保留暗账的行为对他经济上的影响实际上是波动的。这里的居民们有时似乎活在对税务警察（Guardia di Finanza，也译"经济与财政警察"）真正的惧怕当中。税务警察的灰色制服和吓人地戛然停下的车子所到之处，必会出现不安的眼神和低声抱怨。还有谣言说，你可能会在街上走着走着，就被税务警察逼停，对方会要求查看你随身所携设备的购物发票。也许国家本可找到更好的理由来执行这些行为，不过实情是：大量店主、酒吧服务员、饭店老板都不会开具完整的收据，这样，和官方税率规定的价格相比，他们的顾客可以实实在在地少付一些。这么做对双方都有好处，顾客付得少，店家则可以不用缴全部的税——只不过到报税的时候，这些店主需要像所有手工艺行业的从业者一样，去临时拼凑一些假的（而且明显额度更小的）发票，以让当局相信他们是奉公守法的。一旦在这个环节侥幸成功，那么店家就可以缴更少的税，也能让他们喜欢的客户少付钱。

这类小小的违法行为几乎一直是人所共知的事。和那些在蒙蒂搞偷窃的外来人遭到的道德谴责不同，人们并不会觉得这些偷税漏税的违法者有多么不道德，至少不会比那些据说受贪欲驱使也诉诸此道的公职人员更不道德（也有明眼人断言，是公职人员的低工资使得这种贪欲爬上了公职人员的头顶）。而那些不去利用国家漏洞的商人，反而会被认为天真得该罚，以及落个不合群的名声。

这种行为的公开性毕竟会带来一些风险。蒙蒂是个会出间谍的地方（过去就曾有本地人将某个犹太大家族出卖给盖世太保），而且平常被你怠慢的人出于报复心理，很可能会想办法让你的违法行径被当局注意到。不过，蒙蒂人崇尚的最主要的精神气质还是强烈反对将邻居出卖给国家的。公开的违法交易所例示的是一种脆弱的信任关系，人们在践行这一关系时总是带着一种特定的恐惧，即如果误判了客人的真实意图，那么后果将不堪设想。在国家的层面，国家被想象为一个极为警惕的管理者，公职人员的腐败行为（尤其是对普通人的勒索）将使他们堕入更危险的境地；蒙蒂的情况则相反，邻居之间的不断试探恰恰能将被人出卖的风险降到最为可控的地步。

也许是教皇统治带来的影响有所遗留，在持续不断的高压盘查下生活的感觉至今仍非常普遍："你不得不秘密地去做某些事，而且往往（最后还是）会暴露。"由此产生的恐吓效果表现为人们对可能存在的时刻窥探的告密者的长久恐惧。这些告密者表面上运用带有友好交往态度的方言和手势，实际上要么在替国家收集信息，要么——这个更糟，而且可能也更普遍——在借机中饱私囊。这种潜在的勒索风险使人们往往在对方真的动用身体暴力或调用法律程序前就被劝服，从而妥协了。在这个意义上，所有人都是共谋者，因为这个社会唯一的运转方式就是如此。当然，这并不同时意味着人们不敢对此出声抱怨。但要看到，这种抱怨的核心意义在于，人们恰恰是在通过抱怨本地政府和国家让他们除了欺骗和说谎外别无选择，来为自己保留一点选择余地。政客（和神父）也是人。当国家代理人的行事方式可以得到普通人的理解且确实被其视为在正常范围之内时，国家就能得到其人民最大限度的配合。就像一句本地谚语说的那样："如视百姓为公民，那么把法律拿去执行就够了；但如视百姓为朋友，就需要将法律解释给他们听。"这种态度制造出一种高度的模糊性，这尤其是因为对友谊的宣称也可能实际上是在暗示胁迫者的存在。官员们常常并不彼此信任，这也就是为什么在一系列丑闻被揭发后出现了一类警察，他们专门负责留意其他警察有无受贿和敲诈的迹象。

怀疑论者虽然也会指出负责公民管理的治理者群体中的最高层有着广为人知的腐败事实，但这里还流行一种自相矛盾的感受，即"在意大利，最不诚实的人在政治上恰恰最可靠"。向我提供这一带有讽刺性的观察结果的那位店主曾在美国待过很多年，他补充道，在意大利，人人都参与这个游戏。他给出的一个例子是，一位肉商开给顾客的发票上的数额总是只有人家实际支付数额的一半，但顾客们却因此心照不宣地与他共谋，助他逃税。"不要将他人卷入自己因抵御诱惑不力而陷入的罪恶之事中去"是基督教教义中一项严厉的禁令，但这些罗马人并不在乎。

不仅如此，有权者那意料之中的罪恶，既为普通人提供了一种可模仿的模式，又提供了一种道德托词。一位区议员在痛斥市政府改著名的罗马鹅卵石路为柏油路这一计划时暗示说，这项工程唯一的目的就是把修路的活包给该政策的忠实支持者，让他们挣到这笔钱。反过来，该政策的支持者们则拿鹅卵石对汽车轮胎的危害说事，并把鹅卵石路造成的噪声问题升级——在我住的那条街上，夜晚最常听见的就是行李箱轮子在菱形鹅卵石路上碰撞的声音。不过，如果可以选择，人们总是更愿意接受所有可能的说法中最有怀疑论色彩的那一种。关于路政工程的种种传说被创作出来以满足特殊利益集团的利益，对不断翻修人行道一事的各种说法就是一例。这些故事为同样行腐败之事的那些普通人增添了自我开脱的理由，并因此令某种含蓄的辩解得以流行，那就是：腐败和通过腐败获得的好处，怎么能只被权贵们独占呢？

在罗马，各个级别的政界领袖——从地方议员到市政府首脑——都需要表现出一点"罗马性"。因为这些政客都很清楚，如果领袖不显示出正直的地方品性，这里的选民就会喋喋不休地加以抱怨。政客们被困在这样的社会义务中，不得不明确做些选民们能够熟察的欺诈之事，或者干脆行一些其职务本身不被允许的抗上之举。比如，据说鲁泰利刚任罗马市长一职时就会特别注意，坐车从不系安全带。因为如果他系了，就相当于承认自己是个懦夫。① 既然政客尚被困在这样的逻辑里，那么普通人就觉得自己没有什么理由非要遵纪守法了。在地方文化提供的这种亲密性空间里，人们并不认为这些政客是公民理想的什么化身，而是将他们看作颇带人性缺点的骗子，并认为这些骗子的社会力量恰恰落在那些受公民

---

① 关于鲁泰利为自己塑造潇洒男性形象的情况，参见 Bruto, 1997。他后来转而支持要求佩戴头盔的法律，这显然标志着一个有野心的政治家的自我展示形态从"地方性"向"全国性"的转变。

道德或宗教道德诟病之处。因此，遵循公民理想的行为有时反而会与普通人对国家代理人的不信任相抵触；在这些普通人看来，与地方关系中那种温情的交际性相比，"国家"所拥有的那种与腐败官员的积极介入态度相反的"形式上的精准"只不过是一种糟糕的替代品。

法的界限

意大利人经常哀叹本国法律体系的不健全，并将之作为当下社会问题产生的原因之一。意大利的法律既繁多又相互冲突，历届改革都至多是为了回应既有法规面临的最紧迫的问题而搞些东拼西凑的东西；而且很多法条的表述都很复杂，以至于催生出许多创造性极高的规避手段。那些负责执行法规的公职人员不仅过着薪不抵劳的生活，而且相互怀疑；本国的数支警队也频繁地被激到相互怀疑和相互监视的地步。其中一些法条的执行缺乏刑罚性保障；其他法条也逃不过批评者的眼睛，它们好像被故意设计成了阻碍法律生效的样子，而且对它们的执行似乎只是为了尽司法机关应尽的法定义务——当然，最后这一点哪怕是那些最严厉的批评者也承认。

意识形态立场极不相同的人对一项关键议题的看法却惊人地一致，那就是，都认为国家的运作机制其实并不希望法律得到一以贯之的履行。在左翼那里，我们可以听到的谴责是，立法者在制定法律条文时掺入了特殊利益集团的考量，从而令同一法条出现多种解读（即令法律存在多样性），致使到处可见对法律的滥用。在右翼那里，我们听到的则是抱怨，即国家未能向负责执行法律的公职人员提供充足的报酬，也未能向司法机关提供足够的保护，以使其能够对付那些为不诚信的外国人及本国人辩护的机敏律师。但无论处在整个政治光谱的哪个位置上，人们都抱有一个共识，那就是，是本国法律体系的这种缺陷制造出了被本地人称为"满不在乎"的那种漠然。与之相关的一个清楚的事实是，至少在某种程度上，这些缺陷的发端可以一直追溯到19世纪晚期意大利国家政权形成时期出现的那种妥协。

这个国家的领导者从一开始就在建立一个强大、集权的国家权威的需要和满足地方政治精英对特殊待遇的不断要求这两件事上艰难调和着。地方政治精英要求领导者在制定全国性法令时为地方特殊利益集团留下特权，以此换取精英们实质性的顺服（或结构性的顺服）。这场交换的结果是法律上的混乱——对公民式的公正无私的夸夸其谈与体现着庇护关系、以利谋权的实际行动搅和在了一起。而实际上，这就是那种被称为"变形论"（trasformismo）的政治投机主义的关键——此处，"变形论"指的是令抽象的、泛指的法律应地方力量的紧迫需要而更改。[①] 它为此后的意大利留下一份长久不灭的遗产，甚至到二战尾声、地方权威逐渐开始掌握更多对百姓日常大事的管理权之际仍然存在。认为"法律应该将对利益和

---

① 关于"变形论"的这一方面，参见帕特南的简洁阐述（Putnam, 1993: 19、142）。像许多意大利观察家一样，他认为变形论的实际结果是与"通过下放权力来巩固好的治理"的想法背道而驰的。如果我们把"效率"这一概念放在意大利文化语境内来理解，并进而理解帕特南的上述判断，那么我是同意他的评判的。帕特南认为，二战后，这一体系（指早期的变形论）已让位于更大的地方分权主义——这无疑是个精准的断言，但变形论的潜在逻辑显然仍在许多地区存在。

好处的算计纳入考虑范围"的观点不仅根深蒂固,还与一种流行的假设牢牢地吻合——这种假设以人们对忏悔、悔过这类宗教工具的日常理解为基础,认为所有社会行动都多多少少需要算计一下未来能否因此获益或免罪。①

许多罗马人推断说,国家自己也在算计。在他们口中,这些算计可能包括了对为达成某种国家目的而可牺牲之物(既包括人,也包括原则)——的估算。比如,一位退休警员就控诉道,国家对于那些在执行法律时得冒点生命危险,却总是(因薪不抵劳而)陷入贫困的公职人员是漠不关心的。他认为,面对那些因公牺牲的公职人员,国家除了象征性地做出哀痛的姿态外,并不真的关心他们;国家算计性地对待他们,并不将他们视为有家庭的、活生生的人,而是把他们当作官方机器里一枚枚可替换的螺丝钉。这个说法很能代表人们的普遍观点。不仅如此,国家的漠然形象还为看重小型互惠式道德经济、意欲对他人报以麻木且自私的漠视的普通人提供了道德托词和行动范例。

这位退休警员的愤然之言也许有偏颇之处,却也展现了这样一个事实:在意大利,不仅法律本身有所妥协,执法也有所妥协——它们都无法被简化为一套抽象的规则或标准。在这里,司法系统、各类治安机构和银行界总是频繁地陷入丑闻阴影之中。诉讼时效、超负荷的司法系统和认为"法官和律师通过无限期地拖延案情可以获得好处"的普遍假设,使得对刑事责任的处理成了施展各种有创造性的手段的竞技场。大多数人也因此认为,这种情况下最

---

① 亦可参见帕尔多十分有用的讨论(Pardo, 1996: 141)。他揭示了未来收益也是被纳入算计之中的,这一算计尽管只能以主观印象为基础,但这种主观印象也确实是对客观存在的经验性事实和风险的一种反映。

第五章 一个有缺陷的国家中的生活与法

好的做法就是首先接受事实，然后试着从中获取最大利益。

当我们不再从理想主义模板和形式化设想出发来分析问题，而是考虑到立法者、官僚、普通人的算计其实发生在他们共有的社会语境中，意大利法律现状明显不合逻辑的现实就显得有逻辑多了。我们必须记住，在立法者和执法者行使权威的同时，他们自己也是这个社会中的成员。与其用"效率""民主"这类去语境化的概念臆断实情，从而视法律为范例性文本、视违法为失败的实例，我们不如尝试从这些实例中寻找有关"结构性共谋"的证据。所谓结构性共谋，即立法者和普通人共同介入这场带有实用目的的妥协行动，以此使生活得以继续——妥协的结果固然不总是能令人满足，但至少是可理解的。在这个意义上，人们的抱怨本身成为一个更大的社会体系的重要部分，而法律只不过是这个社会体系的另一部分罢了。

还有一些证据表明，在制定法条的过程中，立法者其实已经预判到自己未来也可能因这些法条而利益受损，他们的对应方式体现在法条内容中。就这一点而言，这些立法者和那些总是算计着要为自己的违法修建/重建、业务实践中的违规手段和违法停车等行为缴纳多少罚款或受多大惩罚的普通人，没什么差别。就像一个笑话里说的，一个政府官员在视察一家监狱的过程中不断地提醒秘书在本子上记下"得给这儿的厨房做改造""得给这里安热水器"之类的话——后来秘书忽然明白过来，这个官员根本是在为自己以后有可能入狱而做准备！因此，如果我们还要在立法者和普通人之间假定一道截然的鸿沟，那就真的会曲解上面说的那种共谋——在本段，我们可以看到，这种共谋甚至在法律被通过和被使用之前就已

逐出永恒

经发生了。

再者，这些颁行于罗马城中的法与规必定为这座首都发挥实际的作用。从对这些法条、规则的制定到对它们的使用，漫布于这整个过程中的那种结构性共谋——立法机构和平民大众以一种错综复杂的方式协同作用，从而被绑在一起——只能靠着正式的法律语言来掩盖真实面目。上述协同作用将"公民道德原则"（civic principles）转换成某种"文明礼貌"（civility），这种文明礼貌已与"对某种抽象的治理原则的提倡"无太大关系，而是更加关乎对谦恭的简单掌握和对敦友睦邻之义务的践行。这种"文明礼貌"对"政治上的圆通"的强化，保留了早期变形论的大部分特征，甚至可能也保留了中世纪教会用来调和"慷慨"与"逐利"二者间矛盾的那种诡辩。这种"文明礼貌"能带来立竿见影的社会效用，但无论这种效用在某些时候令人感到多么可取，也始终不利于——而且实际上常常是在极力破坏——对法律的专业化执行。许多新法的出现，就是为了修补以往立法过程中出现的问题。这正是各种"宽免令"（sanatorie，消罪之法）被"创造"出来的目的，即削减对以往违规行为的惩戒，并对削减之后的剩余惩罚予以免除；同理，订立新的城市规划也是为了更正旧有规划留下的祸患；对加租行为的管控和对这种管控的解除亦出于同样的考虑——尽管"一会儿管控一会儿又解除"的政策变动也很容易被误解为治理者反复无常。这些手段都是基于社会实际、因应具体情境地在"正式原则"和"社会实情"二者之间做出的必要妥协。一位服装店老板曾这样描述上述这种"国家-公民"共生关系——很简明，且基本准确——"我们的国家非常清楚地知道每个商人都是偷税漏税者……所以，从国家的角度来说，它和我们其实有一个默会的契约——对吧？那就是，你之前偷漏的税款一定会在之后的什么时候在其他税目中被补收"。这样一种无止无休的进程被这位老板以带着自我检省的语言风格精准地指了出来；而直到今天，这个进程仍然在继续。

"宽免令"是最能体现国家如何调整其公民的习惯的例子。它们有时也被称作"赦免/赎罪券"，其作用尤其在有关建筑法规的语境下得到体现，即允许国家仅以一小笔滞纳金作为交换，免除违规建造者尚未缴清的所有剩余罚款。这一赦免方式引发了激烈的抗议，因为它使违反那些旨在保护罗马城历史肌理的法条的行为变得合法并得以继续——不过讽刺的是，如我们所看到的，其实罗马城之美本身也是因过去数个世纪中大量类似的违规建造行为而形成的。① 这一赦免方式导致的一种突出结果是，它往往使那些本就富有的投机商或那些本身更有机会提前获知这类"宽免令"的人能放心地购买和"改建"大量房产，而不需要过于担心自己是否会因违反相关建筑法规而被惩罚。

在一个更大的尺度上，现代罗马城城市历史中的多处节点上都曾出现过宏大的城市规划（piani regolatori）；每一个这样的规划，其背后的设计意图，都是为了更正旧有规划和其他一些更为局部的干

---

① 比如，意大利教育工作者联合会（the Federazione Lavoratori della Conoscenza）就曾在其主办的在线期刊《全国大学研究联盟》（Sindacato Nazionale Università Ricerca）第 70 期（2003 年 11 月 14 日）上以批评者独有的方式抗议道："'赦免'实际上加固了那些已然违规者和继续违法行事者认为自己未来可被'免罚'（impunity）的信念。这一手段也被运用在违章停车和其他类似的轻微违法行为上。"哈尼（Harney, 2006: 378）则在其研究中呈现了来自不同宗教、政治和文化背景的移民是如何以传谣的方式加入一场"推断（那些他们认为能够免除其非法身份的）'宽免令'"的紧张比赛之中的——这场推断赛显然是为了彰显他们对意大利经济上的健康做出的重要——但却必定不会被承认的——贡献。

预留下的错误。① 但是，这些规划本质上还是为了满足当时治理者的特殊利益。即便是那些在构想上无疑更为卓越的规划方案，也仅仅停留在纸面上，人们几乎不可能将其中的实施建议转变为真正能得到贯彻和持久推行的规划行动。它们最后实现的，只是意大利语所拥有的把一个词——progettualità（计划）——抽象到极高程度的那种潜能而已。这种抽象应和着那种被称作"为'不可避免的具体性'而作的托词"的东西：规划者们先是捧出看上去难以规避的、使他们无法有信心规划罗马未来的种种困难，接着就可以责难，他们的规划之所以不能落地，全是因为这些规划方案中早已暗藏特殊利益集团的利益——他们的抱怨实际上真就是常常围绕这个主题不放。

保罗·贝尔迪尼（Paolo Berdini）的分析——他这项分析发表时，禧年庆典甚至还没结束——对任何从人类学角度来理解"法规"和"对法规的实践转化"间关系的尝试都很有助益。② 他的这项分析聚焦"文化"（cultura）的各种政治形式和意识形态形式，以及这些形式的变化方式。这项分析不仅运用了"文化"这一人类学的中枢概念，还让我们能够比较"文化"概念在左翼知识分子话语中的角色，以及被大众借来充当对他们的态度和实践的一种解释的"文化"概念的作用。

贝尔迪尼尖锐而微妙地、明断地剖析了"各方协同规划的可能性"是如何被据称是左翼人士和环保主义者的市长鲁泰利以零敲碎打的方式替换掉的，这种方式令（包括梵蒂冈在内的）特殊利益集团对形塑罗马城未来一事的兴趣加倍复苏。与此同时，他的分析本

---

① 这些规划分别可追溯至1882—1883年、1906年、1908年、1909年、1931年、1962年、1967年、1997年（主要是对1967年方案进行修订）和2000年（仅形成了草案）。
② 参见Berdini, 2000。

身也可以被看作一个极为易懂的案例，体现出意大利人，尤其是具有左翼信念的人，赋予"文化"这个概念的解释力。在这一方面，他的分析还有助于我们理解，公共话语中一定程度的"文化决定论"如何促成了那些有特定政治倾向的实践的持久性和夸张性：与右翼联系在一起的是恩庇主义和私利兜售（favor peddling），与左翼联系在一起的是对公民的管理。不过，贝尔迪尼的描述又清晰地告诉我们，即便是左翼文化宣言的拥护者，也并不总是能经受住权力的诱惑，他们所追求的公民的道德性（civic morality）也会屈服于"应某种当时的需要而临时出现的文明礼貌"（contingent civility）的要求。

　　贝尔迪尼认为，这种"临时出现的文明礼貌"在鲁泰利在任时期尤为明显，因为鲁泰利带回了那种"边干边规划"（pianificar facendo）的做法，即放弃一切中央计划，而倾向于根据具体情况处理。这种做法实际上将主动权让给了既富有又不择手段的投机者。它的特点在于一种对特定纪念物的狂热——这些纪念物之所以被看中，是因为被认为具有非凡性（straordinarietà），而不是因为它们关乎这座城市的有机整体；这种做法的严重后果不仅在于以本地居民的利益为代价来成就纪念碑化（monumentalization），更在于向那些出价最高的未来买家——银行家、建筑业巨头、传媒大亨——提供了左右诸多关键决策的机会。而在罗马，这种为迎合权贵而做出特殊安排的举动有着悠久的历史。[1]

---

[1] 参见 Berdini, 2000:64、89-90。从相同角度对一个重要时期进行的细致的、微观历史的分析，参见 Bocquet, 2007。另一项研究则将历史中心区人口的迅速减少、郊区的大规模发展以及这两个过程带来的负面影响，归咎于罗马当局"一种很土气的满足欲，即自诩大都会，但仅以追求以百万计的人口数为目标"（Italia Nostra, 1976: 16）——这个例子鲜明地呈现了罗马这个城市的吊诡形象：既是首都，却又同时被人们认为从根本上说只是个土气、边缘之地。而早在罗马刚刚成为首都之际，其颁布的早期决策——禁止在此地发展重要的工业基础设施——就已经为这一形象赋予了具体的现实感（Bocquet, 2007: 45）。

法律漏洞的（不体面）起源

建筑业巨头是极为重要的参与者。贝尔迪尼批评道，他们对规划政策的稳定性已造成破坏性影响。安德烈娜·里奇（Andreina Ricci）这位勇敢的考古学家的亲身经历刚好印证了这个批评。她曾冒着被同行孤立的风险和生命危险，揭露文保机构中某些部门、某些建筑公司和承担发掘工作的私人考古"顾问"（专业考古人员不属其内）三者间的勾结。这种幽灵（建筑）公司（ditta fantasma）通常由文保机构中某个工作人员的近亲经营，它会公开宣布已对某个位于城市边缘半乡村地带（也因此不被旅游业集中关注）的地点进行了彻底考察，确认此地没有考古价值，由此为大规模开发开道。而这种开发的结果，当然是对重要古迹的不可逆的破坏。不过，里奇敢于屡屡无视这些当权机构的要求，这一点本身也暴露了这些当权机构的弱点；当里奇不顾针对她的禁令、坚持再次考察、挖掘那些地点时，它们并未真的出面阻止。看来某些人对她既是愤怒的，同时也是惧怕的，因为她确实重击了他们的如意算盘。[①]

而相比之下，市政府的作为就不怎么样了：贝尔迪尼就着重谴责了鲁泰利对待罗马文物局局长阿德里亚诺·拉雷吉纳（Adriano La Regina）时的轻蔑——就因为阿德里亚诺敢于反对在圣天使堡（Castel Sant'Angelo）前建地下通道的计划。这个项目能缓解严重的交通拥堵，但也必将毁掉一座规模庞大、保存完好的古老别墅及其内部的无价壁画和重要的建筑元素。[②] 当时，情况已经很清楚：

[①] 里奇自己对意大利考古学之文化政治的态度，参见她在1996年发表的非常有用的初步记述。
[②] 参见 Berdini, 2000: 51。

市政府里的强大势力是下定决心要取悦梵蒂冈、建筑业巨头和银行的，也因此会轻蔑对待任何敢于批评的人。由于本地人长久以来对考古学家阻止他们在这个城市的历史中心区开展一般意义上的施工和修缮工作有所不满，上述做法常常会获得大量公众支持——虽然这些本地罗马居民会同时抱怨官方的破坏之举，如对古树的移除以及废墟中可以晒着太阳谈天的好去处不复存在。

在推动地下通道修建决议通过的过程中，市长鲁泰利及其团队无疑得益于愈演愈烈的对城市未来规划的那种"不清不楚"（lack of clarity）。通过对现有规划的修改，他们得以推动一些新的方案——梵蒂冈和大型建筑公司都是这些方案落实后的得利者，本地居民却很难说能从中得到什么好处。事实上，鲁泰利领导下的市政府、梵蒂冈和大型建筑公司组成的这个利益集团似乎意在进一步削减这座城市历史中心区的居民数量。当一位因租金急剧上涨而租不起公寓的大学教授在朋友鼓动下去询问教会是否有住房提供时（这一地区大量的房屋都归教会和兄弟会所有），在走进教会主管的办公室之前，他得到的接待都非常礼貌也很有鼓励性，但他一进门，迎接他的就是"极地般的寒冷"。他被这位主管（同时也是位高级神职人员）质问："你是谁？你想干什么？"这位教授于是解释说，他听说教会手上有一批危房（fatiscenti），他很想接手一套这样的公寓，并且愿意承担所有必要的维修费用——教会当局有时候确实会接受这样的处置方式。可是，等待他的只是这位主管傲慢的诘问，诘问他为什么会想到来打扰教会："我们是不提供住房的……你该去问市政厅的某个办公室，去那儿问。"无论这位教授之后如何不解地坚持追问此事，以及特别强调他作为一位蒙蒂居民的应有利益，那位高级神职人员只是重申道："我们不提供住房。"

这个"绝对过分"的回应使这位教授倏然明白，把他推给市政当局这一招，其实际意图是劝他彻底搬走；而隐藏在这个意图背后的，是一项阻止原居民继续留在城市历史中心区的计划。就像他所说的，"还有好多种更礼貌地说'不'的套话"——在这样一个连对你的威胁都是用（极其）礼貌的话说出来的社会，那位高级神职人员的冷淡回应就更传达出明确的信号：是我们的下属因不太了解我们计划的真相而误导了你们；真相是，我们只想让最富有者住在历史中心区。这位教授本不是个看重礼仪的人，却也被这种冷漠无礼挫得相当窘迫；而这也使他深信，为这种无礼撑腰的，是梵蒂冈最高管理层愈发顽固的政策，即支持在这座城市的古老中心地带搞人口削减，并推行士绅化。

这位教授的上述想法与贝尔迪尼提出的、被置于他那项分析中的核心地位的控诉极其一致。一个巨大的历史讽刺呈现在了我们面前：一个自诩左翼人士和人民市长的人正在推行的政策，其在历史上能找到的最近的先例却是墨索里尼为修建今天的帝国广场大道拆除蒙蒂大片地区的建筑。当年，墨索里尼希望借此推进他的城市消毒计划；对法西斯主义者而言，蒙蒂和特拉斯提弗列这两个地区就是犯罪者、共产主义和无政府主义的温床。特别是在特拉斯提弗列，因为那里每条街上的人都局部地自我组织起来，以为那些想要躲避当局视线的居民打掩护。对墨索里尼率领的这样一个一心追求全面管制的政权来说，特拉斯提弗列人达成的这种隐蔽性是不能容忍的。因此墨索里尼几乎是同时推进了监视政策和公民卫生计划；

他将那些被怀疑是共产党员的居民迁到入口很少的公寓楼里居住，以确保能直接监视他们的进出。

墨索里尼为开辟帝国广场大道而造成的破坏显然是巨大的。被拆毁的建筑中不乏重要文物——大部分是帝国时代的！还有建于中世纪、文艺复兴时期和巴洛克时期的教堂！这些文物遗骸当时被倾倒在一条通向古罗马奥斯蒂亚（Ostia）港口的现代道路——奥斯蒂恩赛路（Via Ostiense）——的沿线。这个地方现在是城市郊区，但在那时却成了滋生疟疾的沼泽，以至于法西斯分子要对其进行消毒。建筑史学家伊塔洛·因索莱雅（Italo Insolera）曾毫不掩饰其惊讶地写道："在这里，疟疾与古罗马的尘埃扭打在一起：这就是那个疯狂年代最非凡的事情之一了。"[1] 蒙蒂的一大片居民区——尤其是其中被称为马福里奥（Marforio）的分区——也被抹平。墨索里尼的干预之举背后，是对沿袭自帝国辉煌时代的"罗马性"（romanità）的痴迷和过分刻板的效仿。而这给生活在此的人们带来巨大的苦难，他们中的许多人因墨索里尼这个自我膨胀的计划而遭驱逐，迁至不宜居住的远郊。[2] 这个历史过程的讽刺性曾被一位建筑师点出，他认为，墨索里尼修建的这条大道可能恰恰是对古罗马城市规划最大的一次摧毁——令人意外的是，这名建筑师是个新法西斯主义者。

可见，鲁泰利政府本有充分的理由去抹除这段令人尴尬的过去；但现在，令人惊奇的是，它新提出的考古修复项目却是在呼应

---

[1] 参见 Insolera, 2000: 129。他在此还引用了法西斯政权的一位热情支持者的叹问："过去谁能想到这条崭新大道能如此笔直地延伸开去，直得就像古罗马军团的短剑？"
[2] 关于 romanità，可参见吉勒特相当有用的讨论（Gillette, 2002: 54–55）。墨索里尼对 romanità 概念的使用带有强烈的种族主义意味。这个概念在墨索里尼政权结束后的衰落，以及今天在各种极右团体中的复现，都可部分地归因于这个意味。

逐出永恒　　178

法西斯主义一心追逐的那种"'罗马性'的辉煌"和对"干净的"纪念性空间的营造。因此，人们并不会认为这个项目是要认真地从墨索里尼犯下的劫掠之罪中抢救出一个重要的考古遗址，而是普遍视之为左翼的报复行为而已。就连我那位政治立场相对温和的房东——他的祖父是名工程师，曾为教皇国效力，统一运动后则成为意大利新政府的一名官员——也对此嗤之以鼻，认为鲁泰利政府这样做的唯一动机是对法西斯主义者留下的记忆的憎恨；他还认为，这届政府在许多类似事情上的挑剔规定（比如房屋立面应该刷什么颜色的漆）都出于相同的动机。在像他这样只想继续以前生活的保守派的眼中，"考古"已成为一个多余的、麻烦的问题。因此他会大为恼火地说："一个现代城市不可能是个博物馆一样的城市！"他热切拥抱法西斯主义者承诺的那种带有创业冒险精神的现代主义，而对如今掌权的政治左翼推行的官僚化现代主义，及其把"历史保护"演绎为操练审计能力和划定边界的机会的行为，全无好感。

即使是那些相对贫穷的居民，也反对拆除道路和扩建考古公园（以使之占据更大面积）的计划，其态度之坚定常令人感到意外。听到蒙蒂居民痛骂鲁泰利政府竟敢打拆除墨索里尼主持修建的大道的主意，真是异常讽刺。法西斯时期被驱逐者的后代和旧邻口中的对这一拆除计划的反对，体现出意大利左翼的政策——无论是在罗马市层面还是在全国层面——已经与它的传统支持者相背离，且彼此相距遥远。由于对充斥在现行市政行为中的"激进的时髦"（radical chic）已经厌恶到了极点，这些工人阶级市民甚至几乎搁置了他们对法西斯的憎恨；这种厌恶还常常因到处可见的驱逐事件而变得更加强烈,事实上这一时期的驱逐之严重已可与法西斯当年对这座城市历史中心区的"开膛破肚"(sventramento)式的破坏相匹敌。随着相关争议的激烈持续,那些支持考古修复和空气质量提升方案(该方案计划将该地改为车辆禁行区)的声音越发地不被大众理会,而鲁泰利政府也最终对此失去了兴趣——这一点引发了像贝尔迪尼这样的批评者的憎厌,在他们看来,鲁泰利政府这种怠惰地、零敲碎打地应付城市问题的做法,就是向那些能主导政策方向的权力集团投降。①

还有一些反对者可能是因为看到机会主义右翼政客对当下被驱逐者的声援,而受到鼓动或诱导;但他们也忽视了一个基本事实,即在这个地区引发第一次大规模驱逐的,正是来自右翼的墨索里尼的城市改造行动。和历史保护实践的命运一样,有关"租金限制"和"驱逐"的法律实践也走在一条零敲碎打的、充满了工具性妥协的路上。比如,1998年颁布的法律增加了房东的权利,尤其体现在对一系列特定合同的制订上,这种合同规定房东和房客"首签四年,之后每四年续签一次"。房东于是有机会在每个续签节点到来时单方面终止合同,而如果租客拒绝搬走,房东就可以依照法律规定要求警方介入、强制执行。这类合同不限制租金数额,也不规定最低出租年限,因此在事实上助长了租金骤增和随之发生的驱逐现象的大爆发。② 在这个问题上,我们再一次看到这样的可能,即

---

① 参见 Berdini,2000:38、130。
② 参见 1998 年 12 月 9 日第 431 号法令(《有关房屋租约和解约的规定》,参见 1998 年 12 月 15 日第 292 号《政府公报》第 203/L 号,IV.8.1)。该法令还允许房东和房客签订一种租期更短、对租金限制更严格的合同。一旦首签的头四年结束,签订这种合同的房东就有权在此后以各种各样的理由——绝大部分是有关房东本人及其直系亲属的经济能力的理由——拒绝续签合同。

逐出永恒　　180

罗马的立法者在制定法条时就故意设计出一些缺陷，以暗中破坏该法条未来能产生的影响，并使其未来的实际作用最终偏离于写在法条上的那个目标。罗马在1978年曾颁布过一项以严格限制租金、使租金与租住面积比更加合理——所谓的"公平租金"（equo canone）原则——为目标的法律。科拉多·朱斯蒂尼亚尼（Corrado Giustiniani）在他的著作《应许之屋》（*La Casa Promessa*）中就对藏在这一表面目标背后的意图和立法者在这项法律的文本中故意留下的缺陷进行了严厉批判。① 这本书写在不同于贝尔迪尼时代的社会历史背景下，却率先批评了监管中的不公正和向特殊利益集团的主动屈服。

在书中，朱斯蒂尼亚尼阐明，这项原本意在解决就当时条件而言最严重的不公平现象的法律，却产生了完全相反的作用。该法律文本中缺乏对触犯法律者的刑事惩罚规定，而且以一大堆复杂的交叉引用——更不用说里面充斥着的晦涩的法律说教——写就。其结果是，这项法律表面上看似意外地促成了更富有的房东之间的不正当交易和更赤裸裸的士绅化。很显然，这时候需要出台新的法律来保护穷人，而上文所说的1998年出台的法律的目标——表面上看——正在于此，因为它特别提出了要保障租户不会在未得到提前通知的情况下就被驱逐。但是，这项法律也同时保障了房东对付拖欠租金者（morosi）的权利，并使他们在确定房屋租金的问题上更加自由；还值得注意的是，这项法律引发了更多的"整栋驱逐"现象的发生，因为房东们在该法律（尤其是其中一条规定，现任房东

---

① 尤其参见, Giustiniani, 1982: 2.3-33。朱斯蒂尼亚尼那时是《信使报》的年轻记者。该报报纸的主要读者群就是罗马本地人；但讽刺的是，它也同时被贝尔迪尼指责太过奉承鲁泰利政府那种有缺陷的规划思路。

如计划对整栋建筑进行"整体改造",则有权拒绝与租户续签)的鼓舞下,更愿意将房产整栋整栋地卖给建筑商和不动产中介,或干脆自己转做地产投机商。① 这些开发行为给那些更贫穷的居民带来了灾难性的后果。

综而观之,上文中提到的贝尔迪尼和朱斯蒂尼亚尼的研究展现的实际上是意大利立法史的一个更加普遍的面向。就像大多数实行议会制的国家一样,意大利政治人物也是依靠民众基础发家的——要么是靠代表阶级利益,要么是靠纵向的赞助关系,要么是二者兼而有之。尽管如此,还是有一小部分议员不是仅仅坐在会场上表决表决重要的理想目标,而是确实付出大量的努力,投身于服务人民的事业。

前参议长卢恰诺·维奥兰特(Luciano Violante)即是一例。维奥兰特一直不懈地积极推动反高利贷法的制定,他的努力深受赞赏,也因那些纵容高利贷的法律而深深受挫。在一次重大的反高利贷立法会议上,我旁听了维奥兰特对"将借高利贷者也视为同谋"(这就像教会认为的,是借钱者引诱出借方犯下了"放高利贷"这一不被宽恕的大罪,因此借钱者也在神学意义上有罪)的传统观念的抨击。我被他所持立场的务实性打动,也为他面临的法律性、社会性的蓄意阻挠之巨而震惊。一位高利贷受害者的遗孀——她的丈夫因向当局报告了自己的处境而被谋杀——曾在别的场合热情地将维奥兰特评价为从政客到宪兵的整个国家机器中的例外,因为他势要打破犯罪的恶性循环。而这也正好解释了为什么他的努力似乎不

---

① 第 432 号法令第 3e 条和第 3g 条规定,如果房东打算卖掉正在出租的房屋,且除该房屋和房东自家居住的房屋外该房东不再拥有其他房产,那么他就可以拒绝续签租约。

逐出永恒　　182

太可能开花结果。他积极地参与对一些自称与罗马放高利贷者有联系的黑手党悔罪者的审问,并勇敢地追查这些联系,以令那些实际参与了高利贷犯罪网络的本地官员名声扫地——随着"廉政运动"(Clean Hands campaign,也译"净手运动")的展开,检举对本地官员的仕途比以前更有杀伤力。但事实上,除了来自自私政客们的可预见的阻挠外,很多高利贷受害者自己不敢公开发声,因此,维奥兰特不得不克服同时来自国家层面和本地层面的结构性障碍。

更一般地说,将"法律裁断"与包含了个人间恩惠往来和特殊利益集团在内的"社会背景"完全剥离开的做法——这就是公民伦理(civic ethics)的目标——无论是从理论分析的角度还是从居民的实用主义角度来看,其实都没什么意义。这个国家中已经存在的"互惠关系"不仅比这个不怎么受人尊重的国家的"道德权威"更强大,而且还是人们与国家的掠夺行为作斗争时重要的武器。不仅如此,这些互惠关系还的的确确体现在罗马人身处的建成环境之中。我们已看到,蒙蒂(以及罗马城的整个历史中心地带)的老建筑见证了造成人类境况之悲剧本质的这场腐坏。它们还见证了其自身被建造或改造过程中一轮又一轮的违规,每一轮都创造出自己独特的美学,其后一轮建造或改造又总是在进一步打破前一轮美学的基础上进行创新。此外,审美考量一旦被写入法律——比如落入美术监察局的权力之掌中——就会变成对那些长久以来对此地建成环境进行塑造或维系的非正式社会运作的侮辱。"法律实践"的文化,往往与"法律规定"的文化截然相反,它的运作与政治一样,受到日常生活的约束,同时仰赖日常生活提供的可行机制——我们要想

第五章 一个有缺陷的国家中的生活与法　　183

实际地看待它，就不能忽略这一背景（除非需要为它的某些失败提供有用的借口）。①

宽纵的共谋

　　站在一处可俯瞰几乎整个罗马历史中心区的当风的屋顶上，一位建筑师朋友在我旁边讽刺地打量着全景。这里——那里——那里——还有那里——我顺着他的手指看去，的确如他所说，到处都是遮阳篷下的简易脚手架，这些脚手架意味着一项项匆匆进行的非法建设的开端：一间新公寓，一间商店，一间盥洗室。然而，这些违法者若是听到我们这番评点，倒会表现得很委屈。他们会说，自己只是在搭建些临时的棚架，而非永久性的建筑；而我们也会理解地点点头，以示我们自己也是这一社会现实的同谋。但是，他们终究听不见我们的对话，咆哮的风甚至让我们听见彼此的声音都难。大自然似乎也在教我们谨慎言行。
　　接着，顺着这位建筑师很有说教意味的手指望去，伴随着他那共谋者式的轻笑声——我们看见了进入下一阶段的违法建设行为：一些显然正在施工的建筑工程。与此同时，我们偶尔还能发现进入第三阶段，即最后阶段的违法建设实例——当然这不太容易辨别，因为这一阶段的成功取决于其物质形态上是否完成，我仅靠俯

---

① 因此，我不想使用"法律文化"和"政治文化"这样的词（尤其可依次参见 Nelken，2004 和 Kavanagh，1972；可与 Kapferer，1988 比较）。我们已经认识到法律实践和政治实践有其更大的社会-文化背景；但需要更进一步看到的是，许多正式模式的源头都不在相对直接的本国背景之内，而有其之外（如参见 Pollis，1987），尽管可以肯定的是，即使是海外培训出身的立法者也需顾念本地价值观，因此对它们作更加精细的区分才是更为可取的。

逐出永恒　　184

瞰远观并不能判断得太准确。不过，一旦某个建筑物建好了屋顶，相关部门就会陷入其自身的监管情绪之网中而不能自拔：因为除非启动一系列复杂的程序，否则根本不能拆除那些被认定为住宅类建筑的建筑物；而这一系列程序所带来的，也仅仅是经济上的小处罚——建造将永久嵌入永恒之城建筑肌理中的违法建筑物，只需付出罚金。而且违建者所付的也只是罚金总额的很小一部分，这些钱将被用于挽救位于破产边缘的政府。与此同时，这些违法建筑将融合进城市景观之中，和之前的无数违法建筑一样，被这座城市的巨大肌理吸收。

"毕竟，"这位建筑师若有所思道，"在某种意义上，整个罗马市就是个非法建筑工地。"当拿破仑为了他的皇后约瑟芬非法建造威尼斯宫露台时，他所纵容的，不过是一种早已有之、在今天不仅继续存在而且更加频繁的行为："在罗马，对建筑法规的滥用几乎成为一种历史传统（tradizione storica）！"或者，像一位酒吧老板在另一个场合所总结的："罗马城就是靠违法建筑堆砌起来的！"

带着一丝心照不宣的宽纵，也可以说是一丝共谋之情，建筑师眺望着地平线，目光扫过合法的历史实体及其破碎的结果。他自己在这里见过违建行为，也投诉过他人违建。他太熟悉这些事了。而我们可以肯定的是，他的所有同行和客户也都干过这类勾当。这位建筑师的共谋并不新鲜，在更早的时代，尤其是17世纪，贵族们就已将自己树立成了这方面的坏榜样。为了让自己的宫殿更宏伟，他们不惜破坏邻人的屋舍。有一次，当一个贵族的破坏举动被阻止时，他甚至报复性地让教皇禁止邻居们把门窗开在朝向他宫殿的方向。[①]

---

① 参见 Mirri, 1996: 34。

这样的权力有时可以迫使他人屈从。一位极有影响力的、据传在罗马的权力和教廷不相上下的媒体大亨想在自己居住的文艺复兴时期建筑上新凿一扇门。据反对者说，如果一个普通人这样做，那么这个亵渎建筑遗产的行为足以令其锒铛入狱；可是，当反对者试图向这栋建筑的负责人提出抗议时，这些人却坚称他们没有收到任何正式投诉——于是不仅凿门之举得以继续，而且大楼里的所有其他住户还得为这一对过去造成不可逆转的损毁的行为付出代价。"共谋"就这样从"反对"的基石中诞生，同时，这种一再发生的共谋也不断地重构建成环境。正如罗马某大学一位退休实验室助理所言："在罗马，临时性的东西往往持续得特别久！"[①] 这种由共谋而对建成环境造成的不断重构的确持续得够久，以至于让人感觉这是座有生命、会呼吸的城，是座聚生出历史上一层又一层对既往法规的背离的城。只有少数执法案例是引人注目的例外，比如开着直升机来搜寻违建，在发现后将推土机开过去推平违法建筑物。但这类行动多半发生在远离历史中心区之处，并且因费用高昂而不可避免地极少发生。

大众对这类行动也没有多少热情。一位在思想和工作上都十分着迷于文物保护（但同时也毫不畏避以创造性地重制小艺术品来牟取暴利）的家具修补匠指出，意大利的普遍问题就在于重建设、轻保护；流行的赞助模式所要求的也是以短期项目快速获取满足，而非在反复整修的事业上艰苦地投入时间和气力。相关佐证随处可见，比如，在大多数市民看来，对人行道鹅卵石的反复铺设、移

[①] 这个说法令人想到希腊人的一句话：那些临时性的东西恰恰是最长久的（Herzfeld, 1991: 250）。

除和更换不过是证实了腐败的存在，即默许奸诈的承包商在铺设鹅卵石道时偷工减料，以便其在之后对劣质鹅卵石的移除和替换中获利。

总之，罗马当然不是一天建成的，但它过去（与现在）的建造与重建所遵循的节奏、所依凭的规则，极少是官方批准的，或者更确切地说，极少是官方机构正式执行的。它是一种建筑上的纪念碑，纪念的是更诡秘但也更持久的东西——创造（有时是用不起眼的材料创造）带有热烈感性、有烟火气息的、令人意乱神迷的非法之美，从而挫败枯燥的法律警告的能力。

在这一点上，这座城与宽纵地看待自己那些误入歧途的信众的教会，是一致的。作为帮助信徒加速通过炼狱的书面保证[①]，教会的宽纵——事实上教会的确就是通过提供名为"宽纵"（indulgenze，即赎罪券）的文书宽纵信众的——为事先计算罪恶的物质成本提供了便利，从而使人们得以相应地调整自己的道德预算。在一个"聪明比圣洁更重要"的社会里，任何为获社会名望而行之事都能得到神学上的担保，令行事者免于永劫不复。小小的狡诈之举总能打破平衡，使局面有利于行事者获得更高社会地位，比如当一个屠夫面对一位来自举国知名的家族的巨富客户的迫切要求，却搞不到这位客户想要的足数鸡肝时，竟骄傲地向他的助手和我炫耀起他的聪

[①] 教皇本笃十六世在当选后首次访问家乡科隆时，向每一个前来听他布道的人发放赎罪券，参见《为来到科隆的人们而备的赎罪券》（"Indulgenze per chi va a Colonia"）和阿戈斯蒂诺·帕拉维奇尼·巴格利亚尼（Agostino Paravicini Bagliani）的《被路德厌恶的宽赦——革命如何在德国爆发》（"La clemenza che non piaceva a Lutero—così in Germania si scatenò la rivolta"），《共和国报》，2005 年 8 月 9 日，第 21 版。这一因引发了路德的愤怒而闻名的举动至今仍具有强烈的物质意义。关于基督教中的物神崇拜和物质性问题，参见 Keane 2007。关于对那些寻求以经济补偿的方式与受害者家属和解的黑手党的赦免，参见《巴勒莫，对头目们的宽大处理——"如果你补偿了受害者"》（"Palermo, indulgenza ai boss – 'Ma se risarcite le vittime'"），《共和国报》，2000 年 1 月 29 日，第 23 版。

明——他说他打算搞些兔肝来和鸡肝混在一起，而这位客户永远不会发现二者的区别！再比如为了节省资金，珠宝商会从每件金器上锉走少量黄金，并在戒指和其他金银器打造成型后进一步击打，使其尺寸更大。

轻微的过失本就是社会生活的基本内容。即便是虔诚的蒙蒂人也知道，他们总是能指望通过忏悔来赦免自己的小小罪过——当然他们也会辩解道，这些小小罪过都是日常社会经验中赤裸裸的不平等造成的。世俗政府和宗教权威都拒斥把这种交易当成惯例的想法，但它们其实都十分清楚这种交易就是会被当成惯例。事实上，关于国家频频诉诸这些手段的公共辩论已经强调过这种渐成习惯的便利性给政体的长期健康带来的危害。

就这样，匠人们靠着国家参与这场默契的互惠的意愿而活，凭着国家的这种意愿，匠人们只需缴纳很低的社会保障金，而且还能小额分期缴纳，但他们能领回的养老金也很少。作为"一种被忽略的事实"，这种默许是国家主动容忍的，一位（相对富有的）修补匠如是说。"这也是因为它是公正的。"他补充道。而作为一个匠人，他"永远不可能成逃税大户"。的确，匠人们的逃税行为几乎都是小规模的，而且同样建立在一种共享的默契之上。顾客们常常不去索要发票，因为他们知道，作为交换，匠人们不会把国家税和其他税，比如增值税转嫁到他们头上（尽管不诚信的店主也可以毫不费力地充分利用只提供发票、不列明商品清单的办法逃避事后核价）。匠人们说，从他们的立场来看，如果一点违法行为（即不开发票）都不做，他们几乎不可能生存下去。一位制作金属印章和金属标牌的商人告诉我，他的困扰在于不得不与太多的政府部门打交道，而这些部门都要求非常精确的核算。他的会计试图劝他少开些发票，以减少税单量，但他在和这些官方机构打交道时根本做不到这一点。

另一方面，如果太多顾客以不索要发票为条件要求打折，为了让税务部门觉得可信，匠人不得不偶尔编造一些交易记录，并申报相关"收益"。一个木匠说，他接活时为逃避增值税不开发票，都是被主顾们逼的；在这么做了以后，他还得编造每年 4000 万里拉的虚票，4000 万里拉是国家简单假定的工匠最低收入。而如果申报真实收益，匠人们将会面临更糟糕的经济后果，那就是被迫永远关门。这套计策想必已被税务检查人员洞悉；事实上，税务检查人员已成了这套人人共知的表演和虚构的共谋者。此种表演发挥着明确而实质的作用，一旦成功，便将官僚们的注意力从匠人们这种轻微但有用的"疏忽"上转移开，同时也替官僚们省去了大量的工作。

只要最后收到的税金和罚款数额充足，国家系统就愿意容忍那些相当严重的违规行为。此外，例如《建筑赦免法》（condono edilizio）这类法律的存在，使这种行为获得了系统性、制度性框架的认可，因这一框架靠着一般法的掩护为个人免责。[①] 当局专门设立了机构来管理文书工作，而这类文书工作的实质是预制的辩诉交易。仅就罗马一地而言，在《建筑赦免法》颁布当年（1985 年）提出的建筑赦免申请就有近 50 万份；有新自由主义倾向的贝卢斯科尼政府刚刚履职之时忽然涌现出的另外 9 万份申请进一步增加了申请量——这对建筑业巨头来说是一大利好，他们立刻赶来收取这

[①] 见萨尔瓦托·费挞斯（Salvatore Settis）的《被偷走的美和古代的赦免》（"La bellezza rubata e l'archeocondono"），《共和国报》，2005 年 8 月 11 日，第 16 版。《建筑赦免法》（947 号法）最初颁布于 1985 年，后来又进行了修订，主要是调整相关手续的具体时限。

新的横财;而对市政当局来说,这却是场严重的财政打击,因为他们现在不得不收拾由此形成的烂摊子。让情况变得更复杂的是,在完全合法的既有建筑上加盖违法建筑的旧习如今已散布到远远超出历史中心区范围的地方。[1] 看来,违法建筑赦免政策连为国库和市财政补充资金这一目标都没能达成。

一位在新的"赦免"机构工作的高级官员敏锐地指出,他们的所作所为实际上沿袭了天主教的"赎罪券模式"。[2] 此外,负责执行这项工作的人清楚地知道,与教会的原罪教义一样,当一种压力可以迫使人们——尤其是社会中的贫穷阶层——犯下随后可被免除的罪时,执行者的权力将因这个过程而变得更大。对这位官员来说,他的工作与忏悔室、赎罪券的相似还因另一个事实获得了更高的可信度。这个事实就是:不仅房主们受益于违法建筑赦免政策,对那些承接违法建设项目的承包商来说,只要支付剩余罚款的一部分,他们就同样可以申请到类似的赦免。

这位官员还提及了"庞大的违法房产遗产"(un enorme patrimonio immobiliare irregolare)的存在。这个说法意味深长。这份由所有违法建筑物聚集而成的遗产也是穷人和中产阶级在努力营造体面家园时面临的无数实际困难聚集的结果(正如这位官员自己承认的)。正如教会像自己的信众一般背负着继承而来的罪,每一任政府也继承了前任政府的债务,整个国家则继承违建"祖产"——因为拆除任何上点规模的建筑都会是残酷的,而且根本难以执行。与贫穷郊区相比,历史中心区的违法建造行为较为少见,但这仅仅是因为在

---

[1] 参见 Marcelloni, 2003: 38–39。
[2] 认为违法建筑赦免政策与天主教赎罪券模式相似,这种看法广见于这一政策的反对者中。比如,可参见 Santoloci, 2002。

重要古迹和巴洛克式街道中大兴土木的行为如今已极罕见。罗马警方虽然会写观察报告（verbali），但如没能抓现行，就无权对违法建造进行干涉。这一点，令历史中心区那些小旧房屋的房主得以对房子进行微小的改造，只要不影响立面，他们就能相对容易地逃过检查。因此，就像那位建筑师朋友在屋顶上说的那样，这座古老城市的整个祖产充斥着积累了数个世纪的违法建筑带来的影响；城市管理者们（city fathers）的罪恶的确在连续数代人身上得到了验现，尽管那些不了解实情的陌生人不太能看到，但这其实是梵蒂冈的"不朽策略"（monumental strategy）（即将原罪的当下后果藏在一支迈向永恒的建筑大军之中）在逻辑上的必然结果。[1]

这本身也是一种遗产，这种遗产带着自有的、内嵌于社会生活（而非法治）的时间性特征。事实上，1985年推行的《建筑赦免法》本身就意识到这一问题的存在；我们上面提到的那位官员也指出，国家借该法"中止了对所谓的'次自发'（原文如此）建筑遗产的继承"——这个奇怪的措辞（那位官员承认它很奇怪）被用来描述国家如今已不可能拆除的这一巨大的违法建筑群。该法试图将这种"次自发性"追溯为合法之物，从而将当下出现的违法建筑物定义为加盖在本已厚厚积垢的罗马建筑史之上的又一层违法建筑。那位官员将违法建筑赦免政策描述为"付一笔钱，就当献祭；这不仅是笔用来献祭的钱，还是一种罚款、一种惩罚，可以令无证兴建的事实变得合法"。这里的"献祭"比喻，指向对教会及其下属慈善机构的馈赠，其主要模式是提供圣餐礼中的饼和葡萄酒。那位官员使用这样一个比喻，足见在其心中整个违法建筑赦免政策执行

---

[1] 拉努埃（Lanoue）描述了梵蒂冈的这一政策以及梵蒂冈在这一机制下的政治兴衰（待刊）。

过程具有的宗教意象之强烈。这笔钱被政府用来向那些彻底由非法建筑结成的地带提供额外服务，这些地带往往位于边缘的、破落的郊区。

这种模式被市政当局欣然接受了。此外，当一个法国-意大利联合研究小组观察意大利如何改善郊区状况时，其中的法国研究者显然震惊地发现，意大利人已然建立起一套缜密的制度，以确认那些非法建房者的合法产权，并允许他们基于自己的违法所建积极参与郊区的自我更新（auto-ricupero）过程。参与过该小组的卡洛·切拉马雷回忆说：那些来自法国的合作伙伴对意大利人的"罪文化"（cultura del peccato）以及他们对赦免制度的运用感到十分惊讶。凭借这种制度，这个比自觉倾向世俗主义的法兰西共和国更接近天主教模式的国家不仅允许违法者用金钱"弥补"其过失，而且总能将违法建筑纳入各届政府的规划之中。

宽恕与计算

天主教会发放赎罪券的行为是马丁·路德与之决裂的主要原因之一。路德的异议主要集中在金钱方面（这个异议在现代意大利有时也会引发同情的共鸣）；教会卖赎罪券是为了推进自己的世俗目的，教会那为人诟病的贪婪也一定会促使其向那些假装忏悔者提供他们渴望的赦免。左翼对赦免行为的不满明显带有"新教"色彩，但同时，这种不满也源于他们不愿让腐败政权的旧主——这些人和建筑业的关联众所周知[①]——继续其可耻行径。

宽恕这一主题在禧年期间成了尤为突出的焦点，特别是议会就是否应该以及应该在多大程度上应教皇的敦促对政治犯进行宽大处理展开了一场激辩；禧年（Giubileo）一词来源于一个希伯来语词，指免除债务的仪式性时间，而鉴于这个城市现在比以往任何时候都更清楚犹太人在维护城市特殊地位上所起的作用，上述事实激起了相当大的共鸣。传统左翼对市长鲁泰利的怒气也与日俱增，因为他在承诺了不与大建筑公司合作之后（这些公司多半被传与黑手党有关），又以准备禧年庆典的紧急性为由与这类经营者/企业家合作开发大型项目。

人们对教皇呼吁"宽大处理"之举的普遍态度可以从一幅被人贴在"开口的雕像"帕斯基诺像上的配文漫画中窥见，这幅作品对教皇进行了辛辣的讽刺。画中，教皇俯瞰着天后监狱（the Regina Coeli prison）；画左边的配文是，"去爱吧，去爱吧，去爱吧，我的孩子们；去爱吧，去打劫，去强奸吧，反正上帝会赦免你"；画右边的配文则是，"我在此下令"，接着是"致受训于信仰的人们"，外加帕斯基诺的"签名"。人们的反对是清晰可见的：特赦已被判有罪的犯人，似乎主要是想替那些影响力大、财力雄厚之人开脱，但也同时鼓励了对街头犯罪的纵容。人们的反对还标志着对梵蒂冈家长制的拒斥，因为在这一制度下教会常利用慈善和仁慈来实现可疑的政治目的。

官僚系统对宽纵原则的运用，以及世俗政权对"禧年"辞令的借用，均与戴维·科泽在意大利共产党节日庆典中观察到的一个引

[①] 参见 Schneider and Schneider（2003：18）对这种关联几乎增义的记录。《建筑赦免法》既适用于房主又适用于承包商"这一点再次表明：立法者在制定法条的时候，是多么顾及自己和朋友的便利。在罗马，针对市政当局和建筑业的勾结提出指控简直是家常便饭。

人注目的过程如出一辙——该党策略性地运用了天主教仪式的形式，以此安抚那些害怕因加入共产党而被逐出教会的人。[1]但是，建筑赦免政策远不只是对仪式形式的某种调用。它已深深影响了罗马人对这座城市的空间的理解；将道德计算转换为建筑空间也正是以教义实践为基础的。

教会认为，任何一个教区的神圣地理都是整个神授宇宙的缩影。罗马城就是这个观念的一个典例，其下的各个教区则是这种观念的进一步折射。这种对神圣存在的复制因每个神父对自己教区之物理空间的照管而得到更进一步的巩固。但同时，这些地方又为那些居住其间、边住边改建的人们的不完美所损害、装点。

在蒙蒂，宽纵原则可以说真的是刻在石头上的。这不仅是因为巴奇尼街上至今还留着许诺只要忏悔就能缩减炼狱之罚的天数的18世纪晚期铭文，更因为违法建筑赦免政策累积的影响已随处可见：阳台上搭出的浴室，打破立面空间节律的窗子，在更古老的墙体外侧加架的管道和水箱，以及处处开花的遮阳篷。这些遮阳篷仿佛欢快地标示着一个个新的权利滥用行为，掩盖一轮轮极为复杂的、对风险和机遇的计算。

这种计算十分精确：我有一次见到一位家具搬运工拖着沉重的床垫穿过街巷；他向我解释说，如果他开着车将床垫运进来，就会因为非法驶入而要缴太多罚款。不过事实上，很多罚款根本没有缴纳。尚未缴纳的罚款会先计入当事人的税单中。如果当事人拖缴得过久，可能会被有关部门出面扣押贵重物品，如电视等；但如这时当事人选择缴纳罚款，强制执行人员就会作罢。还有的人能幸运地

---

[1] 参见Kertzer, 1980; Kertzer, 1986。

暂时逃过罚款。负责将未缴罚款的信息转给税务局的办事员可能会非常拖沓，而诉讼时效又十分宽松，这时当事人便不必担心被追缴。

这就像是场猜谜游戏，"时机"——反应的节奏和行动的节奏——既关键又难料。执法过程之慢是众所周知的，也因此催生出一些创造性的手段。如本地人所说，官僚们也有特定的节奏。有位城市警察承认，拖延执行是搞到礼物（regalo），即贿赂的一个很有效的办法。而基层官僚所表演的这种精心安排的拖沓之举或忽然的爽快，也让他们的上司"看起来稳健而沉静"，从而使这些上司总能置身基层官僚与拖欠者间的冲突之外。

用皮埃尔·布尔迪厄详尽阐释的概念——"节奏"来理解税收和罚款监管这两个领域的实践，和用这个概念来研究男性炫耀性的表演[①]一样，都很贴切。罗马人也使用带有音乐风格含义的 tempo（节奏）一词，这并非偶然。城市管理者总想让公众相信，"时间"关乎"准时"和"效率"；这两项是这些管理者所预期的新经济秩序和新公民秩序的必要配件。但大多数罗马人实际体验到——并共谋地参与其中——的，是拖延、搪塞、创造性地争取时间的法子，只为无限期地逃避法律后果。[②]

[①] 参见 Bourdieu, 1977: 6—7。
[②] 官方对"时间"的看法在一本名为《时间是一种权利》(Il Tempo È Un Diritto) 的小册子中得到很好的概括，其中一位主要作者写道："一想到电话是这些年来我们投入精力最多的工具，我就心中一喜。这是因为，电话不仅提供信息，能指路，最重要的是突出了'听'的功能；而在所有的交流形式中，我最中意'听'。回话的准时性、等待的时间、回答的语气、准确的信息内容或电话服务中的精准细节：所有这一切，如能良好运转，将成为每个人都能享受到的一种好的招待 (hospitality)。"(Gremaglia, 2005: 6) 顺着这种将一种正式工具重塑为一种有社会作用的工具（即"一种好的招待"）的逻辑，这位作者接着认为，管理者关心的主要就是创造出一种"共同体的、社交联系的"感觉 (Gremaglia, 2005: 6)。而居民们，虽承认这份公民美德是他们与管理者共有的理想，却也有理由怀疑自己是否有能力持有这份美德以及管理者是否真诚地推行这份美德。这种"好的招待"实则为一个幻影，和众酒店借以将消费者重塑为"客人"的那套"招待业"(hospitality industry) 修辞没什么两样；应将其置于与"邻里节"相同的框架来理解，参见第 282 页。

从媒体对司法程序之长期拖延和法庭实践之细枝末节的不断报道中，我们可以看到司法程序里充满了创造性的时间管理法之实例。[1] 在一个立法者于制定法条之初就预留了自己未来可能因触犯该法而要用到的方便漏洞的系统中，所谓的"法律文化"不过是一套更大的文化价值观在一个正式系统中的投射，而其中的行动者已经学会了如何利用这个系统来为自己和自己的盟友牟利。[2] 他们争取时间，以便能更晚还债或等到债务特赦——比如违法建筑赦免政策生效——的那天。想要直接证明，这些经济参与者抱着有朝一日用这个系统为自己逃脱债务或不称职之罪过的想法参与了对这个系统的巩固，恐怕有些难；[3] 但这种对自己未来命运的怀疑本身，和上文那种对立法者的类似指控一样，成了塑造这种文化环境的基石之一。

在某些方面，上面提到的这类时间性和罗马人厨房里的时间性有点相像。在罗马人做饭时，对时间的精确且具体的感觉基于经验而非正式菜谱，这种"时机感"比抽象的计算和复杂的配料更重要。一个动作做得快还是慢并不重要，重要的是掌勺者有没有本事调整时机，从而表明自己能成功地把握它。[4] 罗马人对自己

---

[1] 参见内尔肯对意大利司法程序中的拖延问题的细致讨论（Nelken，2004：21-24）。
[2] 内尔肯（Nelken，2004：21）在某种程度上意在解释为什么像意大利这样的国家不会对来自如欧洲法院这样的更大系统的外部压力做更积极一点的回应。就像"政治文化"这一概念之于政治学家一般，"法律文化"这一概念对于法学家而言，可能是个可以将他们自己从实证主义模式中解放出来的有用工具；但同时，在"社会习俗如何影响正式实践"这个问题上，它又确实制造出了一种割裂的视角。事实上，就像我所举的烹饪例子（见下文）和对高利贷的讨论所表明的，这种"对时间的操纵"至少可以和法律界内部的任何一种传统一样，都被归功于当地人流行的时间观；当那些意大利的案子跑到法国斯特拉斯堡上诉时，我们应该想一想，这一举动会不会不过是利用了一个绝妙的新工具来达成一个老目，即拖延。
[3] 内尔肯对此做了详尽的阐述（Nelken，2004：20）。
[4] 这一点是被我称为"社会诗学"之事物中的一个重要维度，参见 Herzfeld，2005：21-26、169、171。

饮食风味之简朴深感自豪,并将这一特点归因于教皇统治时代的赤贫生活;但同时,就像罗马人对自己底层而朴素的语言风格的自豪一样,他们用这种简朴来表达、强调自己对"时机"的追求,而"时机"显示的则是灵巧和才思。有一道菜做法很简单,就是将煮得半熟的菊苣连同大蒜、辣椒一起放进温度极高、很重的平底锅(padella)里迅速煎炒。本地人称这道菜为"灼菊苣"(cicoria ripassata),指的就是要让蔬菜迅速地"穿过"热油,以保持口感爽脆和辛辣,如若"时机"掌握不好则会炒成一团软烂的菜泥。同样,做咖啡也完全是个时机问题;但对罗马咖啡师来说,所谓"时机"绝不是指美国咖啡连锁店里的那种计时器和蜂鸣器,而是在一系列其他环节和社交礼仪(包括辛辣的连珠妙语)方面展示天生的灵巧。这些虽短暂却强烈的快意有助于我们更全面地理解罗马人生活中具体的、常常是无意中浮现的那种机会主义,也提醒我们,在罗马人的法律生活中,能否在法庭内外有精彩的表现远比对法律条文的枯燥熟读更有意义。在罗马,所有的社会交易,无论合法与否,都需要双方表现出既有趣又有效的操弄"节奏"的能力。

放高利贷者是这种"时间上的创造性"的一个典范。他们表面上让客户遵守精确的还款时间表,实际上却总是将时间表抻拉到最有利于收回贷款和借贷者应许的利息的程度。在神学上,时间是神圣的,因此计算可行的达高利贷的节奏这种行为在违反世俗法的同时也违反教义。不过,已然被世人视为永劫不复者的放高利贷者不大顾虑这样的细节。

此外,当违法行径碰到法律实践时,对节奏和时机的运作可以延伸至久得惊人的赎罪期和自我辩解期。某非正式周转信贷互助会的管理者在同伙抛弃他并卷款潜逃的同时被控放高利贷罪。起初，他试着推迟判决时间，希望能在此之前等到特赦；随后他发现应该等不来特赦了，于是决定接受几百万里拉的罚款。当我同情地评论说周转信贷互助会倒闭并非他之过错时，这位管理者却以很实际的坚忍和惊人的坦率答道："我知道。但这些事都是非法的。"这是就国家的立场来说的，意思是周转信贷互助会的倒闭使得"周转信贷"自带的非法性变得太显眼，以至于国家无法按通常的折中办法睁一只眼，闭一只眼。无论当地人在道德上有多么支持他，他头脑中务实计算的意识都使他不考虑靠无法辩护的理由去打一场无望之战。但他随后还是燃起了点希望，至少是燃起了被从轻处罚的希望，认为教皇对"禧年宽恕"的呼吁可能对他有点帮助。左翼政党甚至有可能强行通过整个大赦决议，这样的话他就再也不会因身上的这些指控而被审判了。不过他也继续指望律师们的拖延战术，因为大赦的机会实际上似乎很渺茫。这类战斗常常就是像这样同时在多条战线上进行的。

有些人可能靠着诡计而获得看起来更幸运的结果，尽管到最后还是得（表面上优雅地）屈服于不可规避之事——这本身也是一种从金融灾难的深渊中恢复社会资本的重要手段。例如，蒙蒂一处公寓楼内的一位富有租户因拖欠年费而收到法庭传票，但他显然很快和负责递送传票的公寓管理人达成了默契，即只要他现在付清所有欠款就可免去官司；而通过拖欠，他已获得数量可观的银行利息。这位租户的朋友——和他关系亲近，但也对他抱点讥讽之意——既钦佩又有些幸灾乐祸地说，他的拖延之举一直很有效，但现在已要到头了："他已经很多年没交过钱了。不过现在他全交了。"（后来，当一批年轻租户想解雇那个公寓管理人时,这位曾拖欠年费的租户极力支持其留下,可见二人之间的默契非比寻常。[1])但拖欠战术可以在其他很多事项上重复使用。比如这位拖欠年费的租户雇用了他的那位朋友的女儿,不仅只在被施压时才付给这个姑娘薪水,而且还是用一张只能在数月之后兑现的支票支付的。

对那些拖欠税款和罚金的人而言,这种能不经意地操纵时间的能力给他们带来了很多回报。此外,有时候,就像发生在忏悔室中的过程一样,只要回报足够多,只需被象征性地轻罚一下,就可免去任何进一步的责罚。正是在这种背景下,被广泛报道的"神父滥用忏悔室,将之变成钻营牟利之所"的做法成了一种范例。我们不必证明神父们总是贪到令人难以容忍的地步——实际上我也非常怀疑这种说法的确凿性——因为,这个广为流传的假设本身,就已经为人们理解这个官僚国家已成惯例的贪腐提供了一个熟悉的模板。

在逃缴罚款的问题上,"时机"至关重要。人们会想要弄清下一次"赦免"何时会到来。然而,除对那种终将到来的大赦的普遍预期外,其他预测的不确定性极大。人们必须努力计算出在短时间内迎接新一届政府的可能性;如果预测准确,那他们就有更大的机会逃脱惩罚,只缴一点被大幅减免过的罚金了事,而且还能彻底免了未来的官司风险。这种计算是每个家庭必做的日常核算的一部分,就像停车罚款会被计入一个人的月开支一样(事实上人们对这些罚款通常置之不理,冒着一点小小的风险算定有关部门永远不会来收)。人们已经学会了如何弥补自身的不完美,那就是利用官方

---

[1] 参见本书下文。

机构和基层官僚同样继承的弱点。而这一点与天主教以教会为基础发展出的实用主义的相似，似乎无可否认。

作为人，神父像他教区的信众一样易受原罪影响。既然蒙蒂是个曾被教皇亚历山大六世那样声名狼藉的浪荡子青睐过的地区，那么近期有神父出入这里的妓院，也就不足为奇。同样，像他们自己教区的信众一样，神父们在罗马的景观中发现了有关自身之缺点的确证；就算他们没能看清这一点，也会有平信徒积极地指出，到处可见的反教权主义的涂鸦就是一例。罗马人还有句双关语，用来讽刺、挖苦教会那广为人知的"贪腐"："a Roma Dio non è trino, è quatrino."这句话的意思是，在罗马，上帝不是三位一体，而是四角铜币（quatrino[①]是梵蒂冈曾发行的一种铜币）。

反过来，梵蒂冈又像官僚机构一样，与自己所管辖的群体有着很相似的文化，同时教会在对道德进行的核算实践上给予了民众充足的训练。因此，惯有的、以最低额度的即时付费来免除税款和罚款的可能性，远非什么高尚道德，而是种务实朴素的取向，即教会和世俗世界都在进行一种伦理计算（ethical calculus）。罗马人在其他意大利人眼中以粗俗、讥讽的直率闻名，这是不是可以归咎于，他们离教会及其人员那太过显见的道德脆弱性太近，离神职人员在这个复杂的首都之城中的地方官僚机构及国家官僚机构中的世俗同行太近？

违反建筑法规的行为频频发生，而且形形色色。不过它们似乎

[①] 这是这种铜币在罗马方言中的正确写法，在意大利语中则拼作quattrino。这可能会让读者想起威尼斯共和国那句臭名昭著的谚语 "prima veneziani e poi cristiani"（首先是威尼斯人，然后才是基督徒）。但正文中罗马人的双关语与之有重大差别：上述威尼斯谚语可以理解成威尼斯人对自身独立性的自夸，也可以理解成他们对自身与主流宗教间关系之疏离的道德上的遗憾；而罗马人的双关语则是在明确抨击宗教权威未能践行自己颁行的道德标准。

逐出永恒　　200

都遵循我那位建筑师朋友总结的时间结构上的三段式。如一位撒丁岛居民指出的，罗马就像个漂亮女人，你同时爱她和恨她，特别是因为，她如此美貌，却发展得"越来越糟糕"——而这个岛民和其他人一样，一面如是抱怨，一面继续破坏法律。新近成立的那个负责处理违法建筑赦免事务的机构，不过是能确保罗马杂乱的建成环境得以存留，并因此延续古老的让罗马成为"充斥着美丽碎片之城"的艺术愿景的诸种手段之一。皮拉内西的版画中的精巧废墟就是罗马那种对"永恒"的很分裂的主张呈现在建筑上的典范。皮拉内西活跃的时期正是蒙蒂一地许多宫殿修建的时期。而罗马城中一些更古老的角落，比如茱莉亚街（Via Giulia）上方由米开朗琪罗设计的拱道，今天可以看到的、挂在它上面的那些垂条枝蔓更像是在模仿皮拉内西，而不是米开朗琪罗时期的风格。在这个意义上，皮拉内西的版画是今天外国游客对如画般的无序的爱，与罗马人日常生活的杂乱现实的交会。在皮拉内西的时代，罗马城对"永恒"的主张就已经彻底地分裂并被折射在诸如画作、建筑中，其程度可以说更甚于今日。[①]

而在当代，自由主义和大众旅游为前述的杂乱状况带来了史无前例的变化。这些变化更在2000年禧年庆典的筹备阶段明显加剧。它们大大违背了把罗马看作一个破碎缤纷世界的杂乱愿景，而代表了一种更官僚化也更新教化的城市观。比如，所有报亭都被要求改成和巴黎报亭差不多的视觉样式。这种被鲁泰利大力推行的同质化

[①] 很多延续至今的冲突，其生命力就源于自身的久远。帕伦博（Palumbo, 2003）就特别以一个西西里小镇为例，通过考察小镇的历史和小镇景观的形塑过程来追溯此地持续了数个世纪的冲突。这个小镇乡下已可以上与国家层面的这种进程关联在一起的现代政治生活，但其实质仍是继续复制教区之间彼此角力的时代的裂隙和文艺复兴鼎盛时期贵族及其追随者之间的斗争。

过程与罗马迄今为止都是零敲碎打的那种发展进程格格不入。[①]

不过，同样与过去愿景相违背的历史遗产保护条例，却带来意想不到的结果。由于建造地基极有可能发现新的遗迹，致使建设工程完全中止，因此大多数房东宁愿继续"改建"既有建筑物，也不想新建房屋。这种"改建"有时也包括对内部空间格局的重大调整；因为很多房子自用海绵洗澡或在公共浴室洗澡的时代以来都没有改变过，而现在为了让有钱的新房东或新租户入住，就需要进行一番大改造。

对这个由国家颁布的历史遗产保护条例的其他异议主要集中在官方坚持要求修复旧宫殿者统一粉刷旧墙色的行为上。一位酒保就对他所在酒吧正对着的一堵残破不堪的墙深恶痛绝。看来，由于文保部门不允许人们在这样的墙上涂有现代感的新颜色，墙的主人在懊恼之下决定干脆放任它破败下去，因此才激怒了对面酒吧的酒保。监管部门就是这样地自相矛盾：一方面它们试图保留这座城市那种如画的混杂破败景象，但另一方面它们的保留手段就是在历史遗迹和其他历史地标周围竖起小栅栏，将上述景象与普通人的社会和审美能动性隔开。可以说，这是皮拉内西的幽灵在机械复制时代的隐现。[②]

罗马人并不反对保存历史遗迹，但反对官僚国家的过度监管。国家甚至禁止对历史建筑内部空间格局进行改动。但一位家具修补

---

① 鲁泰利是以绿党（环保党派）成员的身份参加市长竞选的，而且曾对神职人员腐败问题发表过引人注目的批评。但他当选后，就转而推行新自由主义政策，也淡化了自己此前的反教权主义立场。对鲁泰利早期政治言行的前后不一的正面批评参见 Bruto, 1997。对鲁泰利禧年庆典前后的政治言行的分析，参见 Berdini, 2000: 89–104。
② 市政当局颁布了一项条款，规定修复费用的约 40% 由公共资金来承担，由此轻松地攻破了房主们的联合抵抗阵线。

匠告诉我，她在拆除自己公寓里的镶木地板时发现下面有一层混凝土，而在继续挖凿之后竟发现了铺于20世纪早期的花砖，它精美到让她感叹自己一直在星星上行走却毫不自知！尽管这种现代工艺品不在文保部门的兴趣之列，下挖镶木地板的行为也可能被定义为破坏文物，但这位家具修补匠清楚地感受到，身为"十代"（da dieci generazioni）罗马人①，她有权决定什么才是值得保护的。

神圣形象与罪恶之地

对道德债务和道德宽恕的计算已经刻入了罗马的大街小巷。在此，世俗权力和神圣权力的交汇是必然的；过去，对乱丢垃圾之人罚款"和实施其他惩罚"的正是教廷，而与今天要求垃圾分类的环境法的命运一样，教廷的禁令在当时也遭遇了人们毫不知耻的蔑视。这些虽是世俗意义上的违犯，其措辞和风格却与那承诺只要在圣母像前反复念诵"万福马利亚"（Ave Maria）就能加快从炼狱中被救赎之进程的宗教铭文如出一辙。

由此，圣母被世人恳求为那些卑微的罪人进行调解，而这些罪人则早已计算好花费多少来获得她的介入。这样的圣母确实无处不在。她的圣像或出现在小小的圣祠牌匾上，或以雕像的形态装点着蒙蒂的无数房子，由此显示出人们请她调解的需求有多么持久和迫

---

① 通常的说法是"七代"（de sette generazioni）罗马人，而这位修复师的曾祖母就已经有资格这么自称了，因此她为能将自己的血统追溯得更久远而感到非常自豪。尽管人们已经不再那么精细地运用"达到七代与否"这个区分方式，但直到今天，在这个城市里尚未居住到七代的人家仍会被称为"被收养的"罗马人。

第五章 一个有缺陷的国家中的生活与法 203

切。也因此，正如一位有些愤世嫉俗的朋友讲述的，圣母形象也出现在一个端坐床沿、手托婴孩的女骗子摆出的姿态中，当时这位母亲正配合出演一场地产骗局，假装成一位虔敬的、希望买家成交以后能记得她的需求的租户。这位女子很年轻，但就像此地年轻妓女们不过在同一地点重复着她们的古代前辈所做之事，这位女子所做的也不过是一件很古老的而且很容易被认出的旧事。她能引人联想起的那个图像学符号甚至也许可以追溯至前基督教时期；很多考古学家都认为基督教的圣母形象借自埃及女神伊希斯为儿子荷鲁斯哺乳的形象。[①]罗马人并不愿意将圣母那虔敬的温顺吁请看作一场骗局的前奏。他们同时深信教会机构自身也应该秉持这个道德标准，也因此不禁会疑惑，既然教会理应严守道德标准，那圣母又何必多此一举呢？不过，确实有妇女在附近的主要街道上像圣母那样伸出手、摆出一副可怜的样子，以求得施舍；而且，是的，真的有人会同情她们，朝她们伸出的手掌心抛去几枚硬币。

罗马是不是要在修修补补和胡乱应付这两种技艺中实现宗教合流？又为什么不呢？罗马基督教是个非常讲求实际的宗教，其信徒自认是罪人，并因此长于自我辩解和分析道德成本-收益这两种技艺。既然人们已坚信梵蒂冈与黑手党有所勾结，既然忏悔已经被证实为只是达成贪腐的政治目的的手段，既然教皇呼吁人们施舍、款待无家可归者之举已经（失策地但也很能揭露真相地）与教会及兄弟会夸张的驱逐租户之事同时发生，那么虔敬祷告的实际目的是谋求物质利益，也就不再是什么值得怀疑的事。当世俗权威号召市民们为赶来参加禧年庆典的各地朝圣者有偿提供住宿时，一位银行家

---

① 例如，可参见 Rosenau, 1943: 228。

估算出一个普通家庭可以靠着这个在当年赚得1000万里拉；而他的朋友，一位画框制作师则反驳道，如果一个本地神父也响应了号召，那他只可能是为了钱！

因此，圣母形象在罗马人眼中不仅是纯洁的马利亚，而且是罪人的安抚者——尤其是那些对金钱的贪婪超出了实际需要、从而冒险将自己的灵魂置于万劫不复的危险之中的人的安抚者。在更广泛的意大利社会中，母亲形象至今仍突出地象征着"宽纵"，代表对那些被惯坏的、有时很暴力的男人的忍受^①——包括其行径需要基督无穷无尽地用自己的受难来救赎的人，也包括违反建筑条例和历史遗产保护条例之人，而这样的人无处不在。后者的罪过虽更为细碎，其总量却更为壮观。因和果就这样令人糟心地纠缠在了一处。

---

① 例如，可参见 Plesset, 2006: 31–33。

第六章

社交丑闻

　　高利贷是蒙蒂诸多隐蔽之恶的根源之一，这些恶意偶尔会打断蒙蒂社会生活中的乐趣。蒙蒂曾经只是黑社会小帮派的地盘，但从20世纪50年代起，它开始向更强大的犯罪根源开放，特别是全球毒品贸易。20世纪90年代初的大规模反腐行动削弱了地方利益勾兑的残余领地，但未能击溃其继续猖獗的保护伞。在上述变迁中，恐惧和对恐惧的利用始终存在。正是这种恐惧部分地解释了，为什么在蒙蒂洒满阳光的古迹旁和绿树成荫的小巷中，有组织犯罪所带来的巨大痛苦相对不可见。

　　例如，高利贷在蒙蒂是一个隐秘的存在。一些住户可能会对我在此处强调高利贷感到惊讶。但是，高利贷在当地的隐蔽性存在，以及它利用社会关系和时间控制的特定方式，揭示了恐惧在社会生活最具亲密性的空间中的生产过程。放高利贷既是一种恶行，也是一种必需。因此，放高利贷者以一种极端的，有时甚至是可怕的方式，象征着所有蒙蒂人所面临的困境和悖论。

扼住你喉咙的朋友

放高利贷者的名声异常糟糕，他们被称为 strozzini（扼住喉咙的人）和 cravattari（源自 cravatta，本意是领带。放高利贷者就像把领带系在脖子上一样，把债务人的口袋勒得紧紧的），他们在罗马随处可见，正如一位电工所说："罗马是放高利贷者的海洋！"他们令人生畏，但也广为人知。大多数人都会去找只在本地这一极小范围内经营的放高利贷者；除非通过可信赖的朋友之间的口口相传，否则很难找到放高利贷者的踪迹，而放高利贷者则更喜欢找那些在经济偿付能力方面有较好名声的客户，从而利用当地舆论来挟持他们：被人知道自己是长期债务人是一种社会性灾难。如此也就开启了一个无法逃脱且永不休止的恶性循环，因为每每未能偿还债务，都将切断其他的借贷资源甚至道义支持。放高利贷者之间则存在一种被人们称为"铁契约"的关系，他们会联合起来抹黑长期拖欠债务者的社会信誉，借惩罚那些无助的匠人或小商人来以儆效尤。

自杀往往是摆脱这种沉重债务的唯一办法。一位餐馆老板兼球迷俱乐部经理的命运便是如此。这位企业家运营着一家周转信贷互助会，并且接受无力支付定期会费的成员典当有价值的物品。然后他能轻而易举地在当地找到客户，以大大低于市场价的价格出售这些物品。[①] 他可以在税务警察的眼皮底下做这些事。税务局的工作人员会来检查他的收银机——讽刺的是，有一次他们确实发现收银机在开收据时没有记录金额，并因此对他处以 550 万里拉的罚款，

---

① 比如有一次，他以 30 万里拉的价格卖掉了一条价值 80 万里拉的项链。

而他可能完全没有意识到这一违规行为！据说，他们通常对证据视而不见，或不屑于了解摆在他们面前的证据，即他同时还在从事另一种非法（但通常是可以容忍）的经营活动。即使在税务检查人员检查收银机的记录时，他的互助会成员也敢明目张胆地记账。然而，即便如此运营也无法使他摆脱日益增长的债务，因此，在利用了互助会中一些弱小成员的经济窘境后，轮到他被迫向一个更加强大的放高利贷者借款了。他最终还是成了自己诡计的牺牲品，他的债务继续增加，并失去了其他可以求助的资金来源。当他意识到自己再也无法摆脱这种日益加剧的困境时，他开枪自杀了。

每个放高利贷者都有自己独特的节奏、单独的客户群，以及当地公认的威胁和暴力手段（以催收应支付的高额利息）。他们深深扎根于当地社会，因此相对来说不会受到起诉。这既因为背叛被认为是对当地团结的打击，也因为他们的报复直接、迅速且严酷。有一两个蒙蒂的放高利贷者在该地区拥有广布的商业利益网，因此他们的势力在胆怯的邻居们的秘密耳语中得到了进一步加强——邻居们知道夜里的威胁电话出自谁之手，或者见过这些人每天都在违反建筑法规和其他法律却能免受责罚。他们的债务人的唯一权利就是威胁无法偿还债务。一位餐馆服务员甚至声称，银行比放高利贷者更可怕，因为银行会毫不留情地打击拖欠债务的人，而放高利贷者一般会在一定程度上延长期限，只要这样能确保债务得到清偿。他们没有法律手段来强制还款，因此往往不会使用暴力，除非他们认为这是达到目的的唯一途径。

对银行的厌恶的确是普遍而强烈的。一位匠人工会的要员表示，当银行拒绝帮助贫穷的匠人时，有时是放高利贷者将他们从彻底的毁灭中拯救出来。大多数人认为银行才是真正的放高利贷者。即使是在银行担任低级职员也存在社会风险，正如我所见到的，我的一位朋友戏谑地称一位银行职员为贼（ladro），玩笑的语气中却隐含着不止一丝的鄙夷。匠人们独来独往的工作习惯会让其他受过更多教育的同行仿佛心领神会地假定，为了生存，这些可怜虫肯定会从放高利贷者那里贷款。一家银行曾要求一位商人支付一笔数额可观的贷款利息，但当商人弄清银行雇用了一位不诚实的顾问，并以实际价值的两倍为商人的抵押品估值时，银行便匆忙同意将利息金额减半。这位顾问的表兄向我讲述了这件事，并评价说顾问的资本纯粹是信誉（fiducia）——一种社会属性而非事实属性，这种属性往往存在于不诚实的共谋中，而非一般的信任中。[1] 在朋友之间，顾问可以随时声称自己算错了——或许通过暗示房地产价格不稳定的方式——以便进行刚才我所描述的那种重新计算。顾问的表兄感叹道："连银行都是放高利贷者。"不过，他似乎并不认为其他顾问在类似情况下就会采取不同的行动。这个系统之所以能够运行，是因为社会资本的标准在很大程度上是一个共识问题。

由于这种更广泛的共涉其中的意识以及对债务人普遍意图举报敲诈行为的恐惧，放高利贷者只是偶尔才会被抓住。有一位年轻女性是个无情的敲诈者，她是当地一名妓女的女儿，靠自己的生意积累了一笔可观的资本。当她知道受害人遇到经济困难时，她特地去

---

[1] 在英语中，"fiducia"也可以是道德意义上的"信任"，但在现有有关意大利社会的民族志中，"fiducia"的重要性极大地低估了，但仍可参见Pardo, 1996: 88, Supattamongkol, 2007: 203。对比帕特南在意大利语境中对"信任"的理想化的呈现（Putnam, 2003: 167–171），目前尚不清楚这是否符合当地人对"fiducia"的理解。

索要还款，导致她被受害人带人围困。她开始对他们大喊大叫，两名当时恰好路过的宪兵（也许是事先得到了消息）要求了解事情的来龙去脉。当得知她借给店主一家1000万里拉，现在又向他们索要1100万里拉时，宪兵用手铐将她铐走，随后发现了她藏匿的大量黄金、手表和其他贵重物品。这些物品显然是多位受害人为了躲避她的可怕要求而典当给她的。一位珠宝商认为，鉴于有关部门以同样的方式抓获了另一位放高利贷的妇女，这些行动肯定是提前设计好的，"目的是掩盖有人告发她的事实"。①

这种事情无论如何都是非常罕见的。在这个个案中，这位女士很快就出狱了，并回到该地区生活，她对自己的糟糕名声和邻居的怨恨完全泰然处之。不过，事实上，她需要这样的名声来迫使客户偿还贷款。她也代表了一种必要的罪恶，她是当地人，当然要继续为那些走投无路的人提供她危险的服务。在这个意义上，她体现了高利贷的根本悖论：从社会关系最亲近的人的痛苦中牟利，无论是亲属还是邻居，这都是令人发指的行为；放高利贷者把自己塑造成在危急时刻伸出援手的朋友，但恰恰是在这些急需帮助的人身上，他们可以施加最大程度的社会和道德压力。②

放高利贷者是非常务实的。如果他们知道债务人无力偿还，但又嗅到了达成有利妥协的可能，他们有时会被诱惑接受这种安排。这通常需要重新商定还款期限。一对经营餐馆的夫妇扩大经营范围，开了一家饭店。然而，由于缺乏经验和财务知识，他们立即陷

---

① 而我自己则怀疑，珠宝商把这件事说成是在海边某个地方发生的另外的事件，是为了否认这件事发生在蒙蒂！
② 黑尼（Haney，1922：95-96）指出，这种社会性亲近是中世纪欧洲所有重要经济关系的基础，并认为这正是亲密伙伴之间的高利贷尤其令人厌恶的原因。

入了债务泥潭。随着情况越来越糟,他们向越来越多的放高利贷者申请贷款以偿还现有的债务。他们看起来似乎永远也无法扭转日益沦陷的命运。其中一个放高利贷者是吉卜赛人,出身于一个著名的犯罪家族,据称与西西里的黑手党有联系。[1] 他以行事凶残著称,绑架儿童和放火烧家的威胁手段使其恶名更盛。另一个放高利贷者是个瘾君子,走路装腔作势,戴着沉重的金首饰,他仅仅是给债务人讲述自己的犯罪故事而无须直接威胁他们,就足以迫使债务人还款。这对夫妇陷入了绝望,他们担心自己的生命和财产的存亡。但是,他们的一位姐夫在一名律师的帮助下进行了干预(律师得到的好处是让整个吉卜赛放高利贷家族都成为他的客户,这是一种非常有利的安排)。他们把所有放债人都请到了谈判桌前,与这对心急如焚的夫妇进行了谈判,姐夫同意帮助解决债务问题,条件是归还初始贷款和迄今为止的复利,但不再进一步支付任何其他利息。债主们同意了,因为他们认为这是唯一能赚到点儿钱的办法(而且在这个过程中,他们还获得了一位精明的律师)。这对夫妇最终与姐夫合伙做生意,姐夫也借了钱来推进他们的生意,但借款条件要好得多。这些钱来自几个朋友,其中包括一名妓女,她和蒙蒂的许多老同事一样,认为慷慨解囊是赢得友谊和补偿地位下降的一种方式;还有一位表兄出于亲属关系和感情原因愿意帮忙。姐夫的强硬手段使整个家庭免于毁灭,而他在当地丰富的人脉也使他们的命运从此得到了极大的改善。

---

[1] 关于西西里黑手党参与高利贷的情况,尤见 *Verbale seduta* no.15:537–538(http://clarence.dada.net/contents/societa/memoria/antimana/violante01/index.html)。感谢帕伦博让我注意到这份有用的资料。虽然调查报告中提到了这个家族,但并没有具体提到它参与了罗马的敲诈勒索活动,但我的信息来源对这件事异常肯定。

第六章 社交丑闻

酝酿恐惧

放高利贷者通常很低调。他们依赖与受害者的共谋来维持自己的相对隐蔽性，因为他们也会因为负债情况曝光而损失惨重。获取该地区高利贷的信息非常困难，但这并不意味着该地区不存在高利贷（正如一些居民颇为戒备地声称），而是意味着这里存在恐惧——害怕遭到社会排斥，害怕失去社会信誉和经济信誉，害怕任何形式的曝光带来的暴力回应。一位匠人工会的要员说，高利贷的受害者认为借高利贷是可耻的，就像吸毒一样，他们通常只有在终于成功摆脱噩梦时才会说起高利贷。他指出，落入放高利贷者手中的污点被视为一种不治之症，即使是能够提供抵押品的匠人也会因此无法从银行那里获得贷款。因为银行经理不相信匠人有能力远离放高利贷者，并怀疑银行贷款将被用来偿还高利贷，而不是用于新的商业投资。一旦到了这个地步，债务人的前景就会非常暗淡：对被羞辱与被排斥的恐惧与对人身暴力的恐惧彼此互补。

在罗马生活灿烂的表面下，恐惧是常见的而且具有破坏性的氛围。其结果很少像人们预想的那样以暴力收场，但不确定性会滋生恐惧，而一些罪犯未能进行暴力报复的事实不但没有减少，反而增加了这种不确定性。某些恐惧的形式已经成为系统性甚至是制度性的。我的一位来自蒙蒂外部的关键报告人最近写信跟我说，教会制造恐惧——既包括此世实实在在的报复，也包括来世的永恒诅咒——以此保护其经济利益。她还说，她一开始不愿透露有关教会管理历史中心区不动产的某些信息，但现在她已经从恐惧中解脱出来，准备从海外将文件用传真发给我，并要求我公布其中提到的所有名字[1]。一位餐馆经理想就黑钱的流通和利用不动产洗钱的问题发表一些比较笼统的看法，他离开收银台，小声说对我道："他们有大笔资金可以循环。"即使是在一个自诩爱八卦的社会里，在某些领域谨慎行事也是明智之举。

恐惧往往是精心酝酿的。在蒙蒂长期生活或工作的人声称，恐惧潜移默化地扩张，但却可以察觉。有意的恐吓行为是恐惧被察觉的一个原因。一位前工会组织者想在自家露天平台上开个私人咖啡厅，其位置完全在自家围墙内。这让附近的另一位住户很不高兴，他利用自己的关系进行了干扰。很明显，这个计划中的建筑并不违法，迫使他放弃这一想法的并非任何法律手段。一位城市警察出现了，他对前者说："别再打扰我的朋友！"然后，充满威胁的夜间电话骚扰就开始了。然而，被骚扰者并没有屈服，而是动用了自己的关系。以往工会成员在担心自己的生命安全时会前往西西里，在那里他们能得到一支特殊安保力量的保护，于是他求助于该安保力量在罗马的代表。恐吓电话立即停止了。

这一事件两次证明了一种常见的恐惧来源：那些傲慢的人（prepotenza）只需证明自己受到某种力量的保护，就能将自己的意志，至少是暂时地强加于他人。同样令人不安的是，随着驱逐潮的兴起，为加速老住户搬离而采取的施压策略也越来越多　有时是在夜里打电话，有时是主动提出帮忙把财物搬出房子，有时是明确无误地威胁租户说如果不合作就会有可怕的后果。即使在驱逐的那一刻，发出威胁的时机也是为了满足特定法律条款的迫切需要，为了速度，就顾不上什么体面。一对老年夫妇在一项保护老年人的新

---

[1] 这一点我显然做不到，但文件很具体，非常有说服力。

规定生效之前被匆忙赶出了家门——向我讲述此案的城市警察说，这是一家"无人知晓的公司"所为。妻子在最终离开他们住了几十年的家之前，被允许组织人寻找一枚丢失的戒指，但条件是丈夫必须在楼下等候。

欺诈行为有时也会出现，在这类情况下，家族中的腐败官员就会派上用场。有一次，一位房东说服他的警察姐夫穿上制服出现，并声称自己被授权驱逐一位独居的老年女性租客。这位独居老妇并不知道她其实可以质疑这位身着制服、威风凛凛的司法代表。由于主要受害者是老年人、受教育程度较低的人，而且他们普遍不知道自己有哪些权利，因此当新自由主义投机者和房地产经纪人声称他们正在改造社区时，他们的说法中具有一种无情的、不证自明的态度：弱者并非走投无路，而是被漠然地逼入绝境。

在所有这些行动中，见多识广的投机者利用了那些缺乏必要信息的人的恐惧，以及人们极不愿意让官方机构介入任何当地事务的心理。那些感到上当受骗的人能够，而且事实上也应该可以就威胁或其他施压行为举报（denuncia）。实际上，如果没有收到投诉文件，当局是不会采取行动的，因为法律明确规定发起投诉程序是公民的责任。这再次反映了"遗传性的原罪"这一模式的实际含义。在宗教裁判所时代，那些被发现故意不举报（denuncia）魔法或类似异端实践者的人，会被剥夺忏悔的机会，因而也就错失了减轻——哪怕只是最微不足道的罪过带来的——良心负担的唯一可用手段。①

---

① 正如费拉约洛在其对历史文本详尽的分析中所指出的，这"揭示了……教会通过忏悔这一工具进行社会控制的方式"（Ferraiuolo，2000：48）。

因此，举报，或者说投诉，是一项有史可循的正式法律要求，而不举报的后果是当局彻底拒绝采取进一步行动。但事实上，举报被视为反社会和不文明的，年长的居民更是这样认为，他们对那些什么都举报但就是不举报最令人发指的违法行为的人，给予了最严厉的批评。甚至一位相对年轻的左翼居民，也与一位向警方举报他人违法行为的朋友发生了争吵。其表面上的理由是这种行为正中了国家官僚机构（倡导"法律与秩序"）的下怀，但据说实际上是因为这位批评者觉得，维持一种能容忍小偷小摸行为的社会契约也是在为自己行方便。所有的公民都继承了这种普遍的恶，但举报还是不举报，最终是由个人决定的。良知，从了解自身公民义务的意义上来说，只有通过举报的具体行为才能体现，就像在圣母像前诵读祷文所蕴含的"悔悟"只有通过行为本身才能体现一样。不去举报这些可以为社会所接受的罪恶，可能会让日常生活变得更轻松，但至少在理论上，它也将公民锁在了由权力结构所维持的拥塞的炼狱中。

另一方面，它也反映了人们对官方权力的局限性的实际认识。当我们家附近的一辆汽车遭到破坏时（后来发现，这只是数起类似事件中的一起），一小群当地匠人聚集在一起，讨论是否应该对他们所看到的采取行动。一位木匠说这是一种"不尊重的行为"（un dispetto），人们通常认为只有黑手党才会这么做。然后，车主的一位朋友骑在摩托车上说，虽然车上的一个钱包被偷了，但他认为犯罪者的首要意图不是盗窃，也不是（黑社会的）报复，而只是一起普通的破坏行为。让我觉得很有意思的是，车主的朋友如此轻易、迅速地得出这样的结论，但我无法解读出他轻描淡写的回应背后究竟隐藏着什么。木匠坚持当地人应该报案，他说，否则当局就会

第六章　社交丑闻　　　215

把责任推给那些没有尽到公民义务的人。他补充道，如果居民没有上报入室盗窃，则警方可能会怀疑这是一场诈骗——保持沉默可能会被定罪。但与他共用一个作坊的铁匠却不以为然，他不屑地嘟囔道："上报了又能有什么用呢？"

事实上，大多数此类上报不会引起任何行动，反而可能在日后造成麻烦。一位妇女在上报一起盗窃案并更换了她所有的个人证件后，惊讶地收到了所有被盗证件。这些证件被整齐地装在一个信封里。她觉得自己没有能力继续追查此事："我做不出这种事，我还不是十足的意大利人。"她的评价揭示了她自己的观点，即到底是做一个文化上的意大利人，还是做一个将"文明礼貌"（civil）看得比"公民性"（civic）更重的人（实际上，那名小偷是非常有礼貌的！）。于是，她去警察局寻求建议，得到的答复是她应该当着警察的面销毁整套新证件，没有人愿意把处理流程再走一遍。既然小偷已经遵守了潜规则，那就不应该还揪住他不放。令人哭笑不得的是，这名小偷现在受到了针对他的举报——实际上是一份不作为保证书——的保护。这位女士的丈夫后来说，她应该干脆把那套旧证件扔进垃圾箱，然后保持沉默。

实际上，要求公民举报才能采取行动的规定，是一种当局免于被人催着调查的手段。它提供了一种内部控制，使长官在发现公民举报与某一警员提交的报告之间存在太多差异时，可以要求后者承担责任。但大多数人认为，这项规定实际上在为警员们自己的利益服务，尤其是一线警员。如果没有这样一份举报文件，他们完全有理由什么也不做。另一方面，一旦他们坚持让公民举报，他们也可以声称已经完成了所有必要的官僚程序。在此之外的进一步行动都由他们负责，而不再是受害公民的事，因此也免于受公民检查。

因此，如一位退休记者向我描述的，举报还提供了一种"自我辩护"方式。嫌疑人可以指控任何敢于暗示他们做错事的记者诽谤，即使记者有充分的证据。当局的不作为本身成为嫌疑人公开声称自己无罪的有效依据。该记者以那不勒斯大主教焦尔达诺的案件为例，这位大主教被指控在银行经理的默许下建立了一个高利贷网络，记者称再也没有人提起过此案。[①] 举报也有可能反过来祸及举报者。例如，一位珠宝商拒绝了给予回扣（tangenti）的要求，并举报了这一罪行。但当局并没有向他提供任何保护，相反，一名高级宪兵建议他关闭店铺，理由是如果不关店可能会引发一系列无休止的破坏活动。在类似这种情况下，公职人员实际上——无论有意还是无意——共同参与对恐惧气氛的维护。

人们认定警察的漠不关心实际上使不法分子免于法律制裁，强化了黑社会制造恐惧的行为，而其目的正是阻止公民揭发他们。此外，人们不会无缘无故地举报"屠夫"或"木匠"，因为他们是一种特定社会秩序的成员。在这种社会秩序中，人们确保彼此之间相互保护（ricambio），他们只会通过名字来介绍自己，而且在本地的小额购物中，没有人会期待能够拿到收据，也不会有人提供收据。与此相反，外地人被认为是合法的受害者，他们既会受到犯罪分子的攻击（主要是偷窃和敲诈），也会成为被举报的对象。外地人也可能会被骗，但邻居几乎不会。一位古董商吹嘘自己卖出了16幅假画，但他不是卖给"路过的人"，而是一位常来他这里买东西的

[①] 事实上，这一案件又回到了公众的视野中，尽管检方从未成功地提起诉讼。《共和国报》刊登了以下文章：（包括但不限于）21 October 1999, p. 18; 19 November 1999, pp. 1, 9; 6; 20 November 1999, pp. 1, 6–7; February 2000, p. 11; 18 June 200, p. 30; 3 July 2000, p. 29.

邻居，这种行为就让人非常反感。其他社会因素也凸显了商业道德的情境性，例如，一位服装商人似乎非常坦然地面对这样一个事实：他不忍见一位贫穷的清洁女工买不起自己非常喜欢的裤子，因此仅收了她 25 000 里拉而不是 40 000 里拉，但他并不是想"重新做人"，面对真正富有的顾客时他依旧漫天要价。

归还与救赎

恐惧、友谊和违法行为，这些都定义了一种必须免受外来人和公职人员侵扰的亲密性。就在 20 世纪 80 年代，当地自行车失窃案的受害者让本地黑社会头目安排归还被窃自行车的情况并不少见。① 一名男子告诉我，在背对着自己的卡车时，他车上的一台电视被偷了，于是他找到他认识的黑社会头目，付给对方 5 万里拉，两小时内就拿回了自己的电视。一位去加洛山街跳舞的蒙蒂人半小时内就拿回了被偷的兰美达小摩托，因为他找到了恰当的头目——他说，这位头目认为偷窃行为有辱他的好客之风："我不允许有人在自家被抢。"(non mi permett' a fá rubá a casa mia.②) 有时，赃物需要到更远的地方寻回，因为本地的帮派也通过交换网络联系在一起。但即

---

① 这些头目中最可怕的一个被称为"鳗鱼"（Anguilla），他"在位"时间不长，后来大量参与贩毒活动。由于担心遭到报复，这类人的真名实姓即使在今天也很少被提及。这些小头目是否真的销声匿迹尚不清楚，尽管我遇到的一位这样的人物宣称自己是无辜的，并坚称就连他的兄弟——一个臭名昭著的罪犯——也曾是个好人。但这是各地黑社会的公开说辞。
② 这句话混合了意大利语和罗马方言，似乎表明即使方言的其他形态特征消失，"懒音不定式"仍然存在。不过，这也可能只是反映了一个事实，即一个通常讲有教养的意大利语的人正在试图模仿头目们的粗话。

逐出永恒　　218

便如此，那时一位称职的头目也能很快追回赃物。

居民们自己的自行车和摩托车通常都能被辨认出来，所以不是窃贼下手的第一目标。我确信，这是出于尊重（rispetto）。人们知道不应该把自行车锁在交通标志上，因为交通标志很容易被人从地上撬起，他们仰仗的是邻里小偷的善意（buona fede）。如果居民们不得不请当地的头目为他们追回被盗的物品（要做到这一点，他们必须知道当地哪家餐馆专门处理这类问题），他们也知道不应该把自己的不幸遭遇告诉其他人，"因为害怕遭到报复"。外来者往往永远拿不回自己的财物，尤其是当他们没有合适的关系时。当地人则声称什么都不知道——"只要你不想知道，你就不知道"。

本地确实存在团结，虽然从来都不是绝对的，但有时却能带来长久的好处。20世纪70年代的某一天，一位蒙蒂律师在法庭上成功地为一名当地小偷辩护。从那以后，尽管至少发生过两次入室盗窃未遂事件，但这位律师的妻子的叔叔家（这位律师的妻子在那里长大）明显富裕的房子从未被盗走财物。在其他地方有声名狼藉的朋友也很有帮助。一天夜里，特拉斯提弗列帮的一名成员意识到，他们计划抢劫的蒙蒂的一家珠宝店是他朋友开的，最终，什么也没发生。要么是因为珠宝商的这位朋友劝阻了帮派成员，要么是因为犯罪分子意识到有人出卖了他们的计划。

相反，可以预见的是，如果报警，几乎可以确定永远无法追回被盗的财物。只有在调停者要价过高的情况下，诉诸警方干预才有可能被认为是可接受的。在这种情况下，与警方有关系的人可能会让警方采取一些行动。更常见的情况是，被冒犯的头目会确保被盗财物被烧毁或损坏，以明确表示自己没有得到尊重。但这都是极少数的例外情况，大多数罗马人都了解规则，并按规则行事。因此，暴力行为只是偶尔发生，而且多是一种为了维持这一系统的备而不用的威胁。调停者本身也很谨慎，不会在归还赃物这一问题上要价太高，因为他们知道在许多情况下被盗物品不容易销赃，或者偷来的东西只有感情价值而没有经济价值（在这种情况下，警察无论如何都不会认真对待盗窃行为）。1992年左右，一个装有一些钱和失主证件的名牌包以这种方式找回。在邻居的介入下，失主接到一个电话告诉她手提包的位置。包里的证件完好无损，但钱被拿走了。窃贼显然不够了解行情，忽略了包本身的价值！但无论如何，这一系统在区域内运转正常。正如一位前警员所说，受害者支付了合理的金钱，财物被归还，"事情已经解决了！"

当地黑社会头目这么做不仅是为了牟利，或许更重要的是维护自己的权威。人们经常怀疑是他们安排了盗窃。从某种意义上说，每个"头目"（caporione）或"扛把子"（capobanda）都是其贫困的邻居的保护者，而小额的敲诈以及偶尔精心策划的财物归还行为，必须与他们严厉惩罚那些趁火打劫者的行为放在同一框架下解读。二战结束后，蒙蒂一度有两个占统治地位的帮派，其成员之间互不往来。尽管他们有时会发生激烈冲突（据说有一次有人谋杀了一名试图闯入其中一个帮派地盘的西西里人），而且其中一个帮派与臭名昭著的马格里亚纳帮（banda della Magliana）有联系，但他们对各自区域内行为规矩的居民还是照顾、尊重有加。

他们的做法是一种道德准则，并且人们也是如此理解的。一位头目曾让一位拒绝向贫民提供免费面包的面包师傅屡遭抢劫；他选择将面包师傅的吝啬解释为不尊重自己的权威和社会上大多数人的标志，即拒绝做一个体面人。人与人之间的关系建立在"尊重链条"（rispetto a catena）的基础上，吝啬的面包师身败名裂是"因为他罪有应得"。用这些术语解释本地黑社会头目权力的珠宝商还将这种制度描述为"临时/小规模联盟"。黑社会还确保外来的犯罪分子远离本地人：入侵者会被立即认出来，任何头目都不能容忍这种"偷猎"行为。汽车盗窃在很大程度上仍然是本地的事情；现存的本地黑社会头目显然仍能够将入侵者挡在这一特殊的游戏之外，而那些顶级犯罪分子则有更大的利益要追求。

头目们还有能力对流动商贩施加压力。一位在罗马许多主要市场上卖货的蒙蒂人显然认识这些活跃的窃贼，他声称自己用袜子和内衣等礼物收买了警察，让他们持续施压。这种知识能让他立于不败之地，直到有一天，他心爱的面包车不见了，车上还装满了待售的衣服。他给黑社会的众多联系人打了电话，一开始没有找到面包车的踪迹。后来一位同行小贩解除了他的焦虑："'我拿到手了，你能出多少钱？''我能出100万！'"但正如这位蒙蒂小贩所指出的，"其中必有'原因'"。这位同行是专门给被偷来的衣服销赃的，他想得到蒙蒂商贩的营业执照，以便在离自己家更近的一个市场卖东西。他希望通过炫耀自己的投机技巧以及向那位蒙蒂商贩开出低价（60万里拉换回面包车）来达到自己的目的。为了确保执照转让，他准备开出更低的价格（并邀请遭受损失的商贩共进温馨的晚餐以说服他）。但丢车的商贩非常紧张，因为他不确定能否将车上的货物一并取回——结果这批货大部分完好无损地被归还给他，于是他同意了对方开出的价格。他评论说，中间人的妻子"非常善良"（tanto gentile）。她显然积极参与了表面上是礼貌交易，暗地里

第六章　社交丑闻

是严肃争夺宝贵资源的过程。一些中间人也经常向这位蒙蒂商贩提供整车赃物并开出一个好价钱,但他拒绝了,他说他想晚上睡个安稳觉。尽管这些中间人让他感到紧张,但商贩必须与所有的头目(capi)保持联系畅通,因为只要哪里有市场,哪里有就他们。

除了放债人之外,现在蒙蒂的黑社会头目很少,而且帮派士气低迷、缺乏效率。他们的前辈都是令人生畏的角色,在本地暴徒(bulli)中占据主导地位。[1] 其中在本地最有名的暴徒名叫埃尔·皮尤。他的一个儿子成了著名演员,在附近的曼佐尼剧院(Manzoni Theater)扮演暴徒,获得巨大成功。在从父一辈到子一辈的转变中,艺术与其说是模仿生活,不如说是将日常表演延伸到大众舞台,由此以特定的方式追根溯源。这种方式既表现为一种全新的对傲慢行为的日常表达,也表现为一种被强化了的本地暴徒的浪漫形象。

Ci penso io(字面意思是"我考虑考虑")这一标志性短语象征着这些黑社会头目在调解盗窃案中的作用,对许多意大利人来说,这也意味着黑手党的参与。有人评价说,这类人的典型态度是"关我鸟事"(a me nun me frega un cazzo)。他们趾高气扬、满不在乎的态度是在告诫其他人不要擅自行动。不仅如此,在归还被盗财物

---

[1] 关于罗马的暴徒,尤见 Mariani, 1983; Rossetti, 1979。他们是当地方言喜剧中的典型角色;蒙蒂作家彼得罗利尼的戏剧《恶霸吉吉》被认为是这一类型喜剧的典范;演员阿尔贝托·索尔迪(Alberto Sordi)的冒险类电影也是如此(他被授予为期一天的罗马荣誉市长称号;见 Il Messaggero, 10 June 2000, p. 21)。彼得罗利尼故居的纪念牌将他的著作比作帕斯基诺的诗;这是本地相关部门驯化罗马人本真性(authenticity)的一个很好例证。与此相关的一个类别与 coatto 有关,coatto 的字面意思是"胁迫"或"强迫"(如强迫劳动),多指被赶出原住地(通常是被驱逐到更为混乱的郊区)的人,通过使用充满俚语的罗马方言强调自己的暴徒身份,并通过暴力和粗鲁的形式来凸显其在本地的权力,以及在官方权力面前的边缘地位。虽然"胁迫"与驱逐的联系可以追溯到墨索里尼时代,彼时大量蒙蒂人被驱逐出为修建帝国大道而清空的地区,亦可以追溯到20世纪60年代的郊区迁徙,但由于当前灾难性的驱逐愈演愈烈,它们之间可能正在产生新的共鸣。

的过程中,他们将盗窃的受害者摆在了一个有义务持续表达尊重的位置上。

如今,这一制度已荡然无存,旧的互惠关系不再起作用。[1] 1997年左右,有人偷走了一名学生的摩托车上的一个后视镜。这名学生告诉修车的人,如果修车人能拿回后视镜,他愿意按后视镜的原价支付酬劳。修车人给他找了一面镜子,但不是丢失的那面。学生在回忆这件事的时候说,可能这个人为了得到钱,又去偷了一面后视镜。两年后,有人偷了这名学生的车牌;但这次他直接去报了警,因为车牌不是当地小偷会偷的东西。几年前,一个玻璃匠的相机被偷了,他注意到一位年轻人在他的商店附近闲逛,就问他知不知道是谁干的,能不能帮忙找到相机。年轻人回答说认识(conosco)一些人,并同意承担这项任务。第二天他就带着相机出现了,玻璃匠为此付给他5万里拉。

玻璃匠确信这个年轻人就是小偷。他的助手指出,小偷不可能轻易对这类物品销赃,因此这是他们从盗窃行为中赚取一些钱财的最好机会。但这一事件也说明,曾经运作于本地居民中的强调互惠和权威的系统,如今却很容易被陌生人利用,因为他们知道如何将旧规则应用于新的且更少嵌入社交关系中的小偷小摸形式。另一方面,人们仍然更倾向于谈判而不是对抗。玻璃匠顺应了这样一种道德信念,即他应直接与小偷交涉,但又务实地意识到这是他拿回

---

[1] 城市规划师恩佐·斯坎杜拉的儿子,人类学家朱塞佩·斯坎杜拉对我发表的最刻板的有关蒙蒂的描述(Herzfeld, 2001)做出了有趣且深思熟虑的回应。他指出,这种观点可能有些浪漫化,而且可能更适用于黑社会势力明显较强的外围地区(Scandurra, 2007: 151—152)。然而,这是当地居民广泛表达的观点。我在此试图说明的是,即使考虑到怀旧情绪对现实的扭曲,他们的理想化模式似乎也有一定的社会经验基础。不过,斯坎杜拉的评论有益于我们意识到,过于字面地或笼统地解读这种回忆存在一定风险。

相机的唯一办法。愤怒不会给他带来任何好处。他的助手补充说，在她居住的卡西利纳（Casilina）郊区，有人偷了一个汽车收音机，后来还给了失主，但过了两三天，收音机又被偷走了！

许多蒙蒂人有着深深的怀旧之情，将旧有的这种可控的小偷小摸模式视为该地区乡村式社会生活的一个标志，也将之视作有南方特色的社会关系的一个标志。它与北方的"冷酷"犯罪形成鲜明对比，后者为了小小的利益便蓄意使用暴力。他们也将"冷酷"犯罪与外国黑手党联系在一起。据他们说，这些黑手党是随着近来东欧移民的激增而出现的。一名男子指出，两名猥亵儿童者在那不勒斯附近的托雷安农齐亚塔（Torre Annunziata）被杀，这是特定尊严（una certa dignità）的体现；而往日的罗马黑社会头目绝不容忍骚扰妇女和儿童的行为，这也体现出这样一种尊严。正是从这个意义上说，归还赃物虽然能为头目们带来利润，但它首先是一种界限的标志，一种亲密性的指标，以至于即使是以贪财著称的头目也可能会免费归还照片这类具有情感价值的物品，而他自己则保留任何他想要的东西。

也许罗马最后一个还能指望拿回被盗物品的地方就是广受欢迎的泰斯塔乔。曾经住在那里的一位蒙蒂居民回忆说，大约在1996年，她住进泰斯塔乔没多久，当地的书商在街上拦住她并向她打招呼。她问他："我们认识吗？"作为回答，他告诉她："我知道你的名字，住在哪里，哪辆车是你的。你的财产不会出什么事，但如果真的发生了什么事，请告诉我。"这种自信的保证表明，当时的蒙蒂有一个比现在更稳固的网络。

小偷小摸模式中的人性的丧失以及新自由主义组织的品味和消

费对当地生计的取代，代表了同一现象的两个方面：以更宏大的道理压制旧时的礼貌（civility），这些道理名号众多，尤其醒目的是"市场"和"全球化"。蒙蒂的士绅化是对历史和景观的全面商品化的一部分，这一过程与大量的毒品交易和系统化的犯罪组织一并开始。过去，地方黑社会头目负责组织归还赃物，而如今，警察面对被盗的摩托车无动于衷；犯罪本身已成为意大利经济的重要组成部分。① 这类犯罪非常普遍且举目可见，正如一位年轻的政治家所言，"这造成了一种冷漠"——犯罪变得乏善可陈，这与大众传媒对暴力的呈现并无二致。② 确实，媒体在此犹如古时的神话一般是一种自相矛盾的表征，它同时表征出普遍真理在概念上的沉闷，和地方性虚构流于表面的刺激。在一起入室盗窃未遂的案件中，一名宪兵告诉出离愤怒的受害者，尽管他们很快就抓获了一名嫌疑人，但在现场提取指纹是毫无根据的："女士，你电视看多了——这又不是谋杀！"

市场和犯罪最明显的交集即毒品交易。毒品交易起初发展缓慢，后来随着住房市场的起飞而迅速增长。毒品交易始于 20 世纪 50 年代中后期，当时一名本地移民从南美运来可卡因，供给本地相对富裕的客户。毒品交易于 20 世纪 80 年代到达顶峰，并且在年轻人当中盛行。它是蒙蒂旧有互惠关系瓦解的一个关键因素，毒品市场可被视为经济关系自由化的早期非法实验，它以供需关系而非本地社会关系改变了商品流通的逻辑。毒品的进一步影响是造成人

---

① 参见最近有关黑手党占国民经济份额（约 7%）的报道，*La Repubblica* (p. 11), *Corriere della Sera* (p. 19), 国际媒体的报道有 *International Herald Tribune* (p. 9)。以上报道皆发表于 2007 年 10 月 23 日。
② 尤见 Das and Kleinman, 2001: 25–26。

们与家乡社区的疏远。例如，一位餐馆经营者因无力支付电费而被迫停业，这被解释为他的嗜好（吸毒）对其经济状况造成的影响。偷窃曾经是社会等级的根基，现在却像其他社会交往模式一样，随着社会秩序的变化而变化。其结果是，小偷们现在的作案地点远离自己所在的地区。尤其是那些"以偷养毒"的成瘾者，他们对任何形式的交换网络都完全不感兴趣，只想尽快满足自己的需求。新的黑社会接受来自外部的指挥，其大部分收入和影响力都来自毒品的流通。[1]

在那个的时代，老一辈头目与官方关系密切，主要是通过亲属关系，这也使得整个地区的各个环节都有纵向的联系。在20世纪90年代反腐运动之前，法官或警官家中的浪子加入当地帮派的情况并不少见。然而，由于他们的父母至少要维持表面上的体面，因此当他们被抓时，其家人表现得无动于衷。如今，面对一些新形式的犯罪活动，即使是最守法的居民也至少会诉诸暴力威胁。一位表面上温文尔雅的年长店主向我展示了一把小刀，当两位在他看来很可疑的外国顾客进入他的店里时，他一言不发地把这把小刀放在柜台上。两人离开时拿了几个桃子，他一边坚持要求他们把桃子放回去，一边暗示性地指着小刀："要么付钱，要么就放下！"

在这个暴力可控的世界里，高利贷并不新鲜。事实上，高利贷不仅借鉴了周转信贷互助会的模式，而且以本地人而非陌生人为其主要受害者。在此，放高利贷者虽然与黑社会头目们的旧时道德世界没有关联，虽然他们中有少数人是规模更大的团伙的成员，且这

---

[1] 参见 Bianconi（1995）关于马格里亚纳帮的描述，这个帮派可能是二战后罗马最令人闻风丧胆、穷凶极恶的黑社会组织。

些团伙的活动范围不限于一个地区，但是这些放高利贷者本身必然是本地人。

在当地的生计中，即使是今天，小商贩也在使用非正式账目，并按周或按月付账。这种做法被称为草账（segnare），严格来说这是非法的，但却很难被发现。因为尽管它是法律在地方适应性调整的典型例子（"是的，人们会这样做，但严格来说你不能这样做"），但它只存在于有充分理由相互信任的人之间（而且实际上往往是一种互惠安排，例如在餐馆老板和其业主之间）。以这种方式记账可以建立商人之间的信任，因为尽管卖方可能无法从中获得直接的经济利益（尽管由此获得的社会资本相当可观[①]），但其非法行为是一种避税方式。而且双方虽然都握住了对方的把柄，但更有可能在双方之间建立一种谨慎且融洽的关系。卖方以一件专业设备为账目起点，买方都是同行商人，他们可以声称（即使这不是真的！）这件设备可以用于专业目的，在此基础上他们可以从自己的销售额中扣除增值税。卖方会在这个账目上加上各种小商品，直到账目的付款日期为止。这些物品可能没有任何专业用途，但由于卖方开具的总收据（fattura）中列出的最初那件物品的价值与账目总值相等，因此只有卖方需要为这些小物品支付税款。

如今，一些居民感叹这种避税方式正在消失，因为人们之间不再有信任（fiducia）——有时人们用之解释旧时周转信贷互助会的崩溃——或者是因为顾客不再害怕丢面子（perdere faccia）。在此，羞耻心（vergogna）是周转信贷互助会唯一一种偶尔有效的追债手

[①] 帕特南（Putnam，1993：167-171）将用非法手段获取社会资本的现象理想化地描绘为有效的市政透明度的先决条件；正如我在本书中一直试图表明的那样，将公民性和法律与文明概念截然分开的做法并不符合本地的理念。

段。人们对当前情况的抱怨耳熟能详："没人有羞耻心。如果不再感到羞耻，人就不会尊重任何东西。"但是，我也听到了很多关于顾客在遥远的过去欺骗本地商人的故事，这让我相信，这种关于衰落的故事其实不过是对大众想象中已经消失的城中村的怀旧而已。把这些变化归咎于经济领域的巨大变化以及随之而来的对反社会行为的平庸化，似乎更有道理。

有趣的是，商人们仍然感到迫于某种压力而必须让顾客保留记账特权："你这么做是因为你有义务这么做，有什么办法呢？"此外，这种对义务的假定以及这种安排的非法性，制造了一种亲密的共谋，如果任何一方恰好认为信任正在衰退，就会使这种共谋变得更加糟糕，而背叛会给双方带来灾难性的后果。从经济的角度看，商家只敢向他们熟悉的顾客提供这种服务，因为这种安排本身的非法性使得他们无法将违约者告上法庭，就像那些借高利贷者或因周转信贷互助会解散而一贫如洗的人一样。

避而远之的朋友

共同的友谊准则是所有交易的核心。即使是高利贷，也几乎总被呈现为朋友（amici）之间的一种安排，因此，高利贷交易过程总是被虚情假意的礼节点缀，这些礼节承载着一种受到控制的、潜在的威胁。放高利贷者蓄意操纵他们自己正在违反的那些规则来控制他们的受害者：他们通常要求债务人写一份书面誓词——如果债务人未能在指定期限内偿还全部债务和利息，放高利贷者将成为债务人全部个人物品的所有者。许多放高利贷者都是当地商人，他们只有在其他措施无效的情况下，才会求助于黑社会打手强制要债。放高利贷者找到这些打手时，后者往往刚从监狱释放出来，没有工作或者积蓄，如此，这些看似强悍的人物也很容易陷入放高利贷者的圈套。而打手们自己在对待欠债者时也是绝不手下留情。一位家具商说："他们是可怕的黑手党。"

只有当双方同在一个社会网络中时，恐惧才有效。本地的受害者完全有理由保持沉默，他们害怕放高利贷者的报复，但他们也许更害怕自己的声誉会因负债广为人知而受损。因为担心他们无法摆脱债务的恶性循环，没有一个正直的人会愿意再借钱给他们。放高利贷者总是依靠本地知识来确定潜在的受害者，并利用具有破坏性的恐惧心理。但这也反过来限制了他们活动的地域范围。

因此，我发现很难打听到本地的个案。哪怕是临时的邻居，人们也害怕向他们讲述自己的难处可能会带来的后果，一想到外来者可能会发现蒙蒂充斥着非法借贷，就会使他们觉得非常丢脸。有些人断然否认非法借贷的盛行，但对此表现得最深恶痛绝的一个人也说，放小额贷款——大多数困窘的匠人唯一可能需要的贷款——根本算不上真正的高利贷。事实上，在另一个场合他评论说，10万里拉左右的小额贷款更像是卖淫。他说，发放小额贷款是非法放贷者（strozzino）的工作，他们与真正的放高利贷者（usuraio）不可同日而语。简而言之，非法放贷者并没有犯下日常意义上的弥天大罪，只是行为不端，这种行为也可能对接受贷款服务的人有所帮助。

这种修辞手法显然使说话者既能将小规模的高利贷定义为不存

在，又能证明这种实践是日常社会生活的一部分。至于那些采取这种策略的人是否为了掩盖他们自己以一定的利息放贷的意愿（正如一位本地工会官员向我暗示的那样），我们不得而知。但他显然是将更大规模的高利贷视为一种从根本上说不道德的行为。也有一些人认为小额贷款是挣扎中的匠人们的救命稻草，是生活的不幸而又是必需之物；另一些人则更愿意强调中产阶级朋友之间，尤其是女性朋友之间相对常见的无息借款。在所有这些表述中，蒙蒂的形象都是正派的，给其带来瑕疵的是那些微小的、难以避免的、反复出现的诱惑，而这也不过是人之常情。最坦率承认蒙蒂高利贷频见的是一位搬来不久的富人，他没有什么理由在这个问题上遮遮掩掩。实际上大多数居民，尽管多多少少都感到有些丢脸，但都承认高利贷是司空见惯之事。

亲属关系对任何经济关系都很重要，有时甚至会超过邻里关系对人的要求。一位大餐馆老板从郊区的准女婿那里买肉，而不是去最近的（而且更贵的）屠户那儿购买，他这样做的理由是"我们有这么个亲戚"。亲属关系也是办成事情的一种方式，我们的房东太太想立即上报我们电表的读数，否则电力公司会自己估算，而想要退回多付的电费将会成为一场噩梦。但这很容易解决，她嫂子/弟媳（sister-in-law）的姊妹的儿子在电力公司上班，所以任何问题都能轻松解决。

然而，无论是朋友关系还是亲属关系，都不能保证借贷的诚信。有一个出身农村的人借给他兄弟一大笔钱，让后者在罗马腹地购买一些土地。他的兄弟说找到了一份收入可观的工作，想要连本带利把钱还给他，这位蒙蒂居民拒绝了。于是他的兄弟给他送

逐出永恒　　230

去了至少二十瓶腌西红柿以表谢意。这才是理想的模式。但同样是这位蒙蒂居民，他的姐夫/妹夫（brother-in-law）却在一张借据（cambiale）上欺骗了他，后者在还完本金后，只另支付了本金的1%作为利息，而原本约定的利率是10%。我的这位朋友说，他再也不会借钱给姐夫/妹夫了，如果那个人再来借钱，他就说所有的资金都被占用了（avvincolati）。

这个人对该地区存在放高利贷者的情况比较坦率。总的来说，所有愿意谈论，或者至少笼统地谈论这个话题的人，都是那些自己的经济保障能使他们长期远离这类风险的人。有一个人因为自己借出的钱未见回报而离开了一家周转信贷互助会，他不得不承认有一些绝望的债务人无法在这些组织中找到慰藉，因而被迫求助于高利贷。但几乎没有人承认，蒙蒂的高利贷与罗马其他地方的一样普遍。常见的辩解是一种从字面上和个人意义上来说可能为真的回答：他们从未听说过此类情况。不过，说这种话的人可能平时都不爱管闲事。相比之下，外来者则对蒙蒂可能是唯一不受高利贷影响的地方这一说法嗤之以鼻。

邻居们在这个问题上的沉默寡言——在一个以谈话为重要消遣的城市里，这一点让人颇为震惊——对我的田野调查工作产生了奇特的影响。如果不是一两个本地人诚惶诚恐地指出一个众所周知的放高利贷者（同时也因其他暴行而遭人唾弃的人），我可能会以为蒙蒂已经不存在高利贷了。然而，当我走出蒙蒂区，特别是与那些已经决定投身于官方反高利贷运动的人交谈时，我发现他们非常愿意诉说。此外，有一天，一位大学生听完我关于高利贷的讲座后，立即来到我的办公室，紧紧关上门，接着讲述了她的家庭被放高利贷者羞辱的故事。她终于找到了一种安全的方式，至少可以象征性地报复。

因此，在蒙蒂之外找到这些信息并不困难。陌生人可以更加畅所欲言，或是因为他们的情况已经公开，让我知道他们的情况不会加剧他们的危险，或是因为他们觉得可以向日常生活中不经常遇到的人倾诉自己的感受和担忧。我熟识的一位女士的丈夫是鱼贩，他因为告发了一个放高利贷者，光天化日之下在他的市场摊位上被杀害了。而当局则拒绝为她伸张正义，至少她是这么认为的。当时我获准参与并拍摄一档有关高利贷的电视节目，通过这个节目我见到了这位女士，那时她的故事已经在几家报纸上引起了轰动。也许，她觉得私下能够向我敞开心扉，甚至比在电视镜头前表现得更有激情。不过，发人深省的是，当一年后我试图给她打电话时，那个号码已经是空号，而且她也没有再公开过自己的联系方式。看来，除了隐藏和逃避之外，终究没有其他方法走出恐惧的迷宫。

家族里的朋友？

在另一个非蒙蒂的个案中，一个放高利贷者几乎把欠债人，也就是我学生的父亲，囚禁在家中。整个借贷的交易过程被说成是在保护他的家人。虽然此事发生在罗马一个更边缘、更"有人气"的地区，但它说明了全城人所面临的问题。这个家庭——欠债人是一个与朋友合伙经营餐馆的赌徒，与妻子、母亲和两个女儿住在一起——被赶出了公寓，为的是给房东的儿子腾出房子，这显然是不合法的。[1]他们在附近租下了面积小得多的房子，可花费的租金是以前的7倍。因此，他们的财务状况已经非常紧张。大女儿开始注意到财务状况有些不对劲，因为即使父亲夜以继日地工作，家里似乎也没有进项。后来，父亲和他的合伙人解除了业务关系。随后，她的父亲获得了另一家规模更大、环境更优雅的餐馆的经营权，并和妻子共同经营。因为他手头没有钱，所以写了一个长期借据。小女儿放学后在餐馆工作，给我讲述这个故事的大女儿则在其他地方兼职。过了一段时间，大女儿开始注意到事情非常不对劲，因为父亲给小女儿施加压力，尽管后者喜欢上学，且学习成绩也很好，但父亲要她彻底辍学并只为他工作。更令人生疑的是，尽管女儿们看到餐馆里总是坐满了人，但父亲却一直抱怨餐馆的生意不好。后来真相慢慢浮出水面，父亲把钱输在了打牌和赌马上。母亲此前对父亲丝毫没有怀疑，得知真相后被吓得不知所措。

他曾试图向家人隐瞒财务灾难的严重程度。起初他成功了，部分原因是他的妻子是一位出身农家的翁布里亚人，没有质疑丈夫说法的习惯。然而，大女儿却毫不犹豫地质疑，尤其是在对母亲的待遇不满时，她与父亲争吵起来。后来，真相终于开始浮现。她想起小时候，有时她会去一家小酒吧给父亲送咖啡，父亲在那里和本地商人打牌。她认为，起初他向这些牌友借钱以偿还赌债。事实上，其中有几个人是专职放贷人。最后，父亲借到了一大笔钱，当放贷人（因为另外一件事）锒铛入狱时，他长长地舒了一口气，认为现在可以还清剩余的债务，且再无后顾之忧了。但放贷人出狱后，把

---

[1] 我学生的年迈的祖母被认为完全残疾，而她们姐妹当时分别为12岁和16岁。在这种情况下，这家人本可通过法律手段对驱逐提出异议，但他们显然无力承担必要的费用。

债务卖给了一个会计师（commercialista），后者的办公室离父亲的餐馆很近。这时，父亲把自己关在家里，拒绝面对现实，而是让大女儿去处理这件事。会计师是一位白发苍苍、彬彬有礼的绅士，他的秘书似乎（有消息来源暗示我）是他的性奴隶。会计师强迫父亲签署一份文件，将餐馆的所有权转让给会计师，作为对未偿还债务的补偿。还是学生的大女儿与"这个可恶的家伙"商谈此事，他的举止"非常和善，谈吐得体"。大女儿还盼望着能找到摆脱困境的办法，直到有一天，另一位"非常冷静，非常和善"的绅士在一位女士的陪同下，去学校找她，让她安排自己与她父亲会面。直到此时，她才终于知道这场灾难究竟到了什么程度。

父亲现在负债累累。发现他在债务问题的严重程度上对家人撒了谎，而且情况愈加糟糕后，他妻子的近亲便介入并提供经济援助。在某些情况下，亲属会通过借贷的方式来援助，反而自己也因此陷入大笔债务中。虽然这位父亲向当局上报了自己的债务情况，但由于担心遭到报复，他没有说出主要放贷人的姓名。部分上报债务情况减轻了他的一些经济负担，但代价是放弃公民权利（主要是投票权）五年。为了结束噩梦，他很乐意接受这一惩罚。他还将餐馆转让给新的管理者，以偿还部分合法债权人（包括餐馆的原业主们，他们此前没有收到期票规定的还款）。但是，不那么宽容的放高利贷者现在开始对他进行严重的人身暴力威胁，有些威胁很隐晦，有些则很直接。尽管他明显害怕在城市的某些地方走动，但他还是继续对家人撒谎，不愿说出自己到底陷得多深。然而，由于他们不得不长时间工作以满足其余债权人的要求，因此他的妻子和孩子们对他仅存的希望和幻想很快破灭了。

逐出永恒

威胁仍在继续。这时，一个放高利贷者出现了，主动提供救赎的机会。大女儿说，他是典型的黑社会分子，面目狰狞，态度粗暴；"在某种意义上，他是我父亲的债主，但实际上他让我们提防其他意图更坏的债主，比方说，那些施加人身暴力的。"父亲依附于这位债主，出于自身利益考虑，后者想尽办法让父亲活下来，这样他就可以收回自己的贷款。而且他让父亲深信，先前父亲向当局告发的那些人一定会找机会拿他杀鸡儆猴。于是，一天夜里，全家人把所有家当都装进手提箱，偷偷地搬进了放高利贷者的家中，并在那里度过了担惊受怕的三周。"幸运的是，一切都很顺利。但不幸的是，我们刚出虎口就又入狼窝。"

由于父亲的行动被限制，不能再打牌输钱，家里的其他人都在工作，再加上近亲提供的一些贷款帮助，他们阴狠的"房主"显然能够说服其他放高利贷者，分享收益比消灭欠债者或他的家人更有利可图，而且或许风险更小。随后，他们回到了自己的家中。为了减少房租支出，他们很快就离开了家，去了波梅齐亚（Pomezia）的一个熟人家里。父亲在那里找不到全职工作，但至少女儿们可以密切关注他，确保他不再赌博。大女儿在不上学的时候打零工，小女儿受雇于当地的一个商人做全职工作，而她们的母亲每天要做12个小时的家务活。最终，父亲通过洗碗等各种零工慢慢摆脱困境后，他们设法还清了剩余的债务，大女儿最终进入了大学。

虽然这些事没有发生在蒙蒂，但在这座城市的任何地方，儿童和其他家庭成员都可能成为钱财的人质。放高利贷者通过隐晦的威胁来保护自己免于被举报。"记住，你还有女儿……"历史中心区的一位居民向银行申请了由国家担保的专项贷款，这项贷款设立的目的是让民众远离高利贷。但讽刺的是，贷款数额太小，他因此不得不去借高利贷。国家无法提供足够保护的主要原因是人们只有在已经被一系列债务所困的情况下才会诉诸高利贷。另一方面，对于愿意提出合理条件的放高利贷者来说，一个更大的家庭网络的存在也会让他们感到放心。一位女士此前在做面包师的时候需要借一大笔钱。因为她的家庭在当地的声望很好，能够用抵押品为贷款提供担保，所以银行提供了一笔小额贷款。一位舅舅又借给她一笔钱，只收取他自己必须付给银行的利息。但当她需要更多钱时，她去找了放高利贷者。对放高利贷者来说，当地一个知名家族的背景足以保证她有良好信用。尽管放高利贷者对逾期付款的惩罚是两倍利息，但是通过混合贷款来源的方式，她还是有效地消除了这样的风险，从而不必拆东墙补西墙，进入最具毁灭性的债务循环。

本地叙事：招摇过市的受害者

在蒙蒂当地，我偶尔会听到关于高利贷的旧闻。这些故事通常以第一人称的方式讲述，是一个英勇的受害者战胜邪恶的故事，讲述者口中的高利贷是他们自己的生活以及整个邻里社区中的陈年往事的一部分。一位店主讲述了他22岁时如何被诱骗欠下一笔数额虽小但对他来说难以负担的债务。最终他偿还了一半的债务，并决定冒险与放高利贷者就剩余债务进行"谈判"："我受够了，我不干了！"

这是一个危险的举动。黑社会运营者油腔滑调的生意邀请背后真正的威胁恰恰在于由此产生的合同具有不可逆转性。在这个个案中，放高利贷者——受害者非常典型地将其说成"一个朋友"（una persona amica）——试图虚张声势以维持对受害者的控制，愤怒地声称对方仍欠一大笔钱。关键时刻，随着两人的声音越来越大，一辆巡逻警车赶到了现场。放高利贷者匆忙离开，再也没有骚扰过这位受害者。受害者对此事的评论很简洁："你问我是怎么摆脱他的？你必须得运气好！"然后，他问我是否也相信"天生命好"这种说法。

在罗马另一个地方发生的另一个案中，有人认为警察在听到一名受挫的放高利贷者大声咆哮后及时赶到，可能是精巧设计的结果，目的是诱捕后者。虽然那位蒙蒂店主完全有可能也安排了类似的事情，但他将其说成上天的旨意，并否认自己提出过任何形式的正式举报。在社交意义上，英雄的故事远比承认与警察打过交道要好得多，而且这也暗示他现在与放高利贷者没有任何联系。换句话说，他的社交和经济信用是好的。

一位蒙蒂店主向我讲述了一个关于高利贷的故事，在这个故事中，他表现得既不英勇也不睿智。他的女婿表面上是他的生意伙伴，但却背着他挪用资金购买小艇、进行其他娱乐活动。这位老人对这一切毫不知情，但为了阻止已经迫在眉睫的经济灾难，他向当地的高利贷团伙借了500万里拉。这笔贷款的利息高得吓人，四五个月后，债务增加到2000万里拉，此时的他更加无力偿清。随着债务增速越来越快——从500万到1000万，到2000万里拉，再到3000万里拉——增加到8500万里拉，此后不久又增加了近50%。这时，他的女儿——当时仍然是那个挪用资金的罪人的妻子——明白发生了什么事，并设法追回了足够的钱，使她的父亲能够偿清债务。这个可怕的故事从1989年年初一直持续到当年的9月。这个细节不仅表明，在人们的较近记忆中高利贷仍然存在，而且还表明灾难加剧的速度有多快。上述团伙中，至少有一名放高利贷者是本地人，不过他们显然雇用了吉卜赛暴徒作为催债人。

我在试图理解高利贷的作用时遇到的一个困难是，至少在大众的想象中，高利贷并不总是与合法借贷行为或根植于社交关系的周转信贷明确区分开来，而后者曾经是贫困居民抵抗严重经济困难的支柱。这反映出教会在反复试图区分敲诈勒索与合理利率放贷时也存在类似的模糊性，至少教会在针对二者采取措施时似乎没有区别。即使是牧师有时也会以相对较低的利率放贷。比较死板的教会批评家，特别是16世纪以来的批评家，引用正式的教义谴责这种做法。而其他人则认为，教皇在这个问题上的声明导致解释出现多种分歧。归根结底，这个问题仍然是天主教徒面对的经典两难问题：面对物质诱惑和不明确的命令时个人良知该如何选择的问题。[①] 这种逻辑有利于教皇采取相对放任的政策，因为完全禁止高利贷不利于教皇自身的经济利益。

教皇统治下的市政当局，无论是在意大利统一之后还是之前，都容忍甚至可能受益于这种既违反宗教法又违反民法，还违背大众道德的做法。我们应该把这些模棱两可的做法看作权威和市民对世俗世界不完美的务实迁就。由此产生的情况为较贫穷公民的日常生活提供了便利，但也加强了精英对他们的权力。一位珠宝商将周转信贷互助会与高利贷文化（la cultura dell'usuraio）进行比较，当时

---

① Vismara, 2004: 24–26.

他正在申请加入一个周转信贷互助会，此举更多是出于传统和友情的考虑，而非出于需求。他说，周转信贷互助会旨在主动保护其成员，以使其免受与放高利贷者打交道所带来的高得多的风险。

信用与违约

　　周转信贷互助会与以前的"典当会"（pawn societies）一样，游走在法律与神学规则的边缘。20世纪最后的25年间，典当会在罗马很常见，以至于人们通常称其为"著名的会社"，尽管其数量大大减少，但目前依然存在。在鼎盛时期，既存在由匠人、商人和专业人士构成的组织严密的典当会，也存在一个餐馆里由十来个服务员组成的非常规典当会，这些服务员用他们微薄工资的一小部分来追求同样微薄的利息并在偶尔需要小额贷款时获得帮助。有一个典当会曾有两百多名成员，但至迟在1998年左右解散，因为即将卸任的会长找不到一个愿意接手如此巨量工作的人。不应将典当会与各种政府和公司办公室中仍然相对常见的借贷团体相混淆，在这些地方人们可以以小于4%的低利率进行小额贷款，这种储蓄团体（cassa mutua）具有合法地位。

　　周转信贷互助会作为一种支持性资源，在应对经济拮据的生活中的小型危机时发挥了很好的作用。但当商业经营陷入困境时（这种情况逐渐变得越来越频繁），尤其是当成员以更高的利率出借，却无法收回资金时，周转信贷互助会的作用就不那么明显了。当局不太愿意关闭这些组织，因为它们缓解了不完善的银行系统的压力，使其不必满足缺乏足够抵押品的小手工业者和商人的贷款需求，而且银行的利率通常比周转信贷互助会高出3%或4%。

借钱给外人不仅会导致周转信贷互助会彻底崩溃，成员身败名裂，而且由于被视为非法贷款（strozzinaccio），很可能会增加官方干预的风险。因此，这是一种严重的反社会行为，因为它不仅会对整个团体造成经济损失，而且有可能将内部的秘密暴露给官方当权者。唯一可以容忍的例外情况是，整个群体被征求意见并一致同意外部借款人"是朋友的朋友"（è un amico de un amico）[1]这一原则。

成员们的社会团结和集体友善是通过一系列的晚间聚餐来维持的。这类聚餐通常是在当地的一家餐馆进行，现在偶尔还能看到。我曾观察一个完全由男性组成的周转信贷互助会，餐馆厨师长打趣说，他们的妻子早就告诉他们不要吃得太多、喝得太多，但他们现在才注意这样做。这样的场合无疑非常愉快，也异常公开。[2]在人们的记忆中与此形成鲜明对比的是，许多年前一个周转信贷互助会商定在周日晚间聚餐，但到了第二天早上才发现，餐馆老板，即互助会的管理人，搬走了所有的桌子，关闭了餐馆，带着互助会积累的所有资金永远地消失了。

理论上，任何成员都可以在两年周期结束时退出互助会。但有时为时已晚，特别是当组织者携款潜逃时。由于没有人公开承认参与这种非法活动，互助会也随之解散。一般来说，随着组织规模的扩大，组织崩溃的风险以及潜在的利润——只要所有成员都一直老

---

[1] 这个短语，就像无处不在的"ci penso io"（我考虑考虑）一样，让人联想到黑手党，参见Boissevain，1974。
[2] 男性的社交活动可以非常有激情。男性经常结伴外出度假，把妻儿留在家中。但是，在正常工作日中，男女各自的社交范围完全没有明确的区分，女性往往是酒吧玩闹和政治活动的积极参与者。

逐出永恒　　240

老实实——都会随之增加。圈子的扩大，即超越邻里和亲属群体的亲密范围并引入被认为从定义上看不太可靠的关系类别，只有在所有成员的严格监督下才能进行。随着圈子的扩大，对成员暗中活动的控制也变得更加困难。例如，从互助会中借款的人不一定会意识到另一个人借了五倍于自己的金额，然后将其中的五分之四转借给第三方，而这种做法是互助会的共同规则和传统所禁止的。如果始作俑者无法收回这些次级债务——在本地经济状况紧张时这种事情经常发生——整个互助会就可能随之解散。①

即便这种越轨行为相对频繁，人们也不愿意接受将这些组织视为投机阴谋的法律观点，正如有人评价说，"这不是高利贷"。然而，到20世纪末期，突如其来的经济压力为真正的放高利贷者独自经营开辟了道路。旧有的联系已经弱化到积重难返的地步，周转信贷制度开始消失。由于周转信贷互助会总体上按照地方社会生活的裂变原则运行，因此一旦超出亲密团体的范围就会崩溃，但又会重新整合，在新出现的亲属和邻里团体周围"重生"。所以，面对向所有人开放的市场的竞争，以及中央集权官僚国家的监管措施，它们无力继续维系下去。如今，人们做生意所需的资金远远超过加入周转信贷互助会所能获得的微薄资金，非官方会计师的身份也没有什么分量，即使是最微弱的违法气息也会吓跑成员。与此同时，新经济不断加剧的压力也将竞争力更低的人推向了为所欲为的放高利贷者的魔爪中。政治投机主义同样也可以模糊周转信贷互助会

---

① 这些次级贷款的利率不一定很高，因为这可能只是帮助一位好友，顺便赚点外快的方式——如果利率不太高，这一点就更有可能实现。一家时尚商店的店主告诉我，他就是用从一位参与周转信贷互助会的朋友那里贷到的款买下了自己的商店，这笔贷款的利率是5%。

与明目张胆的高利贷之间的区别。在一次会议上，一位左翼区议员谴责蒙蒂个别种族主义者经常光顾的一家俱乐部是放高利贷者的巢穴——很明显，他的意思是这家俱乐部是一个周转信贷互助会，如此一来，这个组织进一步地背上了高利贷敲诈的污名。

这些旧时的互助会通常收取 10%~12% 的利息，虽然高于银行利率，但不像放高利贷者通常索要的那么多。超过 20 周以上的贷款必须连本带利归还，但理论上，任何未使用的利息以及由这些利息产生的投资利润都将在两年周期结束时由所有成员分享。需要贷款的人必须提前 20 天提出申请。

这些互助会主要但不完全通过亲属和邻里关系招募成员，少数互助会是在原先的匠人行会基础上发展起来的。不熟悉的申请者通常无法入会。在竞争更为激烈的行业中，存在由朋友组成的小型非正式团体，他们愿意在与行业无关的问题上（如为女朋友一掷千金）互相帮助，但他们也时刻警惕其他成员的竞争性举动。即便在今天，这些组织在面对突发问题时也很有用。其中一个互助会曾在疯牛病恐慌袭来，本地顾客突然（尽管很短暂）变成素食主义者时，为本地屠夫避免了一场灾难。有人指责周转信贷互助会是伪装得非常糟糕的高利贷团伙，互助会的支持者对此辩称，事实恰恰相反，正是互助会为人们提供了一条不被真正的放高利贷者"扼住喉咙"的路子。

然而，对许多蒙蒂人来说，正如我们所看到的那样，这些团体所代表的常见问题是，他们长期以来也存在行为不端的情况。当有人因为介绍了一些后来被证明不可靠或不正直的亲属加入互助会而被追究责任时，就会发生争吵；盗用资金的情况也绝非罕见。有一个互助会至少存在了两代人的时间,但却在 1992 年解散,当时该互助会里大约有 1 亿里拉在运作。该互助会 72 名成员中最有权势的一名成员因此损失了约 1200 万里拉。另一名成员因建造一座大型饭店而负债累累,在互助会解散时欠下了 1000 万里拉,即使他的生意蒸蒸日上(确实如此),人们也不指望他会偿还这笔钱。因此,他逃避债务的部分经历仍铭刻在本地人的记忆中,但人们显然原谅了他。因为和许多其他人一样,他不仅不是这次解散的唯一始作俑者,甚至不一定要对互助会解散负任何责任。当互助会开始解散时,他和几乎一半的成员都能匆忙脱身,但没有给自己造成经济损失。在这个罪恶的世界上,没有人可以通过任何法律手段从他们那里取得欠款,更不可能指望这些幸存者主动归还——更甚者,如果他们真的这样做了,就会被视为傻瓜。同时,他们也会因此将自己卷入引起当局注意的险境,这可能会带来不好的后果。但是,他们确实让互助会的现任管理人,一个从其父亲那里继承了这一职位的人,暴露在当局的愤怒之下,并被指控逃税和放高利贷。纵使不提他和妻子损失的 2000 万里拉以及其他法律费用,这位管理人也无法轻易在这个问题上原谅那些逃避债务的人。

  这些窘迫的不幸经历或许可以解释为什么实际上很难从过去的周转信贷互助会管理人那获得相关信息。一些人对这类互助会存在任何组织条理的想法嗤之以鼻,但又勉强地承认在经济困难时需要值得信赖的"朋友"。不过,这些安排显然比参与者愿意承认的更有结构性。我曾向一位德高望重的保守人士打听关于他运营过这类组织的传言,当时他突然陷入沉默,显然对自己的名字可能与这类活动有关而感到不安,并不屑一顾地将其归咎于"坊间传言"(le chiacchiere），但他至少承认七年多以前曾参加过一个周转信贷互助会。因此，要么是人们普遍对这类事情比以前更加紧张，要么是资金管理者这一特定角色已经成为令人厌恶的恶名。或许，我的一位朋友的说法也不尽真诚，他说他拒绝参加这类互助会，并且反驳另外一个人说："我自己挣钱自己花！"

猜疑的腐臭萦绕着人们对这些组织的每一段回忆，只是被这些组织在过去为真正的穷人提供救济的通用修辞部分地转移了。就像地区黑社会头目为穷人提供的保护一样，这些互助会系统性地违反了宗教和法律伦理。尽管参与其中的人以经济匮乏、需求急迫为这些互助会辩解，但它们始终在被曝光的边缘战栗，随着现代性的侵蚀，它们变得越发难以维系。盗用资金一直是一个顽疾，即使是管理小规模互助会的"小老太太们"——其中一个互助会的成员都是50岁以上的女性，该组织到20世纪末时仍运作良好——也被怀疑牺牲她们更贫穷的成员的利益，从中牟取暴利。互助会管理人几乎都是头顶"正直光环"（l'aureola dell'onesto）的人，是本地具有一定权威和经济实力的人物。因而他们与更弱小的匠人之间的关系显然不是平等的："他们把小规模经营的匠人变成了自己的臣民。"但这种不平等的关系总是伪装成友谊，这种友谊不像放高利贷者的那样充满暴力的勒索，也不像教会的互助主义那样有结构性，但仍然具有压迫性。再一次地，恐惧滋生了实用性的逆来顺受。如果弱小的成员认为自己被骗了，他们一般会用一句经典的"算了吧"（lascia perde'）来息事宁人。

然而，这种猜疑对社会关系具有极大的腐蚀性，同样使社会关系受到毒害的还有成员们的罪恶秘密，例如，招揽一个需要钱来满足毒瘾的孩子，或者在官方认可的银行或贷款机构之外进行涉及利息支付的非法交易。一位曾活跃于某个周转信贷互助会的屠夫告诉我，人们不愿意谈论这些组织，"他们有点害怕"，即便谈论它们的后果不像谈论那些更邪恶的放高利贷者一样严重。即使是长期居民，如果祖上不是罗马人也很难加入这些互助会，其中许多成员从小就相互认识，但他们仍然不觉得可以完全信任彼此。

这些态度表明，有关罗马高利贷的这些糟糕经历是如何潜移默化地影响着人们对各种形式的金融负债的感受。即使是创建一个新的组织，一个光明正大、有正式组织规章、管理相对透明、与体面的机构有明确联系的组织，也必须克服同样顽固的恶意。这是新匠人公会及其为匠人们组织合理贷款制度的尝试所面临的主要障碍。

这也不是新互助会的组织者必须面对的唯一历史负担。匠人公会的这位组织者的计划所面临的另一个巨大障碍，是他与声名狼藉的社会党领导层之间尽人皆知的联系。社会党领导人贝蒂诺·克拉克西为了逃避腐败指控的审讯，自我放逐到突尼斯并在那里去世。对许多意大利人来说，他的名字几乎就是腐败统治（Tangentopoli）的同义词，20世纪90年代初，意大利民众曾为结束其腐败统治发动起义。克拉克西在任期间，一些被认为是他政治盟友的人在蒙蒂购置了大量房产，这使他们卷入了各种腐败丑闻，并始终处于本地公众的监督之下。克拉克西在本地的主要支持者——匠人工会的组织者——是西西里人，这一事实只会让人们更加怀疑他与黑手党有关联，而这种怀疑总是模糊不清，缺乏证据。无论这类广为流传的说法有何价值，关键问题仍然是，与全盛时期的周转信贷互助会一

第六章 社交丑闻

样，只要与贷款和信用的世界扯上关系，哪怕是最善意的企业家也会被人们假定为犯罪组织的一员，粘上这抹不去的污点。

收割恐惧

  人们通常把高利贷的持续存在归咎于银行。由于难以获得合法的银行贷款，整个借款代理行业应运而生，借贷机构在报纸上刊登广告，在路边停靠的汽车的挡风玻璃上放置传单——这种匿名传播的方式也暗含着对缄默规则的尊重。但是，即使是这些机构也无法应对本地商人面对的困境，后者已经陷入一系列环环相扣的债务之中，除了陷入贫困或自杀之外往往别无他法。由于银行拒绝向那些没有抵押品的人提供小额贷款，因此高利贷在这种情况下成为唯一的贷款来源，而高利贷这一机制又会使获得银行贷款变得更加不可能，这仿佛是恐怖的流沙，很少有人能从中脱身。

  即使是正直的银行家也与黑手党有一个明显的共同特征，那就是神经质般地偏爱不动产，而不是价值不确定的现金。但据称有些银行家格外契合这一形象。他们刚到本地的分行，首先要接收附近相对贫穷的匠人和商人的贷款申请，他们与申请人交谈说笑，并插入一个诙谐的问题："你有砖石建筑吗？你有建筑石料吗？"在确定来访者没有任何银行可以接受的抵押物后，这位新任银行经理便带着不耐烦的歉意和良好的祝愿打发了这些申请贷款的人。这些嬉笑的客套话实际上掩盖了经理地位的脆弱，因为他经不起严肃的挑战。例如，一位珠宝商告诉我，他只是让那位经理看着他，把他看作一位同事，如此贷款给他就像贷款给这位备受尊敬的经理本人一样合适。那位经理对他颇有好感（或者至少理解了他对友谊和同僚关系的强调暗含的威胁），同意了他的申请。

但是，大多数工匠并没有站出来捍卫自己的权利，而是被经理的高学历和附带的权威吓倒。他们主动离开，抱怨心中烦闷。然后，经理立即邀请那些富有的客户——那些账户金额和活跃度都大到令人生疑的客户——进来讨论这些除了客户自己只有他能接触的账目。在一间设备齐全的私密办公室里坐下后，他谈到了客户账户中异常惊人的资金流。他精巧地暗示自己知道这笔资金的来源只能是高利贷，并告诉这些客户，当地有一些匠人急需贷款，但银行无法提供，因为他们没有财产可以抵押。因此，如果这些富有而尊贵的客户能够帮助这些贫穷的匠人获得贷款——无须明言，经理自然要从中分一杯羹——那就没有必要进一步调查他们的账户。然后，他指点匠人们去放高利贷者那里，并再次解释说，由于这些穷人没有抵押品，他们对银行来说是不可接受的风险，但他恰好认识一个人，也许能帮上忙。匠人们不会告诉放高利贷者是谁让他们来的（尽管放高利贷者已经知道了），这种微妙的策略可能会制造一种适时的假象，即这种情况很少发生。但大多数居民似乎都相信这种情况丝毫不罕见。一位配镜师声称曾在报纸上读到过此类案例，一位匠人甚至说，他所有的同行最后都或多或少地落入放高利贷者之手，而银行经理是最常见的中间人。银行经理表面上是受人尊敬的公民，实则诱骗脆弱的富人，以剥削绝望的穷人。

在选择有限的经济环境中，债务是道德性污点，也是社会性污点，几乎不可能抹去。唯一不产生污点的方式就是向可靠的朋友借钱，他们会短期出借且不收利息，但期望互惠。这种情况特别容易发生在小商人之间，而且似乎更容易发生在女性之间。少数男性，尤其是那些自认为代表旧时大众阶层文化的男人，也愿意通过慷慨地借钱给女性来展现他们的男性气概，尤其当对方是年轻漂亮的女性时，他们甚至不索要利息，尽显他们的风流倜傥。朋友或近邻之间的借贷需要高度的相互信任和尊重，事实上，出借人往往正是为了获得一定程度的社会接受才提供帮助。一位在当地被视为乡巴佬的餐馆老板发现，这是一种可以改变他在温文尔雅的邻居眼中的老土形象的皆大欢喜且行之有效的方法。通过这种方式，他获得了"一些亲密性和一些友谊"。贷款实际上在朋友之间建立了纽带，但一位观察者（餐馆老板追求这种关系的过程中的受益者）认为这并非没有社会风险。在她看来，这也许更偏向那不勒斯人的行事风格，而不是罗马人的，尽管它显然同时在这两座城市以"制造恐惧的团结"的形象存在。

事实上，友谊也是放高利贷者与债务人之间关系的重要隐喻。这样一种语言缓解了从社会团结到罪恶剥削几乎难以察觉的过渡。一笔沉重的债务，尤其是债务人可能无法迅速偿还的债务，很可能会促使债务人向更远处的资源寻求经济援助。这时，放高利贷者——虽然是本地人，但却因善于借助邪恶的外部力量而臭名昭著——就会插手，他们面带微笑地表达异议说他们愿意无私地帮助债务人，但利率却高达每月20%。他们系着时髦的领带，暗示说他们之间的友谊所能提供的帮助让人难以拒绝，但同时它本身所具有的危险也让人不敢违抗。他们经常礼貌地请求一些小恩小惠，比如乡下的土特产。这既强化了无私友谊的隐喻和假象，又提醒债务人欠债不还实际上是不可能的，因为这些人提出的最微小的要求，都让人无法安然无恙地拒绝。

每隔一段时间，放高利贷者的党羽就会拿欠债的人和试图赖账者——那些还不上钱的人和那些犯了终极错误的人，即那些向当局报告他们的困境及其根源的人——以儆效尤。对欠债行为最轻微的暴力回应是毁坏财产，但偶尔也会发展成杀鸡儆猴。此外，对于任何大额贷款，放高利贷者为了保护自己总是确保受害者签一张期票。这不仅确保了他们会得到还款，还增强了放高利贷者在银行心目中的良好信誉。

这种因恐惧和希望轻易获利而共谋的故事虽然时有耳闻，但很难核实。但就在最近，一个包括一名律师在内的类似小团伙被警方捣毁了。[①]一位店主向我讲述了警车及时到来救了他一命的故事。他回忆，他看到折磨他的那个人与本地一家银行的全体员工关系融洽。他的评价是，"这人非常受尊敬"，这一说法调用了黑社会伦理的语言。即便如此，蒙蒂人说银行是最糟糕的放高利贷者（远比非法放贷者更糟糕）并不完全是在暗指这种直接勾结。他们也不是简单地表达一种传统偏好，即相比于冷酷无情的官僚管理的机构，人们更愿意从熟悉的邻居（即便是邪恶的邻居，尽管这也是一个需要斟酌的因素）那里借钱。

他们更常谈论的是在一开始使这种共谋可行的制度化结构。他们抱怨的是被要求提供抵押品的荒唐行为，因为贷款的目的首先就是让生意更加独立、规模更大。大多数罗马人租用而不是拥有

---

① 媒体报道（见 *City, Rome section,* 15 July 2005, p. 18; *Il Messaggero*, Rome section, 15 July 2005, p. 37; *La Repubblica*, Rome section, 15 July 2005, p. VI）在所有关键细节上证实了报告人几年前向我讲述的此类骗局的运作。

他们生活和工作的房产，几乎没有匠人能富裕到从一开始就拥有自己的作坊。[1]银行的政策以及一些银行职员的非法行为，驱使许多较穷、财产较少的罗马人先是到提供合法利率的合法贷款机构碰运气，然后向"勒索者"求助。其中一个原因是，欠国家机构的债务——也正是在同一机构里，他们登记支取社会福利款（social service payment）——需要支付高频复利，拖欠两个月后就需要支付，其年利率可高达300%。匠人们不愿意与国家机构打交道，因为其仅凭惩罚性的利率就可以让他们陷入赤字，使他们被银行拒之门外，同时让他们处于更加不利的位置。许多工匠不知道的是，如果他们能够证明暂时缺乏流动资金，也可以分期偿还贷款。

　　上文注释提到的匠人信用合作社是最近成立的，其总部设在蒙蒂。该组织为帮助经济有困难并有可能落入放高利贷者之手的匠人制订了一项关爱计划。雄心勃勃的主席认为，一个拥有内部信贷系统的工人合作组织或许能提供一个公正可行的解决方案。他的目标是建立一个由银行提供资金支持的企业联盟（consortia），这样银行就不必直接负责向匠人个体提供贷款，而是由合作社来承担此项工作。最后，他说，由于许多匠人手上灵光但"脑袋里一团乱麻"，那些无法管理好财务从而用现金偿还贷款的人可能会倾向于采取一个切实有效的替代办法，即将他们的部分产品交给相应的企业，以便

---

[1] 一位匠人信用合作社（credit union）的工作人员声称，不存在真正贫穷的工匠，工匠申请贷款只是因为暂时缺乏流动资金。最终，他们总会拥有自己的作坊，甚至海滨别墅。然而，这种观点与合作社主席的评价以及与我讨论经济问题的许多匠人的证词都大相径庭。值得注意的是，这位同样是匠人的工作人员公开为自己能够通过修复以极低价格获得的物品再将其卖出赚取巨额利润而感到自豪，还被怀疑卷走了他所属的另一个组织的部分资金。因此，他不寻常的解释似乎暗含着为自己的职业行为辩解的意思，尤其是他认为，那些未能积累足够积蓄（例如，足够在海边买房子的积蓄！）的工匠只能怪他们自己。不过，我也听到另一位当地人说，工匠们只是为了防止租金上涨才声称自己很穷。

逐出永恒　　250

销往更广阔的市场，而企业自身肯定可以直接进入市场。然而，在提出这些计划时，他需要花费很大力气打消蒙蒂匠人对他的深深怀疑，而且他似乎也不太可能说服大多数人相信他的计划是可行的。

策略性的沉默

国家和地区机构，尤其是银行的结构漏洞百出，使得所谓的普世金融伦理能够通过众多地方特殊利益和苦难所附着的隐秘空间被折射出来。一位电工认为，银行根本不想与不重要的客户打交道："如果你想要十亿，很容易就能拿到贷款。但如果你想要一万，银行就不会给你！"银行要求以不动产或国家保障工资的形式提供抵押，而匠人们通常二者都不具备。

此外，制度性框架也有利于银行经理和放高利贷者之间的所谓合作。旨在保护公民利益免受国家和企业掠夺的隐私法，实际上也有利于这种秘密交易，使其几乎不可能曝光。银行家可以接触到私人信息，就像牧师可以通过忏悔室接触到秘密一样，从这个意义上说，我们能感到金融机构与宗教权威的行为之间存在很强的相似性。银行经理每隔几年就会被调换一次，这至少表明有些银行机构意识到了他们所面临的诱惑，却宁愿避免与个人发生冲突。这似乎是在模仿神职人员在一个辅从原则系统中工作的情况，该系统允许每个神职人员忽视所有其他神职人员的行为，同时所有人都声称自己是一个共同的建制性和道德性世界的成员。我要再次说明，许多——也许是大多数——神职人员和银行家都是正派的人，他们试图与素有恶名的不可靠的环境达成一种可行的关系。但是，人们普遍认为（尽管无法证实）大多数人实际上都是腐败的，这意味着那些真正的腐败分子（也许他们的人数确实很少）可以像其他官员一样，依靠一种共同的、本地人认可的眨眼和点头的准则。这种准则的模糊性保护了他们，使他们所提供和完成的交易免于暴露。

迁就已经写进了这座城市本身的肌理中；除了那些被赦免了的违法建筑的痕迹之外，其他难以忽视的历史也依然存在。例如，在这个左翼占主导地位的地区，教区教堂战争纪念碑上的法西斯徽章被允许保留下来，因为如果像在其他地区一样将其毁掉，就会对年轻人在不光彩的事业中牺牲的蒙蒂家族造成侮辱。至少在这一点上，教会和人民是一致的，那就是解决人类不完美的唯一可行方法就是妥协的实用主义。而罗马人则为自己的这一特点而自豪，正如他们所说的那样，罗马人是迁就的典范。这座城市今天的面貌，既是对这种妥协精神的纪念，也是对官方认可的往日荣光的纪念。

事实上，一位家具修补匠认为，本地人对建筑法规的态度，尤其是对受历史遗产保护条例保护的老房子的改造，是"顺其自然"（lascia correre）。他专门将这种态度描述为"策略性妥协"（un tacito compromesso）。市政当局也持同样的态度，如果有人或企业要求进行一些通常被视为非法的改造，市政当局很可能会在收取一些好处后给予许可，但同时也会注意避免其他可能引起过多注意的改造——这再次向我们呈现了典型的妥协。对于家具修补匠来说，他的工作更多是修复（sistemare）损坏的固定设施和装饰品以提高居住条件，而非历史准确性。如果得到了邻居的默许，他就没有必要在夜间偷偷摸摸地进行建筑改造。

"顺其自然"是关于拒绝介入的一种表达，它体现了罗马人对他们无法赢得的争论故作大度的蔑视。一位共产党员屠夫拒绝被拖入关于上帝存在的讨论，而是采取一种回避的姿态，意大利观众一致将我的电影《蒙蒂时刻》(Monti Moments)中的这种姿态阐释为拒绝站队。这位屠夫声称自己不具备探究此类重大问题所需的智慧："我只是听之任之。"(Io lo lascio perde'.) 他的立场与其说是宿命论式的逆来顺受，不如说是对政治现实的高度务实的判定。他试图与所有可能存在的团体保持良好关系，甚至接受最离奇的可能性。在房屋修复实践中，各式风格混杂，由此体现的迁就态度也印刻在城市的物质肌理上。官员们与居民一样，他们有时会发现，顺其自然更为简单。

蒙蒂人在讨论高利贷问题时所表现出的尴尬，以一种间接的方式说明他们清醒地认识到，生活必须始终是一系列妥协的结果。以及，最重要的是，人类生活本质上充满了不完美。正如神父在驱逐教区居民时遇到的良心困境一样，平信徒也必须从内心深处寻找答案，以确定他们放出的贷款是否以牺牲他人为代价满足自己获利的欲望。如果没有牟利的欲望，那么收益本身所带来的罪可能是轻微的，充其量不过是所有尘世之人原罪的一部分。但是，恰当收益与过高收益之间的界限从来都不清晰。这就导致了一系列的修辞性的态度，从放贷人对唯利是图的抗辩，到债务人发现自己无力偿还贷款时对邪恶意图的指控。虽然放高利贷者本身经常诉诸敲诈勒索，但贷款行为自由化政策的维护者——恰恰也是当前房地产投机猖獗所依据的新自由主义论说的拥护者——则声称，债务人指控高利贷往往是作为逃避偿还真正合法的贷款的一种手段。[1] 在他们看来，银行的问题可能是态度恶劣（scorrettezza，缺乏文明风度），也可能是草率地漠视人们的感情，但并没有诈骗穷人的犯罪意图。[2] 这种观点的支持者试图为银行的行为辩解，理由是向穷人提供贷款需要冒更大的风险，与此相比，一些轻微的不礼貌行为似乎无关紧要。虽然他们承认教会长期以来对任何形式的放贷都持非常负面的观点，但他们从教皇也不可避免地卷入这种行为这一不容忽视的事实中获得了一种正当性。事实上，标准的论点似乎是，与货币借贷相关的恶名只是历史偶然的结果，到文艺复兴时期和后来的工业时代，由于一些有财有势的家族的崛起完全依赖银行业，因此这种恶名部分地被扭转。[3]

教皇自身卷入或至少容忍高利贷行为的事实，应与其对城市房产管理的态度结合起来看。在这两种情况下，教会权威同时受到其神学和官僚组织逻辑的约束，将决定权交给了个人良知，故每种行为背后的意图从根本上决定了其罪过的程度。所以，早期的观念认为，即使只是想着从高利贷中获利也是有罪的。[4] 但是，意图只有当事人自己知道，因此从本质上说，教会采取的政策是尊重每个神职人员独自与诱惑搏斗的必要性，由此最终达成其目的：在充实其资金的同时，用一种教会的反对和参与各占一半的苦口良药将人们束缚在与诱惑的搏斗中。

---

[1] 尤见 Tagliavini, 1997 中的详细论述。
[2] Tagliavini（1997：171）谈及"在一些个案中，即使银行没有以高利贷的利率放贷，也仍然——有意地或仅仅是出于偶然地——行了一些违规之事，客户们正是针对这些行为进行反抗并指控其为高利贷（即使有时证据根本不充足），因为对于客户而言这种方式更高效，而且是时兴的做法"。
[3] Masciandaro and Porta, 1997a.
[4] Vismara, 2004：14.

这至少是本地人的看法。神职人员受原罪弱点的影响并不亚于那些生活本应由他们来指引的人。他们的许多工作都彬彬有礼地进行：礼貌掩盖了滥用职权的行为，即使这在教义上并不理想，但神学的"后见之明"却使这种行为在社会和政治上变得可被接受。而他们的信众——不仅是放高利贷的友善邻人，还有每一个想要创造一个更宜居的家的居民——都以他们为榜样。面对迫在眉睫的驱逐，一位租户还是劝说他的叔叔不要辱骂业主的律师。来驱逐一群租户的高级教士祝贺他们为美化建筑所付出的辛勤劳动，而正是这些努力让教会得以将租金提高到他们可负担的水平之上。非法放贷者拍了拍无助的赌徒的肩膀，像朋友一样热心地邀请他住进自己家里，直到最近一笔贷款全部还清为止（仅仅间接地暗示了不服从的可怕后果）。因为教会必须在这个有缺陷的物质世界中运作，所以它也接受了高利贷的必要性——尽管它表达的是可以预见的厌恶——并将意图的决定权留给了个人良知。[①] 事实上，这也是教会必须做的事情。在一个罪恶的世界中，诱惑是所有人必要的负担，而礼貌和"顺其自然"的意愿一起构成了每个居民共有的策略，即应该对他人不可避免地陷入诱惑之罗网予以尊重。

[①] 或者，正如菲莱托（Filotto, 1997: 150）所说："根据《圣经》和教父传统，它（教会）一直禁止贷款和利息。尽管如此，某种事实上的容忍还是存在的，而且经院哲学家的学说虽然谴责高利贷是严重的罪行，但确实允许使用那些能够使信贷传播的手段。"他还指出，在中世纪末期，教会权威不得不接受某些修会和修道院背负沉重债务的现实。最终，教会的巨额财富损害了其反对收取贷款利息的纯洁性。教会参与世俗事务意味着它的管理离不开银行家和债权人——我们可以补充说，收取利息的世俗性使得高利贷不可避免。"因此，对教会来说，信贷和银行家也是不可避免的罪恶——正因不可避免，所以需要管理，但既然仍然是罪恶，因此也需要谴责和控制。"（Filotto, 1997: 150）不动产的所有权同样使神职人员的道德素养处于紧张状态，过去如此，现在依然如此，但同时也为他们提供了一个集休和累财富的框架——表面上看，这是避免个人灵魂堕落的一种手段。大概正因为如此，当教廷解散一个修会并控制其财产时，该修会的修士不会得到任何补偿（意大利法律似乎有此规定），修会财产被出售，所得归教廷所有（Guarino, 1998: 89）。

第六章 社交丑闻 255

第七章

勒索性的文明礼貌

声称文明礼貌（civility）曾是黑社会的标志这一说法似乎有些奇怪，同时也具有浪漫的怀旧色彩。但是，在蒙蒂，人们确实能听到人们怀念老一辈黑社会头目冷酷的道德和有分寸的勒索。这样一种怀旧意味着对一种理念带有敬意的追求，即这些头目（当然他们都是男人）所经营的，如果不是道义经济，至少也是有规矩的经济（economy of manners）。一位老妇人回忆说，老一辈头目对邻居很尊重（rispettuosi），会用适当的用语问候邻居（如 buon giorno，即"日安"）。当有人"来你家抢劫"（venivano a rubà 'a casa）时，人们会向黑社会求助，这意味着黑社会不可侵犯的尊严所象征的地方权力得到了认可。

今天，这种小规模的保护主义（pizzo）几乎只剩下向弃置在露天停车场的汽车收取看车费。"pizzo"一词的字面意思是"山羊胡子"，即一种面部遮盖物，它隐喻性地指出被礼貌性的慷慨姿态所掩盖的预期贿赂。① 但是，在更早的时期，这些黑社会头目更受人敬重。他们对自己被削弱的权力和与新的公民秩序相关的价值观有非常清醒的认识。比如，一位曾经有权有势的当地头目在一次戏剧性的追捕行动中死于车祸，一位幸存的族人悲戚地否认他们家族

---

① 有关西西里保护主义经济学的研究参见 Schneider and Schneider, 2006: 77-78。

曾经加入过黑社会（malavita）；相反，他用受害者那阴森的语气责备称，他们是正直谦逊的人，享有邻居们的尊重："我们从来不是傲慢的恶霸。"（Non siamo mai stati prepotenti.）然而，我们不应该忘记，这种尊重是以一种克制但具有惩罚性的暴力能力为后盾的——因为，也正是这个人在谈及典型的小混混（mascalzone）时说："如果你不对这些人进行干预，那么，他们会继续做骚扰别人的妻子的事情。"

文明礼貌的迁就与公民的迁就

如果说上述这类实践与城市生活紧密相关，那么在这个意义上，它们也非常悖谬地作为文明（civiltà/civilization）和讲文明（being civile）的符号。这一概念给予了礼貌与从容社交（social ease）的典范以自由发挥的空间，同时也是希代尔·西尔弗曼（Sydel Silverman）著名研究的主题。西尔弗曼的研究涉及一些与之相关的英语术语——包括"公民的"（civic）一词——并总结称没有一个词能够勉强契合 civiltà 这一意大利语术语。这一术语深深扎根于城市的理念以及作为美好生活理想典范的行为举止。有证据表明，在意大利的 些地方，城市典范并没有得到西尔弗曼在翁布里亚所发现的那种尊重，这使得情况更加复杂；安东尼·加尔特（Anthony Galt）对普利亚大区的洛科罗通多的城镇和乡村的讨论非常清楚地表明，那里的农民甚至对城镇的作风表达了轻微的蔑视。尽管这种差异在此可能部分地产生于意大利中部与南部文化之间的对立。[1]人们倾向于认为，罗马在任何情况下都应是文明（civiltà）的最高典范，这一概念是历史地基于公民身份形成的，即作为公民共同体（civitas）的一员，因而具有公民美德（civic virtue）。

但与之不同的是，我们发现，罗马自觉是一座"南方"城市。它被伟大的文艺复兴中心取代，后者成为文明风气与美德的来源。在罗马，"公民性"（civic）与"文明性"（civil）之间的对峙感经常尤为强烈。文明礼貌（civility）通常意味着某种掩盖（但也表达）傲慢、权力与阶层划分的城市性（urbanity），这种城市性也以交际性（sociability）为名颠覆正式的治理规则。这又意味着，"文明礼貌"不仅有时与"公民"良知（civic conscience）意义上的"腐败"相容，甚至实际上能够将之包括在内。在这个意义上，注意纠正男性针对女性的举止，并为地方社区最脆弱的成员提供保护的黑社会，能够恰当地给自己冠上"文明社会"（civil society）这一名头。当然，这里的"文明社会"的意义不同于指代一些非政府组织的"民间社会"。但是，这个名头仍然具有很强的隐含意义：他们在官方的、官僚主义的规范之外，提供了一种道德上连贯的额外选项。[2]

随之而来的问题就是，尽管一般性的暴力被视作与城市性的理想形态针锋相对，但受到约束的威胁则完全是另外一回事。暴力是

---

[1] 参见 Silverman，1975：vii，1-8；与 Galt，1992：8 以及对比更鲜明的 Pratt，1994：57 对读。事实上，西尔弗曼（1975：1）在一开始就预见到了这种差异。然而，我们应该避免假定国家较大区域之间存在泾渭分明的差异；有关这个问题，参见（包括并不限于）Sabetti，2000：208。

[2] 把黑手党描述为一种"民间社会"的形式是很有诱惑力的，但这并不准确。因为对暴力的使用，掩盖且暗示了其精心设计的礼貌准则所隐含的威胁。相反，正如施奈德夫妇（Jane and Peter Schneider, 2001）所呈现的，"民间社会"的修辞也为反黑手党运动提供了原则，但其并不总是能够促成协调一致的或民主的行为。

逐出永恒

实用的功能主义的手段，确保并维持了对被感知到的社会秩序的高度遵从。我们甚至不清楚，在今日蒙蒂表面斯文的环境中，暴力是否可能实现。但回想起那个邀请小贩吃饭以协商返还其车辆和货物的中间人，究竟谁在威胁谁还存在模糊性。这样一种模糊性在礼貌的环境中得以维持，并为正在进行的协商提供了空间。

威胁有时可能只是虚张声势。一位刚刚开张的果蔬零售店的店主就接到了许多神秘电话，声称能为其提供防窃保护，并能保证他在不遭到罚款的情况违规在店外摆放农产品。他告诉来电者，他什么都不需要。过了一阵，对方不再打来电话，而且很明显，什么也没有发生。后续生意上的崩溃并非某些充满敌意的行动导致的，而是因为他没能预料到里拉向欧元的转换。与之相反，在城郊地区，敲诈者们将压迫感表达得很明确，他们随时准备划破受害者的汽车轮胎或者给店铺放火。仅仅是得知这类事情的确会发生对相对平静的蒙蒂来说已经是一种充分的恫吓。

引火烧身的共谋

当屈服的行为出现时，我们甚至无法弄清这一行为是否如其表面看起来的那样。屈服通常通过一般的规避冲突的方式表达出来，几个常见的短语如：随意点（lascia perde' 或 lassa perde'）、算了吧（lassa stá）、顺其自然（lascia correre）。这些表述都是对恭顺（complaisance）的反复重申，以便让危险的事态赶紧过去，比如当周转信贷互助会的管理人能够不受责罚地捞取个人利益时。

许多罗马人将这种态度归因于教廷多年来的管理。这种态度经常被描述为听之任之或者迁就。但重要的是，这种态度不仅表达了接受，而且暗含与之不相上下的威胁。如一位敏锐的学生所指出的，迁就的态度也可以作为警告：不要跟我争（non entrare in concorrenza con me）。实际上，这些短语所暗示的被动可能是具有欺骗性的，彼此之间关系亲密的人将之理解为社交行为中的先发制人。因此，虔诚对待天意的态度，可以掩盖其为自己的失败免责的那种愤世嫉俗的意愿："算了吧，神啊，你（为我）做了什么？"（Lascia perdere, Santo, che fai？）漫不经心的冷漠表达既掩盖了说话者自己的不安，也掩盖了他人内心恐惧的滋生。

这样一种模棱两可的立场散布在哪怕最微小的动作中。耸肩以及向上摊开双手等同于口头表达，罗马人借此拒绝参与使自己陷入难堪境地的对话，或者暗示官僚和神职人员无可争辩的权威。最重要的是，这是在专横的权力面前对个人尊严的维护。它所表达的含蓄的平等主义，一种共享无力感与挫败感的同伴关系，为容忍对话者的任何形式的不耐烦或独断留下了微小的空间。

当我在结账时对一位小餐馆服务员表现出不耐烦时，一位上了年纪的女士让我"随意点"，放松下来。她同样使用这个词组来表达争论某个问题没有意义，比如，她说"博士，随意点吧"（Dottore, lasciamo perde'），以表明她对现代人婚姻态度的厌恶："什么是忠贞不贰？就是愚蠢！"尽管她对此感到厌恶，但她明白不应该与那些坚信自己有着更高明的世俗智慧的年轻人争论。

这种立场是清楚的：一个人不可能捕捉到所有潜在的冒犯、感兴趣的话题或是闪过的念头，生活本身已经足够复杂。这就是为什么一位屠夫在面对上帝存在与否的问题时，宁愿装作知识有限。然而同样，人们试图避免在日常生活的琐事上纠缠不清。最好的办法可能就是以纯正的罗马风格进行妥协。当一个蒙蒂商人的货车撞到一位店主在街道上设置的遮阳篷（ombrellone）时，商人问店主是否有保险。后者说他有，但他现在就想要一些钱。多少钱？20万里拉。这位蒙蒂商人给了他一半，并补充道："如果不行，就算了，去正式举报吧！"（Se no, lascia perde', faccia la denuncia!）最终，交易达成了。

这种迁就的进一步影响如毛细血管一般通过地方权力关系在每一个可以想象得到的层面上蔓延。比如，当涉及贿赂和敲诈时，迁就是在社会交往意义上最简单的处理方式。它是披着友谊（amicizia）外衣的一种礼貌形式，而且明确期盼一种同样亲切的回应。如果一个商人拒绝警察跟他套近乎，他可能很快就会发现——至少本地人这么认为——他的经营许可证被没收，还因为各种程度轻微但罚金高昂的违法行为被频繁传唤。其结果是，他的生意濒临崩溃。

换句话说，互相勾结对官员和市民来说均有裨益。至少在大众的印象中，友善的礼节能够打通关节，从而保护小额敲诈者免受持续的指控，并提醒受害者合作会带来相当大的好处。一位报摊主回忆说："我母亲曾经说过：'你若不吃，别人也没法吃！'（Magna e fa' magná!）"一位小贩因为一些轻微的违法行为两次被宪兵拦下，当他们问他是否有厚袜子时，他很高兴："他们对我太好了……一堆袜子，一切都解决了！"简而言之，这是一种孕育腐败共生关系的态度：自己得好处，也让别人得好处。这种态度一旦转变为冷漠

（menefreghismo），就成为一种更激进的与权力的勾结——但是，有时它也是一种手段，至少可以将更琐碎的权力形式拒之门外，以继续经营日常生活。

与蒙蒂人打交道时，官员们很快学会了"算了吧"。我们可以通过回顾一个事件来说明邻里之间曾经的团结，同时也呈现蒙蒂人"轻微的违法倾向"（un po' delinquente）如何有助于给警员和其他人留下需要尊重本地行为方式的印象。这一事件还很好地说明了蒙蒂人如何运用性别意识形态来维护集体利益。一位公职人员曾来此催缴天然气欠款，欠费家庭中的一位女士出面应对，但她没有足够的钱缴费。尽管同一栋公寓的邻居们试图帮助她，但他们的钱加在一起也不够。当这位公职人员威胁说要切断所有人的天然气时，一位住在三楼的女士来到楼下，冲这位公职人员嘶吼，称其是"一坨屎"（uno stronzo）。他试图把她推开，据此，这位女士大吼，称他"对我动手动脚"（mi ha messo le mani addosso）——针对陌生女性最严重的冒犯。紧接着她的丈夫出现了，想要知道究竟是谁干了这种事。当其他人示意是收天然气费的人干的，便立即爆发了一场肉搏战。就在此时，一位警察出现了，但是他知道跟他打交道的到底是怎样一群人，他机灵地命令二人克制，而且并没有试图逮捕任何人或传唤任何人。他说，最好还是"算了吧"。蒙蒂的生活已经过于复杂和危险，一位不理解社会现实的警察可能对这样的事件采取法律行动，从而让暴力进一步升级，但却什么事都办不成。"算了吧"无论何时都是"金玉良言"。

这些词组并不仅仅意味着对日常生活现实或不可避免的冲突的坦然顺从。它们也证明了一种认知，即坚持原则有时可能会损害自己的利益。一位来自普利亚大区的餐馆老板十分好斗，他曾经和一位珠宝商争吵，因为后者与餐馆老板的妻子关系太过亲密。后来有一次他发现这位珠宝商在他的餐馆周围徘徊张望，因此他非常热情地问候他，以期这位珠宝商能够出于羞愧与自己和解。这位餐馆老板难以承受在过长的时间里固守其尊严，因为这事"一码归一码"（business is business）。他补充道："你不能什么小事都计较……你得得过且过……我可以把这件事翻篇儿。对我来说这都不算事儿，后悔的是他。"随后他解释称他的母亲曾经教育他，"如果你能得过且过，你的对手就会落下风"。对于另一个没有付账的小骗子，他称这笔钱微不足道，"你（这个骗子）一文不值"，费心追回这笔钱反而是把这种荒唐的行为看得太重。在这个人的言行举止中，可能被认为是顺从命运的行为，反而恰恰先发制人抢占了道德高地。

因此，他的策略是将对南方男性的刻板印象进行微妙的重新加工。罗马代表了广阔的地中海地区性别关系模式的一个不寻常的变化。比如，从历史的角度来说，罗马的女性肯定不符合南欧女性的端庄形象。相反，男性的侵略性的外显通常以自我克制为前提；那些不能控制自己脾气的人甚至会受到最守旧的邻居的严厉批评。

餐馆老板精明地安排这些在某种程度上彼此冲突的有关男性气质和南方的刻板印象，将来自家乡的侵略性的行为方式剪裁成与之大相径庭的风格，使之能够嵌入随和的罗马人的自我刻板印象当中。一位他明确表示欣赏的政治家，也就是我们已经遇到的那位在街头召开交通管制会议的议员，沾沾自喜地将罗马人解决问题的态度与对北方和南方的刻板印象进行对比。"我们不是神经质,这在我看来很自然!"这种"顺其自然"的态度化解了一些出人意料的紧张局势,那位餐厅老板不得不生活在罗马人中间;事实上,他的妻子是在蒙蒂长大的。他的技巧在于成功地将避免冲突重新塑造为一种男性力量。

他的自制对他的生意很有帮助。当两位年轻金匠在他的餐馆消费完却一直拖着不结清账单时,他把账目拿给第三位金匠看(后者问起为什么这两个人不再来餐馆了)——尽管不可避免地存在嫉妒,但这类匠人内部确实存在交流,而且少数人会定期交换有用的信息——很快,两位年轻人又现身了。但是,他们并不进入餐馆,而只是谨慎地向老板问声"你好",老板也对之回以友好的问候。如果他直接与欠账的人对质,他就会失去这两位客人,从而无法收回欠款,而且会因为斤斤计较而蒙羞。

即使是强烈的愤怒通常也不会导致协同行动,比如一些种族主义者公然抗议移民每周四、周日大批涌入广场。与之类似,个人倾向于在自己所涉的激烈行动中保持克制。考虑周全的本地人希望看到这种恭顺,或者至少是一种妥协的习惯,最终能够压倒对针对移民的敌对行动的呼声。事实上,在对当地居民和乌克兰教会权威进行一系列调解之后,情况就是这样。一旦相当一部分人默许了任何一种理解,就只有有勇无谋的人才会继续持反对态度,因为文明礼貌(civility)要求一定程度的合群(conformity),或者至少是一种迁就(complaisance)。

不文明的客气，不客气的文明

一个坚定的左翼餐馆老板喜欢激怒那些他认为在骚扰乌克兰人和其他国家移民的警察。因此，他的营业场所成了不够宽容的警察的受害者的聚集地——想要指责他动机纯洁性的诋毁者并没有忽视这也是其利润的一个来源。他和他的妻子也发现个别阿尔巴尼亚人是众所周知的麻烦制造者，因此会提前在所有桌子上贴上"预留"的标签——这至少是针对个人而不是移民整体的区别对待。

这个人有时极其好斗，尤其是在面对一些官方权威人士时。他将自己的这种姿态归因于过去是左翼街头斗士的身份，以及他的阳刚之气和工人阶级身份。然而，他在排除某些可疑的顾客时做出的实际妥协，以及他整体上对移民的善意实际上有利于他的生意。二者都是反映其经营模式的例子，这对于其邻居而言非常容易看透，也许比他有时呈现的浮夸的侵略性更容易理解。事实上，这些行为有时会给他的生意带来风险，尤其让他的妻子感到非常恼火。2000年新年假日期间，他与一个不认识的侮辱我的妻子的人狠狠打了一架。他一开始很有礼貌地告诉那个人，让他"别碰"我的妻子，只要那个人能做到，"这件事就算了"，结果他鼻子上挨了一记重拳。我们二人的妻子和我不得不用尽所有力气拉住他。他咆哮着说要杀死这个挑衅他的人。事后，当他的妻子试图清理他满脸的血污时，他让她自己回家，并且告诉她不应该阻止他揍那个男人："我再也受不了你了！赶紧滚蛋！"当我提醒他说我也曾协助拉架时，他带着讽刺性的礼貌指出，我毕竟不是他的妻子。他的妻子使他免于进一步的羞辱，如今却成为他没能当场以牙还牙的替罪羊而遭到痛

第七章 勒索性的文明礼貌　　265

斥。他争辩说，她和他一样"来自工人阶级地区"，所以她应该能理解他的感受。

那位来自普利亚大区的餐馆老板更谨慎地压制他的男性气概，并以更刻意的宽容来缓和这种特质。这也许是因为他的生意规模更小，因此利润也更低。他在言谈举止上也更像外地人，因此可供挥霍的文化资本更少。表现妥协与合群对经济和社会生存都至关重要，但是具体该如何平衡二者则取决于社会地位和其他外部环境因素。意大利人的文明概念排斥不合群的行为，当共识指向迁就时，甚至正当的暴力也会被排除在外。在过去，被认为是反社会的行为会导致行为人被隔离在精神病院并被自己的家人排斥。如今这些人仍然是痛苦和社会混乱的主体。① 合群带来的压力，也出现在一个地区老一辈黑社会头目对当地道德秩序的维护中。这样一种压力也产生了奇特的团结，以对抗单一制国家的权力。一位女士的观察很好地概括了这一点：人们普遍不愿意遵守法律，但总的来说这是一件好事。可以说，即使是——或尤其是——就一个并非以遵从国家法律和规范而闻名的首都而言，这种合群的态度也参差不齐。而且，合群也并非国家所要求的法律意义上的服从。

和善的粗犷言行和有修养的行为举止之间的交替，将日常行为与深层的历史语言联系起来。友好和礼貌的姿态暗示了意大利人所谓的文明（civiltà）的本质，同时也是城市性（urbanity）的精髓。但是，其实践并不总是"文明的"（civil），有时甚至会沦为一种小气（pettiness）。一位餐厅经理告诉我，一位顾客可能会豪爽地请五

---

① 见 Suputtamongkol（2007：30，198），作品介绍了那些日常行为模式符合长期以来的良好行为方式的人对"不合群的人"（i diversi）的排斥（208–224），而这些排斥行动标志着前者是值得尊敬的。

个人喝咖啡，然后只为其中四个人付钱。这种情况可能是一个无意的失误，但如果反复出现这种行为则会暴露出游戏规则。也有人经常声称自己英勇地拒绝了明显不真诚的友善。例如，一位家具修补匠告诉我，当他发现一位警察因为想知道某些邻居的信息而表现得特别友好时，他告诉这位警察，如果后者是为了不关乎利益的友谊而来，那还好，但"如果你是来谈这种事情的，那就再也别来了，立马滚蛋！"

我们不必对这种浮于表面、矫揉造作的男性气概照单全收，尤其是这位修补匠还被广泛认为应该为卷走一个周转信贷互助会的部分资金负责，这一行为致使互助会主要组织者面临放高利贷的指控。他自己说，当初是邻居们有关高利贷的流言蜚语吓跑了互助会成员。然而，他对好打听的警官的回应揭示了弥散在一些最友善的礼貌表达中的不稳定感和不安全感，并恰到好处地代表了许多人希望他们自己能自由地说出来的东西。这还表明，与当局的任何交往都很容易削弱匠人或商人的社会地位。因此，否认任何此类关系是很重要的。[①]

礼节因其作为礼节而受到重视。一位商人抱怨自己被一位中国移民称为种族主义者，称自己的抱怨可以用"尊重"这个概念来解释——他说，他随时准备向他人表示尊重，只要对方能表现出"最起码的文明素养和交际能力"。表现出尊重和良好的风度有助于沟通，且证明彼此之间共享文明行为意识。但是这些行为并不必然带着友善的意图。只有当伪装过于单薄时，人们才会摘下礼貌的面纱，就像愤怒的家具修补匠赶走那位窥探邻居情况的警察"朋友"

[①] 警察的协助请求并不总是被拒绝。街区看门人经常被要求协助警方，他们的工作依赖于警方的审核。

那样。这是对不需要的、虚假的友谊的明确拒绝。这种"友谊"是对"自扫门前雪"这一基本社会原则的太过明显的背离,并且以一种非常糟糕的方式展演出来。文明的典范关乎展演、良好的举止以及处事得体(tact)。

但是,窥探是居民非常害怕的事情,而且窥探不仅仅来自官方。本地的流言蜚语可能会导致官方的干预,它也标志着反交际性的竞争。比如,尽管"用眼睛偷东西"的技巧是社会对手工艺学徒的一种期望,这一过程可以延伸至成年,但却没有那么积极的意涵。一位工龄超过40年的理发师(他的店在1923年开始营业)回忆说,在他年轻的时候,一位女性发型师朋友会在约定时间前一小时就到他的店里跟他闲聊——事实证明,交谈不是目的,因为"此人从这里偷我的手艺"。如果这位朋友直接要求指导,会显得更加诚实(onesto),因为女性美发涉及的程序与男性的非常不同,不是"用眼睛偷"就可以学会的。

友好的文明礼貌有时与感情无关,而更多与谋划竞争有关。这也唤起了强烈的城市民族文化的荣誉感——我们应该记住,这种文化几个世纪以来一直沉浸在压迫性的庇护主义、酷刑、买卖圣职和对原罪果实的奢华展示中。一位服装商人告诉我,蒙蒂的新来者经常得到友好欢迎和帮助,但这仅仅意味着老一辈人"试图将他们的意志强加于新客"。"但是,他们想帮助的并不是我,他们只想帮助他们自己!"

礼貌的行为可以巧妙表示严重的威胁,反过来可能也常常意味着恐惧和紧张,这也使行为本身的表达形式发生变化。一个临近退休的人告诉我,他更喜欢在公共汽车上站着,因为他习惯于给更年迈的老人以及孕妇让座。他也更喜欢避免这种善意的行为在现代偶尔引起的冒犯。这个细节说明存在某种不确定性。在今天，这种不确定性也许比以往任何时候都更多地与正式的尊重行为有密切关联。与此类似的是，罗马的犹太人在与他人打交道时行为举止不那么唐突的名声，也是由于他们一直担心受到迫害，以及他们以往依赖于有限的行业生存这个事实。[1] 一位当地的犹太商人注意到强化负面刻板印象的危险。他告诉我，他一直小心翼翼，不敢让别人请他喝咖啡，而总是试图自己付钱。

今天，过于讲究礼节的表现往往意在激起他人的恐惧，而不是表达对自己处境的不安。因此，某些文明礼貌的形式在被使用时毫无"公民性"。冷酷无情地角逐权力的人可以采取令人感到尤为愉快的行为举止。然而，罗马人生活中粗鲁的一面也是这一图景同样重要的部分。争吵的行为，虽然偶尔能印证"民间传闻中"的往昔记忆，但在今天则既会激起恼怒和嘲笑，也会成为他人的消遣。特别是当争吵的人是那些经营书店、组织城镇会议、参加古典音乐会和学术讲座的受过教育的知识分子时。

慎重的语调和讽刺性的笑话可能会达成"迁就"，这是罗马人心中自我形象的核心特征。尽管如此，有被排斥经历的外部观察者往往会以不那么恭维的方式看待罗马风格。一位撒丁岛人在蒙蒂经营了很长时间酒吧，他为家乡对抗式的互动方式感到自豪。同时，他对他在罗马偶尔遭到的鄙视，以及在他看来作为罗马人特性的对

---

[1] 一位住在蒙蒂的那不勒斯朋友说，某位店主是皮佩尔诺（Piperno）家族的人，然后，他向我确认我是否明白那是什么意思。这种间接暗示犹太人身份的做法，进一步反映了罗马的犹太公民的谨慎。这种谨慎，被认为是罗马犹太人的特质，因而人们与其交往时也会变得格外谨慎。

投机主义的友好表示深深的厌恶。让我们再次回想一下那位家具修补匠，就是据说赶走了为获取信息而自称友好的警官的那位。

侵犯性行为本身很少受到重视，但对挑衅的巧妙回应往往能引起人们的赞同。在一个能很好地展现诗性正义的例子中，一位珠宝商发现来自其他地区的机械师把他价格不菲的自行车的一个车轮调了包。他强迫小偷归还被调包的车轮，并让小偷用自己的自行车送他回家。在珠宝商家里，小偷不得不为珠宝商的自行车换上原本的车轮，自己则带着少一个轮子的自行车离开。

文化与习俗

那位来自撒丁岛的餐馆老板很好地捕捉到了文化裂变破碎的特征，这仍然是意大利生活的特点。他评价道："联盟在内部有分歧是很好的，这意味着你没有把新的文化强加给我。"在此，文化本身是一个明确需要协商的事项。在这样的逻辑下，首都能够像任何一个小城镇一样保持稳固的地方性。

"文化"这一概念在解释社会和政治差异性，以及在一场社会或者政治辩论中厘定自己的定位时是一个很有用的工具。它反映了社会科学话语与本地身份的建构方式之间复杂而深远的关系，就像美拉尼西亚对"kastom"一词的使用那样。[1] 为了避免直接表达种族主义态度带来的尴尬，一个算是自由派的商人将吉卜赛人描述为具有"偷窃的文化，不工作的文化"。尽管他在原则上赞成为他们

---

[1] 参见 Jolly, 1994; Keesing, 1982。

提供固定工作的想法，但他担心这种所谓的文化特征的影响，因此"我不想成为第一个"（nun vojo esse' 'r primo）给他们提供固定工作的人。文化上的决定论成了一个应验的预言。

这位商人也意识到了种族（razza）这一概念作为墨索里尼法西斯政权的产物，有其不光彩的谱系。但是，他认为"基因"（genetica）这个词的冒犯性更小。然而，他向政治上（相对）正确的语言的转换并没有真正改变他立场中潜在的种族决定论，这一点随着他反问我是否认为"拆解我的文化"（smontar la mia cultura）很容易而暴露无遗。[1] 一位政治立场上保守的观察家可能会指责公民有一种拒绝承担责任，并把所有的弊病都归咎于国家的"文化"。的确有这样一个人指出，既然公民选出了他们的领导人，他们就不应该指责国家既没能改革银行，也没能消除高利贷无处不在的痛苦。然而，在此，文化本身成了一个替罪羊、一个所谓的解释，但它实际上更像是一种意识形态的立场。在这个意义上，文化是其他人所拥有的东西，被用来解释他们未能坚持公民价值观的原因。[2]

但文化也是一个在政治立场上进行自我辨识的有效术语。那些拥有政党政治背景的人倾向于强调将他们联系起来的共同点。因此，一位自1704年起，其家族就住在同一座房子里的蒙蒂屠夫（因此他是"一直"拥有自己住宅的少数人之一）将自己和他的直系亲属描述为属于业主阶层文化（cultura），但在意识形态上属于左翼。cultura一词经常被用来描述甚至解释与某一职业相关的态

---

[1] 这说明了Verena Stolcke（1995）对欧洲"文化原教旨主义"的讨论中的核心观点。
[2] 根深蒂固的右翼和大众调用遗传学来解释的态度和禀赋（见 Horn, 1994）是目前针对东欧移民的许多种族主义言论的基础（见 Herzfeld, 2007b）。也请注意意大利人在表达对一个群体的根深蒂固的看法时常用的比喻，即"在他们的DNA中"。在意大利的大部分地区，先天-后天（nature-nurture）的辩论仍然几乎没有触及公众意识和日常语言。

度。面对那些自称其家族从事这个行业已经有五代的人，一位珠宝商对这"了不起的文化背景"（retrocultura non indifferente）不以为意。①文化也可以代表一种政治意识形态，当那位屠夫把自己说成文化上的左翼（culturalmente de sinistra）时实际上改变了这个词的含义。他之所以这么说，是为了解释他为什么反对报纸上的头条，这些头条总会指出阿尔巴尼亚罪犯的国籍，而当罪犯是意大利人，他们则不这么做。②

在更为普遍的情况下，"文化"一词描述的是标志着一个人经济地位的一套习惯。例如，较穷的人可能会说，他们从未拥有过自己的房子，因为这不是他们的文化。但它也可以有更明确的含义，比如一个人的文化就是他习惯于看一整天报纸。屠夫承认他的阶级出身和他的政治意识形态之间存在冲突，这种意识形态是他从小就从他的直系亲属那里吸收的。这或许以一种极端的形式代表了罗马人在社会层面的政治适应能力。

这样一种特点延续至他的社会环境中：他支持左翼政治团体，但也参与小规模的房地产投机。因为他主动参与素有投机恶名的生意，故激起了更为淳朴的邻居的愤怒。或许他对"文化"这个词用法的改变反映了这种迁就。尽管他热衷回忆自己作为左翼街头斗士的过去，但他的许多顾客和朋友都是坚定的右翼。在这些问题上他远远不是一个典型，因为我经常被不同政治派别的人轻松地混在一起甚至彼此合作震惊。一位与移民结婚的左翼餐馆老板毫不费力地

---

① 他自己没有这样的背景，并认为这反而使他能够做出独立的决定，因为"我丝毫不在乎你是谁"（non mi importa niente chi sei）。
② 按照罗马方言的形式使用 de 不仅是他日常说话的特点，而且在这一充满智慧的评论中略微强调了他是合格的工人阶级。

逐出永恒　　272

把我介绍给了一位身着黑衬衫、贵族出身的法西斯分子。后者是墨索里尼的崇拜者，在他的家里，家徽和墨索里尼问候"他的人民"的照片似乎拥有大致相当的荣誉地位。一位直言不讳的左翼餐馆老板招呼一位建筑师兼前民族联盟区议员，并揶揄他是"法西斯分子"。然后老板转向我，说自己和这个法西斯分子做朋友是多么典型的意大利现象——尽管应该说这是一个可能只存在了20年的现象。理发店仍然是一个特定的地方，政治信念大相径庭的人们可以随时来去，读一读报，也许还会剪一下头发。理发店里偶尔爆发的政治分歧为人们提供了娱乐，这些冲突通常由庄重的理发师本人以研究性的中立态度平静地掌控着。我通过一个意识形态倾向非常不同的家庭认识了这位政治上保守而且受人尊重的理发师。我问这家人的儿子，一位在当地很活跃的左翼民主党政治家，为什么他们家也从一个著名的新法西斯主义者那里购买食品。他回答说："食物没有政治立场，只有味道差异。"而且那个新法西斯主义者的产品是最好的。

这样一种持久且实际的妥协是重要的。我们经常能读到有关意大利人政治生活二元本质的说法。毫无疑问的是，两极之间残酷的斗争在人们的态度上留下了难以磨灭的痕迹。比如，对左翼来说，有关父母、祖父母被纳粹通敌者折磨的记忆，或因其政治背景而无法找到体面工作的问题，仍然给其带来了大量苦难。二战结束20年之后，两个针锋相对的阵营之间仍然会爆发街头斗殴，一些人会带着自豪将这些暴力的经验讲述出来。我的研究刚开始时，当我看到10年甚至20年前分属"天主教徒"和"共产主义者"两个敌对阵营，并且现在仍然倾向于用这些标签来说明自己身份的人能够

第七章　勒索性的文明礼貌　273

轻松地交往，我大受震撼。20世纪80年代的一系列腐败丑闻以及1991年苏联解体导致意大利从前的天主教民主党以及社会主义政党的垮台，这些事件重新塑造了人们的意识形态。其结果是，那些曾经针锋相对的政治阵营现在已变形为松散的联盟。有关街头斗殴的记忆仍然鲜活，右翼暴徒们——今天他们通常被视作民族联盟的新法西斯主义者——用棍棒击打同样愤怒的共产主义青年的头部。这些场景并没有被忘记，但是今天，记忆由于自身转瞬即逝的特性和投机主义的政治结盟发生了扭曲。

在一次关于使用危害环境的设备的争吵中，三两个左翼木匠向宪兵队举报了一位本地店主。这位店主曾是意大利共产党的街头斗士，他对其中一人说道："我会派我的朋友来找你……我会让你的店关门。"这位愤怒的木匠说，这种恐吓方式是原来天主教民主党的典型做法。他似乎对这位共产党员的右翼行为，而不是对被威胁的事实本身更加愤怒。如果说一个共产党人用"朋友"的干预来威胁敌人，而且朋友指的当地的城市警察而不是国家一级的宪兵，那么这样一种威胁表明了一种惊人的逆转，尤其是当这些城市警察在今天以其对右翼的同情心和可以被收买而闻名。另一方面，据称该店主的主要保护人是一名左翼选区的政治家，后者在意大利共产党垮台时抛弃了该党，然后在该党改组为左翼民主党、命运出现转折时重新加入。

事实上，这位店主的违法行为最早是被一名本地黑社会头目透露给其邻居的。这位众所周知的法西斯主义的同情者告诉邻居们，这位店主将大型花箱摆放在自己店前的人行道对面。该头目对这位共产主义店主没有好感，前者过去曾与后者打过交道，但头目也不

逐出永恒　　274

准备以自己的名义正式举报。城市警察在没有收到来自其朋党以外的正式举报的情况下，不会采取任何行动。于是，这名头目，同时也是最后的本地头目之一，相当聪明地挑动其他左翼分子组织了这次攻击。这不仅让他掩盖了自己的身份，而且让共产主义者内部产生了矛盾。店主粗暴地拒绝拆除违规的花箱，这使他的政治和社会关系出现了不可弥补的裂痕。而店主非法安装的一些排烟口造成的环境污染所导致的长期争吵对之产生了进一步损害。

这里的动机显然不再是纯粹的党派政治，即使曾经确实是。但有敌意的语言仍然深受旧有的二元对立的影响。政治身份变成了工具性的，在这个过程中失去了意识形态上的清晰度。因此，对邻居的厌恶，或试图在被驱逐者遭遇困境时为不干预原则进行辩护，都可以政治诋毁的形式实现。"他是个顽固的法西斯主义者（fascistone）"——一个坚定的左翼分子，当地一位著名的共产党员的儿子如此说。但是，他还是跟一个右翼家庭结亲，在他布置路障和利用其他措施来抵抗驱逐时，最终发现自己无法避免接受新法西斯主义政党民族联盟的支持。①

但是，这些诋毁往往有其暂时的和情境性的原因。大多数时候，政治身份截然不同的人们在一起相处得相当融洽，他们（或许是刻意的？）之间的亲切问候是对他们从未完全消除的相互猜疑的粗浅掩饰。今天，在谈起过去的冲突时，有时人们甚至会用一种近乎情深意切的语气诉说。比起避免一切接触，罗马人更喜欢与对方打交道和戏弄对方。一位看门人在年轻时曾当过警察，他被普遍认

---

① 另见下文。我还听到一位前警察在谈到自己时，自豪地使用了 fascistone（法西斯主义者）这个词。

第七章　勒索性的文明礼貌　　275

为是一名法西斯主义者。他不断试图打探我的活动，因为我给他留下了特别的印象，在他看来我是那种制造麻烦的特工。后来，我发现他认为我可能是个间谍。相反，一位喜欢故意激怒警察的左翼朋友告诉我，这个人曾经积极地挑衅蒙蒂的左翼，这是右翼庞大阴谋的一部分，右翼由此制造动乱，从而为政变奠定基础。

政治差异通常在这种流言和嘲弄中显现出来，而不是在暴力对抗中。这样一种间接的模式让人们得以在很大程度上拥有模糊的空间，并且不会有损日常交往中表面的文明礼貌。一位有文学修养的店主向我描述了这种抽象的理想，即《三个火枪手》中的"我为人人，人人为我"。然而，我们几乎找不到曾经发生过协调一致的、全区范围行动的证据。礼貌性的迁就创造了一个平和的表象，但它至少间接地促成了四处弥散的恐惧感、不确定性和内部分裂。因为避免不必要对抗的愿望并没有为以任何形式一致捍卫集体利益的行动保留任何空间。

和平的政治

这种地方性的局面反映了国家层面的政治变化。正如帕特南所指出的，对于作为整体的国家而言，左右两翼之间的直接对抗已经让位于有时令人不安的文明礼貌。[1] 但是，地方新因素仍然举足轻重。一个左翼团体的积极分子向我解释说，他们的政党未能持续控制住其在蒙蒂的领地，这与在鲜花广场（Campo de' Fiori）的情况

---

[1] 见 Putnam, 1995: 105。

形成了鲜明的对比。在那里，一个政党办公室的持续存在意味着即使是非党员也会继续为该党投票，因为他们的家人参与了该党的日常活动（"父亲去那儿工作，母亲为该政党的工作人员煮意大利面"）。但该党在蒙蒂的办公室被关闭了，据称是一个党员组成的阴谋集团所为，其中包括一名本地党员。这个人特别不受人们待见，因为据说他与一个涉嫌高利贷和洗钱的人有联系。

一些人认为，这名党员担心自己有被开除党籍的危险。而且，他曾试图以另一个党的党员的身份参加选举，但没有成功。他知道自己的影响力取决于能否控制该党的本地代表。完全关闭地区办公室逐渐削弱了该党在本地的影响力，这点毫不意外。在这个迄今以"红色"政治著称的地区，该党的影响力已经在以惊人的速度减弱。然而，具有讽刺意味的是，该办公室的关闭也可能削弱了私人的政治活动，这正是当初促使办公室建立的动力。即使未经证实，但更有公民意识的本地匠人和工人越来越不愿意容忍腐败，并在对该党急剧的——因此也是令人尴尬的——地方性衰退感到震惊的年轻活动家中找到支持者。特别是匠人群体，他们中有些人不愿意将自己与特定的事业（cause）或个人联系在一起，他们更欣赏自己和他人的自主性。这种情况对更有公民意识的政治家和党派的工作人员有利，而对一些右翼支持者（他们将匠人划为商人类别，因此是支持他们的选民）和那些试图将右翼玩弄于股掌之间的左翼都不利。结果矛盾的是，匠人们的保守主义成为一种促进变革的力量。尽管这些人的数量不多，但他们足以使天平倾斜。在人们的记忆中，右翼的选举海报第一次出现在匠人们的店铺橱窗里，预示着他们对一些陈腐的、自我延续的文明礼貌的拒绝越来越强烈。那些无

第七章　勒索性的文明礼貌　　277

法（或不敢）从令他们厌恶的成员的魔掌中挣脱出来的商人，可能也会投票给左翼联盟。2000年末，蒙蒂恢复了其旧有的政治色彩，在15年的时间里，首次为当地恢复活力的左翼赢得了实实在在的多数支持，所得选票比几个月前的地区选举增加了6%。与此同时，拉齐奥大区与意大利的大部分地区一样，都倾向于支持右翼。但政治辩论的基调和内容在光谱的另一端也发生了变化。在年轻一代左翼的新纯粹主义（purism）面前，本地的民族联盟积极分子不甘示弱。他们的声音越来越像老一辈共产党人：他们用纯粹主义的修辞宣扬工人的权利和廉洁的公共事务程序，用急不可耐的投机主义来支持那些在加速的士绅化进程中被赶出家园的人。

因此，政治辩论已经发生了变化，对早些年那种过分程式化的意识形态差异的强调明显减少，人们转而强调如何消除以及在何种程度上消除公民生活中现存的腐败来源。早年喧嚣一时的罗马社会作风中的迁就现在越来越多地与这种参与性的公民治理（civic governance）理想发生冲突。帕伦博将这种激烈的地方主义称为"公民认同"（civic indentity）[①]，但我更愿意称之为"地方性文明"（local civility）。这一特征越来越难与国家或国际机构的公民理性主义（civic rationalism）调和。那些以往日有礼有节的腐败（polite corruption）原则行事的人当然没有被连根拔起，而且在某些情况下，他们比以往任何时候都更肆无忌惮地以工具性的方式调用罗马特有的文化亲密性的言辞。即使是那些希望进行激进改革的人，也继续以地方主义的方式行事。比如，许多最年轻一辈左翼政党积极分子，继续强调他们的罗马方言和他们在地方社会

[①] Palumbo, 2003: 371.

网络中的嵌入性——毕竟这些是他们有效吸引选民的能力的直接基础。这场争论与其说是文明礼貌（civil）与公民性（civic）之间的争论，不如说是公民介入（civic engagement）与公民默许（civic acquiescence）之间的争论。这是一场非常不同的战斗，它在地方尺度上再生产了对决定地方事件进程的积极参与权的渴望与全球新自由主义之间持续存在的张力，对后者来说这种地方性的自我主张带来了威胁和不便。

然而，意大利的新自由主义也援引了地方性的语言，这是罗马和其他城市士绅化的潜在逻辑。① 同样，对风景如画的国家的营销将地方特色解释为"罗马性"，并将之作为旅游商品——一种淳朴优雅的新形式——和一种政治姿态。一位被驱逐的原蒙蒂居民反复谴责称，这是一种激进的时髦或空谈的激进（parlor pinkery）。左右翼的政治联盟都陷入了两难境地，一方面是希望通过让当地选民参与进来，并支持他们的事业来取悦他们，另一方面则是倾向按照国际市场的逻辑来重组社会生活的强大力量。这个市场事实上放大了一个已经稳固存在于意大利文化和政治生活中的一组关系的持久张力：其一是地方自豪感；其二是意识到文明（civiltà）的本质要求人们具备在纯粹的地方利益和边界之外运作的能力。

在帕伦博对西西里岛地方主义的分析中有一条重要的线索，更广泛地揭示了意大利的公民性与文明礼貌的关系。很明显，他所说的"公民认同"，即一个以己为荣的城镇及其周边地区的居民对其治理传统的集体自豪感，来源于强烈的对本地的依恋情绪，而这种情绪的培养则通过强调"我们的"政治事务处理方式来实现。比

---

① 关于士绅化的政治和经济逻辑的一个尽管相当笼统但是有效的观点，尤见 Smith（2006）。

如，官方（中央）曾指责西西里人图谋不轨，而这在某种程度上反映了其不愿服从的特征。西西里的领导人反驳称，这个阴谋其实是"罗马人杂烩"（pasticcio romano），由此将国家的理性主义和普救主义（universalist）逻辑降格为众多（糟糕的）本地治理方式中的一种。[1]对"公民"概念的这种理解，与国家或一些人类学家以及其他社会科学领域研究者所推崇的观点大为不同。[2]

文明既关乎对形式的掌握，也关乎政治介入（political engagement），而且实际上它更看重形式而非参与。因此，它提供了一种语言，用这种语言可以威胁异议者，不需要暴力打击就可以使之屈服。目前知识分子和受过教育的社区领袖希望允许表达愤怒和冲突，部分目的是试图重新捕捉一种异乎寻常的能量，这些能量来自那些发现自己被边缘化的人。而使他们边缘化的是一个可怕的组合：旧的文明形式和国家对公民规范性缺乏想象力的应用。这也是抵抗"不参与的适应性姿态"的一种方式。如果我们相信罗马人不断自我重复其陈腐的历史，那么就可以看到，这种姿态在教皇国时代使潜在的异议者受到限制，而今天则为新自由主义投机者和躲在暗处的黑社会运营者的利益服务。

一直有人勇敢地尝试为该区的人们重新夺回文明行为的理想形式。比如"蒙蒂社会网络"的一份资料谴责称，"在一个想将自己定义为文明的城市"（in una città che vuole definirsi civile）里，投

---

[1] Palumbo, 2003: 335.
[2] 帕特南（1993）正是在这种理想类型的意义上使用"公民"（civic）一词。然而，帕伦博的分析（2003，371）表明，此处关键的区别与其说是在文明（civil）和公民（civic）之间，不如说是在公民的两种截然不同的意义之间，即地方性和普遍性。前者强调文明礼貌（civility）是在文化上嵌入意大利的价值观念；而后者则假定"良善治理"（good governance）的理念与文化的特殊性没有什么关系。

机者掠夺年长者和贫穷居民。通过暗示没有公平对待那些可怜人的人实际上明显不如其受害者文明，这一举动意图公开挑战那些声称对文明的文化形式有绝对权力的人。在罗马的中心，几乎没有居民在实践中缺乏基本的良好行为举止，以至于这种操纵策略不会有太大影响。但在这里，罗马人远近闻名的粗野——一种自我刻板印象——与居民的利益背道而驰。投机者用傲慢的说法来回应指责，他们通过对老建筑进行士绅化改造，提升了社区的社会地位——如他们所说，这是他们对提升生活水平的贡献。① 此外，随着他们大量注入资金，他们能够在仍居住于此的居民中挑拨离间，分化那些只是在等候最好的价钱的人与那些出于原则而抵抗的人，或者说，那些认为失去熟悉的空间是多少钱也无法补偿的人。

共有产权公寓中的文明

随着蒙蒂的士绅化，它的居民越发拒绝用老办法来处理他们彼此之间以及他们与当局之间的关系。为了找到这种变化的根源，更容易的方法是探究小规模的地方会议和互动而不是更宏大的政治戏剧。在这些政治戏剧中，有关"共同利益"的花言巧语往往超过实际关切。② 我参加过的一次公寓会议就是一个极具戏剧性的事件，它很好地证明了这一点。

---

① 这很好地说明了精英如何操纵文化价值为自己牟利，以限制人们获得"公民社会"的应有之裨益。参见 Chatterjee, 2004: 40—41。
② Cellamare（2007）专门讨论了"共同利益"（beni comuni）究竟意义为何，这个问题与 Palumbo（帕伦博）对官方模式的"文化利益"（beni culturali）的批评相呼应（2003）。

第七章　勒索性的文明礼貌　　281

市政管理部门长期以来一直关注争论激烈的公寓会议。公寓住户为新修复的外墙的颜色，或者为他们是否应该维护因占用公共空间而被征税的脚手架争论不休。如果问有关会议上人们的行为是怎样的，那么可以预期回答是"太可怕了！"（Pessimo!）。因此，在我田野调查的后期，行政部门推出了"邻里节"（festa dei vicini）。[①] 这种官僚主义的努力遭到预料之中的嘲讽；很少有罗马人倾向于赞同其欢快的修辞。[②] 政府将这一新发明吹捧为对现代个人主义的抗衡。但生机勃勃的社会生活长期以来一直存在于罗马的中心。具有讽刺意味的是，这种生活在当下的瓦解在很大程度上应归因于市政当局自身在面对入侵性投机行为时表现出的无能为力，甚至是与之勾结。因此，在这种对虚构的邻里和睦关系的庆祝里，似乎有些一望而知的虚伪。

罗马当局的一个明确失误是将邻里关系与亲切感混为一谈。事实上，当局想促进的这种亲切感可能预示着旧有的社会参与形式的崩溃，而不是复兴。考虑到旧的人口构成已经分崩离析，取而代之的人只是共享一些关于品味和风格的一般想法，因此正是"蒙蒂社会网络"采取的举措，即承认冲突是社会参与的一个必要部分，更有可能复兴社会互动。现在正在席卷罗马的变化在每个殿式公寓的小范围内被再生产。老居民搬走了，新富（通常是最近才来的）居

[①] 参见如下报告：*Il Messaggero*: RaffellaTroili, "Vicini di casa? È qui la Festa," 15 March 2005, p. 29; Maria Lombardi, "La lite abita nei condomini: una causa su due è tra vicini," 28 April 2005, p. 10; and Raffaella Troili, "È qui la Festa? Sì, ma dei vicini di casa" and Claudia Alì, "Verdone: 'Più solidarietà e più buon senso' – Muccino: 'Io cresciuto dalla sora Fernanda,'" Rome section, 5 May 2005, p. 49; and in *La Repubblica*: Renata Mambelli, "Pic-nic e bicchierate da Corviale a Testaccio," Rome section, 7 May 2005, p. IV.

[②] 这段话故意使用了鲍德里亚的语气（见 Baudrillard, 1994）。但是，我并不是说这种交际性（sociality）的模拟物是不真实的。它们构成了另一种现实，而且有其自身的逻辑和动力，其中，在世纪之交的罗马，新自由主义经济的利益似乎是最重要的。

民要求新的服务，新的维护标准，以及与官僚机构和其他居民打交道的新方式。

因此，公寓会议是观察这种变化的理想环境。这些会议往往是真正的战斗，这里充满了戏剧性的喊叫、指责和对指责的反驳，所有这些都促进并加剧了强烈的代际和阶级间的紧张关系。在我被允许参加并拍摄的一次会议上，我观察到了关于公民性和文明价值更广泛的冲突以及它们之间复杂关系的一个缩影。老一辈成员和年轻成员之间的冲突已经酝酿了几年。在老一辈人中，有一位相当富裕的商人以性格暴躁、言语刻薄而闻名。他是一位特别有发言权的成员。

像这个群体中的其他人一样，他更重视社会互惠而不是程序上的细节。尽管如此，如果他认为这些细节可以被有效利用，他也愿意尝试后者。他熟识的理发师在没有事先通知的情况下被赶出了另一座殿式公寓。理发师和他妻子的物品被随随便便地扔在了街上。他们一筹莫展，因为他们无处可去。这位商人建议，如果这位妻子愿意打扫公共区域地板和楼梯，就可以在自己所在的公寓里给他们腾出一个小的居住空间，而且不收租金。他们爽快地接受了这个提议，但商人提醒他们，首先要征得公寓产权共有人（partner）的同意。他知道要实现这个目标，将面临一场孤独的斗争。但好在他是公寓里的道德标杆，即使现在也是，尽管那些以往更常站在他那边的人已经抛弃了他。在极端的两极分化中，他一个人对抗十四个产权共有人，这场辩论既展现了那些年迈的蒙蒂人的顽强，也说明他们正日渐被孤立。他们仍然坚持旧日的文明方式，并准备好以——可以这么说——一种明显不文明的方式来捍卫它。

更早的一场会议我没有参加。那是一场暴风骤雨般的会议，一直持续到凌晨 4 点，这即使在这个有辩论强迫症的城市也不常见。大多数人——除了商人之外的所有产权共有人——都反对这一提议，理由是他们刚刚成功摆脱了一位免租住在大楼里的清洁女工，不想再重复这种经历。但商人持续慷慨陈词："重点来了，我是这么敲诈他们的！"（Ecch'er punto, er ricatto je l'ho fatto io!）或者，正如他所说的，如果他们不认输，他"准备杀了他们"，"把他们一个个都掐死"。他的意思是，他有足够多关于他们的信息来制造严重的麻烦。有一个人在没有许可证的情况下在大楼里养纯种狗："你会被赶出这里！"另一个人是算命的，富商指责此人有欺诈行为："'你买彩票会中奖'——胡说！'你会找到如意郎君'——胡说！你会被赶出这里！"因为算命者没有为这些可疑的收入缴税。还有一个人在弗拉斯卡蒂（Frascati）拥有一个葡萄园，他把产品带到大楼里存放。"你获得批准了吗？你必须从这里离开……不要把酒带到这里来！"在这段冗长的、充满恶意的咆哮过后，其他住户意识到他们没有什么选择，只能认输。他们知道这位商人很有可能会将威胁付诸实践，将他们的所作所为全部曝光。

他们勉强妥协的一个条件是，商人和一位女士最终同意共同作为理发师的妻子遵守协定的担保人。这位商人承认他冒了很大的风险，因为如果清洁工作做得不理想，他将不得不随时支付一半的租金。但他觉得他可以对她的诚实有"信心"（fiducia）。最后，他得到了管理员的支持。管理员的工作是无论发生任何情况都不能与产权共有人争论，而是执行他们的意愿。这可能并没有让年轻的产权共有人对管理员产生好感，他们已经在谋划将管理员踢出去。他们认为，这位管理员太容易为这种暗箱操作提供服务了。在这个特定的例子中，程序得到了遵守，但它也被操纵了。或者说，正如他们所认为的，程序被一个使用不道德手段和追求个人目的的人操纵了。（他们可能也知道，理发师的妻子满怀感激，现在定期为这位商人洗衣服，并不断给他送家常意大利面）。对管理员的抱怨包括违反程序、不规范或非法承包维修工作，以及其行事风格总体来说与现代法律规则不相容。于是，我参加的会议被召集起来。

那场会议在一个寒冷的夜晚召开，地点是一位成员运营的组织的一间办公室里。那里没有暖气，许多人都穿着厚厚的外套。他们蜷缩在外套里，抵御潜入房间的寒风。主持会议的是管理员本人，他和他的支持者（商人）一样，更倾向于通过个人关系和温和的劝说来解决问题，而不是遵循法律条文。他能够逃避各种官方检查和要求，而且在这个过程中，能为住户节省下很多钱。他曾期待自己能一如既往地以这种方式行事而不受干涉，只要贫穷的住户和那些对如何解决问题持裙带主义观点的人占多数，他就可以一直这样做下去。

他最强大的支持者，即那位商人，可以号召数位盟友。虽然他们可能不认可他对理发师妻子的支持，认为那只是一笔额外的开支，但管理员平时的行为模式对他们的财务状况有利。五金工、水管工和木工都是管理员的朋友。管理员有时会派他的儿子去监工，或者亲自监工，但他认为基本没有必要让任何住户参与这些工作。商人对此评价道："我们有心照不宣的共识。没有人多嘴，没有人诉诸法律，没有人举报，一切都很好。"

相比之下，在年轻一派的眼中，管理员将整栋公寓置于欺诈和被起诉的风险中。最糟糕的是，尽管法律规定管理员需要每年召集一次会议，但他已经四年没有召集过了。突然间，他发现自己在主持一场会议，其中一个可能的结果就是严格执行公共事务程序，导致他自己被解雇和替换。更有甚者，"反叛军"已经准备好了自己的候选人（正如老管理员的支持者所猜测的那样），而且后者出席了当天的会议。

年轻的住户并不仅仅是喜欢指手画脚，他们在捍卫一种新的道德秩序，尽管他们的方法不乏旧有模式的影子。他们的候选人很清楚其中的利害关系，他评论说，这两个群体"生活在两个世界里，这两个世界在文化上是不同的"。20世纪90年代，轰轰烈烈的"净手运动"持续数年，开启了一个道德和政治问责的新时代，强烈的公民责任感（civic duty）被反复强调。① 公寓里的年轻一派由一个从事医学工作的人领导，这或许加强了他们对正式的道德准则和透明度的热情。而年长的居民则是一些受教育水平和社会地位相差甚远的同龄人，他们这一派建立在共同利益的文明理想之上。提供会议场地的某组织的负责人之前是一位五金工，他逐渐拓展了自己的事业，与一个肮脏的老党派建立了联系，成为一位身居幕后的地方政客。他的一位对手这样描述他："有点儿甜言蜜语，有点儿……暗箱操作。你看，他倾向于在那些可以获得好处的空间里钻营，我是这么认为的。"商人总是和这位政治操纵者争吵，但二者也保持着亲近密切的关系。商人告诉了我一些关于市场上的欺诈伎俩的故事，这些故事对我来说是无尽的欢乐和见识的来源。他从

---

① 在这方面，认为"责任"作为一种**内在**的心理**欲望**是公民教育的目的之一，使科利尔（Collier，1997）关于责任与欲望的讨论变得更为复杂。

20世纪30年代起就住在这栋楼里,有很长的居住史;他得到了一位女士的大力支持,她的婆婆拥有他现在居住的公寓,因此她和她的丈夫也与这栋楼有长期的利害关系。他们的一位批评者说,"他们继续以自己的方式经营大楼,在管理员的支持下进行修改和调整,甚至整修大楼结构。管理员总是给予他们支持。"

商人认为这位老管理员很适合他的风格,"他是个圣人,迈克尔,嘿,这就行了!"(È un santo, Miché, e nnamo, ó!)这种神圣性不属于国家的正式公民秩序,也许更不属于教会,而且他的对手们不同意这种判断。更糟糕的是,商人和他的朋友们错误地估计了希望继续照常办事的人的数量。

如果认为老一辈人不尊重程序,那是不对的。他们只是没有从抽象的道德角度来看待它。相反,他们公开地把法律上的正当性(legal correctness)当作一种战略武器(正如商人在理发师妻子一事上"敲诈"其他产权共有人时所展现出的毁灭性效果)。他们也意识到,年轻人调用公共事务程序作为一种战略可能也是为了达成对他们有利的(即使没有明说)目的。管理员愿意主持对他来说可能是一场羞辱的会议,尽管在大部分程序中他看上去非常担忧,但这一事实本身就表明存在某种共同的公民责任感。站在他身旁的是两位支持者,一位是成为政治操纵者的五金工,另一位女士是公寓的记录保管员。在争论的不同阶段,批评者会走到房间的前面,以更戏剧性的方式提出他们的论点。年轻人也毫不犹豫地喊叫和讽刺地反驳。在所有人中,声音最响亮的是一位年轻人,他自称是在捍卫纯净和质朴。这一举动的意图越发明显,这是为了确保管理员的未来这一核心问题没有因为其他居民沉浸在对具体细节——为使大楼

第七章　勒索性的文明礼貌　　287

保持体面的状态已经做了什么或还有什么没做——的关注中而逃脱审查。

会议的很多时间都花在计票上，这并不像听起来那么简单。老管理员一开始试图强制通过一项对他有利的决定，声称对新管理员的投票失败了，因为新管理员获得的（基于产权共有人各自公寓面积的）加权票数略低。但年轻一派声称，根据共有产权公寓规则，他们已经赢得了任命新管理员所需的多数票。老管理员温和地讽刺道："住户有15人，8人反对这一决定。"根据他对程序规则的解读，在场的15位产权共有人中的8位代表至少有50%的权重，构成法定的大多数。与会者就多数的确切定义进行了简短的争论，但无果而终，因为很明显，年轻一派已经提前确定了他们的立场。随后，他们的领导者抓住了这个机会，要求道："对朱利安尼（老管理员）投'反对'的人，也愿意对另一个人投'赞成'。"他接着说，在这种情况下，他们可以提名一个新的管理员，因为——他强调了他的观点——他们构成多数。然后他转向他的管理员候选人。不出所料，后者认同了他的推理，但也表现出对规则的明显尊重。为了让他的胜利板上钉钉，他问道："谁有相反的意见？"一位女士抗议道，"管理员……"，但被人用议事规程压了下来。至此，按照程序，人们要求老管理员接受多数人的意见。

对于公寓内未来的关系来说，更严重的问题是关于代理投票的巨大争议。商人——显然不是没有私心——同意担任一位外国女住户的代理人，这位女住户声称自己无法参加会议。而且，商人事后说，如果她真的不参加，老管理员会有超过一半的票数，因此也就不会受到谴责。然而最后，显然是在年轻群体的施压下——"他们

逐出永恒　　288

给她洗脑了！"商人暴跳如雷地说道——她确实参加了会议，并将票投给年轻一派（"她变卦了！"商人怒道）。双方激烈交锋，商人抗议说她不能写完代理委托书之后又出现在这里投票，对方的领导者则要求查看委托书。

作为对这种不信任的回应，商人认为年轻人没有权利要求他拿出委托书。商人告诉他，委托书要由这位女士自己出示。这位商人后来还扬言，"在下一次会议上，我会在他的头上狠狠地踢一脚"。起初，那位女士否认自己曾给别人委托书，但老管理员最终拿出了文件副本。当商人说，如果她不收回她说的话，自己就起诉她，并要求她接受笔迹鉴定以证明她确曾签署委托书，她收回了对委托书的否认。在剑拔弩张的关头，商人挑唆这位女士公开声称委托书上的签名是伪造的。令人惊讶的是，在某人说不清是绝望还是愤怒的尖叫声中，平静的老管理员只是把委托书递给这位女士，允许她撤销签名。那位脾气暴躁的老商人喃喃自语道："傻瓜！"（deficiente!）不过他的声音大到能够被听到。（后来，在私下里，他再次扬言要对年轻一派成员的各种违法行为采取行动，从而曝光他们虚伪的公民立场。他也承认，他还得到了另外一份委托书。这个人是老管理员的盟友，其实并不想参会，因而授权商人替自己投票。但由于担心老管理员被解雇，他还是决定到场。）

有趣的是，尽管批评者们预演了一系列的抱怨，但在大多数时候是管理员按照规程主持会议，也是他让一位妇女收回了代理授权，并对他投了反对票。这并不是说他有多大的选择余地，而是或许他希望能说服年轻群体相信他可秉持虔信原则和规范行事。而且，他可能还试图表明，他不完全守法的行为至少部分是无害的，

第七章　勒索性的文明礼貌

甚至可能是有益的。

然而，由于他对程序的坚持，他也发现自己主导了自己的失败。按照每个投票的共有产权人所拥有的面积比例计算加权票数，这一复杂且公开的精确方式导致的结果是，老管理员不得不接受那位新人作为他的搭档。更复杂的一个因素是，这位新人是一名住户，一个积极但谨慎地参与讨论的人，并且由于女儿一辈的交情而与老商人保持着和睦的关系。然而事实上，老管理员随后怀着悲哀的心情离开了这个岗位。商人说，这一结果导致管理员在职责之外安排的各种修理工作再也没有人做了。商人也不再搭理那个他本应代其投票的女士，并因另一个群体的领导者怀疑他说谎而对其心存愤怒。

在会议上，一位年长者直言不讳，那些给老管理员投反对票的人"必定是有什么原因"才推举新人。他想知道，如果一个人直接对管理员（他用了一些相当激烈的手势）说"你是个小偷！"，是否就可以避免所有精心准备的拐弯抹角？对此，老管理员的批评者几乎没有异议，但他们不喜欢这样的推论。他们认为应该在进一步讨论之前，细数他们眼中老管理员的失职行为，因为他们担心论据的力量会遗失在杂乱的细节当中。

那位政治操纵者以一种克制的语气和肃穆的神情对会议进行了干预，他滴水不漏，以确保与会者看到他的公正性（但这骗不了任何人），并以欺骗性的透明度承认，造成目前局面的原因实际上是太长时间没有开会了。他说："我认为，我们解决了这个问题，同时也造成了某种敌意。"他还指出，一个人可以改变自己的想法。通过提出放弃他的朋友——老管理员——这一假设的可能性，他塑造了一个鼓励民主辩论和民主决策的形象，而他当然不打算在实践中维系这一形象。年轻群体的领导人无论如何都不会被这种转移注意力的策略所欺骗。另一位年长者从举止上看相当明显属于工人阶级，而且说的是受罗马方言影响的意大利语。他希望能做进一步的辩解，但他的恳求——"不好意思，请耐心一些"——并没有得到回应。

一场比嗓门的辩论就此拉开序幕。这位年长者和一位年轻的"反叛军"开始绷着脸说话，其中夹杂着安抚性的微笑和明显的愤怒。年轻人用轻快而稳定的男高音主宰了整个房间，年长者用沉郁的低音咆哮。年轻人坚称："我们终于聚在一起，我们做出了一个好决定。我们的人数一直很少，参与度不高。但你从来没有来过，你从来没有来参加过会议——嗯对，你不想来。所以现在我们一起，我们都决定，我们不得不这么做。"事实上，这位年长者就是跟商人签署委托书的人。众所周知，他对参加会议不感兴趣，完全乐于让管理员以自己的方式来处理事情，年轻的"反叛军"很清楚这一点。在对政治优势的民主计算中，不参加会议，就像未能在当地市场的公开招标中出价一样，就相当于向新的经济和政治模式投降。

与此同时，管理员意识到他最好的策略是将整个讨论困在对细节问题的争论中，于是礼貌地要求知道"严重的失职行为"是什么。另一位年轻的成员回答了这个关于具体信息的要求，但他是在抱怨管理员没有回应他尝试建立沟通的努力。此时，明显变得激动的管理员开始就细节问题反驳他。年轻群体的领导人担心争论会完全脱轨，从而成为管理员征求具体批评这一表面上具有公民意识的行为的牺牲品。他急忙阻止了他的盟友，并再次抓住了他心中辩论

第七章　勒索性的文明礼貌

的主线。

他大概也意识到，老一派最擅长的一套是他们的信念。正如商人所说，没有召开会议不会有任何法律后果，楼里也没有任何严重的问题，那么为何搞这么大阵仗呢？正如该商人随后重新提起之前那位年长者与年轻人之间的交流，并在他的转述中强调了他认为的重点。"'告诉我发生了什么。''不！你四年都没有来参加会议！''但这与你有什么关系？有什么影响吗？什么影响都没有！没有，对这栋楼没有任何影响，什么都没有！'"具有讽刺意味的是，正是这种精确的转述，才是这位一心想要问责的年轻领导人所担心的。明确的证据表明，实际上没有任何重要的变化。这很可能会说服那些摇摆不定的人忘记管理员的失职行为——以罗马人熟悉的方式：顺其自然。

因此，在这一点上，这位年轻一派的领导人发表了只能被描述为热情洋溢的、逻辑缜密的演讲。这段演讲在热切的文明和严谨的程序之间熟练地摇摆。他不断重复以表示强调，这样做或许是为了激起听众的情绪而非理性。但在论据上，他试图将自己的立场完全表述为理性的，而且仅仅是理性的。这也是他的战术。他明白，如果管理员一旦有机会绕开最明显的指控，就可以很容易驳倒所谓的失职指控，甚至扭转局势。也就是说，他们似乎也并没有一直遵守程序。

首先，他带着表示尴尬同情的微笑，先是与其他人就我的拍摄开了一番玩笑。然后，这位年轻人低头瞥了一眼那个抗议管理员不回应他的盟友，那人就坐在他面前。他轻轻地在这人的衣领上拍了一下，然后转身回到桌子旁，那名陷入困境的管理员就坐在那儿，以一种越来越明显的防御姿态坐着。年轻人开始了他新一轮冗长的论述，以一种充满活力但有节制的激昂情感强调他的观点，并将手中的文件以表达坚定的手势向下挥舞：

> 问题是，年复一年，管理员从未召开过例会。这就是根本问题。因此，所有其他问题都是些边边角角，讨论这些问题在我看来是浪费时间，因为这样会导致争吵和对各种事情的回答。[此时，那位年长者又开始抗议，但说话者提高了音量以占得上风。]不好意思！别说话！听我说，你确实问过我问题是什么。这个问题就是根本问题。一直以来都是这个问题，如果没有这个问题，我们就不会在这里讨论，是这样的，那就是：我们的管理员从1991年到今天，实际上已经连续四年没有召开例会了。连续三年没有向我们提交估价。也就是说，这么多年了，估价和建筑商的账目都没有提交。这就是问题所在！只有这才是问题！我们都知道！也就是说，有一些人对他们认为不那么扰人的问题认识不足，还有一些人希望每年都讨论规则，每年都讨论账目，每年都提名管理员，也就是说，要遵循章程里规定的程序。这才是我们要讨论的，而不是刚才提出的其他那些边边角角的问题。这才是我们要讨论的问题！这个问题已经被提交给管理员好几次了，而管理员从来没有履行他的职责——召开例会。这就是问题的全部！我所说的就是这个问题。关于这个问题，让我们说说吧！

发言者的修辞技巧不仅包括重复，而且还狡猾地暗示，鉴于其中一个要求是管理员的任期应每年更新，该管理员不召开例会在很大程度上关乎其自身利益。请注意，在这一点上，而且实际只在这一点上，发言者避免了重复。如果太明显地纠缠于这种人身攻击，似乎会显得很卑鄙。但是，通过把具体的指控塞进他滔滔不绝的言辞中使其显得几乎就像事后才想到的那样，他提醒他的听众，这实际上是管理员策略的一个关键点。他成功地做到了这一点，而且没有显得不文明。

他对程序的强调并不像看上去那样透明。他限制自己的一位支持者抱怨某件事，不仅是因为他认同的修辞风格要求传达出对对方权利近乎谄媚的尊重（管理员和这间办公室的管理者已经熟练掌握了这一策略），而且几乎可以肯定的是，还因为他知道管理员会利用双方对细节的讨论，这可能反而提醒他一些旧方法具有实际优势。或许正如那位老商人想通过讽刺来强调的，他对管理员说道："他们什么都不懂，亲爱的朱利亚尼！"

管理员一方并没有轻易投降。那名政治操纵者再次行动起来，他站在房间前面，身旁的高背椅上坐着管理员，面前摆放着一张气派的旧办公桌。他说："比方说，这么多年来我们已经达成了一种默契。"显然，他所说的默契是，当管理员在法律的边缘行事时对此睁一只眼闭一只眼的能力。他将自己的提议总结为，保留现在的管理员，并承诺（impegno）今后由他来主持年度例会。房间后面的一个年轻女人突然喊道："这不是他应该做出的承诺，而是法律的规定！"（Non è ch'è un impegno che deve prendere, è un obbligo di legge!）政治操纵者和新候选人开始谈论对法律规范的尊重，但随后前者重申了重新提名老管理员的建议。对此，年轻的医学从业者提出另一个建议：将决定推迟到下次会议。在此基础上，经过进一步的讨论，双方最终达成了协议，即在下次会议前的几个月中，老管理员应与新提名的人合作。

整起事件说明了公民和文明价值观的混合如何使蒙蒂生活的微观政治复杂化。一方面，对程序的遵守与对老管理员在多大程度上遵守法律规定的判断直接相关。另一方面，双方间或使用威胁、劝说和施压的策略表明，任何一方都没有严格遵守程序。允许老管理员继续任职（尽管是联合任职）的礼貌似乎是一种挽回面子的方式。商人和新管理员之间的友好关系会让两个群体的友好关系和邻里共生关系逐渐恢复，年轻群体在基本上赢得战斗后，也没有兴趣加剧业已具有破坏性的紧张关系。

这一结果可以代表罗马人对社交性迁就的品味的惊人胜利，并且证伪了城市管理部门的说法，即为了给整个罗马的公寓带来安宁，越来越需要某种官方的干预——这不过是为其大肆宣扬的"邻里节"做辩护。尽管言语中充满了讽刺的意味，但最老一辈的住户已经与新的管理员建立了相对友好的关系，后者自己作为住户也欣然承认："实际上，'反叛'是在我来到大楼之后开始形成的，我是他们中最后一个入住的。'反叛'的原因是当时没有账目。"老管理员长期不召开年度例会的事实不仅激起了"反叛"，而且还被年轻人中的领导者利用。因为根据章程的规定，如果三分之一的居民愿意，他们有权在没有管理员的情况下召开会议。随着不满情绪逐渐高涨，这一法定人数很容易达到。老管理员的支持者突然变成了透明度的倡导者："他们建立了秘密组织，开会、讨论、思考、发言、通过决定：朱利亚尼必须走！这就是真实的情况。"

在这场对抗中，最明显的事实是一个有公民意识的群体对旧日

第七章　勒索性的文明礼貌　　295

那种从容不迫的文明的表面上的胜利。但这一胜利在很大程度上要归功于大多数主要行动者仍然普遍遵行文明规则，以及他们需要在最终决议中做出一定程度的妥协，即暂时不解雇老管理员。总体而言，公民正确性（civic correctness）的修辞占了上风。老一辈人的粗鄙语言（大部分受到方言影响）、无礼的威胁和糟糕的衣着使其在战术上处于劣势。尤其是所有人都清楚地知道，其成员主要是为了维持一种方便但非法的模式。它的文化资本在于对旧日罗马形象的怀旧诉求，但无法阻止变革的浪潮。

这个年轻的团体同样具有战略性，而且在这方面更加成功。其领导人要求出示委托书，这在老邻居中似乎是一种不文明的举动。但他和老商人都知道，那位女性委托人此前已经坚定地承诺支持解雇的提案，只有如此才能确保抢得这一票。因此，这些传统主义者（traditionalist）心知肚明，年轻群体的行为通过巧妙地操纵投票规则来强加他们自己的意愿。

也许，从他们的角度来看，战术手段证成了公民秩序的目的。他们尤为反对决策参与变成一边倒的局势。"但我们对老管理员的抱怨首先是，他误导了我们……他与两三名住户私下达成协议以管理整栋公寓。"这种修辞关乎民主管理，它所表达的是对自尊和权威的关切。

理发师和他的妻子现在共同负责维持大楼清洁，但关于他们的议题仍然存在。因为一些年轻的住户认为，作为一个原则问题，他们应该支付一些公寓的管理费用。需要再次指出的是，这种观点与其说是出于经济上的考虑，不如说是年轻群体认为他们在商人和他的盟友老管理员的阴谋中可耻地败下阵来，也许现在是时候通过这

逐出永恒　　296

件事在与他们二人的对决上扳回一城了。①

公寓会议从整体上说明了试图在新旧道德观之间建立太强的分类对比意识所固有的危险性。这种做法没有意义，即把一部分人视作传统的，在价值观和态度上是南方的，关注尊重和自尊的问题，对公民秩序不感兴趣；持有与之相对的价值观的则是现代主义者。这种对比是修辞上的，但两种刻板印象实际上在双方的争论中都非常明显地发挥着作用。当然，与会的两派人追求的是截然不同的利益：年长者寻求一系列的短期利益，以及对社交性的长期保证；年轻者则寻求遵守法律，并由此更有效地控制其金钱的使用方式。但是，这些立场是程式化且夸张的。他们关于公民程序和公共事务社会性的替代性修辞（proxy rhetorics）被证明根本不是相互排斥的。相反，两派都汲取了这两种模式。传统主义者显然处于守势，被迫玩起了程序性博弈；年轻群体也并非不文明，而是坚持维持一种正式的礼貌，当然这并没有给寒冷的房间带来一丝温暖。在公寓会议的微观世界里，不可能将正式的规则从其组织者和实践者的社会环境中分离出来。因此，如我们已经指出的，这一现实集中地再现了国家议会以及法律与秩序的力量。②

在这次会议之后，公寓成员彼此之间存续的温情在很大程度上来自新管理员和老管理员最热情的捍卫者老商人那里，二者之间存

---

① 在法西斯政府统治时期，任何有 5 名或更多住户的公寓都必须有一位看门人（portiere），看门人也可以充当警察的眼线。这是一种独裁者试图阻挠一切出于任何潜在政治目的而聚集大量民众的行为的典型方式。目前新的安排已经取代了旧的任命看门人的方式。随着楼宇门禁系统的出现，人们不再雇用常规看门人（当时每年要花费大约 4000 万到 5000 万里拉），取而代之的是一个既不需要交公寓租金，也不会从中获取任何收入的家庭来充当看门人。因此，这在经济上是有利的。
② 这是"柳利当亦"转变主义（trastormismo）的微观改品，即以自身利益为目的循环利用人民性的修辞。但在这里，正如我们将看到的，相反的过程也会发生。另见 Signorelli, 1983: 48，但请注意他所用的语言受到班菲尔德对南方的观点的明显且强烈的影响。

在明显的相互尊重。他们每个人都满怀感情和敬重地跟我说起对方，而且即使是在会议最激动人心的时刻，他们的交流也只是带有些哀伤，但从来没有明显的愤怒。会议结束后的第二天，他们两人在街上遇到了对方，并采取了小心翼翼的方式来化解对立情绪。正如这位新任管理员所说，"我们不能扛着枪到处走"。起初，这位老人假装没有看到新管理员，但后者叫住了他，很快他们开始聊天。

新管理员也立即与被击败的同事进行了交谈，至少在交接阶段，他需要与后者在某种程度上友好地合作。同时，他还有几位备用人选，可随时替代老管理员。他说："我可以自己干，但我不喜欢这样。我知道这种不好的关系从那时起就一直存在的原因。"而且，出于同样的原因，即使老管理员能够证明自己已经适应了新规则，他也确信其他人不会接受老管理员继续留任。他小心翼翼地指出，他个人并不反对老管理员留任，但接着他又强调了公寓住户间保持良好的关系至关重要。

此外，除了罗马人对共住（convivere）的关注，新管理员还唤起了另一个促进和解的因素，即在他谈到商人时提及的，蒙蒂人对逝去过往的怀念。"本质上他是一个好人。他是个好人，但也是个爱抱怨的人……比如，他有老罗马人的做派，就是20世纪头几年的罗马人。"而且他暗示说，正是这种对旧日行为方式的尊重使迁就成为可能："我们尊重他的为人，即使有时他的行为相当利己，有时甚至有点粗鲁。"或许还值得注意的是，这些明智的言论伴随着一种被公开讲出的觉悟，标识出我们所熟知的那种（尽管是以亲切的方式说出的）免责声明，即这位老人是犹太人，但是（però）……这种友情和怀旧并不因为被这样的措辞限定而显

逐出永恒 298

得不那么真实或可被分享（mutual）。犹太社区在罗马的地位被这种奇怪的异化与向心性（alienation and centrality）的混合体困扰，这种矛盾的混合体既在个体层面也在集体层面影响着其所有成员。

事实上，这位新管理员的评论概括了一段虚拟的历史（virtual history），这段历史让罗马人得以在教皇惩罚性的统治下生活数个世纪。现在，这种视角反而使他们更容易受到全球性的、公民性的现代性模式的影响。即使是他那微妙的暗示——那位商人的犹太文化带来了一定程度的张力——在罗马的语境中，也表明存在共同生活过的和彼此共享的过去。商人的粗鲁行为在其他情况下可能只会引起厌恶、敌意和公开的偏见，在这里却成了一种提醒：正在被拆散打碎的东西仍然属于旧日传统的方式，因此也值得被倾听。其他人可能会认为商人过于"俗"，因而不适合作为当地文化的代表（值得注意的是，相对而言，说话的人是一位新来者）。这一情况反而向我们展示了，在需要一定程度的邻里关系的情况下，这些璞玉浑金般的品质可以被视为文化的瑰宝。然而，更常见的一种情况是，随着对这种粗鲁的传统主义的推崇，最终结果是其影响事件进程的力量被边缘化和抵消。在新的阶序系统（dispensation）下，它被表述为"传统的"，因而作为一种装饰性的东西，而不是事物的主导秩序的内在本质。

这个事件是更广泛的社会中正在发生的事情的缩影，公民性修辞和公民治理扩散式地灌入公寓会议以及围绕它的事件当中。这一过程建立在对邻里之间文明关系（civil relation）的持续假设上。尽管两位年长的工人阶级男子大声呼喊，但会议基本上是在相互尊重的气氛中进行的，而且其中夹杂着幽默的调侃和偶尔表达出来的真实愤怒。成员们通常用正式的"您"（lei）或者姓氏称呼对方，并在姓氏前加上适当的头衔。在这里，我们也能看到地方性交际（local sociality）被有关尊重的国家语言浸染，但这些语言本身并不表明其对公民性的价值观特别忠诚。尽管如此，总的来说，这是一幅邻居间亲密关系的图景。他们善于处理导致他们分裂的冲突，一方强调这种共同的社会基础和省钱的重要性；另一方则把自己描绘成合法性和公寓集体长期利益的拥护者——实际上，他们更倾向于官僚主义的观点。在后者那里，持久性和对规则的遵从战胜了临时性、偶在性和社会适应性。

公民文明的教训

公寓会议的故事显示了老成的年轻行动者——而且其中一些是刚到该区的——如何与有长时间居住史的居民以及作为罗马自我刻板印象的怀旧性权威打交道。因为所有的社会行动都来自共识和冲突的混合体，所以要理解新的公民性的自豪感，相关语境至关重要，即预先存在的情感结构、忠诚结构和认同结构，特别是既限制了又引导了公民参与之兴起的文明和礼节的深厚传统。公民性并没有完全取代文明礼貌，相反，它必须借助文明礼貌才能有效，这就意味着，文明的规范也会引导和限制公共事务程序的使用。

行为举止非常重要，在商业活动中，它们对客户的忠诚度的影响至少与价格一样大。与客户交谈是一门艺术，在这门艺术中，礼貌必须与调笑甚至戏弄达成平衡。而且在这门艺术中，非正式的礼节有时似乎与正式的礼节一样需要经过深思熟虑。反过来说，粗鲁有时也可以作为亲密性文明的语言中的一种自我防卫形式。比如一位上了年纪的流动商贩，他那老旧、不体面的衣着、留着胡须的下巴和咄咄逼人的言语很好地强调了他拒绝玩礼貌游戏。在一位跟他有深厚友谊的女士开的餐馆里，他被多收了咖啡钱（他的朋友会向他收取仅仅 1000 里拉，而不是服务员要求的 3000 里拉）。他确信这位服务员不想看到他再来这家店，因为他的外表很邋遢。但这位女服务员没有用语言回答他关于价格的问询，只是以非常蛮横、不尊重的姿势竖起三根手指，并坚持要他马上付钱。他本可以叫老板过来，但她此时正在烟草柜台前忙着接待顾客。因此，当这位女服务员尖声向一位男服务员求助时，他干脆把声音提得更高：“我要看价格，你祖宗的！"（Vojo vede' 'r prezzo, li mortacci tua!）

在粗暴的幽默和正式的礼节之间不断变化的平衡背后，是一种变动感，从地方性友谊与亲切感的庇护主义修辞，转向一种无利害关系的正确性和精确性的现代主义风格，后者以所谓公民行动的明确规则作为中介。熟练的行动者可以交替调用文明的魅力（civil charm）和冷静的正确性（chilly correctness）作为实现利己目标的手段，而这种利己目标仅凭借苦心钻营如何合乎礼节地运用诡计就能实现。因此，或许事实并不像一些理论——从社会进化论，到沾沾自喜的欧洲文化史，再到最近对毫不掩饰的新教形式的"民间社会"的大肆宣扬——引导我们认为的那样。事实上，从文雅有礼（courtly）到公民性（civic）的转变并非一条线性路径。①

因此，公民性原则和文明的要求之间的张力是不同形式的社会管理和政治管理之间错综复杂的接触的结果。不太友好的批评家抱怨说，罗马人与其说是迁就，不如说是虚伪。他们对权力的逆来顺受使罗马人的日常交往具有一种奇怪的顺从的品质。一位在国外长大的珠宝商告诉我，罗马人有一种可贵的能力，当经济或社会地位较高的人试图主导对话时，他们会避位让贤。这位珠宝商带我去参加一个周转信贷互助会定期在该区北部的一个餐馆举行的例会，希望能谨慎地进入其内部圈子。在那里，我们遇到了一位富有的居民，他显然不是这个工人阶级餐馆的常客。他意识到我们也不是工人，就开始"垄断"我们试图与一些匠人开启的谈话。他吹嘘罗马是全世界他知道的所有城市中最美丽的城市，并声称哪里都没有匠人了。其他顾客只是静静地坐着，不理会这种令人尴尬的长篇大论。事后，这位珠宝商为未能使我们摆脱困窘而向我道歉，但对其他人谨慎的退却表示赞赏。他认为这是罗马人的一种特殊手段。而且，他说这不会对我们以后试图与他们交谈产生任何影响。

罗马人的自我刻板印象——习惯迁就但有时又善于摆布——对建立更"理性"的公民生活形式的努力有特定的影响。比如，有人认为这很难让人们对犯罪和腐败采取一致的行动。这论断以一种坚定不移的文化决定论形式，再生产了地方性的顺从（rassegnazione），并将这种被动性习惯性地归因于它。此外，人们经常对这些力量表

---

① 正如 Elias（2000）所言，Pardo（1996：13、48、170）正确地指出，友谊的工具性和情感性使用之间的区别简化和扭曲了意大利城市生活的经验事实。友谊可以为工具性目的所利用，但没有必要损失情感，尽管对自利的指责有时也有助于解释社会关系的破裂。

达仇恨态度，甚至也包括我们在全国各地小村庄中遇到的文明的原则——这些原则本身见证了根深蒂固的权威和价值的阶序。事实上，尖锐和粗鲁的言辞被谴责为"不文明"，是因为它与公民事务（civic affairs）的成功进行不兼容。一些访客或住户没有关闭我们殿式公寓的前门——一个严重的安全问题——房东在描述这一情况时也使用了类似的说法，尽管他无奈的表情暗示了对人际道德下降的无可奈何。

文明的缺点，它的排他性的一面，往往从语言的使用上就可以看出来。正如井上美弥子指出的，在日本，"民间社会"只是掩盖了差异和平等可以并存的想法中的矛盾。① 它创造了"允许他人说话"的文本空间，但只能在严格的控制之下存在。在意大利，文雅有礼的行为举止长期以来与矫揉造作的轻蔑和疏远态度有关。这种态度曾经与朴素和谦逊的理想联系在一起，在现代资本主义条件下，则变成取代匠人和贵族的暴发户（nouveaux riches）的霸道和浮夸的暴力。在蒙蒂，这种本质上的新自由主义精神的胜利具有特别痛苦的影响和效果。与苏联不同的是，那里的经济结构调整经常使用新的文明形式来掩盖暴力，而在现实中，结构调整实际加剧了这种暴力。② 意大利长期以来一直是某种特定文明的家园，这种文明无论就其意图还是效果来说都具有潜在的暴力。然而，在这两个方面，暴发户将暴力和礼节的勾结放大到前所未有的程度，而这种结合与公民价值直接冲突，但却使用同一种表达道德愤怒的语言。

---

① Inoue，2006：49.
② Hemment，2007：100.

空间与风格的暴力

对重构生活空间权力的竞争，是蒙蒂和整个罗马历史中心区社会变革的核心。新出现的公民责任感通常不够强大，它无法保护人们不被驱逐出家园，或被排除在公共场所之外。似乎可以说，那些成功在最初的变化中幸存下来的当地商人寄望于从新来者身上获得更多利润的事实也削弱了公民责任感的力量。在禧年庆典之际，一些商店受到特别法令的保护而不被驱逐。但最主要的动力是快速的重构，而且这一动力主要来自该地区以外。不管他们与这一地区的关系如何，那些对街区的社会意义没有任何兴趣，但却拥有大量金钱和政治影响力的企业家，几乎可以肆无忌惮地形塑新的空间结构，将曾经的匠人作坊和住宅改造成媚俗的旅游饭店、餐馆和酒吧，为有权势的人提供的私人临时住所（pied-à-terre），以及为独具慧眼的游客提供的简易旅馆。①

最具争议的问题之一来自那些将业务扩展到人行道和公共广场上的餐厅和饭店。游客通常被这种布置吸引，这使他们能够在文艺复兴和巴洛克建筑的美景中，在罗马的春秋时节，在夕阳下的浓浓暖意中品尝开胃酒。然而，对本地居民而言，这却不一定是好事。这些营业场所的老板通常都决心尽可能地得寸进尺。他们对一套越来越具体的法律规范的蔑视是一种自我确认，他们越是能在不受制裁的情况下违反越来越明显的法律限制，他们就越能通过虚假的礼节以及由此造成的恐惧来强加自己的意志。为了新的经济利益，对

---

① 谴责这些发展的蒙蒂人声称，这些长期以来不断推进的改造已经有效地破坏了特拉斯提弗列区的古老氛围。

公共空间的占领和私有财产的非法延伸，为当下困扰整座城市的大部分冲突提供了空间和时间框架。①

这是一个有效利用文明的过程，但这种文明不是公民性的。有人告诉我，一个友善的无赖是"没有公民意识的"（non ha il senso civico）。这一指控包括违反卫生和环境法规，以及厚颜无耻地试图占用一段人行道。这样做表面上是为了美化他的店铺，实际上是为了阻止别人在店前停车（当然，这并不比他先发制人的行为更有合法性）。然而，他的社交举止当然是文明的——事实上，他是如此热情和有趣，因此，这导致了他的许多批评者在战术上的不断失败。当然，他与当权者的关系在此也发挥了作用。

占据部分人行道或广场不仅仅是一种领土征用行为，也是一种威胁。这种威胁预示着将对任何愚蠢到敢于反抗的人造成更可怕的后果，而且这类行为还会变本加厉。当公民的举报完全没有效果时，这一信息就会变得更加清晰。作恶之人从未被指控犯罪这一事实既保护了他们的声誉，也保护了他们的活动。一旦他们成功地通过了早期严肃的法律挑战，他们就会持续地违法。一朝脱罪，无往不利。

一些违法建筑的名字似乎为隐含的威胁提供了指涉性的力量。大多数蒙蒂人相信，有两家餐馆属于一位当地传言中的放高利贷者。两家餐馆的名字刻意暗示土匪和牛仔的浪漫的暴力。一位匠人说，这就像老板直截了当地宣布："我是一个黑社会人物，我不会遮遮掩掩。"实际上，这些名字是暗示性的，而不是指涉性的，这

---

① 还包括更早的有钱有势的人对空间征用的暴发，特别是在巴洛克时代；见 Lanoue（即将出版）。

些名字暗示的威胁所包含的"可被否认性"(deniability)使其更具某种不祥之力。特别是在罗马这样一座城市，这种故意的挑衅被视为西西里人的风格而不是罗马人的（罗马黑社会的风格是由当地犯罪头目在夜间悄悄打电话，暗示其他人应该挑起麻烦）。当然，这位餐馆老板的策略没有任何讳莫如深之处。例如，其中一家店的招牌显然是模仿西部荒野警长海报的字体，但（用英语书写的）名字本身的意思相当模糊，其意大利语译名只让人联想到它更无害的含义。威胁？什么威胁？这家餐馆的最忠实的常客坚定地表示，这些批评只是出于嫉妒的言论，该地区所有的餐馆都有一个暗示粗鲁的罗马社会底层的名字——"所有的名字都有点街头混混的风格"（tutt'i nomi un po' da coatti）。①

人们可以肯定的是，这些名字被许多居民视作威胁。他们感到这些名字是在要求他们"自我贬低"，并献上懦弱者的尊重。对当地批评家来说，这是一个完全合理的解释，但人们丝毫没有办法拿出合法证据。店主的个人举止也强化了同样的信息。他在禁止吸烟的地方故意吸烟，如果被要求停止，他就短暂地走开，一言不发，然后很快就会走回来，仍然点着烟。一位外国女士的比萨被收了双倍的价格，当她要求看看收据时，店主只是走过她的车，然后猛击了一下引擎盖。她认为这是一种威胁的姿态，因此她没敢抱怨。

公共舆论实际上确认了这种胆大妄为的行为确实有效。人们谈论得越多，它就越是根深蒂固。当地为数不多敢于批评店主的匠人之一对公众的反应感到沮丧，他说："人们谈论它，但这种谈论本

---

① 这位常客还为餐馆老板辩解，理由是餐馆为该地区创造了新的收入。这个说法显然值得商榷，因为有些人观察到餐馆通常是空的。关于"coatti"（coatto 的复数形式）一词，见第 222 页脚注。

身成为一种赞美他行为的方式。"厚颜无耻是一种有力的武器：这些营业场所无视针对公共空间、当地交通以及环境危害的法律越久，他们的持续存在所创造的不可战胜的印象便越有效，人们就越觉得法律难有作为。这种可悲的愤世嫉俗并没有因为餐馆老板实际上是警察的线人的传言而消除，亦没有因为一些无甚相关的事件发生而有所减弱，比如一名年轻警察据说因为敢于揭露在中心广场进行的毒品交易而遭到殴打。媒体经常报道国家的低效和法律行动的迟缓，这些报道恰恰汲取了这种威胁长期以来所使用的语汇，这进一步强化了这种信息。

此外，法律和它所规范的社会准则一样复杂，而且明显自相矛盾。一位法官最近裁定，称某人为"无名之辈"（nobody）是一种犯罪行为，因为它剥夺了宪法认可的人格权利。但是，使用亵渎性词汇只是一种粗鲁的行为，在意大利男性准则中是可被接受的社交行为。而且，这一行为还受到法律保护，因为它并不明显构成故意威胁。[①] 类似的逻辑使"扣押"人员成为非法行为，以至于当场抓住窃贼并将其锁在屋内直到警察到来的户主很可能被指控非法扣押，而这项指控最初是为制裁绑匪而设置的。

这种讽刺，使最诚实和好心的警察的努力受挫。同时也助长了政治右翼的义愤，而且由于右翼经常呼吁更严厉的法律和惩罚，这也加强了其相对于左翼的选举力量。扣押实际上是一种严重且常见的违法行为，但其最暴力的表现形式——比如放高利贷者说服

---

① 该裁决被以下媒体报道：*Corriere della Sera* (Lorenzo Salvia, "Cassazione: Vietato dire 'tu non sei nessuno,'" p. 14, and Beppe Severginini, "Sì, lui non è nessuno. Ma è meglio non dirglielo" pp. 1, 14) and *Il Messaggero* (Raffaella Simone, "Reato dire: nonsei nessuno," pp. 1, 18) on 9 July 2004。其他国家的媒体对此也有报道，且报道常带有幸灾乐祸的意味，如 Charles Oliver 发表的无标题文章，见 *Reason*, October 2004 [36] (5): 14。

他的赌徒"朋友"搬去跟他一起住，直到债务全部还清——依靠的是勒索（这也是非法的）。这些勒索通常用饱含情谊的、客气的保证来掩盖，这些保证本身可以被普遍理解为一种提醒，即提醒人们如果友谊被背叛会发生什么，但是却永远无法在法律上被指认。本地人称这种无法无天和礼节的强效混合物为"黑手党行为"（comportamento mafioso）。其基础是文明（civility），它是公民美德的极端对立面，也是无情者手中可怕的武器。

第八章

举报的艺术

为什么意大利的执法人员似乎一直在要求公民互相"举报"（denounce）？语言有时可以带来意想不到的冲击效果，特别是当人们试图理解官方实践时。有时，由共同的词源产生的表面的可翻译性，可以产生滑稽的效果。比如，"traffico promiscuo"的意思不是"淫乱的交通"，而是某种多用途的车辆。"case abusive"是指违建（erected illegally）的房屋，加上非法张贴广告和竞选材料等不端行为，以及非法占用公共土地（occupazione del suolo pubblico）（通常是饭店和餐厅的桌子被放在人行道和风景如画的广场上，如蒙蒂的小广场一带），这类现象总体上被称为"非法占用"（abusivismo）。它们通常被视为意大利社会的一个系统性问题。

尽管对英语使用者来说，"举报"（denuncia）听起来很有威胁性（对意大利语使用者来说也经常如此），但与前例相似，它也具有相当不同的官方意义：它可以是以自己的名义向当局做出的任何正式声明，甚至不一定是负面的（可以肯定的是，罗马人不太可能把向当局求助当作一种完全中立的行为。这种行为太不文明。这也就是为什么那个突然向放高利贷者发难的年轻人宁愿避免——或者至少声称他已经退出——正式举报，尽管他确实认为警察在关键时刻到来并拯救他是非常幸运的事情）。反恐法要求所有房主申报的有关外国住户或客人的信息也属于这一类，这在法律上意味着公民有责任向维护法律和秩序的力量通报任何官方关注的问题。正如我们所见，这对受害者来说也是必要的。保险公司和其他对客户负有法律责任的机构——比如签发支票的银行——只有在首先向相关警务部门举报的情况下，才会得到盗窃或损害的补偿。

举报的逻辑

举报也被一套复杂的禁忌和限制包围。表面上看，它是关注公平竞争的产物，但实际上它导致了相当大的阻碍。我以前的一位学生兼现在的同事以及她的丈夫来罗马拜访我和我的妻子。当他们离开车站前往奥地利时，一个小偷抢走了她的包。一位铁路员工有点懈怠地找到一位警察，后者把我们带到了车站的相关办公室（还声称从功能上讲，报告提交给警察还是给宪兵没有区别）。当我到达办公室并告诉他我是英国公民时，我被告知我必须用英语而不是意大利语进行举报。当得知我不是受害者而只是证人时，我被告知我实际上根本没有权利举报！而且由于我的同事正在去奥地利的路上，她现在应该向奥地利警方举报。我继续争辩说，作为证人，我应该被允许就我所知道的情况提交某种报告。这位警察首先提醒我法律是不可变通的（inflexible），然后他松口说，他们确实可以根据我的证词做一份报告，但却不允许我看这份文件。最后，那位警察建议，最好的解决办法是由我的同事——一位希腊公民，上报给希腊驻罗马的大使馆，而且我在那里也有良好的关系，必要时也可以跟进。此事再无下文。鉴于举报似乎只是为了永远搁置一个问题，因此一位外国公民上报另一位外国公民的不幸遭遇，不太可能得到什么令人满意的答复。

对意大利人来说，举报嵌在比警务程序更危险的东西中。它总是牵涉报复这一真正的风险。对造成烟尘污染的非法设施进行投诉的公民，会在夜间打来的电话中被告知他们正处于严重的危险之中，而向警方投诉只能得到同情的耸肩和实际上毫无意义的官方记录。这些威胁电话是无法追踪的，特别是因为受害者首先要去警察局，在警察采取行动之前提请一次正式的举报，这时再去寻找打电话者的身份就难免太晚了。

正如举报放高利贷者的鱼贩所遭受的那样，举报甚至可能是致命的。负责本市商业事务的官员在一份公开声明中称，任何没有举报放贷者的高利贷受害者，都是该罪行的共谋者。因此，鱼贩遗孀的愤怒是可以理解的（尽管没有举报则构成共谋的一般原则实际上适用于所有类型的犯罪）。她说，市政当局期望人们说出真相，但却让那些有勇气这样做的人完全暴露在犯罪者的报复之下。然而，就像在许多其他情况下一样，如果没有举报，警察则可以声称没有采取行动的依据。

在现实中，更严重的共谋行为不是受害者的沉默。真正的共谋行为是那些人明明有能力干预，但却要求无论原告付出什么代价，都要先举报。共谋者本有权批准这类干预，但举报却阻止了这一行为。因此，举报实际上使当局成为威胁和其他象征性暴力形式持续存在的共谋。同时，它还免除了警察对犯罪行为未能做出迅速反应的责任，因为法律规定，除了谋杀这样的极端事件外，事先举报是受害者的明确责任。因此，要求正式举报所造成的延误，可以说是导致轻罪罪犯成功犯罪的原因之一。另外一个原因，则是一种危险的自我辩解的信念，如一位高级宪兵所说，轻微罪行都是由移民犯下的，或者是由于本地的社交形式被打破——尤其是过去守望街道的匠人的离开——所带来的警惕性的减弱。同样，这项规定也阻碍了那些真正希望迅速采取行动的警察。提出此类举报是公民的责任，同时也是追回赃物和获得保险赔偿的前置条件，这一事实助长了罗马人纵容放任的节奏，因而也保护了罪犯，或许还保护了一些官僚。

即使是——或者说特别是——当非法行为的始作俑者不能被确认时，人们也需要通过举报来促成任何进一步的官方行动。在这些情况下，它被简单地称为"对未知人员的举报"（denuncia contro ignoti）。"denuncia"一词也许可以简单地翻译为"报告"，但警方用一个不同的名称来指称对非法活动的初次"报告"——"verbale"。而且，针对这类报告并不一定要采取进一步的行动。任何历史遗迹的发现都需要进行报告。如果不提供这样的文件，就意味着房主存在过失，即他隐瞒了可能会导致某些翻修项目延误的发现。1999 年，我们住进当时的公寓，房东告诉我们，他必须向警方报告我们的存在，以满足现行反恐法对所有临时外国居民的追踪要求。

举报/报告这一术语表明了对当地旧秩序的背离。比如，如果有可能通过调解找回被盗的财产，那么人们就不会对自行车等被盗财产发起举报。正是"外来者/陌生人"（stranieri）——其字面意思是"外国人"，但其实是指非本地的新居民——发起了一连串关于违法建筑的正式举报。这些违法建筑并没有明显影响到他们，但却冒犯了他们的法律意识。一位屠夫谈及三位新客，这些人举报了他们公寓对面阳台上的非法施工。对此，他说："有些人就是屎！"（Certa gente è stronzo！）据这位屠夫说，违法者所做的只是美化一个已经存在的建筑结构，在上面摆放鲜花，甚至不妨碍他自己看卡皮托利诺山的视野（他认为影响视野才是采取法律行动的正当理由）。被举报的业主是一名律师，他对指控完全不以为然，可能是因为他相信自己有能力使案件对他有利，或者他能将案件拖延到不了了之的地步。

在同一条街道上，另一个向当局举报的案件则引发了更多的迁就。店主首先被警告（一位观察者讽刺地将之描述为"相互恭维"）：他们，特别是他们的店妨害了周围的邻居，而且最重要的是，他们不是本地人。一位女士的态度非常明确：如果一个行为良好的本地人把车停在她的商店外面，她会解释——尽管她已对此感到厌倦——不该把车停在这儿，因为这是一个商店的入口，对她来说这件事到此就结束了（特别是由于警察只会处以罚款而不会实际移走违规车辆）；但如果停车者是一个来自区外的陌生人，她会简单地向当局报告这一违法行为，让正义得到维护。

一旦陌生人闯入蒙蒂社会偶尔带有令人愉悦的罪恶感的、时常充满冲突的、以工人阶级为主导的亲密关系中，就可能导致官僚主义干预的加强。在我进行田野调查的30年前，一位建筑师和她的丈夫因违章停车被本市的警察罚款，因为当地人对他们的违法行为有敌意。但是，同样的敌意也会导致街道上其他人割破他们的汽车轮胎。而一旦他们被纳入当地的社会圈子，这两种骚扰就都停止了。他们现在是该区团结的共同体的一部分，这个地区对任何形式的官方干预都深感不信任。即使在今天，报告他人的违法行为显然仍被普遍认为是不文明的。一位自称是传统主义者的人认为，这种面对权威的团结是意大利悠久的城市自力更生史的结果。这也许是一个虚伪的论断，因为这座城市的居民也援引教皇统治的漫长世纪作为他们灵活迁就权力的解释。但他认为这"就是我们文化的一部分"（fa parte della nostra cultura）。这种文化从一代又一代的学龄儿童的习惯中衍生，他们通过吟唱"间谍，间谍，大间谍！"（spia, spia, spione!）来谴责打小报告的行为。有趣的是，这位传统主义者明确表示背叛邻居是"相当不文明的"行为，而这句话证明了文明性（civil）和公民性（civic）之间持续存在的对立感。

所有这些都使人们对那些习惯于向警察报告违规行为的新来者充满敌意。值得注意的是，人们用侮辱性绰号"屎"（stronzo）来称呼一名举报花箱占道的邻居，这一称呼让人们联想到发音相似的一个双关语——"strozzino"（放高利贷者，字面意思是扼住喉咙的人。strozzini 的单数形式），即反社会行为的最终化身。新来者们遵纪守法，自命不凡，有时拒绝参与既定的社会实践，这使日常关系超出了当地人普遍的容忍限度。当一位愤怒的住户报告说，他所在大楼的一位租户把花盆放在远不能承受花盆重量的横梁上时，城市警察让他打电话给消防队，而消防队告诉他，除非横梁开始断裂，否则他们不会采取行动。他们的冷漠加在一起似乎就像是来自一位邻居的指责。毕竟，城市警察和消防队都是非常本地化的。

在富有的陌生人的到来使正式的举报变得更加频繁之前，整个历史中心区是一个集体性小恶习的重写本（palimpsest）。正如我被告知的那样，紧密地居住在一起（la convivenza stretta）意味着对邻居的违规行为视而不见。这有一种几乎是幸灾乐祸的共谋感。这是一种本地的文化亲密关系，没有这种亲密关系，城市的社会生活就会死亡，城市管理部门本身也会被琐碎的举报淹没。

即使考虑到当地人对外来者造成的冲击的描述有一定程度的夸大，激烈的变化也很明显正在发生。不受本地社会非正式价值观约束的陌生人愿意接受启动诉讼的正式法律责任。这种法律主义粗暴地——或者说不文明地——扰乱了自古以来在本地社会背景下处理轻微违法行为的模式。然而，在市政当局和市民的关系中，旧的价值观仍然存在。部分原因在于至少警察和其他官僚本身——即使不考虑蒙蒂的居民——很熟悉这种价值观的运作方式以及无所不包的意大利文化。正如我所发现的，在拖延针对任何可疑非法行为的报告方面，它表现出令人叹为观止的巴洛克式的复杂性，这主要体现为相关人员懒于采取实质性行动。有一次，有人试图闯入我们的公寓。当时我们试图进门，门开到一半被卡住了。当我们更仔细地观察时，发现门上有明显的碎裂和撬动痕迹。旁边的地板上躺着两枚硬币，显然是撬门失败了，此外地上还有门上掉落的小木片。

我们给两个主要的国家警务力量打电话，即警察局和宪兵队。（后来，当我向一位警察提到我的困难时，他并没有意识到我的意图，并表示这两个部门之间存在不友好的竞争关系，他说我应该在没有得到宪兵队的答复时立即打给警察局）。但我无法与任何一个部门取得联系，因此我开始出门寻找任何这类部门的人员。我找到的第一个宪兵站，在附近的意大利银行总部对面，只为银行本身服务，但值班人员同意给有关同事打电话，并设法打通了电话。我后

第八章　举报的艺术

来发现，之所以我没打通而他打通了，可能是因为他有一条内部服务线路。

最终，在经过几个小时和另外几通电话之后，一个明显感到厌烦的警员来到了这里，从我这里记下了细节，以便应付他的报告。他拒绝查看我们找到的硬币，并对提取指纹的想法嗤之以鼻。他还断然否定了我们的推测，即也许这次入室盗窃企图与之前的事件有关。在之前那次事件中，有人冒充公职人员骗取了我们一些钱。他说："这两件事没关系。"而对于我抱怨他们反应太慢，他说"我们必须务实"，并提到罗马每天大约有四千起盗窃案。我们又不是发现了一具尸体——他向我郑重保证，如果是那样的话就会引起他们迅速的反应！

后来我们谈到这一事件时，一位愤世嫉俗的朋友提出了一个非常不同的解释。他说警察总是等待一段时间，给小偷一个逃跑的机会，然后"他们见面，一些钱就转手了"。我没有理由认为我们的情况是这样的，甚至没有理由认为这是一种常见的情况，但这揭示了人们对维持法律和秩序的力量的普遍看法。甚至一个对当局的困难表示同情的店主也说，宪兵队到达时常常鸣笛，以警告窃贼迅速离开。他说，这比逮捕人后却因法律细节而撤销逮捕要好得多，这是警方通常的抱怨。

我无法判断怀疑宪兵队故意拖延行动是否合理，我也不知道警察局手头有更紧急的案件这一看似合理的说法是不是他们反应迟缓的真正原因。我现在确实又学了一课：警务力量的官僚程序如何在本应立即采取行动的时刻过去很久之后，把采取进一步行动的责任推给公民，从而有效地鼓励犯罪活动。

令我吃惊的是，那位年轻的警员接着告诉我，他的报告只是一个归档程序，而我必须去警察局举报入室盗窃。由于不明白他的报告和我的举报之间的细微区别，因此我表示强烈反对，难道他不是已经把这个案子的细节写出来了吗？他不为我的困惑所动，坚定地解释说，作为一位市民，我有责任上报这件事。我说我不是意大利的公民，他只是说这无关紧要，因为法律要求我在任何情况下都要这样做——尽管他准备让我来决定是否要这么做（这种说法本身就有明显的模糊性！）。他在临别时说，这条街道不是警方关注的重点，这就是为什么没有定期巡逻。事实上，居民有时也会抱怨这一点。这条街在他眼里并不重要，显然在他的上级眼里也是如此，这起案件也微不足道。事实就是如此。

我为他那严厉的命令考虑了一两天，不确定是否真的值得跑一趟（这样做无疑增加了罪犯和警察局之间的距离）。但最终我认为这个程序可能会提供一段有趣的民族志经验（我们家附近的一家五金店曾被人闯入，店主认为不值得他去举报，但认为我这个外国人可能会觉得很有趣！），因此我出发寻找合适的警察局。

接下来的事情似乎证实了许多意大利人对宪兵队——这一以军队为基础的警察机构——和其他警务力量的滑稽印象（有很多书整本都是关于宪兵队的笑话，这些书在全城的报摊上都能买到，内容大多强调了他们享誉意大利的愚蠢[①]）。因为不知道负责这条街的警

---

① 例如，见 Aquisti, 1988。我在当地听到过两个笑话：为什么宪兵要成对巡逻？一个负责读，另一个负责写！如果你看到一个骑马的宪兵，你最好和马说话！还有一个众所周知的笑话，那就是他们的制服裤子两侧有红色的条纹，这样做是为了让宪兵知道该穿哪一边。一位蒙蒂居民提供了这样一个例子：两位宪兵看到一台手风琴，其中一个决定买，认为他们应该换上便服再购买，因为如果他们穿着制服购出现，店主会认为他们想得到更好的价格。这个笑话不少尊重了他们相对诚实的声誉。当他们换装后向店主购买手风琴时，店主问他们是不是宪兵队。他们很惊讶，问店主是怎么知道的。这个精明的家伙回答说，因为你们想买的这个东西是暖气片。

察局在哪里，我问了在街上遇到的几位穿戴整齐的警官，他们郑重地向我保证，他们不知道，因为他们来自威尼斯广场警察局（步行约10分钟）。事实上，我们几乎就是在我要找的警察局的对面交谈的，那个警察局只是在路的另一边。但是，当我对他们没法回答表示惊讶时，一位年轻的女性朋友说："我的天哪，太麻烦了！"

　　警察局一层负责接待报案者的警官对我是否有必要举报表示怀疑，因为我没有任何东西被盗。这绝不是一种罕见的反应，一位蒙蒂的店主告诉我，当她去报告一次不成功的入室盗窃时，一位高级警官评论说："她这是图什么？"（Che c'er' annat'a fá?）当然，这浓重的方言可能更多来自店主的讽刺，而不是警官自己的说法。在我的案子里，我有其他警员的郑重指示，所以我言不由衷地（并对我遇到的前后不一有点恼火）告诉接待者，我只是按照指示做事。他给楼上的同事打了电话，很明显，他确认了我们有合法的理由走程序。当我们终于开始走程序时，却发现最简单的方法是使用之前那位警员的原始报告。后来我被要求在新的副本上面签字，以便使其看起来像是专门为此而写的一样，从而使口头报告（verbale）的文本最终变为真正的举报。这就是我被要求履行的重要的公民责任。

　　他们找到了一份纸质副本，明显是从电脑上打印的——尽管这件事才发生了没几天，但电脑上似乎已经没有存档文件了。因此，这位警官费尽心思地将整份报告一字不漏地重新输入电脑，再打印出来，然后让我签字。简而言之，原始报告和闻名遐迩的举报书是同一份文本，唯一的区别是第二份文件是应我的明确要求制作的。当他打印出他自己需要的副本时，我试图向他再索要一份副本。此

逐出永恒

时，这位警官非常烦躁，因为他似乎没有意识到他可以很容易地用同一个文件打印出另一份副本，而是认为他还得再录入一遍。[①]

后来我讲述这个故事时，总是会让意大利朋友露出心领神会的表情并表示对此毫不意外。这类事件表明官僚主义的节奏如何有效地在罪犯和或许毫无意识的司法代表之间建立起共谋关系。这些警察可能不是愚蠢，而是对自己的地位所面临的风险保持警惕。但他们肯定参与了这一得到批准的推诿过程，在自己和未知的罪犯之间制造更多时间间隔。或许是担心被指控有偏向性地干预，因此即使是为保护高利贷受害者而设立的特别服务机构，在有人向他们正式举报之前也不会采取行动。因此，法律以及警察局表面上合理的愿望，即避免在无效的逮捕上浪费时间，二者结合起来反而有利于不法分子。这使得当地居民更加认可右翼的政治观点——这种结果当然不会让一些官员感到不悦。

警务展演

还有一种情况是，即使在一系列持续的举报之后，警察也根本不想提出指控，而是一本正经地假装顺从本地人的要求，即出手干预那类最具威胁性的外来者——来自欧盟以外的移民

[①] 我利用这个机会向负责的警官询问了本地轻型犯罪的模式。他毫不犹豫地将其完全归咎于吉卜赛人和移民。然而，这句评论以及报告程序所赋予公民的决定哪些类别的活动和人应该被报告的权利，似乎恰恰产生了帕利达（Palidda, 2000: 205）所描述的犯罪统计数据生产中的"短路"（cortocircuito）效果。当然，正如他敏锐地观察到的那样，统计也经过当地文化偏好的过滤。与我在此描述的罗马具体案例相比，帕利达对"后现代"警察的观察给出了一个有趣的全国性的引申。

第八章 举报的艺术　　319

（extracomunitari）。当这些人大量聚集时，警察和宪兵经常出现在中心广场上。特别是在星期四和星期天，乌克兰人会在他们的枢机主教座堂前聚集，许多罗马尼亚人、阿尔巴尼亚人和其他人也会加入。警察和宪兵会用毫不掩饰的方式骚扰他们，把他们中的一些人带到警察局并要求看他们的证件，或者只是仔细地观察他们，不采取进一步行动。本地人的共识是，这些外国人中的大多数实际上是非法移民。

我曾经见到过这样一场对峙。一位警察将车停在步行区，并坐在车中对两个阿尔巴尼亚人发表长篇大论，结束后我走近他们，问他们发生了什么。① 阿尔巴尼亚人说，他们被要求出示证件，而他们只有复印件。那位警察允许他们离开，但告诉他们不能穿过广场，而必须从一个侧面的出口离开。我向他们保证，这是一道非法的命令，并邀请他们去一家餐馆喝咖啡。这家餐馆的老板同情移民并对他们所遭受的歧视感到愤怒。他们接受了邀请。我们点了咖啡，然后喝了起来，就在我们聊天时，那位警察走进来对我们怒目而视。但他也不能做什么，于是很快就走了。当那两位阿尔巴尼亚人离开后，我走到警官的车前，要求与他交谈。他立即要求看我的证件。当我问他为什么时，他不无道理地回答说，我是要同法律和秩序的代表谈话，因而他有权利看我的证件。我持英国护照这个事实出乎他意料，或许让他感到尴尬。他否认向阿尔巴尼亚人发出过那道非法的命令，但声称他们的证件不符合规定。他似乎对我好奇的提问很担心，也许是担心可能会造成不好的后果。公职人员可

---

① 其中一个人以前住在希腊，说希腊语似乎比说意大利语更自在；这可能有助于在我们之间建立一定程度的信任，尽管他确实说希腊警察也对他很不友好。

以利用恐惧，但是，在一套有等级的指挥系统中，他们也会经历恐惧。事实上，一位居民对这位警察的行为做出了相对宽容的解释，即他只是想把这些阿尔巴尼亚人——他们确实可能没有携带必要的证件——从暴躁的本地人那里救出来，因为本地人会要求这位警察立即逮捕他们。

禁止这些移民进入广场是没有法律依据的。但它确实反映了当地人的空间观念与本地右翼人士在更广泛的意识形态层面上对国家领土的划分如何产生交集。在这一点上，它让人想起了早期，特别是在16世纪和17世纪，反映地方性偏见的地势学（topography）——对犹太人的狂欢式羞辱并明确禁止他们接近昔日的同宗教徒和新皈依基督徒的居住区。虽然禁止的表面原因是防止这些新信徒（neofiti）复信旧宗，但教会政策的本质是让与之尤为敌对且素有暴力恶名的人群将之包围起来——特别是当我们结合更宏大的空间地形解读时，正如历史学家玛丽娜·卡菲耶罗（Marina Caffiero）所认为的那样，这种政策以新的方式将封闭的犹太社区隔离在其"敌人"的领地之上，这也是将蒙蒂区纳入有关教皇权威的更宏大的空间格局中的一种方式。[①] 这种对领土的排他性主张一直持续到今天，尽管行为主体和类别都不同。

公平地说，警察的行动受到严格的法律约束，他们也经常质疑严重束缚他们手脚的制度的合法性。当我问一个服务员，为什么警察不采取更多行动时，他冷嘲热讽地回答说："他们不想！"（Nun vojono!）每当一辆警车来到广场，所有那些持有不合规证件的移民都会慢慢地、非常有秩序地撤退，偶尔迅速向后瞥一眼，但几乎

[①] 尤见 Caffiero, 2004: 21–24。

不表现得特别匆忙。随后他们在附近的辅路上聚集,但聚集规模小了很多。这样一小撮人严肃、略带紧张地扫视着广场,眼神充满担忧。偶尔,警察会询问或逮捕一两个人。但总的来说,他们不理会这些轻微恐慌的人群。一旦警车驶离,这些人就又流动回了广场。我有一种清晰的印象,即这种恐慌也是一种表演——令人满意地展示其恐惧,也是一种共谋的行为,从而让警察看起来好像在做他们的工作,但实际上没有逮捕太多的人。警察更愿意避免与那些实际上有能力为自己的权利抗辩的人单独对抗。正如一位当地学者所说,这种对抗会降低他们的权威(autorità)。因此,警察或许对我干预那两位阿尔巴尼亚人的事感到相当不高兴。

有一次,警察出现了,因为本地俱乐部希望把移民清理出去,以便为本地人的十月节做准备。警察出现时,一大群移民迅速离开。随着一阵嘲笑的嘘声,其中一位最明目张胆反对移民的俱乐部成员开始带领他的追随者摆放一排排椅子,迅速填满了大部分可用空间。另外一位经常批评移民的人——尽管他自己的配偶就是(来自另外一个地区的)移民,并且他在开展建筑业务时雇用了来自东欧的几位非法移民——开始在乌克兰风格的教堂大门前摆放椅子,直到一位不那么激进的反移民成员打断他,指出如果本地人希望移民尊重他们,那么他们也应该表现出尊重。

虽然一些警察也许希望采取更激烈的行动,但他们受到法律的限制。这些法律也为他们提供了道德上的借口,使他们的行动只限于一般性的恐吓并能保持他们喜欢的颐指气使的姿态。这也使他们能够指责政府,有时甚至可以很直接地指责政府未能通过更有效的立法来履行其职责。正如一位持左翼观点的愤世嫉俗的餐馆老板尖锐地指出,"警察对暴露这些弊政饶有兴趣"。如果被严重激怒,警察有时会直截了当地要求向着移民说话的人也陪同移民到警局接受进一步的审讯。但这种策略往往会适得其反,只能遭到那些对警察的蛮横手段感到不满而且精通法律的本地左翼人士进一步的反骚扰。还有一个自相矛盾的地方:警察和移民都希望后者保持无证件状态(非法移民状态)。正如一位精明的年轻政治观察家所言,"保持非法身份实际上能让人逍遥法外!"(Non mettersi in regola dà l'impunità!)而一旦在有关当局登记,移民就会受到更多各种形式的官僚控制,所有这些——意大利人肯定会同意——最好避免。而且,在没有证件的情况下,被短暂逮捕的移民很容易就能逃脱,因为他们通常不会被立即拘留。根据现有的法律,如果一个移民在实施盗窃时被当场抓获,且他没有合规的证件,警察只能将其拘留两到三天。获释后,该移民将签署一份有关身份和常住地址的声明,并被勒令在15天内离开意大利。当这一期限结束、警察去检查该移民是否离开时,通常会发现该地址是假的。警察当然也能预想到这一点。和举报一样,整个煞有介事的过程使警察避免了任何形式的惩罚。实际上,驱逐令通常是用英语发出的,这显然是基于外国人不懂意大利语的观点,但又为双方提供了一个声称驱逐令完全无效的借口。向我提供该消息的人对这一富有启发性的细节评论道:"这借口找得不错!"

本地人对移民的态度存在分歧。令人惊讶的是,一些著名的左翼人士也对移民持敌视态度。他们认为移民在一个为行人专门开辟的社会空间——中心广场——中挤走了本地人。而正是通过后者的努力,中心广场才不再是非法停车场。当孩子们把乌克兰人的教堂大门当作足球球门时，他们的父母不仅允许他们这样做，而且有时似乎还鼓励他们。这是种不真诚的敌意，因为几年前只有本地小伙子在广场上踢足球时，他们经常被在那里做生意的人赶走。一些本地人为移民以自己的方式使用广场的权利辩护，但即使在这些支持宽容的声音中，也有一些人表示担心移民意识不到本地人的文化价值观。几乎所有人都担心那些在广场上徘徊数小时且闷闷不乐的男性的明显醉态。许多蒙蒂居民称，在这些移民中，妓女、皮条客和毒贩的比例都很高。

人们对乌克兰人的反应似乎比乍看起来的要复杂得多。乌克兰移民引起的恐惧往往被表述为他们不适应本地的习俗，或者不尊重本地人把广场作为家族和亲子活动场所的意识。然而，他们似乎被相似性和差异性诅咒。法西斯主义幽灵的遗传性污染可能是他们关心的问题之一，尽管我从未听人公开这样说过。但同样清楚的是，移民所做的事情重现了旧日的互动模式，本地人很容易以他们自己的方式将这些互动重新概念化（reconceptualize）。比如，毒贩从事的犯罪活动在该地区的罗马人中已经猖獗了很久，而且一些本地人承认，那些在广场上闲逛，手握手机随时准备向他们的爪牙发送指令的皮条客和毒贩，似乎实际上仍然是意大利人。一位最恶毒的移民批评者实际上认可这种说法，甚至指出其中两个皮条客是意大利人——尽管如此，他补充说，他们与外国人有联系，估计是那些来自东欧的买卖妇女的人。

因此，人们至少认可某些类型的犯罪有时可能是由意大利人实施的，或者至少是由他们指挥的。一位曾当过警察的邻居告诉我，正经的专业人士——他指的是"真正的意大利人"——策划入室盗窃时非常谨慎，而且如果他们想对我们的公寓下手，就一定会仔细考虑。一位与罗马黑社会有一些联系的邻居向我解释说，成功的窃贼会在实施入室盗窃前找人踩点。由此，移民就成为唾手可得的替罪羊。但我不清楚他们是否应该对近年来蒙蒂地区未能侦破的轻微犯罪的增加负责。

几年前搬到该地区居住的一位善于观察的非罗马学者回忆起两位年长的蒙蒂女士之间的对话，她们对坐在广场中央文艺复兴时期喷泉边上的移民妇女的不当行为发表了看法。正如他所指出的，她们虽没直说，但试图暗示这些妇女是妓女，直到其中一位说："是的，但让这件事过去吧。"（Si, ma lasciamo stare questo fatto.）然后她们说起真正的罪魁祸首是意大利男人，即皮条客和他们的顾客这类人。

左翼人士通常能够具有同情心地认识到，导致广场格调降低的并不仅仅是外国人。无独有偶，当时全国左翼领导人正赞扬移民的涌入是解决出生率下降的一种方式。出生率下降是一个重要的政治问题，而新法西斯主义者作为关于异族通婚和犯罪的旧观念的继承者，反而利用这个问题来制造对真正意大利人消失的恐惧。[①] 简而言之，左翼明确区分了遗传学与文化继承，并将移民视为民族救赎的源泉；相反，右翼将他们视为意大利民族延续的威胁。

然而和其他很多事情一样，尽管个人之间发生了一些相当激烈的冲突，但罗马人远离真正麻烦的倾向占了上风。此外，整个国家都在学习拥抱文化多样性的修辞艺术。在禧年之后的几年里，随着

[①] 关于人口问题，尤见 Krause, 2006; Schneider and Schneider, 1996（以及与希腊的情况的对比，可见 Halkias, 2004; Paxson, 2004）。

一位新教区神父的到来，教区教会与乌克兰人的宗教领袖之间开始对话，加上新成立的"蒙蒂社会网络"的积极参与，移民聚集的强度有所下降，紧张局势也逐渐消失。2005年，两个教会共同庆祝教区主保圣人圣母马利亚的节日。这是两个拥有不同象征符号、教士穿不同服饰的团体对共享圣餐的戏剧性公开展示（乌克兰教士虽然是天主教徒，但使用的法衣和圣像与他们所脱离的东正教会非常相似）。以前紧张的对抗场面已经演变成了对友善的多样性的庆祝。

从某种意义上说，警方的干预在最紧张的时期保护了移民，因为监视的事实本身回应了不太宽容的公民要求某种干预的呼声，但实际上既没有导致大量的逮捕，也没有允许任何反移民暴力升级。穿制服的警官对几位移民进行象征性的骚扰；便衣警官偶尔出现，监视移民的行动，同时用对讲机发出评论；随后，移民谨慎地返回他们在教堂前的位置，或者回到真正欢迎他们的餐馆座位上——这种编排好的威胁并不是一个生死攸关的恐怖场景。移民和警察都知道，他们正在上演一场相互行方便的戏剧。

由于报警的是本地人，他们被迫接受了这种妥协。他们举报，当局行动，这就是法律要求他们做的一切。整个过程完美地说明了举报的实际逻辑，它在一定程度上迁就了各方（包括警察），并在这个过程中最终实实在在耗尽了他们进一步对抗的能量。因为警察一出现，移民通常就会尽其所能表现得规规矩矩，而且在没有收到举报文书的情况下，警察通常不会试图在某种形式的公共骚乱中突袭移民。因此，公民-国家的介入机制起到了维持现有局面的作用，随着两个教会中更积极主动的领导者的到来，至此可以采用一种更有效的方式来管理这种局面。

一些警察对此感到沮丧和无助,这一点似乎毋庸置疑。然而,在实践中,他们的行动再现了通过表演来妥协的常见模式:对权威的展示;与抱怨的公民合作的技术行为;对一些具体和可识别的犯罪行为的行为主体实施逮捕。所有的参与者,包括警察和移民,都完全明白该怎么做;警官们表演密切监视,移民则表演畏缩胆怯、敬而远之。双方都证明在扮演这对互补的角色时,对恰当的时机和姿态的把握已经炉火纯青。在这个意义上,移民事实上已经学会在一种独特的(如果不是独有的)意大利或至少是罗马的戏剧中扮演自己的角色。

国家警察只是在宣称自己具有权威,而非将之强加于人,这样做的不仅仅是他们。我们街上的一位邻居指出,这条街上的两个单行道系统从同一地点开始,但方向相反,这实际上是在邀请司机违法。大多数时候,人们根本看不到警方对这一地点实施监管。然而,有一天,两位城市警察意外地出现了,并开始训斥每一个被他们当场抓住的司机。但事实上,他们并没有开任何罚单。正如我的邻居所说,"他们需要看上去很负责",但他们也不想"看上去是社交意义上的坏人"。相反,其中一名警察——我的邻居说,他明显是一名活跃的新法西斯主义者——对目前缺乏纪律的情况进行了长篇大论,并再次将不法分子不受惩罚归咎于(左翼)政府的愚蠢。

此外,对许多罗马人来说,这样的谈判空间不仅是人性化的,还为幽默和熟悉感发挥作用提供了可能性。两名工人试图爬上位于纳沃那广场、贝尼尼创作的海神像。其中一人成功地爬上了海神像，但是他从上面摔下来时弄断了海神的权杖。当他被逮捕时，他宣布将起诉罗马市长，因为他打一开始就不应该能够进入这样一个危险的地方。在一家非常值得尊敬的米兰报纸——《晚邮报》（Corriere della Sera）——对这一事件幸灾乐祸的报道中，我们可以读到他的话语被忠实地用完美无瑕的罗马方言再现。[①] 对一个沉默寡言的北方人来说，他的行为可能是罗马人粗野的一个例子；相反，对一些罗马人来说，这是一种无须见怪的行为，在他们看来，正是这种幽默感在漫长的教皇压迫年代保护了他们的自尊。

这种粗鲁的满不在乎是罗马人面对以警察官僚机构的拖延战术为代表的系统性冷漠时最好的保护。当局确实选择采取行动时，大众普遍推测他们不是在履行公民职责，而是他们要么违反了社会文明的规范，即一种不干涉的默契，要么是他们自己的行动节奏遭到了不文明的回应（uncivil response），因而需要对之进行报复，以及作为对收买他们所需要付出的代价的一种常规暗示。就像本地的老板可能会惩戒一个屡次冒犯他的权威的人一样，人们假设，警察——尤其是城市警察——必须偶尔惩罚一些人，因为这些人不理解那种让人情交换得以持续存在的相互迁就的制度。

可以肯定的是，这种迁就的模式也有重要的例外。比如，许多意大利人对负责追回被盗艺术品的宪兵队特别部门间或取得的惊人成功感到自豪。在一个按照官方说法拥有世界上"百分之七十"的伟大杰作的国家里，这种活动既神圣不可侵犯，又是针对国外掠夺和国内背叛的令人非常钦佩的保卫行为。但就一般情况来说，诉诸

---

① 在联合国教科文组织第十八次欧洲报告（*1800 Rapporto Italia 2006*, Istituto di studi politici, economici e sociali, Rome）提及相关评估后，意大利新闻界对此进行了广泛的宣传。

法律的行为既不被社会接受，也不具有实际效果。举报更多被视作一种社会管理的工具，而无法有效促成官方行动。此外，法律的代表受原罪逻辑影响的程度不亚于普通人，他们能够而且事实上被期望参与罗马生活中的一般性互惠。有时，他们的制服和官方头衔提供的掩护，甚至便于他们参与这些互惠。

　　警察的拖延行为在官方实践和本地既定习惯相互迁就的背景下发生。非法行为比比皆是，但不被认为是不正常的。比如，最受尊敬的行业之一是珠宝销售和金饰制作，然而许多从业者，甚至可能有超过一半的从业者都在没有许可证的情况下在罗马各地经营。像所有的商人和匠人一样，他们必须制定两种完全不同的预算。一种是对政府会计准则、核算要求（la contabilità）的官方回应；另一种是社会性的预算，而且与前者明显不同。后者中应该包括支付给各种公职人员的贿赂（mazzette），从税务检查人员到城市警察，甚至服务人员。具有讽刺意味的是，对许多匠人和商人来说，还包括预期的罚款；许多本地人认为，罚款实际上是几乎不加掩饰的索贿。一位菜农计算，他的年度罚款预算约为 100 万里拉，这是一个可以接受的数额。一位流动商贩因驾驶损坏的车辆（车的挡风玻璃在一次事故中撞碎）被开了罚单，他声称他卖东西的市场的一位停车管理员（posteggiatore）帮他转交了 15 万里拉的贿赂（其中该管理员以调解人的身份赚了 3 万里拉），使他免于 60 万里拉的罚款。在此，精确计算再次变得可能："这是一份被普遍认可的价目表！"（È tariffa ormai!）

断裂的权威：警务的多样性

警务力量显示出令人惊叹的多样性。意大利有宪兵队、城市警察、穿制服的税务警察和国家警察（polizia）。如果一个特定的问题落在三个部门的管辖范围，那么要求第四个部门提供警力是毫无意义的。时间也经常从警察机构整体模式的裂缝中缓慢而稳定地流逝。它们之间的差异不仅是程序性的，而且是社会性的，这源于对民众不同程度的介入。

因此，如果说宪兵队对共谋过程的贡献是程序性的，而不是刻意为害——其庄严的步伐是彰显其相对廉洁声誉的方式之一，那么城市警察则代表着一个非常不同的形象。当地人认为后者是腐败的，这种说法可能主要指他们向店主和匠人中的弱者施加压力，收取小额贿赂。城市警察仅仅因为一箱橘子没有价格标签就对一位果蔬商罚款 42 万里拉，商人对此大发雷霆。他将警察描述为"被授权的盗窃系统……被授权的黑手党"，谴责他们用便衣人员执法是一种不公平的策略。但他也学会了与他们的节奏共处。有一次，他因在人行道上将装有农产品的箱子摆放了一整天而被罚款。后来他妥协了，每天只摆两三个小时，同时在下午应该关门的时候偷偷地把店门打开。这些较分散的违规行为显然被容忍了，没有被要求贿赂，也没有遭到任何进一步干涉。在这种情况下，商人仅仅通过谨慎减少自己的违规行为，就成功获得了一点好处。如果警察们致力于勒索，那么这位商人实际上将他们可能获得的利益贬降至他们认为不值得为此冒险的程度。而如果他们的目的是让人们大致守法，那么这位商人相当于协助他们达成了一个在行政意义上、社会意义上以及文化意义上恰当的妥协。

有很多关于不公正（partiality）的指责。在意大利政治左翼的同情者，即城市警察前管理层的领导下，城市警察制订出对所有非法使用公共空间行为开展系统调查的计划。然而，随着计划的推进，出现了出乎意料的戏剧性右倾。据称，新官员十分同情一位之前被视作最严重的违法者的餐馆老板。有人告诉我，当局没有追究所有可能违反有关公共空间使用法律的人，而是创建了一份"十大最糟糕情况"的清单，然后通知这位老板，他的行为位列第十一！然后就没有下文了。

城市警察面对的追求小额回扣和小恩小惠的机会不但很多，而且广为人知，尽管我们应该注意那些在这种交易中被抓到的市民会对这类事情进行夸张描述。有时我们也很难分清哪些是对官僚主义的抱怨，哪些是真实的勒索。此外，一些市民将施压策略解释为这些薪资过低的警察获得期望收入的一种方式。其他人虽然承认这完全是符合人性的反应，但他们还是一边描述警察如何对真实或想象的违法行为加以指责，并用数量增强暗示，一边指责一些警察大可不必那么粗鲁和恶毒。如果被索贿的商人回应得很谦虚，就会被解读为软弱，从而导致更多无理的要求。在一些情况下，城市警察可以将整个营业场所关停一段时间，当这家场所重新开张时，本地人会认为经营者一定提供了一笔更大的贿赂。

这种策略虽必然是间接的，但却如本地人所说，也是明确无误的："他们喜欢用眼睛收集恐惧。"当警察没有对理应处以（但可避免的）巨额罚款的违规行为进行粗鲁的暗示时，他们也可能会在圣诞节期间对商人们表示善意，但是这种善意"总是以勒索的形式"表现出来，他们也会用罗马方言中的戏谑特征来缓和他们的暗示。当两名城市警察发现他们对（另一个区的）一位修补匠的恐吓无效或无法在他那里挑出毛病时，他们可怜兮兮地质问："我们连开个玩笑都不行吗？"（Nun se pó manco scherzá?）然后警察被迫空手离开。（这位修补匠发现他们在假装执行公务，因为他们的巡区是在其他地方，这个无辜的人——他后来在蒙蒂开了一家店——事后才意识到他们可能是试图向他索贿！）一位在该地区经营手工艺品生意数年的女士告诉我，在与女性打交道时，城市警察尤其"感到自己真的很强大"。

一些最令人生畏的城市警察本身就是女性。她们之所以让人感到害怕，是因为她们既官僚迂腐，又自命有索贿的能力，要区分她们行动方式的这两个方面并不总是很容易。与大多数宪兵不同，城市警察，无论男女，都是强硬、尖酸刻薄的罗马市民。他们与本地互惠关系有很深的牵连，以至于有一段时间，民政机关（civil authority）要求城市警察在巡逻时由两名宪兵监督。

这种监督（或者说监视）遵循了本地人所熟悉的风格，即一种强大的对留意街道情况的共同责任感。今天，即使是在蒙蒂，这样一种"留意"也被认为是已经过度损耗而无法修复的。但人们的责任感仍在，比如，有人称他家附近的杂货店一直在留意他委托照管孩子的保姆。社区内部的互相监视并不会削减信任，信任恰恰因此而存在。信任不是来自对个人内在可靠性的推定，而是来自一种确定的认识，即社会压力是唯一能确保诚实表现的力量。因此，政府选择实行让各种警察部门相互监督的制度，因为相互怀疑是为相互

逐出永恒　　332

信任创造条件的唯一可能基础：这是一种社会性保证，而不是人与人之间的契约。也是在这个基础上，我被告知，如果一个人想投诉宪兵，他只能向警察报告。在实践中，大多数人会妥协，但这种可能性本身遵循一种所有人都明白的社会逻辑。

各支力量对彼此没什么好感，这可能是一件好事。比如，有人认为正是这种紧张关系阻止了宪兵队在1974年一次未遂政变中与国家民事警察的联合。我的一位邻居说，这种情况"拯救了意大利的民主"。由于他们仅在严格意义上有不同的管辖范围和职能，因此他们经常相互攻击，而且每支力量都不愿放弃胜过对方一筹的机会。在一次事件中，一些城市警察对一群宪兵的轻微违法行为处以罚款。后者立即寻求报复。他们身着便衣，跟随城市警察进入一家餐馆，他们听到城市警察试图向老板索贿，然后把握住了这次机会。正如一位本地议员的评价："这帮家伙被抓了个现行，所以宪兵举报了他们！"

宪兵应当遵守军人的荣誉准则。然而，我遇到的两名前宪兵和一名前警察，他们都退出了各自的队伍，因为据称他们对自己所遭遇的严重腐败感到恶心。① 正如其中一位前宪兵所说："如果你不帮助别人'分一杯羹'，那么你自己也别想吃饱。"（Se non fai mangiare, non mangi.）这句话可能也间接表明，那些辞职的人与其说是对猖獗的腐败感到厌恶，不如说是对他们个人未能从腐败中获

---

① 我从其朋友那里听说了其中一个人的情况。后来，他们两人之间发生了争吵，这位朋友告诉我，事实上，这位前警察因偷窃被抓而被强制离职。但是，他坚称，既然他们还是朋友，他又能告诉我什么呢？尽管我们不可能知道哪个版本是真的，但在这两种情况下，我们都看到了本应打击腐败的机构的腐败。那位前警察一开始告诉我，他并不是因为厌恶而辞职，而只是因为他想结婚。这完全是有道理的，可我后来发现，这也许是因为他是一位右翼，因此在一个疑似间谍的外国人面前他更注意保护警察队伍的荣誉。但是，他后来又对我说，他最终辞职的原因是无法忍受腐败。

第八章　举报的艺术　　333

益感到厌恶。

腐败的乌烟瘴气的确无处不在，但这也是预料之中的事，以至于没有任何团体或个人能摆脱受贿和轻微犯罪的嫌疑。当每个人都认为他们的腐败就是事实，那么腐败本身就不重要了。城市管理部门的一位负责为遭受驱逐的人寻找住所的职员告诉我，不要向街区里的任何人透露她的工作性质，因为他们会自然而然地认为她这样做是为了赚钱——换句话说，是为了受贿，她的一些同事显然是这样的。具有讽刺意味的是，她在蒙蒂租了一间公寓，当业主大幅涨租时，她自己也遭受了某种形式的驱逐。担任这种职位的人通常被认为是在通过他们的关系获取非法收入，因此几乎没有人会相信她和她的丈夫无法负担房租。

此外，怀疑是建立在行政框架中的，它本身就是社会知识的产物，也是对官僚机构在实践中如何运作的一种非常现实主义的理解。因此，各警察力量之间的相互监视——现在警察也反过来监视宪兵——不能依赖于任何一个团体普遍的公正廉洁，而必须由这些不同力量之间经常爆发的过度公开的敌意和相互嫉妒所驱动。他们当中也存在等级秩序。当一位提倡行人权利的政治活动积极分子要求一位城市警察挑战一位非法停车的宪兵时，警察说得很清楚："我能拿宪兵怎么办呢？"一位前警察在酒醉之后向我袒露心声，如果他发现他的女儿——一位城市警察——靠捏造违规行为索贿，他会让宪兵把她送去接受应有的惩罚。信任和相互尊重显然没有在各警务力量之间迅速发展起来。

勒索咖啡和金巴利

宽泛地说，罗马公共管理部门的恐吓游戏既为本地人树立了侵略性的社会管理榜样（本地人也在其中认识到自己的习惯），又严重破坏了官僚程序的有序节奏，使得市民们可以自由地、尽其所能地将自己的节奏加诸其上。一个蒙蒂人在蒙蒂附近的一个宏伟广场上开了一家大型的、收入颇丰的餐馆。小偷破门而入，他们不满足于偷走整只火腿和整条腊肠，还把所有能找到的肥皂倒在大理石地板上，并烧毁了椅桌。尽管其动机显然还不清楚，但这是一种蓄意侮辱（spregio）行为。为了清理大理石上的污渍，老板必须掀开所有的大理石石板，但根据现行法律，这种行为是被禁止的。他试图获得许可未果，因而他的餐馆一直无法营业，所以他决定采取行动。他和两三个工人一起抬起石板，开始用强力腐蚀性洗涤剂清洗。这时一名卫生部门的检查员出现，告诉他不能这样做，而且要给他开罚单，因为他在公共场所使用有潜在危险的化学品。他的抗议被证明无效，于是他打电话给宪兵队，他和其中一些人关系很好，宪兵告诉检查员不要打扰他。当检查员提出抗议时，餐馆老板告诉他的宪兵朋友，"算了吧"（lasciamo perdere），因为他说他实际上想要交罚款："如果他们说得对，我为什么不交罚款呢？"他的讽刺产生了预期的效果；宪兵告诉检查员，"这个案子就这么算了！"（si lasci perdere!）于是，餐馆老板慷慨地允许自己被说服，而遭到羞辱的卫生检查员则离开了，后者知道自己的权威在穿制服的宪兵面前一文不值。

这个故事之所以很有意思，有几个原因。首先，在餐馆老板看来，官僚机构对他进行大规模清洁行动的请求反应迟缓，那么他自己直接去做似乎是正当的。其次，运气因素增加了风险感，但也增加了不公平感，他害怕的是环保机构，但给他制造问题的却是卫生检查员。或许，最重要的一点是，不同部门之间对恐惧感的操弄，特别是他操弄恐惧感并使之对自己有利的能力：他用温和的讽刺表示自己愿意退让，但实际上这是捍卫利益的一个非常有效、积极的举措。这显示了他熟谙本地人所看重的那种机智、礼貌和周全的形式。操弄恐惧也有其道德基础。在向我描述这些事时，餐馆老板引用了一句罗马谚语：如果你不制造恐惧，你就不会遭受恐惧（paura non fare, paura non avere）。他的意思是，那位检查员只是得到了应有的惩罚。最后，但肯定不是最不重要的一点，正如警察的男性权威一样，对结果有更大影响的显然是餐馆老板与宪兵的友谊，而不是检查员试图执行的具体法律要求。

我们无从得知，除了赢得一场战斗的满足感之外，宪兵从中得到了什么。人们所能想象的，是在随后的几个月里他们将受到大量咖啡的款待（罗马人会理所当然地认为，这里的"咖啡"是更大的恩惠的代名词）。咖啡是一种社交饮品，尤其是一种和解的媒介。比如两个争吵的商人若想解决分歧、达成一致、获得更多的好处，他们就会站在吧台前，在咖啡师会心的注视下，友好地一起啜饮浓郁、滚烫的浓缩咖啡。

因此，咖啡有许多含义。有时它仅仅是好客和友谊的标志。但是，对一个观察者来说，没有完全可靠的方法得知在特定时刻请人喝咖啡的真正含义。有关贿赂的问题特别敏感，难以记录。贿赂这一行为的实质包括暗示和怂恿——邀请喝咖啡对实现这一目的来说最为理想——并将之掩藏在精心设计的礼节中。比如,一些老派的本地人事实上认为对警察的小恩小惠是源于"礼节感"(un senso di cortesia)。即使我们想要区分,也会发现很难将这些小恩小惠与邀请一起喝咖啡的友好姿态区分开来。一位报摊主在谈到他给巡逻的警察打折时简单地评价说:"这是我的一点点敬意(act of correttezza)。"简而言之,这些都是平常的社会互惠行为。

报摊主对此的评价与一位公民道德家的"正确"(correttezza)理解几乎不相符。这并非巧合:人们通过添加一点酒让咖啡变得更可口,这种咖啡被称作"caffè corretto",字面意思是"被矫正过的咖啡"。本地人关于"矫正"的观念更多的是适应社会审美,而不是遵循一些抽象的准则,比如大多数罗马人提到政治正确(politicamente corretto)时所隐含的讽刺语气。公认的社会文明标准优先于公民性的循规蹈矩。"喝咖啡"究竟是与当地法律和秩序的代表保持友好关系,还是优雅地屈服于被认为是正常的,甚至是在社会交往意义上可被证成的勒索?二者之间有时很难划定清晰的界限。

让事情更为复杂的是,那些负责挖掘贿赂证据的官员往往被认为深陷贿赂之中。在道德腐败和为社会所迫之间画出一条清晰的分界线是徒劳的。小额贿赂通常与南方文化的刻板印象有关,它被认为是更有秩序的北方的社会义化或文明的缺失。这个公式暗示性地翻转了本地人对文明的通常理解,即文明只是关乎礼貌和友谊。这恰恰是恩惠和礼物的互惠性实质。一位警察就那位报摊主在其报亭外面堆放的货物数量发表了评论,报摊主回答说:"我会处理好的。"(Ci penso io.)这是一种亲切但无可指责的回答,即使他大张旗鼓地整理，也表明他已经理解了交易的性质。事实在于，如果他要谋生，就不能避免把货物堆在人行道上。警察意识到，这种整洁是暂时的，但他对这种略带讽刺意味的顺从表现感到满意，也对他现在从报摊主那里得到的折扣感到满意。本地人把这种友好且对抗性的互惠关系看作他们生活中根深蒂固的一部分。正如报摊主所引用的古老的罗马格言，"一只手洗另一只手"（una mano lava l'antra）。这就是当地人与官僚机构的大量接触所唤起的共栖或共生的感觉。对此，报摊主总结道：就这么着吧！（Annamo!）①

一位观察者认为，这种道德形态是南方人大量地、时断时续地迁入罗马的结果。他们与乡村的关系仍然活跃，因而能提供奶酪和火腿——这位观察家暗示说——作为贿赂。另一个人告诉我有一位警察被逮捕，因为他在家乡（不在罗马）囤积了大量的火腿。那些受贿的人被称为贪吃的人（magnaccia），在这种情况下这个术语特别恰当。②乡村地区的庇护关系，甚至北方地区庇护关系的保障是通过向当地名流仪式性地敬献此类物品换取的。而且不难看出，收入微薄的市政机关可以轻松地进入这一先例所形成的社会模板。③事实上，"敬意"（omaggio）④一词表达了通过特定的礼节给上级献礼的观念，这一术语有时也用来表示为了避免贪婪的城市警察的骚扰而支付的小额贿赂。

新的效率机制的引入正在逐步破坏这些共生的安排。一位受人

---

① 这句罗马方言的字面意思是"得过且过"，在此可理解为每个人都对现有的安排还算满意，而且生意也可以照常进行。
② 也请注意"ce magnano sobra"（他们吃得过多，即过度贪婪）这一表述。这种人被认为类似于皮条客，是人类需求的另一类剥削者。
③ 关于门客给庇护人的礼物的一个版本，见 Holmes, 1989：98。
④ omaggio 这个词也被用于指许多报纸为促销而提供的免费附加物，如 DVD、特刊等。

逐出永恒　　338

尊敬的左翼知识分子，同时也是位呼吁尊重中央集权国家的理想主义者，对新的电子监控系统表示非常恼火，该系统将自动对那些在一天中某些时段将汽车非法驶入该地区的人罚款。与其他人热切讨论的方向不同，他恼怒的原因不是该系统侵犯隐私，而是他无法再向前来开罚单的警察解释。比如，他用自己的车送女友回家是因为他根本付不起女友乘计程车进入那个区域所需的费用。他没有具体提到给予警察小笔贿赂或礼物的可能性，但一些这样的考虑通常不会被误解。

人与人的互动是这些非正式安排的积极方面。然而，对一些居民来说，即便在日常生活最单纯的层面也不时遭遇纯粹的敲诈勒索，这让他们觉得当局针对这些现象采取的任何措施都属合理。负责执行地方和市政法规的城市警察最容易获得这样的机会。他们对违章停车的人进行罚款，检查当地商店的卫生和账目，并举报违反历史建筑和遗迹保护条例的行为。他们似乎有一种季节性的节律。一位女士声称，夏天他们在度假，但9月一到就开始"像蘑菇一样冒出来"，准备一有违章停车的迹象就扑上去。不过一位比萨师傅说，一下雨警察就消失了，并没好气地补充说："这就是意大利人的特点！"从字面上理解，他的意思是，很难让人们认真地对待执法工作。或者，也许我们可以从中看到一种认识，尽管颇具讽刺意味，即警察只是间歇性地履职尽责，主要考虑的是自身便利。

我听到了很多关于警察唯利是图的描述，人们称之为"非正式的友好"，这与描述黑社会时的情况非常相似。因为从字面上看，法律对腐败行为规定了严厉的惩罚措施（自20世纪90年代初国家批准的反腐行动以来，这些惩罚措施的实施越来越规范），所以城市警察不能直截了当地索贿。因此不出人们所料，他们转而使用只有通过亲切的礼节才能传达的威胁，尤其是在用本地方言表达时。他们知道如何向咖啡师打手势，从而让咖啡师明白他们希望得到免费的咖啡。或者正如一位退休记者所描述的那样，警察走进一家餐馆，在点了两杯金巴利后"假装要付钱"。餐馆老板做了一个拒绝的手势说，没事，这酒不值钱。"'怎么能不值钱呢？'警察念叨着，就像一个演员。"两人都很了解各自的角色，并把它们演绎得完美。

其他观察者也可以理解这种互动。有大量的例子可以为他们的解释提供依据。一位餐馆老板把自己的名片给顾客，这样他们就可以把名片挂在他们违章停放的车辆上。巡逻的警察知道他们是谁的顾客，就会睁一只眼闭一只眼。据本地人说，这毫无疑问是为了换取一顿免费的饭。一位举止优雅的激进左翼女士、罗马行人权利运动的积极分子向另外一家餐馆的老板抱怨，这位老板也允许顾客在他的餐馆前违章停车，他之前在店外竖起了一个牌子，表示可以为顾客在临时放置停车计时器的地方停车支付两个小时的停车费，但是在这些计时器被撤走后，他做了其他安排。这就是这位积极分子现在发现的情况。这位老板抓住了一个几乎是天赐的良机，似乎也是为了回应她的抱怨——老板望向她身后一位路过的城市警察，并向他招呼道："进来喝杯咖啡吧！"这句话的含义很清楚，不需要进一步解释。在这样的时刻，咖啡不仅仅是咖啡。而对他的密友发出的善意邀请带着明确的夸耀，或许还是一种威胁。当然，他是为了应对这位"多管闲事"的积极分子才这么做的。

在这个意义上，扮演一个角色并不是像在舞台上表演一样。它是展演性的，能够对切近的关系产生实际的影响，同时向旁观者发出明确的信息，并加强一套既定的社会规则和知识。但拥有这种权力是要付出代价的。比如，餐馆老板自信当他把车停在店门外时，可以免于罚款。他所付出的代价是担惊受怕。他不仅害怕警察，因为他们有能力在经济上毁掉他，而且他还担心如果他们的勒索行为增加到让他觉得走投无路、只能举报的地步会发生什么。举报他们勒索所造成的社会性伤害很可能大过他从进一步骚扰中所能暂时获得的安全感。向法律部门举报警察的欺凌行为本身就是"软弱的表现"，这是任何一个活跃的本地商人都无法承受的，但不举报也可以归因于恐惧。前文提到的那位态度和蔼、举止礼貌的屠夫说他对城市警察很愤怒，因为他们总是抢走他最好的肉。很明显，他觉得他不能举报。因此，尽管现有的惩罚措施比20世纪90年代初"净手运动"之前的更加有效，但奸诈的少数警察仍然是主要获益者。

此外，受害者认为，折磨他们的人（索贿者）会从一点小便利开始，一步步走向索取一杯咖啡或两杯金巴利所代表的更严重的勒索。我唯一一次直接遭遇"咖啡"的这种用法，是当我拿着一位女士送来的电话簿转身离开时，这位年轻女士告诉我，我应该向她"捐资"（contributo）"一杯咖啡"。我给了她5000里拉，她似乎很满意。后来，我的邻居告诉我，我不应该给她任何东西，因为电话公司已经付给她钱了。但这是一种常见的模式，官方机构的雇员会想尽办法来恐吓人们。这个非常小的例子只不过是索要小费（mancia）而已，事实上，其他人也是这么认为的。但也存在金额大得多的情况，我曾经听到"咖啡"这个词被用来指代300万里拉的贿赂，据说这笔钱是一位警察向一位旅馆老板索要的，后者想要警察允许她对房间进行改造。结果,她叫停了这场勒索,因为她认识这位警察的队长。①

那些了解自己权利的人可以保护自己,而那些收受贿赂的公职人员掠夺的目标主要是老一辈人。对于后者来说,那些他们更习惯于接受并且视之为常态的情形,恰恰是新的公民道德尤为抗拒的。此外,由于现在发放许可证程序的简化大大降低了勒索的可能性②,因此,奸诈的警察必须寻找那些仍然害怕承担后果的少数人,而实际上警察机构已经无法导致这些后果。

在商人和匠人中,有许多人对新公民秩序的出现和一套旧的系统的消失感到遗憾,在旧系统中,他们已经习得如何行事才能对自己有利。然而,这种技能仍然能给他们带来好处:他们知道如何运用友谊的修辞,以在当下大行其道的更严格的道德审查下仍可(勉强)接受的方式来呈现越来越间接的交易。比如,一位餐馆老板表示,即使是最小的一笔收支,也必须准确提供被强制要求使用的机打收据。只有如此,当城市警察来检查时,他们的报告(verbale)——即使没有发现违法行为,也必须出具一份——才能完全令人满意。但有一位城市警察,大概是为了施加一点不易察觉的压力,暗示称他的妻子从未向他们收过咖啡钱(当一对夫妇经营这种生意时,妻子负责收银是很常见的)。因此老板在他们三个人的账单上记上了两杯咖啡的价钱,他说这样做是出于礼貌。另一位店主告诉我,当警察来他店里检查时,他只是保持微笑,用礼貌的

---

① 另外一位警察发现一名公务员住在旅馆里,于是暗示旅馆老板,如果得到 50 000 里拉的贿赂,就接受这家旅馆是这位公务员的永久居所,不再打扰。于是,她不得不再次向她的队长朋友抱怨。
② 所谓的 Legge Bersani(第 114/1998 号法)规定,放宽食品商店和其他商店许可证的发放。这项法律的颁布正是为了缓解索贿最盛行的场所的压力,并以此减少收受贿赂的行为。

讽刺向路过的警察致意："凯撒万岁！"（Ave, Cesare！）商人们在一意孤行和恭顺之间画出了几不可见的分界线，并希望这种讽刺性的平衡能够转移一切难以回避的勒索企图。

在这个意义上，餐馆老板将绝对的谨小慎微和明确缩水的慷慨结合起来，为他认为必须承受的索贿压力设定了明确的限度。这种混合策略的另一个例子，如果放在其所处的更广泛的背景下看，其含义甚至具有更明显的策略性。一位以说古式罗马方言闻名于本地的店主，巧妙地利用了放宽限制的许可证法，使他的生意多样化。他还想方设法维持他早先与本地警察和其他公职人员的关系，在适当修辞的包装下标榜自己代表的是传统文化，但实际上使用的却是新伦理语言。因此，他说，本市的警察不再期望从他那里得到贿赂，但希望他们购买产品时有折扣。他认为这是一种友谊的形式，这种形式"是我们文化的一部分，现在正在逐渐消失"。他的邻居们经常愤怒地指责他违反商业分区法和环境法但却完全不受惩罚，他们仍然把这种对友谊的描述理解为贿赂。但他们也不得不承认，店主已经掌握了新的修辞方法，并以此取得了良好的效果。而邻居通过反复举报让警察干预他的违规行为的尝试屡屡失败。

这位店主自己则无视邻居的威胁和举报，把警察偶尔不请自来的关注归结为对他左翼政治活动的怀疑。因此他摆出一种大无畏的架势，鉴于意大利大多数警察机构的右翼政治举动，这一架势有其历史正当性。借此，他既回避了可能存在的从事非法活动的问题，而且据他的邻居所说，也回避了违反他自己政治原则的问题。（讽刺的是，对他的行为感到最愤怒的是他的左翼同袍。他们中的一些人之所以谴责他的行为，正是因为他的行为公然无视他们的共同原

第八章　举报的艺术　　343

则)。他还声称,尽管他可以请求有权势的朋友进行干预,但当警察骚扰他时他会直接付钱,而不愿在罚款这个问题上提出异议。这是公民对警察权力的接受,还是——用他的话来说——对"永无休止的争端"的文明的反应?或者说,这是另一例识时务的妥协行为,一种将公民性和文明礼貌融合在一起的策略,一种对他来说最为方便的策略,而且他借此可以无视更严格遵守左翼原则的人愤怒的反对意见?再或者,同样是作为一种更务实的方式,这些罚款实际上是为了让警察局能够刻意无视他更严重的错误行为而支付的?

不管答案是什么,都应注意到,他确实挖苦地承认他的文化和意识形态背景与他务实地接受拥有官方权力者的腐败之间存在某种不协调性。带着一种微妙的历史感,他将这种强制性共谋的产生归结为这样一个事实:一个半世纪以来,罗马人被迫"用乡绅的思维来思考"(pensare colla testa del signorotto della contrada)。这些乡绅在被胁迫的农民和专制国家之间的权力灰色地带运作。在此,正如经常发生的那样,文化提供了一个有效的社会病因学修辞,它与对原罪的诡辩式调用并无二致,或许恰恰由此衍生。

尽管旧有文明形式中互惠和勾结的关系持续存在,但新的公民秩序确实使警察更难从商人和匠人那里获得大量好处。一位城市警察是某家餐馆的常客,他表示对没有发现违规行为感到满意。但后来他的一位同事来到店里,并开出了一张罚单。这位自视甚高的警察称,店主没有提供熟制蔬菜(verdura cotta)的许可证。其中一位服务员,一位曾学习过人类学的精通世故的年轻人(他实际上在奥地利做过关于家庭制度的田野调查!),把这件事告诉了第一位警察。结果,第二位警察——他显然是想以不存在的违规行为

逐出永恒 344

为由索贿（因为熟制蔬菜是这些餐馆经常提供的三明治的原料之一）——被停职了。

传统主义者实际上反对市政管理方面的变化，因为这些变化使行贿受贿变得更加困难。一位建筑师的工作室原来是马房，后来被改造为车库，为此他不得不支付5000万里拉以获得改变不动产用途的许可。他抱怨说，这笔钱实在是太多了，放在几年前，只要贿赂300万里拉，这笔钱就可以打五折。但今天，他悲哀地表示，特别是一些城市警察受贿被抓并被惩罚后，人们更害怕接受贿赂了。一位更同情政治左翼的餐馆老板说，每当"他们发现市政厅里有人在'吃东西'"，就会引起巨大的争论。

有些人确实仍然能够抵抗新的公民秩序，以此为自己牟取相当大的好处。一位有势力的本地经营者一年到头都把餐馆的桌子摆在街上，严重地妨碍了交通，而且明确甚至是大张旗鼓地违反商业分区条例。但没有人敢碰他，一位愤怒的右翼前区议员说，他受到了"保护"。这位议员声称，他本可摆平这位备受尊重的恶棍，但要做到这一点，他必须向四个不同的权力主体申诉（又是那闻名遐迩的举报）：市长办公室、城市警察、省级警察局和检察官办公室（la procura della Repubblica）。然后，市政当局才能够——或许其实是被迫——采取行动。这位议员认为，他们最好的策略是激起尽人皆知的宪兵对城市警察的厌恶。宪兵会很乐于抓住这样一个极好的机会，来让城市警察难堪并受到惩罚，而市长办公室则可以沐浴在公民秩序得到维护的荣耀之中。市长既可以因其手不沾尘把事办成的能力落得个不错的名声，也可以避免为城市警察未能在非法交易面前坚守立场承担责任——他或许还能回避愤怒的餐馆老板的一些令

第八章 举报的艺术　　345

其难堪的报复行为。

作为一个右翼政客，这位前议员自己本可从过去更宽松的程序中受益，但他并不愿意劳神实现这一目标。他不喜欢名义上的左翼市长和他的政策，他渴望旧有的权力和共谋方式，并认为这些新法令本身就是一种过度管制，是对本地在温暖天气下露天用餐习俗的攻击。但他很诚实地提出了这样的观点，即这位违法者（指餐馆老板）大致可以免于惩罚，"他获利是因为人们普遍无知"。在这个意义上，"无知"不仅意味着缺乏正式的知识，而且意味着对正确程序的普遍不尊重。

年轻一辈一般都有这方面的知识，因此更有能力与索贿者的骚扰做斗争。他们知道自己的权利，他们可以坚守这些权利，同时也允许这些索贿者高他们一等（正是他们自己来扮演反抗严厉父母的孩子这一角色）。这就是当一位年轻女士意识到城市警察频繁造访她的健康食品店究竟意味着什么后所做的。她能够使用令人印象深刻的法律语言进行回击，尽管她有教养的发言可能适得其反，因为言语激起了警察强烈的依法办事的意识。

她还充满自信地运用诡辩术，正如她指出的，这标志着青春期的反叛阶段。在她看来，警察们的反应正像那些看到自己的孩子还没有完全成熟的父母的反应——而她的立场也成功地为她争取到了她想要的结果。她还指责警察干扰新商业形式的发展。这一指控有一定的合理性。放宽许可证发放的条例出台后，获得商店经营许可证的标准和程序得到了简化，从而降低了腐败官僚恶意卖弄法律知识的可能性。面对那些曾经折磨他们的人，知道法规有多大变化的人可以迅速扭转局面。

警察介入本地社会关系也提供了抵抗勒索的门道。然而，有一位体制内的朋友就是有一道后门，这让人想起旧日的文明风格。一位享誉已久的装裱匠一直坚持认为本区不存在行贿受贿，而且行贿这种事情从来都不是匠人的事，只有商人才干得出来，因为这两个群体有"不同的思维方式"。但是，这位装裱匠曾经被一名城市警察强迫行贿，那位警察使用了他们的惯用伎俩：为一些所谓的交通违规行为开罚单。装裱匠找到另外一位警察，而这位警察恰好是他的朋友，于是这个问题被成功解决。装裱匠坚持认为这不涉及贿赂：他只是为后者做了一两个相框。

我的感觉是，他不愿意向一个外人承认自己曾行贿，因为这种不光彩的行为损害了蒙蒂美好的自我呈现（self-presentation）。但是，他几乎肯定不认为自己的行为是一种共谋，因为作为一个上了年纪的人，他已经习惯于把象征谢意的事物当作保持社会关系完好的正常手段。同样，一位老派的商人没有调用公民价值观，而是凭借他与一些宪兵的友谊来牵制城市警察。通过两种力量之间日益增长的敌意，他能够维持其拥有地方性社会手腕（social savoir faire）的名声。而且，也不会有人问起他在宪兵队里的朋友希望得到什么好处作为回报。在这两个案例，以及在那个不断因违反商业分区法和环境法而被传唤的店主的案例中，这些熟练的行动者所调用的是本地的价值观和实践，而不是明确的公民行为规范和准则。借此，他们战略性地开发并利用了公职人员的制度性角色及其结构。

相比之下，那位年轻的服务员兼人类学学生则展示了如何通过坚持基本的公民权利来反抗这种压力。显然，在当下，寻求或接受贿赂的风险比前几十年要大得多，而且任何一个对新制度足够了解的人都可以扭转这种恐惧的趋势。那位餐馆老板的儿子简单地告诉任何暗示性地挤眉弄眼的警察："你给我开个罚单啊！我会直接向你上级提出异议！"这是警察最不想遇到的事情。这些城市警察必须始终权衡风险和利益。有一次，我看见一位警察向一对骑着摩托车疾驰的年轻夫妇打招呼，并讽刺地（以无懈可击的罗马人的方式）喊道："哟呵！"双方进行了简短交谈，然后年轻夫妇掉转车头飞快离开。我并没看到有金钱易手。有时，恰当履行公民义务，而且是用不带恶意的、亲切的方言习语来沟通，显然就足够了。并非所有的城市警察都是腐败的，而且没有人承受得起时时刻刻都在收受贿赂的代价。

面对压力，一名电工更倾向于做出更为现代主义的回应，他清楚地知道，奸诈警察的战术依赖于催生恐惧的熟练技能。他坚持认为，这类警察倾向于狩猎那些老商人，因为在老商人成长起来的那个时代，人们被告知贿赂再正常不过，因而没有人敢拒绝索贿。而这位电工自己却拒绝接受索贿，他更倾向于让那些纠缠不休的警察感到紧张以扭转局势。有一次，当一名警察让他"给这些小伙子来杯咖啡"时，他嘲弄地假装——这是一种双重的虚张声势——理解了这个要求字面上的意思，但他没有请他们喝真正的咖啡，而是递给那位警察一张面值5万里拉的纸币并告诉他："我没有时间……但是我要请你喝咖啡！"这种尖锐的反应，是对所有人对"咖啡"真正含义的共同理解的一种操弄，是对未来骚扰的完美防御。

人们也可以直接拒绝给腐败的警察开口子。另一位餐馆老板指出，他的一位邻居在阳台上违规放置了大量花盆，并因此经常卷入威胁和争吵，但却从未被警察罚款。这位老板自己则不愿对腐败的权威发起直白的挑战，因此他避免在人行道上摆放桌子，这是常见的藐视公共条例的行为。在我们谈话的时候，他把目光投向周围，寻找一些微不足道的违规的例子：地板上有一些污垢，他担任服务员的女儿没有盖住头发。这些问题不会给他带来麻烦，因为他在其他方面的正直表现没有让公职人员抓到把柄，而且即便是罚款，也不会多到促使他变得更加乐于配合警察。

但提出"一杯咖啡"的要求则是另一回事。一杯咖啡的真正含义也可以成为超越口头意义上的隐喻。它可能是更严重的勒索的前奏，那位电工用轻蔑的姿态精确嘲讽了这一点。他读出了奸诈的警察不过是在虚张声势，但其他人就不那么精明了。这通常是因为他们不知道自己的权利，并且害怕陷入与官僚机构长期的争斗中。这些恶棍一开始的行为只能被描述为彬彬有礼，这种举止说明他既考虑到业主的处境，又装出一副依法办事的样子——这两者都是讲究礼数的武器，尽管间接但明确无误地表达出了勒索的意思。

比如，在一次典型的行动中，警察们在喝完一杯咖啡或一杯金巴利后，可能会若有所思地指出一系列真实的——或者至少是貌似可信的——小的违规行为。然后，警察们随口说，他们现在很忙，但计划在第二天回来进行正式的处罚。这给了店主足够的时间，既使其得以调整违规的布局，又使其能够对这一姿态表示适当的感激——对时间性的操弄是相互理解的枢纽。这本身是施压的行为，但是如果给予充足的时间，一种意识就会在店主的脑海中牢固地建立起来，这种施压行为也就被呈现为友好的慷慨。勒索被表述为一种自愿和友好的互惠行为。

但并非所有这样的到访都是如此有礼貌的。一位年长的果蔬商计算过，除了每周要在经常到他店里来的乞丐身上花 7000~10 000 里拉，他还不得不忍受一名城市警察的掠夺，这名警察每周都要拿走价值 30 000~50 000 里拉的水果和蔬菜，甚至不假装付钱。果蔬商不敢反抗，他声称，如果他这样做，这位警察就会派来另外一个部门的同事，而这位同事肯定会发现许多轻微但应受处罚的违规行为：没有贴价格标签的商品、过期的罐头、没有完全密封的盒子。对于三四项这样的违规行为，罚款金额大约会是之前那位警察每周从商店掠夺的全部物品的价值的四五倍。

如果一位店主或餐馆老板不明白警察的意思，骚扰将继续下去，直到他们不再疑惑。即使被给予的时间仅限于警察的开场白和列出一系列违规细节之间，我们也能观察到一个类似的劝服过程：先是深思熟虑的凝视，继而是暗示这里有大量违规行为的观察，然后警察小心翼翼地上演一出暗示性的停顿，紧接着是反复出现的惊愕表情，因为在他们的慧眼下更多的轻微违规行为浮现出来。如果这样还没有效果，那么离罚款也就不远了。有人说，各种食品行业的从业者和金银珠宝商人尤易受到这种压力。

那么，贿赂呢？什么贿赂？城市警察会耸耸肩，他们只是对最初发现的证据进行追踪。因为事情的结果比他们预期的还要糟糕，所以他们实施了法律规定的全部处罚。但如果店主表现出尊重和理解，那么很明显，从来没有任何违规行为。一切都已经安排好了，在朋友跟朋友之间，交易是暖心的文明性，而不是冰冷的公民性。公民和官僚的生活节律有时会因为共同的利益而汇聚为这种具有诱惑性的彼此对位的节奏。这种节奏在日常景观中被戏剧性地呈现：来自各个部门的警察在一家本地餐馆点了咖啡，然后他们明显不真诚的付款提议被小心翼翼地回绝，这彰显出风险管理的智慧。或许不是巧合，在音乐中，也许最明显的是在歌剧中，风格化地延迟节律本身就被描述为某种形式的偷窃（rubato，自由节奏）。

有些警察演技比较拙劣。当广场上某俱乐部的右翼分子们呼吁宪兵逮捕一名曾袭击在教堂前玩球的儿童的移民，并要求针对充斥在广场上的整个移民群体采取更普遍的行动时，他们对能否看到结果感到怀疑。这并不是因为缺乏政治同情心，当地的宪兵对移民有明显的敌意，并相信他们与流浪的吉卜赛人应一并对该地区几乎所有的轻微犯罪负责。但在前一年十月节庆祝活动中，据说一名高级警官吃了 20 个三明治，还让他的女儿去拿更多。俱乐部里的人员告诉他，欢迎他吃，但他不能整袋整袋地拿走。俱乐部的一位领袖说，从那时起，"当他看到我们，就会向我们问好"（quanno ce vede ce saluta），但不会直视他们的眼睛。而且现在他也不可能给他们任何好处，因为这名警官想获得特殊回扣的企图被毫不客气地挫败了。

在所有这些复杂的社会交易中，礼貌的伪装形式确实必不可少。它们能被立即识别出来，这只会使它们更加有效，因为没有人愿意挑战一个保护所有相关人员的惯例体系。一位流动商贩解释说，在他经常去的那些市场中，一些警察把他们的车停在那里，车门敞开。在此之前，他们会含蓄地威胁要检查他的经营证件，这种暗示性的举动被人们私下理解为邀请商贩把一些新内衣和袜子（但绝不是钱）放在车内座位上。由于所有人都知道规则，因此这个系统反而提供了便利，商贩解释说："看，一切都搞定了，我们可以开张了！"在他看来，税务警察虽然也尊重潜规则，但要的也更多，相应的策略也更复杂。比如，当一位税务警察向商贩施压让他支付巨额贿赂时，坚持要用一种特定的报纸来包装。商贩抱怨说，他屈服于这种压力是"因为担心他们会查出我未上报的收入，因为他们确实会查这种东西"。而很少有市民能合法地反抗。另一方面，人们普遍认为，官员们更愿意忽视微小的违法行为，因为如果让更多人失业，他们会加剧现有的问题。比如，据说本地雇主需要为每个无证外国工人缴纳12 000里拉的回扣，这不仅保护了移民，也避免了当局因逮捕被撤销而陷入尴尬境地，而且还使当地雇主以较小的代价避免了破产。

许多商人宁愿行贿，也不愿聘请税务会计（commercialista），在复杂的司法和官僚程序迷宫中寻找出路。同样，即使是与蒙蒂区毗邻的一条大型商业街上的清洁工，每周也能得到1万里拉的贿赂，这样他们才会好好做他们的工作。如果商家不向清洁工行贿，则可能面对可怕的后果：一大堆垃圾堵住商店入口。任何门店经营者都不会为行贿这件事犹豫太久。这种情况不会发生在住宅区的街道上，因为眼前的需要和投诉的可能性之间的平衡在那里完全不同。

人们都明白，官方规则是用来打破的，或是用来以实际方式使公民受益的，而共谋的官员也可以从中受益。严格遵纪守法可能无关紧要。例如一个人想装修他新买的公寓，于是他按时取得了所有必要的许可，但突然有两名城市警察上门拜访。警察显然能够找到一些小问题，如果他不付钱给他们，他们就可以叫停整个装修项目。重要的不是市民是否违反了任何法律，而是警察们几乎总有更大的权威来描述情况，而他们描述的情况总能导致罚款。

但市民往往和骚扰他们的公职人员一样狡猾。城市法律规定，餐馆必须为所有路人提供厕所，无论他们是不是顾客。餐馆老板通过在门上挂"厕所已坏"（Guasto）的通知来规避这一规定，因为他们知道常客会理解这一策略，而陌生人确实会被阻止。在夏季的几个月里，店铺应该遵守轮换规则，使每种类型的商店在每个区域都保持开放，店主们不能一股脑全部关店休假。一位一心休假的餐馆老板贴出通知，宣布他生病了。当地人也明白这种策略。城市警察是最有本地性的警察，他们和受他们照顾的市民都非常理解对方，而相互理解是社会生活的全部内容。

第九章

撕裂社会肌理

20世纪80年代以来,特别是1998年房地产法迎合"自由化"之后,蒙蒂及其居民经历了重大变化。大笔资金突然注入当地的房地产市场,为迄今为止保护当地人不受真正外来者影响的恐吓技术(techniques of intimidation)开辟了新的表现领域。现在,掌握这些技术的是外来者,他们甚至改进了这些技术。伴随恐吓而来的是城市更新与保护的修辞。可想而知,传统左翼残余对此的反应是消极的。此外,右翼的主要道德权威——教会——很快就与开发商和市政部门一起,深深卷入了将历史中心区重组为利润来源的过程中。以往,很少有居民拥有自己的房子;现在,居住了几代人之后,能留在房子里的人往往更少。

租客与房东

长期以来,蒙蒂区的租金一直很低,因为老房子不被认为是理想的住所。住在历史中心区的时尚至20世纪80年代才真正出现。在意大利的一些地方,住在同一栋楼里的人支付的租金相差极大。引入房租管制(rent control)的结果是最低租金被提高了很多,因此受益的是房东而不是租客。房租管制的目标之一是阻止空置公寓的行为，因为这种行为加剧了战后日益严重的住房短缺问题。然而，在蒙蒂，住在老房子里的想法在彼时刚刚开始对一些受过高等教育的人有吸引力，新的统一租金水平并没有导致大规模的变化，而只是稳定了既有安排。此外，由于很大一部分蒙蒂人的收入很低，新的制度对那些年收入高于和低于800万里拉的人进行了人为的、武断的区分，这保护了经济上最弱的那部分人在几年内不被驱逐。大多数蒙蒂的租户已经习惯于将低租金视为一种不可剥夺的权利，因而没有看到迫在眉睫的危险。

不幸的是，人为压低租金促使一些小业主卖掉他们的房产，因为他们无法从这些房产中赚到足够的钱来支付建筑维护费用并维持生计。这只是人为压低租金的影响之一，也有一些房东决定让公寓空置，声称他们无法开出足够高的租金（也无法与黑市竞争），一通忙活根本挣不到钱。一些房东决定等待剩余的租户租期结束，他们推测殿式公寓的整体价值将远远超过逐间出租或出售公寓所获得的总和。一些本地人确实买下了自己曾租住的住宅，而这些有先见之明的人现在也因此生活在相对安全和繁荣的环境中。然而，当时大部分易手的房产都是由等得起的共有产权投机者收购的。[①]

由于大多数商店和其他工作场所不受"公平租金"（equo canone）——早期法律规定每栋楼的租金都大致相似——的限制，因此一些投机者，包括罗马的投机者在内，能够将所有历史中心区内这些空间的租金大幅提高。自此，随着精品店和艺术家工作室

---

① 1998年出台的法规也使私人业主受益，他们现在能够通过合理的通知程序驱逐租户，即如果他们能够证明自家对该房产有迫切需求，就可以驱逐租房者。

的扩散，士绅化才真正开始，最初是缓慢的，随后则越来越快。虽然在既有的分区限制下，家庭住宅不能随便变更为这样的空间，但是，向既有店铺和艺术家工作室开出的高昂租金开始有利于那些需要专业技能的活动和高利润行业。因此，正是租金的飞涨迫使迄今为止为当地顾客提供基本服务和商品，但自身又无法承担高昂租金的普通匠人离开此地。此外，在少数情况下，业主现在可以要求中止现有的租赁合同，理由是他们需要为自己的亲属（不一定是核心家庭的成员）提供一套公寓，无论是作为主要住所还是为了经济活动。

然而，即使是左翼议员也认为，这些家庭的贫困在很大程度上是人为的，目前的法规赋予业主在相当宽松的限制条件下随心所欲地使用他们的房产的权利，而且许多住在政府或宗教机构出售的建筑中的人最初之所以能够获得他们的公寓，是因为有有权势的庇护人。在一位左翼议员看来，旧的房租管制制度允许——实际上是鼓励——整个家庭依靠一个人养家糊口，因为较低的集体性收入使他们有权享受新法规规定的较低租金。但是这一法规是模糊的、过于神秘的，而且没有任何约束力。它变相鼓励私下交易，但却没有针对这类行为的有效制裁措施——这再次体现了制定法律是为了使立法者和他们的选民受益。新法规确实允许一些匠人继续在住所附近工作。然而，这位议员认为，允许电视维修工继续占用艺术家愿意支付更多钱的空间，在这种情况下是一种危险的不合时宜之举。

因此，一位执着的意大利共产党员虽然发现自己认可了市场的逻辑，但是他明智地辩称，他并没有将之作为一种可接受的意识形态立场（也许对他来说的确不是），而是一种"不可避免的"现实。在他看来，市场的逻辑针对的是一群他眼中的右翼寄生虫（这一说法不甚准确），这群人不值得他支持。作为左翼人士，他不能直接攻击福利主义（assistenzialismo）。相反，他谴责旧的房租管制制度是"家长式的"，并将新法西斯主义者利用租户的怨恨与其自身不尊重法治联系起来，其证据就是新法西斯主义者支持那些在郊区私搭乱建的人。只有意识形态坚定的右翼才会放心地批评福利主义，而且他们与左翼议员不同，在批评的时候他们没有任何顾虑，直截了当，毫不留情。但是，他们选择不把保护他们选民的居住权看作福利主义问题，而是将之呈现为社会正义问题以及世袭主义对真实人口的保护（patrimonialist preservation of authentic populations）。

那位议员的立场表明，传统左翼是如何大规模地拥抱它曾经断然拒绝的财产所有权观点的。在实践中，旧的威胁形式现在也将新的法律知识和获得大笔资金连接在一起。一位上了年纪的女士向她的律师抱怨说，她很不理解什么是水电费，也不理解为什么要支付水电费。无论在意大利的什么地方，这几乎都是一个官僚主义的噩梦。狡猾的律师安慰她说，"我会处理好的"，然后就开始让她在她认为是付款单据的文件上签字。但实际上，那是把她的公寓一间间地转移到律师手中的合同。尽管一位好心的神父尽力帮助她，但她还是把自己家签了出去，而法律没有赋予她任何追索权。

对类似黑手党活动或邪恶意图的否认，以及对友情的表达，都很好地说明了礼貌是如何传达一种危险感的，而且这种感觉往往也是其要传达的实质。有时，这种威胁是轻松的，或者至少是发生在家庭中的，就像一位全情投入的意大利共产党员曾经告诉他的家人："你想投谁就投谁，但……"但是，有时礼貌会放大真正的威胁。就像种族主义情绪的开场白往往是一句非常泛泛的断言"我不是种族主义者"，然后是同样的否定——"但是"（però），其所隐含的暴力威胁在传达深刻的敌意方面更加有效，因为它很少会导致严重的后果。[①]这一否认回应了一种政治正确的文明（同时也回应了更普遍的避免直接对抗的愿望），而清楚表达出来的种族主义——正是通过否认它的存在而表达出来——顺应了一种尤为恶毒的地方主义形式。一个自称是右翼人士的人慷慨陈词，"看看他们是如何废掉罗马文化（romanità）的"，他对教会在此过程中的纵容感到愤怒。他还否认自己曾是一个种族主义者，直到"现在，因为我已经厌倦了看到这些东西"[②]。

这种愤怒是真实的，也是有潜在危险的，但它仍然很少导致严重的暴力。事实上，即使是一个移民在中心广场上攻击了一个孩子，人们的集体反应也是叫来当局，谴责醉酒移民的恶行：在本地人为满足他们自己的社交需求辛辛苦苦争取到的步行区乱丢垃圾，从事毒品交易，推动卖淫活动。在环境更加破落的郊区，直接的暴力表达更加直白。在那里，官方的暴行——表现为瘾君子的出现和伴随着强制驱逐的突发火情——树立了一个危险的榜样。同样是在

[①] 关于罗马种族主义表达中的否认，见 Herzfeld, 2007b。这类否认经常采用近年来被推及全球的修辞形式，然而它们在本地语境下的表达方式表述并传达的那种紧张关系，在其他地方可能会以不同方式表达出来。
[②] 有趣的是，罗马文化的概念与说话者所表现出的种族主义有关，因为这个概念是在墨索里尼将它作为希特勒拥抱雅利安主义种族理论的制衡手段时大致发展到顶点的，二者的种族主义色彩不相上下。见 Gillette, 2002: 53-56。

郊区，暴力的形式有时也呈现为心怀不满的放高利贷者令其狗腿子杀鸡儆猴。但在蒙蒂，这种干预的遥远共鸣通常足以让人们基本得到管束；而另一方面，中心位置带来的可见性，或者说众目睽睽确实对最直接的暴力形式起到了抑制作用。因此并不难想象，直接暴力永远不会发生。

恐惧主要由暗示和间接威胁造成，有时则是在措辞含糊的夜间来电中被制造出来，但恐惧的实在感并不会因此有丝毫减弱。当本地居民抱怨他们在搬家过程中得到"帮助"时，或是受到操着西西里或那不勒斯口音的神秘人施加的微妙压力时，又或是在没有名片、表情呆滞的不明身份者声称只想与居民达成友好协议时，关于南方黑手党的阴谋论便很容易涌现出来。这为构成意大利内部偏见之基础的刻板印象提供了肥沃土壤。一些居民坚称，他们知道哪些人是黑社会的暴徒。比如，他们说，有些咄咄逼人的妇女会来到公寓楼里大声描述她们搬进来后打算如何处理这些公寓，这是典型的黑手党战术。一些人则更温和地表示，那些拥有昂贵、华丽汽车和衣服并暗示有强大的支持者的陌生男子可能是黑手党成员。但是，他们永远无法证明这一点。另外一些人则坚持认为这种说法是无稽之谈，他们从未听说过严重的威胁或见过口音可疑的人。而且无论如何，没有一家大型房地产公司敢于以如此明显的方式玷污自己的名誉。这到底是准确的呈现，一厢情愿的想法，还是对当地义化自豪感的捍卫？似乎没有明确的答案。而且，这个想法本身也没有什么实质性的内容，就像吸烟者忧心忡忡地吐出一口烟雾，有人或许可以从烟雾形状中解读出一个问号。

律师与知法犯法

正是这种扰人的模糊性本身，造成了令人不安的恐惧，导致人们不敢透露太多情况。一位年长的女士说，她的律师正在为她的租约延期而努力。她拒绝告诉我她目前的租金。我猜测租金可能非常低。她说，"这是机密"，因为她现在面临被驱逐到郊区的危险，她对此并不满意。需要把律师引入复杂局势的事实，表明这里涉及精微的操作，租户试图借此获得最大的利益。保密是很重要的，因为业主可能不希望他们对特定租户做出的任何让步成为缩减其资本积累的先例。

律师也并不总是像他们看起来的那样。两位离家乡很远、没什么钱的年轻女性住在蒙蒂的一栋公寓里，房东不但没有缴税，而且侵犯了她们的（根据法律规定的）优先购买权。房东只是通知她们，她要提高租金，因此她们必须离开。由于没有合同——租房之初女房东倾向于继续以此作为其正式住所，这也意味着她们被迫保留其原籍地作为正式住所——因此她们的情况非常糟糕。同情她们的朋友说，她们可以正式申诉，申诉理由可以是房东不提供租赁合同（因此构成逃税），也可以是她们事实上受到暴力威胁。但律师告诉她们："你们是穷人，因此你们没有权利。"结论非常清楚：只有通过一些进一步的违法行为，如贿赂，才能使情况对她们有利。与此同时，她们的朋友认为，这位律师似乎实际上是在与那位女业主合作。正如这位朋友的伴侣所观察到的，从社交意义上看，正式举报将是灾难性的。他补充说，只要业主向邻居们做个手势或使个眼色，她们就会被完全孤立，被标记为那种不了解本地禁忌——向当局举报——的人。夹在律师对她们贫困状况的冷嘲热讽和本地人对法律行动的回避之间，她们陷入了一个共谋的网络中，使许多其他同样面临驱逐的人的恐惧变得真实而紧迫。

这些威胁也可能会披上非常正式的外衣。一位租户收到一封信，发信人命令他收拾好自己的物品从他住了几十年的公寓搬出去。这封信写得专横、冷酷，而且是最后通牒。他最初很想给我看这封信。然而，当我问他是否可以复制信的内容时，他突然开始焦虑，要求我不要使用任何可能暴露他作为消息来源者的可识别信息。他向我保证，这不是因为他真的害怕被报复，而是因为他正在针对驱逐向法院上诉，在此过程中他不想冒险做出任何非必要行为，然后被业主用来赢得同情。这封信本身似乎引起了他的愤慨而不是恐惧。但是，整个诉讼中他最担心的是印象管理这件事表明，恐惧总是徘徊在人们对自身权利感到不确定的那些领域中。

尽管我对此感到担忧，但这个男人并不害怕在"蒙蒂社会网络"的委员会任职，该委员会的任务是编制该区驱逐事件的完整清单，并探索集体行动以及与该市其他地方的活动团体建立联系的可能性。但是，在那些同意签署终止协议的租户经常收到禁言令的环境中，他显然也对过于具体地谈论自己的案件所涉及的风险感到不安。沉默孕育着更多的沉默，提高了业主为所欲为、不受惩罚的自由度。委员会不得不承认，它的清单总是不完整，因为一些租户甫欲行动便被侵蚀性的恐惧困扰，因而根本不想参与任何倡议。虽然他们的恐惧肯定比高利贷受害者的恐惧要小，但其集体性效果却有些类似：它摧毁了集体性公民行动（civic action）的意愿，这些意愿早已被那些接受"甜头"（buonuscite）——没有合法性或合同基础的一种安排——迅速放弃抗争的人动摇了。只要放弃抗争者保持沉默，就可以继续不被征税。

有一位租户为了让"甜头"最大化，准备能拖多久就拖多久。她本人在一家房地产公司工作，可能知道这个系统能承受多大数额的非法交易。面对驱逐，她跃跃欲试地挑衅现在拥有她那栋楼的公司代表。她嘲弄地质疑房地产经纪人所谓已经向其他离开的人支付巨额费用的说法。"这里的人已经带着钱离开了，驱逐的缓冲期限最多只有一年，如果从这里搬出去能拿到数亿里拉。明白吗？"面对他喋喋不休的吹嘘，她以格外吝啬的成交金额传闻来反驳。越来越气愤的房地产经纪人反问道："但是你说的是谁呢？"而她已经准备好了详细的答案，在整条街的众目睽睽之下扔给了他。战斗真的打响了，而这只不过是一场漫长的、被掩盖的谈判中一个相对公开的时刻。

一些租户积极参与到这些骗局中，这进一步破坏了公民团结的城墙。有一次，我们和朋友们一起去看一栋正在出售的公寓。接待我们的是一位焦躁的年轻房地产经纪人，他穿着正式的西装，领带松松垮垮，与他瘦小的身躯相比太过宽大。他向我们保证，现在的租户会很乐意与我的朋友们进行交流。在这里，我遇到了那个摆出圣母姿态的年轻女人，她显然也是行动的一部分。[①] 她姿态造作，瞪着大眼，乞求不要因楼被出售而遭到驱逐，既展现了受害者的无辜，又将参与明摆着的骗局的心照不宣的共谋摆在台面上。如果她是一个人出现，她可能会以完全令人信服的方式博得我们的同情

---

① 见第三章。

但是，这位年轻房地产经纪人明显急于发笔横财的渴望，导致这一幕显得不协调，给这一戏剧性的场面投下了浓重的疑云。当房地产经纪人迫不及待地建议为这位瘦弱的年轻母亲提供合理的"甜头"让其搬出时，我的朋友们互相看了看，越来越反感，疑惑于她能分到几成好处。在这场交易中，不管她是受害者，还是共谋者（这或许更有可能），她已经允许自己皈依入侵旧罗马的新自由主义。而这些进步的、体面的人士也只是想重新生活在他们的老街区，对于新自由主义的入侵，他们也深恶痛绝。

诚实的房地产经纪人很难找到生意。一位新手在不同的房地产公司之间辗转了整整一年，他的同事因成功地对贫穷的、失去亲人的和消息不灵通的客户实施诈骗感到欣喜，而他对此感到无比厌恶。这种诚实的经纪人只能在其行业的边缘工作，收入微薄，但这种人确实存在。在本地人看来，房地产行业应当为这种创伤性的变化负责，而对黑手党参与其中的指控或许只能用来解释为何房地产行业中欺诈高发。另一方面，这些指控因频繁出现而降级为一种日常感知，这悖谬地掩盖了这些犯罪行为。低俗小报关于阴谋论的报道铺天盖地，但没有人知道如何辨别真正的犯罪活动。

不确定性是一种强有力的武器。当我们研究房东和他们的法律顾问如何通过操纵官僚主义的正式工具（formal apparatus）对租户施加压力从而让他们搬出公寓时，我们将看到，时机往往在刻意设计下变得无法预测。在新的投机者的真实身份不确定的背景下，这种猫捉老鼠的策略就更加有效。由于缺乏明确的、无可争议的信息，恐惧由此滋生。

在对世俗痛苦的恐惧背后，还有一个远比其更大的恐惧，那就是对永恒的诅咒的恐惧——或者，一种更有效的表述是，对在炼狱中持续停留的恐惧。教会并不总能免于威胁无遗嘱老人，即如果他们不把房产留给教会，就会在末世来临时遭遇炼狱永罚。当教会的威胁出现时，租户们在世俗世界所遭遇的后果也会相应变得极其糟糕。在历史中心区的另一片区域，一处荒废的房产显然就是以这种方式落入了当地教会的手中。租户们并没有立即看到他们所面临的危险；相反，一位高级教士亲自来向他们保证，他们应该对该房产进行任何可能的改善，以使他们的生活更加愉悦。从表面上看，这似乎至少是一种更有礼貌的做法，而不是像房东通常使用的策略——试图通过拒绝进行必要的修理来赶走那些拒绝离开自己家的贫穷租户。但是，教会代理人带着礼貌的关心实际上并不比房东们友好。一段时间后，那位教士再次出现，宣布他对居民在整修建筑方面所做的出色工作印象深刻。因此，他宣布，租金自然要大幅增加。租户们不具备支付更高租金的条件，因此教会开始发出驱逐通知。

这个令人不快的故事只不过再次说明了，与建制性宗教的官僚主义打交道的实际经验如何为世俗行动提供了一个范本。原主人通过遗赠（lascito）买到了一条穿越炼狱的加速通道，新主人表达最善良和最友好的意图，只是为了在适当地表示遗憾之后才揭开其真实意图：他们打算充分利用租户的困境并占有他们的劳动成果。恐惧产生于两个层面：对永恒诅咒的恐惧，对蚕食性的债务和在一个难以称之为家的地方死去的恐惧。

我不想质疑那些决定将财产留给教会的人的虔诚。我也不想主张，有一个中央集权的教会机构，正在无情地追求拥有历史中心区每一栋有吸引力的房产。恰恰相反，辅从原则意味着这种行动和执行这种行动的方式的道德性完全是某个神父、教士或兄弟会的责任。虽然辅从原则实际上是为这个无所不包的组织的财政利益服务的，且该组织借此获得了价值可观且不断增值的房产，但地方利益和身份在时间上的分裂使支付租金的租户处于非常不利的地位。他们的盟友很少，而且不稳定，获得他们支持的代价往往是疏远其他潜在支持者群体。而且，他们的法律地位非常糟糕，特别是当他们曾经在传统左翼阵营的支持者自身也被市场的吸引力诱惑时。此外，那些教会代表对自己事业的公正性深信不疑，他们配备通往天堂的钥匙，并自鸣得意地接受了这样的事实：人世间的贫穷和苦难是通往永恒乐土最神圣的道路之一。

在教皇约翰·保罗二世在位时期，这栋楼里的一位租户一直面临驱逐。她大约在12年前搬进这栋楼里，这栋楼当时的情况在一份新闻稿中被描述为"非常令人不适"，为此她同意承担必要的维修和建设费用。她在得到永远不会被驱逐出这栋楼的保证后接受了这一安排。在评论持有楼宇的教会改变主意、背信弃义时，新闻稿的作者写了一句特别具有启发性的话："很明显，时代在变化，历史中心区这样一个区域的出租房市场甚至吸引了那些以极大热情传播基督教慈善教义的人的欲望。"痛苦是显而易见的。支持教会慈善工作的说法听起来显得空洞，因为正如新闻稿指出，新教皇刚刚发表了一篇肯定住房权的文章；而且，"慈善"一词也提醒驱逐的受害者，这毕竟是一种基于教会的慈善——博爱（Caritas），正是这种慈善为贫穷的移民提供了过去由罗马人长期占据的空间。在这个痛苦的不完美的世界里，慈善本身也掺杂了罪恶。

租户们善于将教会的神学修辞与在教会有正式职务的人对立起来。信徒和无神论者可以联合起来，挑战教会阐释基督在《圣经》中形象的权利，因为教会自身的行为背叛了这种形象。附近另一个同样属于教会机构的殿式公寓中的租户发现，随着 1998 年房地产法的实施，他们几乎面临集体驱逐。除了一位最近才来的相对富裕的旅馆老板（人们怀疑他是新一拨住户的先头部队）和一群负责维护附近教堂的修女，代表教会的房东向所有租户发出了驱逐通知。有三个家庭坚持住了，其他租户中的一位，尽管其家族从 19 世纪起就居住在这栋楼里，从 17 世纪起就居住在这个地区，但在经受了巨大的压力后也离开了。在写给教皇本笃十六世的一封诉苦信中，留守租户中的一位说："我读过《圣经》，但我没有在任何一处读到基督告诉他的门徒让自己富起来。救济院不是富人的旅馆。"接着，留守租户在信中恳求教皇说服他的神父们不要把剩下的租户赶到街上去。

但恰恰是在有关居住空间权利的争议中，关于文化质量的假设变得很重要。其重要性在于，为数不多被允许留在这栋建筑里的租户是少量教会工作人员，他们可能在这个问题上没有什么选择。还有一位可以留下的租户是富有的企业家，而他正是新的城市政治似乎要容纳的那种人。在这个意义上，历史中心区代表了一种普遍意义上的鄙视，而这恰恰是意大利其他地方的人对罗马人的看法。回想一下，兰佩杜萨岛上的"北方联盟"活动家们用他们的酒店设施充分表明，没有南方人需要在那里申请住宿。他们不仅把南方人从地理意义上的南方领土中驱逐出去，而且甚至拒绝接纳首都的人民——一个在文化上特别被鄙视的群体。

现在，同样的事情正发生在罗马。穷人们带着他们的本地方言和粗粝的亲密关系，正被切切实实地赶到大街上，取而代之的是旅馆老板和其他具有国际大都市浮夸风范以及精心培育的民族认同感的企业家。罗马教会已经成为驱逐罗马人的同谋。在一个正进行结构调整的房地产市场中，罗马工人阶级的经济和文化价值显然使他们不再适合留在全新"改造"后的历史中心区。在下一个案例，一个在历时15年的斗争中获得了一定名声的案例中，我们将看到类似的对一群人的制度化鄙视。这些被鄙视的人和前文描述的教会的租户一样，为维护房东刻意忽视的房屋硬件设施投入了大量的个人努力。他们卑微的努力，跟他们低下的社会地位一样，只会越发让他们陷入窘迫。而空间清洗是解决他们给新城市愿景（urban vision）带来的问题的唯一办法。在当下正在建设的士绅化的城市天堂里，那些带着积累性的文化和经济弱势负担的罗马工人阶级被驱逐出来，这里真的不需要他们。除非他们在经济和文化两方面彻底改变自己的地位，否则他们不会被允许回来。

驱逐与逃脱：时与地的高风险

在这本书中，偶尔出现的令人震惊的驱逐的种种暗示，打破了表面平静的愉悦、令人惊叹的精美建筑环境，以及这个城市所声称的圣洁和好客的假象。它们所带来的暴力是结构性的，而不是物质性的。在蒙蒂，一个特别令人向往的居住区，同时也是提供政治及旅游职能的区域，暴力的大规模驱逐并不是一个可选项，这种行为在郊区经常引起对警察过度执法的指控。相反，就像在历史中心区的其他地方一样，漫长的法律斗争通常要么以房东通过法律技术手段胜诉告终，要么以租户在威胁和骚扰下因精疲力竭而含泪投降告终。

一些驱逐行为是以有序和顺从的方式进行的，能引起人们的注意，但其频率却削弱了那些不希望安静离开的人的抵抗。这是最不引人注意的一种暴力——缓慢侵蚀团结的那种暴力。其他的压力也同样无声。恐吓既可以是谨小慎微的，也可以是毫不留情的。在某个节点上，居民干脆放弃了。最好用的一种手段是在晚上不断地按门铃，这是一种缓慢消耗的技术。这种技术特别有效，它是一种缓慢增强的较轻的骚扰行为，因此尽管它是非法的，但警察通常拒绝认真对待。少数由房东指使的骚扰行为更加戏剧化和明显，通常是因为其主要受害者是老年人和体弱多病的人，因而符合"民间"审美（"folkloric" aesthetic），而记者们——一群从大多数被驱逐者的角度来看没什么用的人——认为这样的案件是典型的，报道出来才令人信服。

有一两个案例因为几位反对驱逐的租客坚决抵抗新业主而真正具有戏剧性。这就是留在伊博内西街23号的殿式公寓中十个家庭的故事。他们与驱逐的长期斗争说明了在抵抗初期阶段取得成功所隐含的危险。正如平易近人的绿党议员阿托斯·德卢卡（Athos De Luca）在一次访谈中告诉我的那样，一旦事件获得一定关注度，就会反噬租户的利益。事件曝光所带来的名气实际上会使房产价值增加，而精明的业主并不排斥利用这一点，同时指责租户制造麻烦以增加"甜头"。此外，共有产权业主能够承受的等待时间远远长于大多数个人业主,时间站在他们一边。

另一方面,市政部门的一个内部消息来源告诉我,罗马历史中心区的个案涉及许多特殊的利益,事实上租户需要得到相当多的关注,才能促使市政府进行干预。因此,像蒙蒂这样的地方的租户往往腹背受敌:他们需要关注度,但在某些情况下,关注度能够增加房产的价值,并助长业主为了高额利润出售或出租的决心。

驱逐是正在形成的新秩序的最残酷的有形证据。驱逐事关重大:对老一辈居民来说,基于邻里和亲属关系的生活方式正在解体,甚至在他们尚未领会这一进程所带来的巨大威胁时,解体便已发生;对新企业家来说,此过程大有利润可图。教会实施驱逐有其理由,而市政部门——他们显然缺乏可用的空间来安置越来越多无家可归且贫穷的市民——并不同情那些主张权利的人。那位住在直通圆形竞技场的辅路上的洗衣工就是这样一个人。在法西斯时期,他的家人被仓促赶出他们的公寓。彼时,宏伟的古城挖掘工作优先于普通人的生活,也优先于文艺复兴时期和巴洛克时期家庭建筑的美感。但是,他们被允许暂时留在这里作为租户。后来二战爆发,房子免于拆除;但战后的市政府又邀请美术监察局负责整条街道的修复工作,并固执地拒绝考虑公寓在伦理意义上属于居民的可能性。洗衣工将市政府的这种回应描述为"他们滥用权力"(un abuso che stanno facendo)。他所使用的语言,是国家通常在起诉违反商业分区法和环境保护法的市民时所使用的。不过,他虽然在修辞上扭转了局面,但这在获得公寓所有权的实践领域却于事无补。

市政府至少试图为那些已经遭受驱逐且没有其他资源的人提供

住房。然而，由于恰当的再分配未能实现，再加上有明确证据指出市政府（comune）与某些大型建筑公司之间存在合作，因而只能让人对其真实意图产生怀疑。教会也是如此，它经常出售从无子女的或极其富有的业主那里继承来的地产。教会可以提出在法律上合理的理由，声称收益将用于支持慈善工作。然而同样，本地居民至少也对此持怀疑态度。一位餐馆老板承认，教会的确处于慈善活动的"第一线"，但他补充说，每当教会的经济利益遭遇风险时，他们就会屈服于自己的利益。[①] 不管这些出售行为背后的动机是什么，获利最多的是大型房地产公司，他们有能力买下整栋建筑，并承担得起将内部装修为现代、豪华住宅的费用。在各种意义上，他们都是蒙蒂社会生活关键性重整的设计师，在这个过程中，物价和房产价值迅速上升。其结果是，原业主显然愿意与之共谋。

这些企业家清楚地知道，目前的租户不会轻易投降。他们须能预见到拖延战术、法律诉讼、架设路障，以及各种政治力量的参与。负责执行经法律确认的驱逐令的公职人员通常与那些他们现在必须向之递送驱逐文件的人保持着良好的关系，部分原因是他们已经提供了可以用来阻止不可避免的事情的信息。在意识形态光谱不同侧的政治家们——他们在议会中并不愿相互交谈——认为这种复杂事件有益于他们交换信息和想法。业主和租户的律师必须用基于尊重的亲切态度与对方交谈，因为如果不这样做就会损害他们的声誉和社会地位。

---

① 他在批评的基础上提醒说，梵蒂冈参与了与黑手党和奸诈的银行家的不正当交易，特别是那些最终导致安布罗西亚诺银行轰然崩塌的交易。关于这些事件，见 Cornwell, 1984。

抵抗驱逐当然不是什么新鲜事。至少在20世纪70年代之前，大多数蒙蒂居民都住在租来的房子里。这被认为是一个文化问题。这里的租金长期以来一直保持不变，以至于许多居民对20世纪90年代租金突然急剧增长毫无准备。到目前为止，当房东把租户赶走时，租户只是搬到附近。少数蒙蒂人好几代之前就已经拥有了他们的房子。还有一些人，在上述过程的早期阶段被驱逐，通过购房的方式住回附近（尽管很少有机会回到他们原来的家）。但最后这种情况相对来说比较少见。

当房东和租户之间的斗争纯粹是地方性的时候，租户可以依赖于一定程度的团结感。邻居们会联合起来堵住入口，以至于租户想走也走不了。虽然这种记忆无疑带有一些对社会凝聚力更强的时代常见的怀旧情绪，但这也表明，彼时的房东比今天更容易受到社会压力的影响。在一个以混合不同阶层和职业的人而闻名的街区，在租金呈指数级增长之前，教会几乎是唯一有能力强制执行驱逐而不招致严重社会惩罚的业主。

就其本身而言，教会对强制驱逐没有什么兴趣，因为除了为大量来罗马接受长期培训和学习的神父提供住宿，以及向身无分文的租户收取一些名义租金外，教会无法从其房产中获得任何实质性的好处。当大多数向上流动的意大利人在相对较远的郊区寻求空间和光线时，以及当在历史中心区改造一栋小房子的成本远远超过在奥勒良城墙外从头开始建造一栋结结实实、通风良好的房子时，蒙蒂的老房子没有什么商业价值。在二战后大规模扩张的20年里（1951—1971年），虽然罗马的总人口增加了50%以上，但蒙蒂的人口下降了大致相当的比例。① 历史中心区基本上被认为不适合那些渴望获得新财富和权力的人，因此，这里既没有什么东西能引起教会和中产房东的兴趣，也无法吸引野心更大的企业家。

直到 20 世纪最后 20 年，对在蒙蒂占多数的群体——工人阶级来说，保持尽管朴素但体面的生活方式的希望似乎可以延续。历史中心区的其他区域吸引了旅游业、时尚商店以及上层官僚，特拉斯提弗列区则最终成为某种类似美国殖民地的地方。但蒙蒂相对而言没有受到这些变化的影响。邻近主要的考古遗迹显然是一种负担，而不是一种优势，因为相关部门一旦发现某地有潜在的考古利益，就有权干涉建筑建造或修复。这使房地产的价值比城市历史中心区其他地方的低得多。很少有居民看到墙上被涂鸦，而且，随着战后郊区被大面积开发建设，城市核心区的租金最初上升得较为缓慢。但是，安全的幻觉很快就消失了。拿固定工资的公务员和有地位的知识分子以及匠人和店主，他们中有许多人没有能力购买他们所居住的房子或搬到附近。正是 20 世纪 80 年代开始突然上升并很快达到了天文数字的租金使他们陷入了困境。对迁移到罗马的乡村人来说，高涨的租金被描述为高利贷，因为房东知道他们多么希望留在大城市里。正是在这个节点上，面对驱逐和高昂租金的选择题，许多人逃离了这里。

---

① 罗马市总人口增加了约 65%，从 1 695 477 人增加到 2 799 836 人，而蒙蒂的人口减少了约 51.3%，从 46 630 人减少到 22 690 人。在此期间，历史中心区的总人口下降了 53%（Italia Nostra，1976：19-20）。

士绅化与最后的边疆

伊博内西街 23 号是一座建于 18 世纪的殿式公寓。里面的十间小户型一居室有人居住，另外十四间多年前开始就无人居住，并被上了锁。它的变迁象征着蒙蒂区士绅化过程中文明的残酷性（civil cruelty）：对最为老弱的居民的驱逐；资本家宁愿空着可用的公寓也不接受较低的租金；势不可当的市场力量决定着事件的发展轨迹。23 号的个案反映了罗马社会和政治动态的许多特征：人们声称自己自始至终（de sempre）生活在该地区；面对新自由主义的突击，左翼政客未能保护较贫穷的市民，而自诩社会主义右翼的人则利用左翼的狼狈展现出自己的机会主义手段；禧年强大的符号意义成为人们表达并进一步加深对教廷及其城市角色仇恨的工具；对妥协的操弄和对时间的巧妙管理；战略性地唤起从古代荣耀到犹太人之存在的历史记忆和联想；记者们难以集中的注意力，特别是那些与本地有过深利益往来以至于可能危及他们自身的记者；市政和其他公职人员的调解角色，他们既向深陷重围的租户提供慰藉，也推动他们离开自己的家园。

因此，以伊博内西街冲突的故事作为这段叙述的高潮似乎很合适。其他的斗争，特别是关于安杰洛·马伊学校的斗争（这所学校被当地居民擅自占用，居民们为了筹集资金以保障生存而进行戏剧和音乐表演），对蒙蒂区作为一个整体来说有明显的重要意义。"蒙蒂社会网络"的一个工作组在本地大学某系两位规划师兼建筑师的带领下提出了一个计划，既能让学校恢复其以前的功能，又能辟出满足本地公民活动的空间。然而，即使在这个重要的问题上，也有不同的声音。当占领者的活动开始打扰住在蒙蒂的左翼知识分子祥和、宁静的生活时，正是后者站在了愤怒的公民感受力的最前线，要求这些擅自占地者立即被驱逐。

我的一位好朋友，一位具有相当丰富的地方性知识和政治敏锐性的老妇人，一直在感叹真正的左翼的消逝。她的许多左翼同人拒绝帮助伊博内西街的群体，理由是这些租户接受了新法西斯主义者太多的帮助，她在道德上对此感到愤怒。她无暇顾及这种琐碎的政党忠诚。但即使是她，也在一次关于安杰洛·马伊学校的局势的蒙蒂社会网络会议上暴跳如雷，原因是该组织不认可采取坚决的行动来反对擅自占地者肆无忌惮地滥用（这是她现在的看法）蒙蒂人的热情好客。她自己就住在学校附近，她声称音乐表演和戏剧活动制造了数不清的噪声，使她晚上无法入睡。2006年，当警察成功地赶走这些人时，实际上是一些极右的民族联盟的政治积极分子在肆意欢呼胜利，认为是他们实现了对公害的清除。

安杰洛·马伊学校被占领一事在本地引起了广泛关注。该建筑被认为是该街区的地标之一，是许多居民接受教育的地方。由此穿过一段高高的石阶，可以通往远眺卡皮托利诺山的最佳观景点之一。在回收学校土地，满足本地公共用途的项目中，"蒙蒂社会网络"调动专业技术和政治激进主义（political activism）力量的能力令人印象深刻。该项目吸引了本地人对一个于他们而言具有纪念意义的特定场所的关注。

相比之下，在整个蒙蒂区，甚至是整个罗马，处理驱逐问题更加分散和持久的复杂性，不容易引起持续的集体关注。当媒体成功地营造了一种气氛，使耸人听闻的事件而不是首要问题和原则站到了舞台中央时，更是如此。就这一点而言，最终，伊博内西街的群体没能动员起持续性的反抗力量对抗将他们从几代人生活的家园中强行驱离的力量。而恰恰是他们的失败尤能说明问题。他们的故事表明了利用旧时的战略所具有的力量和局限性，正如它展示了妥协的过程是如何能够以和平的方式实现，但本质上又是如何为握有权力者的利益服务的。

因此，这个故事必须以发生在整个意大利的一些更大的事件为背景来解读。首先，具有讽刺意味的是，1998年，中间偏左的联盟组成的国家政府推动通过了一项保护业主对擅自占地者的权利的法律。该法增加了地方当局的压力，迫使他们对任何被认为超过合同期限而不再受欢迎的租户采取行动。此前，租户可以强制要求业主证明自己的迫切需要（su richiesta di necessità del proprietario），而业主还需要负责支付管理费（condominium fees）、维护费和税款，这导致许多业主向租户提出以合理价格购买公寓的选项。一些人确实利用了这一点，尽管这违背了既定的习惯。但新法永远地改变了这种模式，因为现在业主有了合法的手段来驱逐租户，而不必证明自己确实需要该房产来维系工作或个人生存。对于那些租户仍在支付人为压低的租金的业主来说，这一变化当然带来了及时的解脱之法。同样，也并非所有的租户都是真正的穷人或缺乏替代性住房。但总的来说，现在面临问题的是租户家庭的集体生存。

其次，上述情况，以及历届政府未能为全国各地的工人提供足够的廉价住房，导致住房紧缺状况在禧年达到顶点。到2005年，估计每年有1.6万个罗马家庭的住房受到威胁。[①] 再次，各种住房

---

① "Emergenza sfratti, appello di Veltroni: 'Intervenga il governo,'" *City* [Rome], 15 April 2005, p. 22.

权利组织适当地关注发生在大城市偏远郊区的大规模驱逐,而中下阶层家庭从市中心被驱逐的情况则吸引了较少的同情,因为大多数观察者认为,这些租户可以在没有进一步支持的情况下找到新居。

伊博内西街是一条被石阶阻断的窄小而陡峭的街道,从这里可以看到卡皮托利诺山和威尼斯广场的美景。这使它在今天具有巨大的房地产开发潜力和相应高昂的售价。然而,在早些时候,这只意味着这里的年轻人能够更有效地决定谁可以通过他们公寓低层立面的窗户逃离蒙蒂,谁又将被迫转身,试图击退来自某个敌对街道的对手。作为相对贫穷的匠人和熟练工的所在地,这条街标志着一个社会边界,将红灯区与市中心分开。就像古苏布拉一样,它被奥古斯都用墙隔开,以防止罗马更好的区域被这个名声不佳的、黑暗的、沉陷的街区的居民污染。

或许无须惊讶,伊博内西街被驱逐的居民将自己视为"最后的边疆"(l'ultima frontiera)上"保留地"中的"印第安人"或原住民①鉴于这种有异国情调的比喻在意大利很流行,将声称自己具有独特本土性(indigeneity)的北方人拿来做对比当然一点都不奇怪。但是,这种事情发生在一国首都的中心的确令人吃惊。②在这个意义上,蒙蒂和伊博内西街比该地区的大部分地方都更能体现出边缘性和宏伟性悖谬的混合,而这正是在罗马历久不衰的一种状态。

虽然留在该街 23 号建筑里的家庭没有一个极端贫困,但他们当中确实没有人拥有这里的产权。从禧年开始,这栋楼就属于罗马

---

① 一位住户强调他对他们都面临驱逐的愤慨。他把三位女士描述为真正的本地人(native doc)。"doc"是葡萄酒产区(d'origine controllata)的缩写,经常被用于略带幽默的比喻,以强调真实性或有质量保证(也见 Galt, 1991: 31)。
② 德蒂恩内(Detienne, 2007: 84)将这些新的原生"帕达尼亚人"(Padanians)("北方联盟"要求自治的地区的居民)与苏人(Sioux)进行了直接而讽刺的对比。

银行了。这个强大的机构在重大的市政工程中投入了大量资金，包括最近的圆形竞技场修复工程，它同时也负责管理市政部门的金库。由于该银行深入参与了城市的财政事务，当局不愿直接与之斗争，尤其是在新的法律系统下，该银行的行为有坚实的法律基础。随着在斗争中塑造身份认同，这个微型社区因此获得了与其微小规模完全不成比例的重要意义。我的左翼朋友们似乎对我在更大的危机下关注这样一个小单位感到困惑。到 2004 年，这个危机已经引起了联合国的注意，并导致联合国住房权利专家代表团和市政厅联合签署了一份谅解备忘录。① 令他们尤为困惑是，这个租户团体的领袖保罗和洛雷达娜更加成功地吸引了保罗口中的"市民右翼"（la Destra cittadina）的注意力。而传统上，左翼政治家更关心此类问题。

这种动态在很大程度上解释了伊博内西街群体的遭遇，包括其最终的失败。左翼一旦获得权力，就失去了以往对这些问题的兴趣。租户协会的负责人是左翼民主党的政治积极分子，该党在议会的执政联盟中占多数。在我开始关注这一事件时，他的态度是，如果当局设法说服银行为租户提供适当的替代性住房，那么他就不会支持居民继续在此居住的愿望。虽然他继续支持租户，但他的立场变得越来越不坚定，因为他不得不代表软弱、恭顺的执政联盟，即使他本应代表租户们向执政者表达他们的担忧。

由于保罗是当地一个受人尊敬的坚定的共产党员家庭的后代，而他的妻子洛雷达娜，一位民族联盟的支持者，是一位相对富裕的

---

① 一份意大利语报告于 2005 年汇编完成并签署；签署者包括联合国人居署强制驱逐咨询小组（United Nations–Habitat–AGFE）的代表和罗马市政部门的代表。见 AGFE, 2005。

撒丁岛匠人艺术家的女儿，他们所能获得的政治支持的广度令人惊讶。但是到 1999 年，非常清楚的是，他们越是与新法西斯主义者纠缠不清，左翼政客就越是对他们的事业表现出集体厌恶。工会律师，同时也是一位杰出的左翼市议员继续与租户们打交道，尽管有时他明显不太情愿。保罗本人对左翼人士非常恼火，指责他们是"空谈的激进主义者"。一位与保罗产生共鸣的、充满激情的左翼积极分子告诉我，在她看来，左翼正在与现实脱节，其对意识形态纯洁性的态度并不能解决任何社会问题，而且他们显然将大部分主动权交给了更潦倒的极右翼年轻本地政客。

这一事件迅速地——尽管是以非常不均衡的方式——获得了各种政治行动者、记者以及人类学家的关注。在冲突的高峰期，我积极参与组织了一次与一群政客共同举行的新闻发布会。至少在这个场合下，他们几乎代表了意大利所有重要的政党。我认识卡拉·罗基（Carla Rocchi），一位人类学家、参议员、绿党的中坚力量，也是当时中偏左的执政联盟政府的教育部副部长。作为邻居和同行，我成功说服她加入这项活动，使这次新闻发布会恢复了一定程度的政治平衡。但租户们认为他们很难消除对绿党的怀疑，因为正是另一位著名的绿党成员——也是住在街对面的邻居——在大楼的整个外墙开始坍塌时设法让银行迅速做出反应。当他告诉租户他们的房子无法居住时，租户们迅速得出一个结论：他正在施加压力迫使他们离开。

然而，绿党成员对这一事件很感兴趣，因为它代表了历史保护的人性维度，这是他们关注的公共问题之一。仍然留在 23 号建筑中的家庭在某种程度上代表了罗马的民间文化，包括语言、饮食习惯和对权威的取向。这使他们具有一定程度的凝聚力，尽管偶尔会出现内部断裂。正如他们中的一个人所说："我们是已经一去不复返的罗马的最后堡垒，一个不复存在的民族的最后堡垒。"这种对地方性乡愁的唤起，连同这一形象所代表的那种社会肌理，对那些时常想起蒙蒂曾是一个村庄的人施加了强大的感召力。但是，人们也普遍尝试将殿式公寓里的人与古老的过去联系起来。一位前租户在与当时试图驱逐他们的银行律师对峙时痛苦地表示，这些租户是最后的古罗马人，现在来的游客再也找不到这样的人了。

记者们当然帮助宣传这一事件，但他们更关心的是生动且轰动的内容，而不是追求社会正义的问题。① 当与银行的对峙变得特别激烈，报纸却似乎对此突然失去兴趣时，租户感到疑惑，怀疑一些记者是否受到了那位有权势的本地巨头，同时也是银行股东的控制，因而不敢写这个事件，或是被专门告知不要写。我拜访了蒙蒂区的另一栋殿式公寓，当时那里也有几个人正面临驱逐。围绕在这类事件周围的记者只对一两个戏剧性的个案感兴趣，这些个案能够迅速引起读者的兴趣。他们耸人听闻的报道再次让本地的政治积极分子深感恼火。

这并不是说伊博内西街的租户们拒绝玩耸人听闻的游戏。事实上，他们没有什么选择。他们的案件吸引这么多外界关注的因素之一是一位90多岁老妪的困境。她叫温琴扎·玛丽·切萨里（Vincenza Mari Cesari），年轻时是一位远近闻名的美人，她的半身

---

① Scandurra（2003：118）也指出，这种民间的耸人听闻事件是官方肤浅地利用城市中的旧日生活方式的一个特征。既为一位被驱逐的老人的困境哭泣，又将驱逐视为"进步"的必然结果，做到这一点是比较容易的 不仅仅是第三世界的穷人和边缘人发现自己为以殖民主义、本质上以生存主义-进化论为基础的政府实践所排斥（关于这一点，特别见Ferguson，1990）。

像仍然装饰在司法宫里。现在，租户们重新利用了几篇关于她困境的文章，这些文章是在她已经 90 多岁的时候发表的。在这些文章中，她将自己充满热情的回忆和好脾气展示出来。这些 5 年前的文章现在被传真给市长鲁泰利，并附注指出这位老太太仍然活着，仍然住在这栋殿式公寓里，而且仍然希望暂缓驱逐。[①]

伊博内西街租户的长期抗争始于 1986 年，彼时，罗马银行给尚居于其中的租户寄了一封信，宣布终止他们的租约（finita locazione）。银行从未透露其动机，但租户们怀疑，某个有影响力的人物想买下这栋公寓，将之改建为豪华旅馆或其他有利可图的经营项目。保罗的确曾经说过，如果银行背后的人希望把它改造为一所学校，甚至是新的银行分行，那他会尊重其动机。但是，如果他们只是把它作为谋求经济利益的工具，"对我来说，这是一种罪恶"。银行可能对商业分区法的要求感到紧张，根据规定，他们需要提出特别申请来改变建筑物的用途。同样明显的是，银行处理这些负隅顽抗的租户的首选方法之一是尽可能长时间地忽略他们的沟通请求。

因此，双方陷入了沉默，双方都在等待对方的到来。然后，突然在 1990 年，银行申请了"行政驱逐"（sfratti esecutivi）。根据一项规定，他们只需要在发出通知后等待三年，就可以对租户进行实际驱逐。对银行而言，从长远角度看，三年的时间并不长。但是，这给了租户们时间来组织回应和抵抗，并达成某种协议——这种协议自此之后基本保持不变——以共同争取他们留在这栋建筑里的权

---

① 大约两年后她就去世了。这些文章的副本，见于 Maria Lombardi（可能载于 *Il Messaggero*）和 Riccardo Morante（载于 *Gente*）的作品。但很可惜，二者没有标明精确的引用信息。

逐出永恒　　380

利。驱逐通知是分开送达的，这无疑是希望能够说服各个家庭独立进行谈判，或者说是利用计划驱逐日期的差异，使其很难组织起任何形式的统一应对。

长期以来，银行一直拒绝翻新该建筑。在20世纪90年代中期的某个时候，银行旗下的房地产公司柯尼斯的一名雇员告诉其中一位住户——一位敢于抱怨该建筑糟糕状况的老太太——"您难道就不明白您得从这儿搬走吗？"根据这位老太太的儿子的回忆，老太太曾经说过，如果面对的是个男的，他们绝对不敢这么说话。"她绝不会让自己这么着就被吓到。"当时她回应说："只要我还在这里，这里就是我的家，明白吗？"雇员被她愤怒的蔑视吓了一跳，急忙收敛，并以一种试图和解的语气回忆起他也曾住在这栋楼里的经历，然后便是"我最美好的回忆"云云。几年后，银行的确对这栋楼做了一些维修。然而，事实证明，银行的维修不仅没有什么价值，而且还让租户非常恼火。果然，这些维修其实是银行施压策略的延续。施工者任由内墙墙皮剥落，完全忽视了房间本身。由于租户的投诉，他们被迫处理中央庭院的烂摊子，这是一个在公寓阳台上可以俯瞰的大空间，如今却成了令人不安的硕鼠之家。但是，在这个过程中，他们不仅没有对内部生活区域做出任何改善，而且作为报复，他们还通过大量的噪声和污秽给租户带来不便。

这类行径只会增加租户们坚持下去的决心。1994年，银行试图展开谈判，提供其他地区的房屋作为补偿，同时还提供现金"甜头"，但租户们仍然拒绝合作。对他们来说，将他们的微型共同体分散到遥远的郊区意味着社会解体。其中一个人说，"区区4000万"的开价就像一种侮辱。他们断然拒绝了银行的提议。保罗回忆说，与他们打交道的那个员工起初表现得非常傲慢，后来，就像他的同事那样，他也冷静下来，承认自己也曾住在历史中心区，并且能理解这种眷恋之情的价值。但是，这种同情的评论并不能扭转议会刚刚颁布的一项新法所带来的变化，因此，麻烦到来的速度和强度开始逐渐增加。

根据新法，银行请求司法部门动用公共力量（forza pubblica）干预——换言之，这一申请将允许警察介入，必要时可以强制驱逐租户。该申请最终被驳回。随后，在1995年3月4日，银行要求警方介入，并正式向租户下达通知，"此时戏剧性事件才正式开场"（In quel momento noi entrammo nel dramma）。租户的律师警告他们，他们现在可能被强行驱逐，但他们仍有机会带着一定数额的补偿金和新的住房安排离开。他们拒绝了，并宣称："我们可不是任人摆布的'印第安人'，我们也不是等着被派发的'邮政包裹'（pacchi postali）！"

原话中的"印第安人"是用蔑称指代的，这可能提醒我们，租户受到了他们新法西斯主义庇护人的影响，但这种语言即使在意大利相对开明的圈子里也很常见，不一定带有那种政治含义。事实上，这样一种修辞似乎是有效的，地方法官（pretore）拒绝了强行驱逐的申请，因而租户们觉得"就实际目的而言，我们已经赢了"。目前，他们仍然能够依靠旧法。银行未能提供证据证明它出于某种紧急目的需要该建筑，但租户则可以辩称他们认为有必要作为一个团体聚在一起。

但银行持续施压，它可以耐心等待，因为它等得起。而且很明显，它从驱逐以及随后重新利用或出售大楼中获得的利润，将远超

逐出永恒　　　382

拖延造成的轻微经济损失。银行经理们在警察内部有很多关系，而且，面对警察局长看似权威的最终声明，他们拒绝服从。再一次，银行没能考虑到租户们的决心。

但是警察局长被撤换，他的继任者更加关注议会刚刚颁布的有关非法占用土地的法律。此时，事情开始朝着糟糕的方向发展。在此，我们也能看到租户们开始真正感到被当权的左翼背叛，而租户中的一些人迄今为止一直忠于他们的背叛者。民族联盟迅速抓住了这个机会。

从此刻起，事情变得越来越紧张。租户会收到即将被驱逐的通知；本地法警（ufficiale giudiziario）和银行的律师也会赶来，前者风趣而富有同情心，后者则刻意保持言行得体；政客们——通常是民族联盟的政客，偶尔也有中偏左的执政联盟中专门负责住房问题的本地市议员（consigliere comunale）——也会聚在这里；电话一通接着一通；警察局长会宣布当天没有足够的警力，然后人群会散去，紧张的气氛逐渐消退，租户们回到他们的公寓，他们再一次保住了那越发脆弱的居住权利。在经历了几次这种死里逃生的情景后，那位本地法警尽管自己不认同，但还是准许向90多岁的老太太发出驱逐令。但他仍然保持着轻松的语气；当他听说警方要求与保罗和洛雷达娜"私下"（in privato）交谈时，他评论道，人们只对自己的妻子这样做！他自始至终的乐观和友好在很大程度上避免了紧张局势的激化。租户们把他看作一个朋友，只不过不幸的是他的任务是监督驱逐，但他至少会尝试将银行的任何暗箱操作提前告知租户。与此同时，从当局的角度来看，他那顽皮的幽默感不止一次地化解了潜在的激烈对抗。

这位法警的角色既是传统的又是创造性的。他来自马尔凯（Marche），在这一点上，他遵循了一个既定的传统。至少从意大利国家的早期开始，法警几乎都来自马尔凯地区，本地出生的公职人员都避免担任这一职务，据说这是因为从事法警这一"遭到社会反对的工作"将不得不面对压力甚至是报复。因此本地有句谚语称："宁可房子里有一具尸体，也不要门外等着一个马尔凯人。"撇开对这句谚语所影射的内容以及法警与众不同的马尔凯语言风格不谈，他与本地社区的长期接触对双方来说都是一种资源。尤其是这位法警，他是洛雷达娜父亲的朋友和顾客，因此他们之间已经存在某种社会关系。保罗说，他们不时地在社交场合见面。"我去那里（岳父岳母家）吃午饭，我们聊天，他（法警）向我们解释一些情况。"尽管这偶尔能让租户们预见一些麻烦，但这位法警并没有真正的权力。可以说，他对双方的好处在于，通过让租户有时间争取政治支持，来帮助他们免于陷入警察使用强制手段的境况。随着时间的推移，很明显可以看出，没有人真正想让事情朝这个方向发展。最不想看到强制执行的就是银行，它担心这样做可能会疏远本地的投资者。

这位法警的道德同理心似乎主要在租户那一边。虽然他阻挠的能力受限，但有时他只要拒绝出面就能发挥很大的作用。由于没有他的出席和签字，驱逐就无法执行，至少，在 1996 年的某一天，他恰好繁忙的日程为租户们挽回了局面。同样，每当银行的律师要求公共力量介入时，警察局长总是可以声称——就像之前的那几次一样——他没有足够的人手进行强制驱逐。他也对拖延做出了贡献，通常是在避免暴力事件的逻辑下。因为，暴力事件可能会产生尴尬的后果，而且或许还会成为针对银行采取法律行动的基础。

虽然银行偶尔会威胁要起诉当局的不作为，但各路公职人员所表现出的谨慎在法律上和政治上都是明智的。强制驱逐整栋民用建筑（palazzo popolare）的租户——对罗马人口中一整个社会阶层活生生的转喻——会引发严重的骚乱，甚至或许会使城市的其他地方产生更多的暴力。这一事件越是出名，那些负责最终清退（sgombero）租户及其财产的人的任务就越困难。而且，他们也处在政治压力之下。比如，参议员德卢卡是个从不肯静观其变的人，现在他对居民受到的威胁越来越担忧，显然他已经警告过当局不要草率行事。来自议会的调查是他们最不愿意看到的，而现在当地对此的报道力度又很大。两家报纸在禧年的1月底，对第一次大规模对峙进行了广泛报道，这些报纸在蒙蒂中心广场的报摊上迅速售罄。

必须提前下达通知的法律规定也促成了斗争的长期性。每一次有情况发生，它都给居民足够的时间通过法律和政治手段来组织防御。眼见尝试驱逐租户的攻势即将展开，其中一位租户告诉我——那是在1999年10月14日——第一次驱逐正好被定在两周之后，而对他自己的驱逐则要晚很多。严格来说，这些日期是根据每份租约的相关法律文件上的约定细则计算出来的，但是，人们普遍怀疑相关机构实际上试图采取分而驱之的策略。然而，在这个阶段，租户们仍共同握有一张王牌：禧年庆典。这次庆典不仅在他们的公开声明中占据重要地位，而且也是有关住房危机的公共话语中非常重要的一部分。因此，在此期间，上诉成功的概率较高。租户协会的一位代表计划就驱逐令提出上诉，理由是：第一位被驱逐的租户在过去11个月中一直在向银行支付租金，而银行则毫无异议地接受了租金。这位代表的策略实际上不过是一种拖延战术。由于工会在议会中与执政的左翼联盟结盟，它似乎永远不会采取可能被认为是批评政府的那种更激进的行动。

但此举至少实现了其较为温和的目标。在租户各自的最后期限内，没有发生任何事情。比如，本来可能被第一个驱逐的女士的驱逐时间被延期到1月，其他租户的日期也不固定。一对原本预计在11月8日离开的夫妇并没有收到延期通知，但鉴于与其他租户达成的约定，他们希望那位法警能多给他们两个星期的时间。但这个非常短暂的延期将迫使他们在两个星期后离开。虽然租户们的期望期限会因为禧年庆典而被进一步延长，但他们都知道，即使延期也只是暂时的。

但是他们的选择范围是有限的。在接下来的四年里，他们继续采用类似的策略。他们相信，他们需要对付的不仅是银行。他们还在困境中看到了一道教廷权力的阴影。证据是不可能被找到的，而这种情况本身就构成了租户眼中的推定证据（presumptive proof）。罗马银行集团由三家银行合并而成，它的前身之一——意大利储蓄银行——是由教廷的圣灵银行（Bank of Holy Spirit）创建的，这一事实为这种猜测提供了肥沃的土壤。人们很容易就把罗马银行集团的房地产公司，即柯尼斯，看作一个代表教廷的"虚假公司"，并且认为这些房地产的受益人要么是教会，要么是某个富人。租户的领袖曾努力寻找证据，试图找到线索证明教会对银行的所有权来自一次遗赠。这样的发现会有利于他们的诉讼，因为意大利的法律不允许这类遗赠被用于纯粹的经济获益。但是，他们的努力并不成功。地籍文件没有提供任何线索；对于教廷在自己的领地之外的罗马拥有多少地产，人们仍有争议。一个姓氏为基亚西（Chiassi）的家族曾是教皇国的罗马臣民，在统一后成为意大利公民。他们曾经拥有那栋建筑，并最终在1870年后——可能是为了还清债务——将该建筑卖给了意大利储蓄银行。但是，他们并没有发现教会直接参与的确凿证据。

绝望的租户们直接恳求教会支持，认为如果他们能争取到教会最高权威的同情，也许就能破坏银行的意愿。他们并没有提及对教廷曾在过去插手银行的产权问题这件事情的怀疑，而是试图恳求教会领导层的道德权威在禧年下达一个特殊命令。① 当洛雷达娜打电话给教廷时，她被告知要去找教区神父。她的丈夫痛苦地指出，这纯粹是"踢皮球"（scaricopallone）。当她解释说，她希望教皇能够注意到银行即将把十个家庭赶到街上这一情况时，只得到冷漠的回应："教皇不处理这类事情，明白吗？"最后，租户们再次援引禧年（及所有关于慷慨和宽恕的教义），试图向教皇本人提出书面恳求。他们收到了来自罗马教区办公室一位辅理主教的没什么实际意义的答复，大意是教会永远忠实于辅从原则，故无法干预，但教皇会为他们祈祷。② 人们被激怒了，其中一位租户贴出了一张辛酸的讽刺告示，上面写着："罗马银行的财产——感谢上帝，现在我们可以安心了。教皇写信给我们说他将为我们这些被驱逐者祈

---

① 这是这一年政治积极分子的修辞中的一个关键主题。比如，2000年1月15日，游行队伍打着"禧年救救我"（SOS Jubilee）的横幅，并分发传单，传单上写着："当教皇祝福朝圣者的时候，政府却在拯救商人并驱逐租户。"
② 2000年3月20日，辅理主教路易·莫雷蒂给洛雷达娜写了一封信，承认此事已经"拖了一段时间"，但声称无论是罗马教区——严格来说是教皇的教区——还是梵蒂冈国务院都不能卷入法律纠纷中。"然而，"他在信中继续写道，"请接受对你和那些被迫离开其地区的家庭的声援，我向你保证，教皇会对此给予特别关注和祈祷。"

祷——我们现在感觉好多啦。"①

他们也继续对世俗机构施加压力。他们在鲁泰利市长访问该区时与他搭讪。该区是他妻子的出生地，也是他自己度过部分童年时光的地方。然而具有讽刺意味的是，虽然鲁泰利当时的反应显得很积极，但这个来自帕里奥利的资产阶级左翼政客与蒙蒂的关系可能确实已经使他将士绅化视为一种理想的发展方向，而这样的视角肯定与他的宏观政策相一致。一位住房权利积极分子以鲜明的语言描述了普遍的住房危机：市政当局没有为低收入人群修建住房，反而为公共土地建设项目提供财政帮助，这些项目"建造可以高价出售的房屋，迫使有能力购买的家庭支付20或30年期的抵押贷款"。因此可以说，"市政府的政策全部朝建筑大亨的方向倾斜"②。这就是一个在温和的左翼平台上赢得权力的市政府所贯彻的，且越发明目张胆地贯彻的政策。但是，他说，这是一种参与建筑业的模式，可以追溯到很多年前，跟某个市长是左翼还是右翼，或者介于两者之间都无关。他还指出，教廷和试图将其租户从伊博内西街的殿式公寓中驱逐出去的银行是拥有和管理城市中"作为遗产的地产"（patrimonio immobiliare）的特殊伙伴。

然而，租户们并没有因为这些讽刺而感到气馁，他们随后向鲁泰利和他的住房主管（assessore alla casa）斯特凡诺·托齐（Stefano Tozzi）发出了一系列有关他们困境的提示信。一名民族联盟的市议员代表租户向市长施压并要求采取行动，鲁泰利对此的回

---

① 实际文本大部分是大写字母；为了提高可读性，我在这里对其进行了重新句读。"将为我们……祈祷"（pregherà per noi）这句套话含有忏悔的弦外之音。
② 史密斯（Smith, 2006：193, 201）所指出的正是这种日益普遍的虚伪行为，即政客标榜的政治身份和积极的住房政策之间毫无关联。

逐出永恒　　388

复是:"但我能做什么呢?我已经给他们写了一封信,而他们却不回复。"银行的沉默无疑在法律上是明智的,但这也给陷入困境的市长——他所谓的左翼身份开始在媒体那里失去可信度——未能出手干预或者积极挑战银行的地位提供了部分借口。而且,这也有效地掩盖了他自己在被要求做一些与他对城市的新自由主义愿景如此不一致的事情时可能遇到的尴尬。一项计划提出,让市政府从银行那里买下建筑,然后为那些无法支付租金的人提供补贴,同时与其他人商定一个合理的租金。但这项计划并没有持续很久,因为银行的要价显然太高了。

此时,那位绿党参议员也加入了争论。德卢卡将伊博内西街的群体描述为"标志性的",这个术语当时被广泛采用以肯定该群体内部的社会多样性。当我第一次和他谈起这个事件时,他对细节知之甚少。起初,他担心这些租户可能是一群相对富裕的专业人士。但他很快就放心了,因为他们,准确来说"这个定居点是(本地社会的)一个横截面"。虽然他的回答确实唤起了人们对已逝去的阶级共生关系的那种常见的怀旧,但他也更切实地认识到,城市中心的人口,无论多么难以驾驭,都是一种未得到足够重视的社会资源。

面对罗马历史中心区不可避免的人口减少,德卢卡以与此形成鲜明对比的那不勒斯为例,其历史中心区仍然有大量的工人阶级家庭居住,他们会在任何大规模驱逐的尝试中奋起反抗。他承认那不勒斯存在严重的犯罪问题[①],但他还是将这个由人和建筑组成的综合

[①] 关于那不勒斯生活的有益讨论,见 Delmonte, 1979; Broccolini, 1999; Goddard, 1996; Pardo, 1996。很难将基本消失的罗马本地黑社会(malavita)的怀旧式重建与另一个城市当今的现象进行比较,但有些特征似乎是两者的共同点。

第九章 撕裂社会肌理

体描述为"伟大的遗产"（un grande patrimonio）。

他认为，罗马引起人们关注的原因有二：第一，因为这种激烈的人口变化"造成了文化断裂和社会断裂"；第二，因为20世纪60年代的建筑热潮在罗马外围制造了巨大的新郊区，进而导致"一种（社会交往）风格灭绝（stilicidio），这种情况在过去几年再次恶化……不仅打击了住宅区，也打击了商业活动，尤其是手工商品的贸易，它们是商业活动中最薄弱的环节。而历史中心区已经成为如银行这类大公司的橱窗。这些公司拥有大量的子公司，子公司为母公司囤积大量房地产资产，我们根本无法理解这样做的意义是什么。（这些东西）对他们来说更像是一个橱窗，一个权力的符号……没有人去那些地方；这些办公楼根本不发挥任何作用"。

新的投机者反驳了这种怀旧的愿景，反而声称他们正在改善街区，而不是在破坏其社会肌理。然而，他们的论点忽略了士绅化本质上是由阶级驱动的。士绅化的受益者与其说成功消除了犯罪，不如说只是清除了犯罪中更粗暴或更明显的表象。更为仁慈地说，士绅化用富有的国际化生活方式取代了高度本地化的工人阶级文化。伊博内西街的殿式公寓之所以是标志性的，并不仅仅在于（如德卢卡所说）不同阶级共居于此，也在于其绝对日常的生活方式，其与新居民或媒体那种田园诗般的想象相去甚远。德卢卡优雅地称这种对日常习惯的抹除为"风格灭绝"；它是一种对绝对日常的国民秩序的抹除，抹除它们的是披着普世化、全球化的公民道德外衣的市场逻辑。

德卢卡试图让议会提出一项动议，希望至少能引起一些媒体的关注。他还提议调查是否可以用专门用于为贫困者购买住房的部分资金来购买这栋殿式公寓。虽然这些租户肯定不属于真正的穷人，但他认为，他们保留了一个相当多样化的社会肌理。保罗经常提到这个主题，比如，他回忆起1969年一位女侯爵曾在该区买了一栋殿式公寓，因为她想住在普通人中间。他承认，虽然这位女公爵与自己曾有过礼貌性的互动，但她相当冷漠，而且并没有融入本地人中。"区别在于，她属于一个与我截然不同的社会阶级……她来自一个有纹章的家族，你明白吗？"

正如保罗所说，这位高傲的女士尽管并非出于自愿，但事实上为今天的士绅化做出了贡献。我们之间有"良好的关系"——但是（però）……！这种老套、熟悉的否认方式说明了一切。当女侯爵遭遇入室盗窃后，人们发现她把钥匙给了一个新来的美国人，而不是一位从自家阳台可以清楚看到她家的本地邻居。工人阶级邻居们为此感到非常不忿。这些现实生活中的经历确实给阶级共居的怀旧色彩所显现出来的历史浅薄感洒上了一道刺眼的光。

而且，德卢卡和其他人对这一理想形象的呼吁，与来自市长办公室的正式抗议一样，对银行的沉默没有造成多少影响。与此同时，租户们还向意大利总统发出了恳求。总统的工作人员把他们的资料放在标有"社会团结"的文件夹中——自此这些资料便一直待在那里。

我陪同租户代表们参加了在卡皮托利诺山举行的两次会议，在那里，在古罗马议会厅的宏伟废墟中，在令人回想起这座城市被重新构筑的宏大历史的华美仪式中，他们试图在现代国家和城市官僚主义的阴谋诡计中找到一条通路。市住房局局长托齐和专门负责驱逐事件的市议员尼古拉·加洛罗（Nicola Galloro）也欣然同意与我

图6　右翼社会活动人士正在设置路障。(科妮莉亚·迈尔·赫茨菲尔德摄。)

讨论这些问题。由于市政府无法提出解决方案，导致租户无法继续靠近心爱的街道、纪念物和朋友居住，在这个问题上，他们的评论提供了相当深刻的见解。尤其是，他们必须在议会达成共识的立法框架下工作，但讽刺的是，现在这个框架很容易被右翼描述为议会中的左翼与大企业利益共谋的证据。

2000年2月2日，民族联盟中积极支持租户的党员与几位来自23号公寓楼的女士一起，在附近的加富尔大道上的银行分行演了一出嘈杂的对银行本身的象征性驱逐。这是民族联盟的一次政党宣传活动。本地的政治积极分子费代里科·莫利科内（Federico Mollicone）一次又一次地用大喇叭对人群慷慨陈词，谴责银行没有担起社会责任。后来，他还在公寓前架设路障的行动中发挥了积

图 7　抗议标语"拒绝驱逐"。(科妮莉亚·迈尔·赫茨菲尔德摄。)

极作用。①

在到场的人中，毛罗·佩洛索（Mauro Peloso）是一名本地议员，也是民族联盟相对温和的忠实支持者，他认为银行才是"合法的放高利贷者"（strozzini legalizzati）。同时，一位在示威现场发传

---

① 他后来还试图宣称他的政党和他自己有责任确保把非法占地者从安杰洛·马伊学校驱逐出去，还把这说成是蒙蒂人民的胜利，是维尔特罗尼政府（鲁泰利的后一任罗马市长的市政府）的失败。参见他、他的党派同僚以及市议员马尔科·马尔西利奥（Marco Marsilio）（此人也深深牵涉在伊博内西街事件中）于 2006 年 5 月 22 日发表的新闻声明。在这份声明中，他们将这些非法占地者描述为代表"[受左翼势力鼓动的] 社会中心的极端分子和宣传工具"（gli estremisti e gli agit-prop dei centri sociali），并呼吁市政府采取行动保护其他公共空间。他们声称这些空间是"该地区真正传统的唯一堡垒"（l'unico baluardo di vera tradizione nella zona）。这一立场凸显了他们对建筑遗产及其社会意义的工具性理解。

第九章　撕裂社会肌理　　393

单的女性政治积极分子，显然对一些路人明显的尴尬感到有些不安。她告诉一位男性路人，他应该"得过且过，顺其自然"，意思是，不要因为这是一个民族联盟的活动而感到不安，传单还是该拿去看看的。她还告诉我，她不是政党成员，但却是一个"共和主义者"。她还说，意大利人有"社会良知"，意大利这个国家"需要彻底改造"（è tutto da rifare）。而且，民族联盟本地的领袖之一兰佩利与民族联盟在这个事件中的积极行动有密切关系，他"在这方面具有真正的地方知识"。凡此种种，再结合佩洛索的言论，揭示了该党错层式的取向：在本地层面是保护穷人不受银行和教会的侵害，在全国层面则是反动的保守主义。

正是这种实用主义，或者说机会主义，让那些在政治光谱的两端，声称倾向于彻底的意识形态透明的人感到厌恶。抗议活动的极端可见性，凸显了新法西斯主义路径的矛盾，因此给租户带来了形象可信度的问题。比如，保罗认为民族联盟有助于提高公众对银行背信弃义的认知，而其他人则对该党恬不知耻地利用当前局势为自己服务的做法感到明显不安。如此多的路人感到尴尬，说明在一个"红色"地区宣传一个新法西斯主义实体的困难。使之尤为不易的是，洛雷达娜的父亲当时正在发起一场运动，限制移民对当地人最喜欢的一片公园区进行所谓的破坏。另一方面，在第二天计划进行下一次驱逐行动时本该出现的一支警方小分队再次爽约，这表明该党此次强有力的作秀可能已经取得了一些影响。

莫利科内的言论带有明显的党派政治色彩："罗马银行作为管理罗马市政府财政的银行机构，正在驱逐蒙蒂区的居民。这是鲁泰利在任期间的第不知多少次示威了。"他说，鲁泰利这届政府对其本

逐出永恒　　394

应照顾的公民的责任和历史记忆的重要性都漠不关心,但仅仅为了"第不知多少次的建筑投机",仅仅为了给游客创造一个有银行和商店的"巨大的开放博物馆"就驱逐长期住户和老年住户。莫利科内说,民族联盟所代表的则是"延续一个系统,维系一段完整的记忆"(un sistema, una memoria integra)的重要性。这种说辞,通过呼吁一种将移民和批判性知识分子排除在外的民粹式的地方主义,调用了极右的"整体主义"(integralism)的语言,这或许并非完全无意的。①

从政治光谱的另一端看,这一立场显然是虚伪的,因为1998年的法律之所以出台,如托齐指出的,正是由于右翼政党认为以前的法律"对租客的保护太多,对房东的保护不够"。尽管左翼和右翼都对新法律投了赞成票,但它是在左翼当政时期颁布的,因此,街头的民族联盟政客将其社会后果归咎于左翼。

无论是在横幅上还是在莫利科内的言谈中,都没有对其党派身份保持缄默,这位右翼政客对社会良知的唤起显然是为了让左翼的城市领导层感到尴尬。"民族联盟谴责了鲁泰利政府的共谋行为,并邀请所有市民抵制罗马银行的本地分行。让人不能接受的是,出于投机和利润,在蒙蒂区凭借共有产权公寓条款(即公寓居民享有的特殊保障)居住了几十年的老人被迫收拾东西走人,他们或许最终会被驱逐到某个市镇住宅或外围郊区。"而且他再次对历史中心区在历史时间上被冻结展开了攻势:"我们不希望它被改造成一座开放的博物馆。"(具有讽刺意味的是,构成他街头演说的部分背景

---

① 关于"整体主义",见 Holmes, 2000; Stolcke, 1995。本地文化的倡导者在旅游业中对集体性自我生产,即对游客寻找文化差异的利用的兴趣日益增长。这样,一种利用不必然与对外国人的不信任或不喜欢相冲突,而且也可能受到诸如欧盟等超国家组织的辅从原则的鼓励。在这个问题上,参见 Simonicca(1997:247)给出的一个简短但具有提示性的评论。

的，是一家看起来很奢华的"博物馆商店"和一家贴着英文招牌的私营企业。）莫利科内着意攻击的不是整个银行，而是其本地的分支机构。愤世嫉俗的人可能会想，这是不是一个聪明的策略，表面看起来在给银行施压，但实际上是为了减少对银行的压力。如果是这样，那这就是双重的狡猾。因为，通过将修辞集中在对抗的社会层面，他为他所在的党派在彼时本地和全国性的对峙中争得了道德高地。用德卢卡的话说，左倾的国家政府"几乎没有办法采取甚至是工具性的行动"。左翼政客和他们的支持者，在拥护社会事业这一他们熟悉的地盘上深陷重围，发现自己没有什么选择，只能在驱逐几乎迫在眉睫时才迟迟现身——这至少让那些拥有本市或地区选民的政客看起来非常积极地同情老年人和残障人士。

奇怪的是，本地的公众舆论四分五裂。左翼联盟日渐增长的不一致性可耻地暴露出来。尽管少数纯粹主义者由于觉得左翼政党愚蠢地背叛了传统原则，准备对租户的困境表示一些谨慎的同情。但不难理解的是，他们仍然因右翼政党的高度存在感而困扰。另一方面，租户们也发现，新法西斯主义者对他们事业的支持有一些可疑的缺陷。他们以前的一位支持者，一位民族联盟的成员竟然是试图驱逐他们的银行的雇员。而右翼联盟在 2000 年地区选举中的胜利意味着新的地区政府现在也必须与银行紧密合作，因为银行管理着地区和城市的财政。然而，总的来说，左翼认为这场斗争是民族联盟的事业，他们应该与之保持距离。

因此，租户们并没有得到本地彻底的支持。批评者们认为，他们"在福利主义文化的基础上"经营得太久了；他们支付的租金低得离谱，现在还指望银行在不合理增加租金的情况下让他们继续住下去。另一方面，租户们认为，银行只是在以他们为代价对房产价值的预期上涨进行投机，并将低租金视为一种"逆向投机"，即银行故意人为将他们目前的租金控制在较低的水平：为了证明驱逐的合理性，"他们想让人们觉得我们支付得太少"。

虽然有几位本地的左翼人士公开表示同情，但大多数人按照罗马人比较常见的习惯，拒绝涉身其中。并非所有人都对租户们日益单一的政治归属感到烦恼。一位邻居批评那些已经搬出的年轻且向上流动的租户，他们让自己的长辈留下来——这些老年人构成目前租户的大多数——面对旧日家园的衰退。一位匠人兼商人指出，他虽然在相对较近的富裕郊区支付高昂的租金，但却一直从他的租户那里收取低得荒谬的租金，后者大约是他郊区住宅租金的九分之一。他这样做是因为租户是蒙蒂人，他觉得本地人住在这里比较好，即使这意味着他要损失很多钱（当然，他因此在改善公寓方面承受的压力要小得多，因为租户们害怕改变现状）。他甚至愿意考虑把房子卖给他的租户，但他们拒绝了这个提议，最终住到了城市以外的地方，这是一种常见的模式。因为他自己也曾是个有创业精神的人，所以他发现很难完全与像他的租户那样的人，甚至是与伊博内西街的人共情。在他看来，他们一直都在逃避现实。他们现在正面临一场灾难，如果及时去寻找其他住房，他们本可以避免这场灾难。他在蒙蒂获得了自己的房子，之前他一直在那里租房住。根据当时的法律，前房主决定出售房产，并开出了一个他可以承受的价格。最终，双方达成了一笔好交易。

但伊博内西街的租户从未被提供这样的选择。他们的业主是一个机构，而不是个人。事实上，在这一时期可以听到许多人抱怨说，虽然他们可以理解用遗产（patrimonio）来安置亲属的个人意愿，但他们反对银行或类似机构在本地社会生活中没有真正的投入，却要求得到与私人业主相同的法律保护的想法。在银行代表同意与租户和各种官员、政客见面的一次会议上，他们只是断言银行是一个私营实体，因此没有义务参与社会经营。对于租户的抗议，即认为银行对它负责财政管理的城市也有社会责任，银行代表以沉默回应。他们的策略是拒绝法律规定之外的所有问责。

抗议活动的第二天，已经安排好一场驱逐，但似乎没有人知道这次行动会影响到哪个家庭。尽管保罗发现当局不太可能采取任何行动，但他还是为围攻做了准备，并准备召集"三百名武装人员"来支援租户。鉴于一家主要的电视台也突然对此产生兴趣，视觉方面因此也变得很重要，所以他决定"掸掉"（ripolverare）一条旧横幅上灰尘，这条横幅上面写着挑衅的口号：拒绝驱逐。随后他再次求助于他在政界的支持者。德卢卡在议会中努力鼓动人们的兴趣，并在警察局总部据理力争，进一步为他们延缓驱逐。民族联盟的政治积极分子——从本地议员到这一全国性政党的副主席、参议员马切拉蒂尼（Giulio Maceratini）[①]——第二天早上就成群到场。如果银行试图挑战有如此惊人政治力量的阵仗，那的确是有勇无谋。

银行的代表并没有到场。上午 10 点 30 分左右，在本地政客和警察局之间进行了一系列相当引人注目的通话后（手机在这种公开

[①] 马切拉蒂尼代表了他所在党派的极右翼，他曾是附近奥皮奥山（Colle Oppio）社区的一名地方活动家，前政党"意大利社会运动"的党员，该党是衔接墨索里尼的法西斯主义者和今天的民族联盟之间的纽带。但此时，他已在国际上获得了相当高的声望。本地的一位左翼政治活动家说，他总是"穿着西装、打着领带（in giacca e cravatta）"现身，但其实他代表的是党内更具对抗性的一派。

逐出永恒　　398

的戏剧性事件中占重要地位），保罗突然报告说，他发现今天确实会有一次驱逐行动，但他尚不知道将涉及谁的公寓。年轻的民族联盟积极分子们立即在公寓楼前门周围架起了路障，公寓一楼的卷帘门被紧紧关闭。此时，其中一位租户，一位年长的女士，为所有前来支持他们的人端出了一壶热气腾腾的甜咖啡。

在一段相当紧张的时间后，扬言要来的官方力量出现了——一位身着便服、有点腼腆的警察。这位警察很快发现，这次驱逐也要延后了。那位法警也出现了，他把戏演得淋漓尽致，主持签署了延期证明文件。我们所有在场的人（除了碰巧住在附近、前来旁观的另一位人类学家的外交官丈夫）都被要求作为证人在该文件上签字。我们一签完（以及在一位居民的儿子说我们应该把我拍摄的录像带放进时间胶囊后），紧张的气氛和人群迅速散开。此时已是中午12点30分，人们回到了他们的日常节奏中。人们再一次平安度过了危机，租户们无奈地准备迎接下一轮危机的到来。正如佩洛索所说，人们不应该放松警惕，因为银行很容易利用相对平静的时刻来迫使租户就范。

一位前来记录这一幕的摄影记者对我说，整个谈判的顺序是"典型的意大利人行为"——他显然是指拖延和妥协的模式。他观察到，"这是种在私下里推进事情的方式，对吗？"他又补充说："这是一种用蚕食来解决事情的方式。"在这一点上，他完全有先见之明，租户们的乐观情绪将被证明是短暂的。但他也指出，如果一名警察真的使用了暴力，举报的唯一途径是通过同等级别警察的证词——这几乎不可能实现。正如他所正确暗示的那样，与那个晴朗的2月的上午相比，长期前景看起来要严峻得多。

此外，还有其他令人担忧的原因。德卢卡可能无意中把事情搞复杂了，他建议市政府买下这栋殿式公寓，然后以可承受的价格租给住户。当时已经有另一个建议摆在桌面上：市政当局只需将租户转移到另一栋市政府拥有的建筑中。一位妻子在市住房局工作的观察者说，即使有这样的选择就摆在眼前，政客们也很可能什么都不想做。对替代方案进行无休止的讨论，本身就是一种有用的策略。此外，如果任何一项建议最终被采纳，就将成为一个先例。而且，从市政当局的角度来看，这也许是一个危险的先例，因为其他被驱逐者会要求得到类似的待遇。

另一重危险存在于错置具体谬误的法律变体中。在意大利，就像在其他许多遭受独裁统治的国家一样，文件的符号性力量具有悠久的历史。法西斯政府垮台后，天主教民主党在二战结束后25年的执政时间里，因将所有有嫌疑的左翼分子列入黑名单而臭名昭著。这样的经历使正式文件具有某种包含欺骗性的实质。在本事件中，这一点也得到了证明。那天文件上的许多签名可能带有一定的道德权威，而且保罗自信地宣称，政客们已经"实实在在地致力于解决这个问题"。但这种信任肯定是错付的，因为这份文件也允许政客们说他们已经尽了最大努力，继而声称他们在面对恶意、现有法律、市场逻辑或其他几种方便的道德托词时，无法进一步采取行动。最终，该文件对结果没有造成什么影响。但那位摄影记者给出了更为现实的看法，他认为，对租户来说，整个过程是逐渐解决僵局的过程，而且不会对租户有利。

保罗也认识到其中存在搪塞的成分，尽管如此，他显然还是希望这能对租户有利，因为事情没有再次升级到失去控制的程度。他的一位叔叔在对抗中变得非常激动，一度曾威胁银行的律师，并大喊银行对驱逐最后一批真正的罗马人这一邪恶行为负有责任。保罗出面干预，避免了拳脚相加的局面。他说，他的叔叔是门"连珠炮"，说话"符合罗马人的性格"。律师抗议说，他只是在做他的工作，他实际上不是银行的工作人员。保罗称，如果他是银行的董事之一，他会亲自掐住他的脖子。但律师是"一个好人"（una brava persona），与他对着干无论如何都会适得其反，因为他可能会提出更加苛刻的要求。至于警察局，局长认为有必要派一名正式的警察代表，否则银行会找到理由对警察局本身采取法律行动。保罗认为，他的目的是给双方提供一些暂时满足的基础，从而化解眼前的紧张局势。

保罗显然希望新一轮延期也会给租户一个更好的机会组织集体诉讼，以免一旦一个家庭被驱逐，其他的个人案件就会在先例的基础上崩溃。他也很现实地认识到，银行会在下一轮行动中调集新的力量。但银行获得的时间也是租户获得的时间。法警要求银行的律师就下一个期限提出建议，"我们应该把期限延长到什么时候，法律顾问——五个月后？"律师虽然对如此不寻常的延长表示反对，但"在期限问题上很纵容"，他回答说："你说了算。"这样做的部分原因是，正如保罗解释的那样，律师在这方面部分地需要屈服于法警的权威。律师恭恭敬敬地用礼貌的方式称呼法警，这承认了后者的情境性权威，同时否认其同事一般的平等地位。法警延长期限的权力实际上是有限的，因为在期限上太过慷慨很可能引起银行的合法反对。

法警的角色遵循了某些可辨识的社交程序。他不能完全自由地行动；法律必须得到尊重，正如租户们明确承认的那样。但是，当洛雷达娜在极度紧张的情况下突然开始哭泣时，他开玩笑地问她的丈夫："那么她为什么要哭呢？"——这表明，在那一刻，他实际上已经成功为他们争取到了机会。事实上，他有充分的理由在那个时间节点上鼓舞人们；很明显，银行的律师已经默许了法警选择的日期（4月11日），这几乎意味着驱逐日期将进一步后延到6月，因为地方选举已经安排在4月16日，但这位律师选择不反对这一建议。一位身居蒙蒂的著名政客、政府某部副部长对此事件有很大兴趣的，他评论说："嗯，当然……在意大利，所有东西都是分期的（amortized）。"因此，这就可以解释，保罗为什么在他的叔叔与律师对着干这件事上表现出明显的焦虑：律师对租户的处境表现出相当大的同情，并愿意配合法警的拖延战术。而事实上，最后期限又被延至6月28日。

虽然法警必须尊重某些规范，比如，他不能参加居民准备在5月15日举行的新闻发布会，但是他可以继续针对他们提高公众意识的策略给出非正式的评价，而且他仍然坚决反对驱逐任何年老或患病的人。银行律师的立场则不太明确。我们不清楚他表面上的恭顺是否应该仅仅归因于个人善意，或者是他希望保证银行不因在大庭广众之下出丑而影响声誉。在新闻发布会的前一天，有一场针对那位90多岁老人的听证会，其结果是延长了她留在公寓里的期限，但这起事件耸人听闻的一面所产生的紧张气氛并没有完全消退。事实上，律师的立场可能是出于对银行良好声誉的关心和某种程度上的人道主义。就像警察局长一样，他完全有兴趣努力使所有相关方保持理性的平静，即使他们无法完全满意。不合时宜的仓促之举会让银行一无所获。政府通常会在圣诞节和复活节以及选举期间宣布延长所有驱逐的最后期限。因此，银行最好的选择就是默许一系列的拖延，以期最终会出现真正的机会之窗。

法警和银行律师之间的礼貌性交流是一场竞争者之间的比试，但他们的目标却是部分重叠的。保罗对最终决定之前的谈判的描述简洁而富有启发性，其高度的普遍性特征再次表明，存在一种固定套路，每个人都知道如何在其中扮演自己的角色。保罗解释说，每当驱逐行动即将到来，那位法警就会和一名医生（法律要求医生必须在场）以及一位铁匠一起出现在警察局长办公室。一旦有租户被驱逐，这位铁匠就会负责用铁条把那间公寓的门封住。这群人在局长办公室集合后，法警会问这位警方的指挥官，他是否"有警力可以执行驱逐行动"，局长会回答说他没有。他们会仪式化地回应："下次见！"紧接着他们正式退场。随后，法警会从窗口打个手势——显然他没有试图保密——两条手臂交叉向反方向挥动，表示什么也不会发生。

保罗作为租户代表会在楼下的街道上等着，看到手势后，他会立即用手机给其他租户打电话，让他们放心。然后他会去招呼那些从楼里出来的公职人员，请他们去喝杯咖啡——一个明确的社会性迁就的宣言——之后他骑上摩托车返回公寓。在那里，法警、警官与租户们聚集在一起，正式签署延长期限的协议，这就是我前文描述的那一幕。这至少是在最终的、可怕的实际驱逐时刻到来之前的模式。对伊博内西街来说，这个时刻还在未来。但这次延期有一个不祥的新迹象：这是第一次有警察，尽管仅有一位警方代表，陪同法警回到殿式公寓。

银行等得起。现有的联盟已经明显破裂了。不仅左翼租户对民族联盟越来越多地参与到伊博内西街的事件中深感担忧,而且所有租户在面对左翼组织对住房危机日益高涨的抗议活动时都感到犹豫不决。租户协会的代表与租户之间也有分歧,争议在于如果能在其他地方找到合适的住房,他们是否要做出妥协。租户们希望留在蒙蒂,而且是一起留在蒙蒂。

租户内部在战术和目标这样的基本问题上,也有气氛紧张的时候,但主要的困难仍然是如何让所有政党参与进来。虽然保罗声称他不是任何政治派别的棋子,而且民族联盟的一位领导人曾建议他争取任何他能争取到的政治支持,但是,他从本地政党代表那里听取意见的事实削弱了他有关独立的说法,而且甚至可以说破坏了其独立的实质。

2月23日,报纸宣布了对驱逐最后期限的普遍延长。但这并没有给伊博内西街群体的领导者带来任何安慰,因为这只适用于那些有特定情况的人(比如有5个及以上孩子或超过65岁)。洛雷达娜经营的鞋店最近被迫关门,这家鞋店所在的大楼为乌克兰教会所拥有;不幸的是,公寓在保罗的名下,否则她可以声称她现在没有工作,从而有权享受新的延长期限特许。然而,保罗认为,特别是在咨询了左翼市议员加洛罗之后,既然法律已经正式颁布,那么可能会有一些"缓和事态的方法"(smussature)。另外,在新法律正式颁布60天之后,中央政府将把执行和解释权交给地方当局,这可能会再次给租户一个机会。同时,5月的最后一天将举行全国公投,租户们希望能再次获得延期,以避免再次与选举过程发生冲突。但保罗和洛雷达娜还要面对一个具体的问题:作为新法律下唯一无权申请延期的家庭,他们担心银行会抓住这个机会,彻底结束他们对反抗的参与。

与此同时,疲惫开始显现;神经开始崩溃;争吵如躁动的火焰一样短暂地燃起,但又迅速熄灭;租户们不再互相问候,然后又开始彼此问候,尽管有时这些问候得体得冷冰冰。银行采取的做出不同安排和划定不同最后期限的策略开始让一些租户从那些决心抵抗的人中分离出去。即使是那些决心抵抗的人,偶尔也会表现出妥协的意愿。疲惫不堪、心灰意懒的洛雷达娜说,尽管她不知道她丈夫是否会接受,但一个体面的替代性住房提议对她个人来说可能是可以接受的。有一次,也许是为了让其他租户统一战线,她扬言说要独自与银行对峙,尽管她也不确定自己是否会把自己搞到如此境地。但她对斗争后期租户之间爆发的小争吵越来越厌倦,并对一些人拒绝共担抵抗所涉的费用和工作而恼火。

由于银行急于让这两个麻烦制造者离开公寓,其他租户也有了暂时的优势。他们完全有可能至少在 9 月之前留这栋楼里,相对来说,目前他们已经解了燃眉之急。随着新一轮延期至 6 月下旬的消息传来,各方政客开始讨论——德卢卡显然已经会见了市住房局局长,而民族联盟的领导人詹弗兰科·菲尼(Gianfranco Fini)在本应是 10 分钟的现场探访中意外地停留了半小时,并承诺将尝试与银行负责人交谈(尽管不清楚他究竟是否这样做了)。

关于法律所能干预的确切范围,仍然存在模糊不清的地方。洛雷达娜认为,警察永远不会使用武力,因为这将意味着一场公关灾难。但她也承认,在那位法警一次试图传达驱逐通知后,应法律要求,警察局长应派一支分队前来。著名政客的持续参与当然是一种

第九章 撕裂社会肌理

威慑，而且，考虑到警方对右翼的同情，民族联盟的介入似乎让他们犹豫了。

5月15日，经过大量的准备工作，殿式公寓的庭院里举行了一次新闻发布会。在我们的建议下，居民们还举办了一场摄影展，记录了银行对该建筑的忽视，这次摄影展引起了阵阵骚动。庭院的一边摆放着一张长桌，客人的椅子被排成几排，面对着桌子，桌上摆着一个麦克风。作为常驻此处的人类学家，我发现自己与来自左翼民主党和民族联盟的市议员、绿党参议员兼人类学家罗基、租户协会的一名高级官员、来自民族联盟的议会副主席，以及托齐的代表（托齐本人因内阁改组而无法前来）共坐一排。①

尽管居民们希望这次活动能对银行施加压力——托齐把这一点作为召开新闻发布会的理由——将事件"公开"（uscire allo scoperto），但记者的出席率并不高。托奇本人没有出席这一事实，再加上他的代表似乎对紧急事态只知道个大概，证实了人们先前的猜测，即他将仅提供名义上的支持。尽管这位代表含糊地承诺"（事情）不会就此结束"，但实际上，他也只是在租户们打电话到托齐的办公室质问他为什么没有出现时才来到现场。

对政客而言，尤其是那些对立派别的政客，这次活动似乎既是一次表态，也是一个就其他事项进行非正式交流的机会。两位在议会中是死敌的参议员，在殿式公寓前惬意地散步聊天；政治光谱两端的议员们似乎也同样轻松地聚在一起。令观察者们同样感到困惑的是，最后右翼代表们听起来都像是老派的共产主义者。从

---

① 在我的敦促下，两位同行人类学家以及五位来自罗马大学的人类学学生参加了此次活动。

表面上看，整个意识形态光谱中确实存在惊人的共识。但旧日的那种政治敌对感仍然如此强烈，以至于一位住房权利活动家最初在看到民族联盟的代表时拒绝入场，尽管他最终同意至少参加部分活动。

这次活动收效甚微。媒体大量缺席最终反映在活动所获得的相当微薄的曝光上：少量的电视报道，以及《最新消息》《时报》《意大利世纪报》的几篇文章，而且后两者是右翼和极右翼的出版物。中间或左翼的报纸则对此只字未提。同时，银行推翻了先前的决定，他们不再允许那位老太太留在楼里直到其自然生命的终结。这一举动虽然对租户来说"喜闻乐见"，但也仅仅因为这是一个会使银行的信誉受到严重质疑的重大公关失误。

于是，斗争继续进行。6月11日，地区住房办公室主任写信给银行主管，呼吁尊重多样化的社会结构，无论法律上存在多少技术问题，至少要留出足够长的时间来避免尴尬的对抗，以免给禧年庆典留下污点——洛雷达娜准确地预测到了这种担忧。但是，那位主任显然没有得到答复。租户和他们的政治盟友在执行委员的办公室里举行了一次会议。银行再次保持沉默。随后，在6月27日，租户们举行了第二次新闻发布会，这次是在卡皮托利诺山上的国旗室（Flag Room），这个气势恢宏的地方给围坐在中央长桌旁的记者、租户和其他人带来了一种庄严的感觉。托齐在正式讨论前的讲话中提醒与会者，这不是市政府第一次面对如此严重（grave）的个案，包括市长在内的整个市政府班子都参与其中，试图通过谈判达成解决方案。他进一步提醒听众，殿式公寓里住着一位画像挂在司法宫的受人尊敬的老妇人，她今年已经98岁，而她的儿子此刻

第九章　撕裂社会肌理　　407

就坐在桌旁。说到此处,托齐向他致以问候。

托齐的大部分发言似乎既承认了驱逐计划所涉及的社会不公,又间接但明确地试图将道德责任推给银行。认识到历史中心区的人口正在变化,他说:"我们简直难以想象——我该怎么说呢?——一位房东竟然会有这样的心态,竟然试图将年近百岁的老人赶出自己家。"因此,他建议,第一个目标是呼吁罗马银行至少取消对这位90多岁老人的驱逐,因为"这种行为的象征意义甚至大于政治意义"。然后,他呼吁银行与市政府班子坐下来解决这个问题。他小心翼翼地承认银行的合法利益,并强调市政府和银行之间长期合作的历史。然而,困难在于银行顽固地拒绝与任何人讨论这个问题。他宣布,作为一般原则,"在任何情况下,市政府都有其职责——它正在履行这一职责——尽可能地提供所有可用的手段来支撑和挽救局势"。然后,他谈到了市政住房项目中的各种竞争,以及通过减免城市税(Ici)来激励业主向贫困家庭收取低廉租金的相关事宜。

然后,他邀请洛雷达娜作为租户的发言人发言。在她的简短发言后,议员加洛罗谈到了银行缺乏回应,并笼统地谈到在涉及现在历史中心区价值不菲的房产时,很难得到任何合理的回应。然后,租户们开始抱怨银行对他们公寓的冷漠,以及银行未能对他们的担忧做出回应。

人们提出的一个问题特别能揭示银行忽视或希望粉碎的社会团结:"我们想说的是,我们的建筑也是一个封闭的建筑,没有连接主入口和各公寓的扬声器,这意味着如果一些老人生病了,我们无从得知。"这位发言者还指出,大约三年前银行敷衍了事的维修工作本可以包括安装免提电话，但当时却没有这样做。然后，我谈到了银行的责任，不仅是对其投资者的责任，也包括对整个社会的责任，我们有必要让银行解释其行为，以及在提供不合适的住房作为补偿，并试图驱逐那位年逾九十的老妪——尽管他们已经宣布不会这样做——的过程中表现出的犬儒主义。然后，托齐带着讽刺但亲切的微笑，趁机评价了我的干预："他是我认识的唯一一个来自盎格鲁-撒克逊社区但却不拥护自由市场观念的人。为此，我感谢他！"民族联盟确保了其在意识形态上是非常不同的存在，这一点通过议员马尔科·马尔西利奥体现出来，他在发言中将历史中心区视作一个整体。然后，随着这场正式的新闻发布会的结束，记者们匆匆忙忙地采访了各个关键人物。其中，老太太的儿子重申了熟悉的主题。"从实际情况来看，它（这栋建筑）是蒙蒂区居民的最后一个历史性核心，因为其他所有人几乎都离开了。"他指出，如果他的母亲和照顾她的女儿一起被赶走，另一个依靠这位女儿的家庭也会受到影响。这也是租户们共同关注的另一个例子。

　　这些声明同样没有什么效果。市政当局显然陷入了无可作为的境地，它的左翼资格受到了威胁，因为它必须下定决心不与银行进行太直接的对抗。然而，它最终还是设法与银行进行了高度保密的谈判，并最终达成了一项协议，将全面驱逐的最后期限定为10月4日。银行完全有兴趣接受。与此同时，政府宣布，到9月底，驱逐行动不会再推迟。但是，租户们并不认同，他们已经在激烈地谈论"内战"。9月到来时，仍然没有迹象表明任何一方会让步。托齐有时比市政当局的其他人更乐意直率地表达他的社会信仰，他在一次电视采访中宣布，如果驱逐行动继续进行，他将把自己锁在公寓前门上。与此同时，鲁泰利市长决定竞选国家公职，引起了整个市政府内部的骚动；前文化部长瓦尔特·韦尔特罗尼（Walter Veltroni）则成功作为左翼候选人参选。

在预定进行全面驱逐的那一天，几乎所有的当地政客，包括托齐，都来了。有人听到托齐用手机和社会服务部门的官员通话，随后法警宣布驱逐被推迟到11月21日。后来的一些事情表明，这个日期是为其中一位租户确定的。银行的律师自己提出了这个日期，这表面上使租户的抵抗更容易，因为它最终让他们都保持一致，并允许他们作为一个单一群体运作。然而，人们开始怀疑，这也许是个圈套——他们都被哄骗到一种安全感中，因为经过这么多次"狼来了！"的呼喊（正如一位租户挖苦道），他们实际上仍然住在这栋公寓楼里。事实上，在银行再次（次年2月13日）试图让租户们集体离开大楼未果后，驱逐再度推迟。银行计划，第一批人（包括租户们的领袖）将于6月20日离开，其他人则在次月（7月11日）离开。

随着禧年庆典的彻底结束，银行肯定希望最终能迅速了结此事，因而继续开始他们与租户之间的猫鼠游戏。关于强行驱逐的谣言又开始传播，一位租户喃喃自语道："单是他们让那位法警来决定驱逐日期，就已经显得很蹊跷。"银行那位彬彬有礼的律师看似顺从，但这似乎本身就是一个诡计。然而最终，在最后一刻，驱逐再次被推迟到9月3日。当时，另一栋面临最终驱逐的公寓楼的租户推测将来会有一波驱逐潮，这波驱逐潮由于禧年庆典和政府未能找到替代住房已经推迟了很多次。他认为，在那场声势浩大的喧嚣中，银行会暂隐身形，把握机会迅速发动猛攻。

到 2001 年夏天，彼时左翼联盟掌握了整个历史中心区（这里在鲁泰利市长重新安排了整个罗马市的行政区划后，成为市政府的一个次级单位，或者说是一个自治单元），他们似乎更愿意考虑给予伊博内西街的群体支持。尽管如此，一位隶属于该联盟的年轻政客警告我，不要对租户的未来抱有太高期望。这个问题现在已经有了更大的公众意义；历史中心区的被驱逐者人数在增加，而伊博内西街群体在动员公众同情方面的技巧——尽管是零星的，而且由于大多数公众支持的右翼性质而受到影响——使他们的事业对其他人更加有用。现在，驱逐的话题在新上任的且更关注本地的市政府班子的关键问题清单上占据了重要位置，罗马第一个自治单元（市辖区）的第一任区长朱塞佩·洛贝法罗（Giuseppe Lobefaro）积极寻求在地方一级解决这个问题。

2004 年夏天我再次回到这里进行田野调查时，情况又发生了巨大的变化。在经历了一系列进一步驱逐居民的尝试之后——每一次都像前几次一样，以再次推迟而告终——银行显然认为，固守这栋楼没有利润可言，因而出售它是最明智的。国际知名的倍耐力轮胎公司的房地产部收购了该房产。在这个节点上，市政府介入并协商了一项安排，即租户可以选择在接受逐步递增的租金的基础上继续住在这栋楼里，具体条件在双方同意后确定下来。看起来，租户们通过坚持不懈的努力似乎终于赢得了胜利，迫使银行将所有权转让给一家更愿意直接谈判的企业。

收官之战

然而，令人遗憾的是，他们的胜利被证明完全是得不偿失的。新业主不露声色地将房产转卖给另一家公司，后者很快，实际上是在同一天，将之以更高的价格卖给了第三家公司。这种内部交易本身并不违法，尽管人们（完全没有证据）怀疑第二和第三家公司实际上属于一个实体。这种做法实际上是相当普遍的。比如，历史中心区有三套房产（其中一套实际上在蒙蒂）被拍卖，但所有竞拍的公司都是同一个商业集团的下属单位——一个差点因为这次拍卖而失去住在其中一栋殿式公寓中的权利的人说，"这就像俄罗斯套娃"。他特别生气，因为根据大约两百年前遗赠给一个兄弟会时约定的条款，他所居住的建筑是不可转让的；然而，地区政府的一位行政官员裁定支持出售，而那些表面上竞相购买的幽灵公司很快就利用新到手的财产处置权，以令人印象深刻的价格安排出售，而这也将成为租金大幅提高的理由。我们应当记得，在过去的几十年中，在伊博内西街的殿式公寓身上，显然也发生过——尽管是以更复杂的方式——类似的事情。

从倍耐力手中收购伊博内西街房产的公司由罗马犹太社区的两名成员领导。他们声称不知道之前租户与倍耐力之间的协议，他们也丝毫不打算遵守该协议。各种预感到危险的机构和个人——包括犹太社区的领袖——试图进行干预。新业主们态度坚决，坐实了——也许恰恰是利用了——他们作为背弃自己社区的无情企业家的名声。据称，经营企业的两人中年龄较长的那位甚至对广受尊敬的社区领袖咆哮道："管好你自己的事！"（fat[t]e gli affari tuoi!）

逐出永恒　　412

一位住户说，事实上，他使用了更粗鲁的表达方式，并补充说，该商人甚至对市长都表现得很傲慢。两位商人随后向市政府提出要求——对该房产提价，但他们的出价实际上远远高于政府准备开出的价格。非常清楚的是，政府对此无可奈何。但这家公司此后不久就把房产卖给了另一家公司，后者正在这个街区拓展其广泛的利益，这场斗争到此终于结束了。

归根结底，这种崩溃的根源在于法律而非政治。租户中的一位女士慷慨激昂地要求市政当局进行干预，要求解决问题并终止所有的施压策略。对此，加洛罗议员指出，市政当局的权力实际上相当有限。他亲自跟踪了他们漫长的斗争岁月，"过去一个人与自己的房子的关系，已经改变了……它从一种社会权利转为经济产品"。因此，根据国家宪法，现在受保护的是业主的权利。他的挫败感呼之欲出。他所属的政治联盟在国家层面颁布了一系列法律，配合既有宪法对财产所有者权利的保障，实质上已经有效地削弱了任何将争端作为社会权利问题来解决的可能性。

对时机的有效把握使收官之战成为定局。保罗说，这家公司非常粗暴地拒绝了市政当局和社区的干预，但它提出要求时却非常迅速。在几乎是偷偷摸摸地收购房产之后，他们在几个月内没有任何行动；但是，到与租户打交道的时候，他们几乎没有给租户任何时间来集结力量或筹集资金。该公司在一次交易中就从倍耐力公司获得了 27 套房产；对于这些房产，该公司有 18 个月的时间来偿还一家米兰银行使这次大规模的销售成为可能的贷款，而罗马银行——这些房产曾经的所有者——仍然保留着交易中的部分股份，而且非常明显，倍耐力公司的子公司手中也保留了 38% 的股份。

因此，租户们首先想到他们可以以罗马银行仍然是部分所有者，因此新的所有者仍然有义务尊重罗马银行与倍耐力公司签订的协议为理由来对抗收购。

但这一策略没奏效。在一年之内，居民们又面临被强行驱逐的可能；最终的业主已经收购了这栋楼。[①]虽然民族联盟的政治积极分子仍然在地方上参与抵抗，但由贝卢斯科尼领导的所谓中右联盟在选举获胜，后者对与大企业和银行的代表较量没有多大兴趣。租户们的上诉缺乏坚实的法律依据，因为根据意大利法律，与倍耐力公司签署的协议对任何后来的业主都没有约束力。新业主们的关系四通八达，而且他们很着急。2005年2月11日，在议会大厦与市政当局进行了最后一次绝望的会谈后，五位租户于3月18日签署了将房产"转让"给新业主的文件。这场战斗结束了。

在签署最终放弃权利的文件时，我也在场。租户的律师不得不艰难地向他们解释，所有的法律途径都已用尽，现在必须尊重法官的最终决定。在同一座建筑里生活了几十年的租户肉眼可见的痛苦与律师们的公事公办形成了鲜明的对比，尽管租户的律师——保罗的表弟——也明显被激怒了。面对新自由主义势不可当的力量及其无情的士绅化计划，租户们徒劳无功的感受很难被公正地描述出来。

民族联盟的议员马尔西利奥与他的一位同事共同组织了一次新闻发布会。这次发布会表面上的目标是向市政府施压，要求其负责保护当天没有离开的少数租户，因为租户们离开的日期是相互错开的。发布会开始前，他聊天的声音都变得很庄重。他承认，在这场

---

① Vincenzo Fragalà 曾在 2004 年 3 月 4 日的第 433 次国民会议上对此次出售提出质询，也即 *Interrogazione a risposta scritta* 4–09211。获取该文本可访问 http://legislature.camera.it/dati/leg14/lavori/stenografici/btestiatti/ 后点击 4–09211.htm。(Accessed 15 May 2008.)

看谁更强大的对峙中，富有的业主"赢得了这场角力"，并指出他们没有选择，只能"在坚持了15年之后"屈服，"除了压力原因外，还因为公共力量每个月都要造访，人们要忍受这样一种每月一次的会面——太可怕了！"前五名签署文件的租户（其中一名已经离开）同意在几周内搬走，搬到他们自己找到的新家中。而且，马尔西利奥声称，他们没有得到当局任何的官方援助。

在签署文件后的新闻发布会上，马尔西利奥宣布他和他的民族联盟同事们将替剩下的四个家庭保持警惕；他指责市政当局过于热衷闲聊（due chiacchiere，字面意思是"两次聊天"），以罗马各地住房危机的严重程度作为逃避责任的一般借口："他们引述巨大的数字，说没有能力为这些家庭提供具体的解决方案。"因此，只要其他四个家庭还在，马尔西利奥宣布，"我们将继续保证我们的政治和人力支持，以防止这四个家庭持续被遗弃在这栋楼里"。他承诺，他们将是这一承诺的"实体标志"；"去年1月，我们身体力行地阻止了警察执行驱逐令"。

3月21日，议会大厦举行了一次会议，双方的律师都出席了会议，加洛罗代表市政府出席。没有发生任何事情，选举阻止了事态的发展。下一次会议定于5月4日举行。律师认为，市政当局可能已经忘记这件事或过于专注选举的准备工作。他正在等待市政当局向新业主提出正式建议。从法律上讲，市政当局可以对经济上或其他方面处于弱势的人强制实行一定程度的保护。关于城市不再有足够的房屋可供出租的说法有可能是真的；旧福利制度崩溃的最明显之处莫过于以前用作经济适用房的市政财产被出售。那些不那么贫穷的租户，也就是我亲眼见证签署文件的那些人，已经在去往新家的路上了。他们的律师——他同时也是被赶出广场的那家俱乐部的律师——坦言，他们是"正在膨胀的（esasperato）自由市场意识形态"的受害者。

最终他们达成了一份协议，其他的租户也从这里离开。新业主的宣传广告开始出现在楼体上，这些广告实际上投放得非常匆忙，以至于他们误用了一条宣布出售商店和公寓的旧横幅。很快，人们就能听到经纪人洪亮的声音。他用饱含和蔼的咆哮与潜在的客户交谈，声称大楼里的临时办公室中贴满了诱人的公寓设计图和规划图。他的工作是一门现代的、繁荣的生意，没有时间可以浪费。

虽然所有被驱逐的租户最终都找到了体面的家，但他们维持社区感以及集体认同感的能力却面临危机。保罗和洛雷达娜至少很幸运，他们找到了离蒙蒂边界只有几米远的住所；其他人则不得不住得更远。保罗虽然虔诚，但过去是个反教权人士。现在，他开始积极参与教区事务。他每年作为兄弟会成员参加教区的蒙蒂圣母（Madonna dei Monti）游行，这类活动标志着他与这个他寄托了情感之地的强有力的象征性连接。他对蒙蒂的依附感现在与教区牧师汇合了，我们应该记得，对他而言，地方依附是一种深深的感性奉献行为。保罗继续拜访这个缩小的社区中的朋友们，但他们不再在广场上聚会，几年前他们的俱乐部社交活动被驱逐出广场。他的孩子们仍然在附近上学，许多朋友仍然住在附近，但很明显，甚至在我写下这些文字的时候，旧有关系网正在减弱和消失。

谁取代了他们的位置？当然，有一些强大的情感仍然活跃在蒙蒂的生活中。我的一位对非洲有浓厚兴趣的政治学家同事，说他在几年前作为居民来到这个社区时，只能模糊地感觉到此前存在的社会网络。他曾认为我对蒙蒂社区生活感兴趣是"一种得不到回报的顺从"(un compiacimento gratuito)。但当他的第一个孩子出生后,他发现了这些联系的所有特性(如在奎里纳莱宫总统府的公共花园里、在幼儿园里等)是一种回应,但不是对共享的罗马性的回应,而是"对市政管理的不足的一种弥补"。由此产生的归属感并不是旧有社交纽带的产物;事实上,他说,它发生在"一个相对脱离社会生活的情境中"。他逐渐意识到,许多其他人,像他一样的环球旅行者和知识分子(包括几位记者),被他们孩子的需求吸引到一个社会网络中。当他们在这个地区走动时,他们都开始理解参与其中是他们生活的一个核心部分。这是一个新的社会聚合体,它与蒙蒂旧有的社会生活形式无甚关联。但是少数参加"蒙蒂社会网络"的人除外,他们发现自己身陷旧秩序的垂死挣扎中,也身陷新秩序的雄心壮志里。

然而,经济上有保障的新客们享有的相对幸福的生活条件,却意味着他人付出了沉重的代价。具体而言,造成最根本的人口和结构变化的驱逐行动依赖于不断加剧的恐慌气氛,并且反过来助长了这种气氛。剩下的老居民越少,他们面临的恐惧就越大。在旧秩序下,对邻居的,甚至是对当地黑社会头目的恐惧,是生活中可控的一部分。即使是对教廷的恐惧——尽管它很强大——也是被视作日常生活中一个熟悉的存在来处理,而且教廷通过忏悔和赦免提供了可协商的赎罪条件。相比之下,新的恐惧来自拒绝协商的力量——这些力量与当地社会无关,在经济上是压倒性的,而且超出了体制上的控制,无论是本地市政当局,还是那些为良心压力所迫的熟悉的罗马盟友(如犹太社区领袖、本市政客,甚至是负责执行驱逐令的公职人员)都对此束手无策。这是一种全然不同的恐慌。

第九章 撕裂社会肌理

尾声

永恒的未来

　　面对这种新的倾向，我们应该做何反应？我们是否应该和那位左翼区议员一样，耸耸肩，他对市场逻辑的接受带着讽刺性的自知之明，但这不足以让他投身于一场他认为没人可以取胜的战斗中？我们是否应该接受企业家的工具性道德，认为他们在士绅化过程中发挥了更新城市（riqualificazione）的积极作用，是对城市降级（degrado）的抵制，而不是那种破坏了曾经稳固的工人阶级人口团结基础的士绅化？我们是否应该被说服，这些是不可避免的变化？它至少让一些中产阶级沐浴在新的罗马春天的阳光下，他们的孩子得以在新的步行空间里快乐地嬉戏，享受在一个实际上排除了不受欢迎的移民和无家可归的穷人的区域中活动的安全？我们是否应该接受这样的论点，即与其关注生活在历史中心区的人，不如把相同的精力放在更多在郊区受苦的边缘人口身上？

　　虽然我对这些问题的修辞框架应该已经清楚地表明我自己的政治态度，但我还是想强调情况的复杂性。我认识到，那些引起我同情的对地点的强烈依附感，也可能是一些同样强烈的文化原教旨主义和种族主义的来源。① 例如，正如蒙蒂人对涌入广场的乌克兰人和其他东欧移民心怀不满一样，我看到那些反对驱逐和争取留在家乡社区权利的泰国本地人以"我们是泰国人"为由主张这些权利，从而含蓄地，也许是无意地，支持了拒绝给予某些"山地部落"和难民群体泰国公民身份的国家政策。我意识到，在欧洲的许多角落，在对民族国家不承认地方自治形式的不满情绪中，法西斯主义已经开始滋生。在这个意义上，罗马的情况远非独特。

但我们也很容易将这个问题过度简单化，而一旦有机会，媒体会鼓励这种倾向。具体而言，我们不能认为试图煽动对大规模经济变革的不满情绪会自动助长反对力量和偏见。在那个泰国社区，这种采取"官方化战略"和煽动民族主义、保王主义言论的趋势非常强烈。② 在2004年海啸摧毁了整个南部社区后，社区领导者们强烈呼吁，向南部地区的外国人和信仰伊斯兰教的少数民族伸出援助之手非常重要。他们认为，作为有针对性驱逐的受害者，他们特别能够理解对方的痛苦。因此，尽管一贫如洗，他们还是举行了一次旧衣服拍卖会，并用所得款项向其中一个受灾地区派遣了两名志愿者、捐赠了一些急需的物资。其中一位社区领导者认为，同情心是泰国人的独特美德，但他用这种美德来倡导宽容、共情和包容。③

同样，伊博内西街群体中 位特别愿意接受纳粹联盟（民族联盟）帮助的领导者，也大声谴责教廷对同性恋者的不宽容，以及整个国家对待移民的普遍种族主义倾向。但实际上，其他人没有他那

---

① 这个意义上的"文化原教旨主义"参见 Stolcke，1995。另可参见 Herzfeld（2004：169）中的例子。
② 关于官方化策略（officializing strategies），见 Bourdieu（1977：38—40）。
③ 有关这个社区的记录，见 AGFE，2005；Herzfeld，2006。

么宽容。我想强调的是，地方主义和种族主义或其他形式的不宽容之间没有必然的联系。而且事实上，在两个田野调查项目中给我留下深刻印象的是，有些人认识到痛苦会将其他人驱往更加糟糕的方向，他们也在自己的苦难中拒绝了"不宽容"对他们的诱惑。

除非在进一步考虑意大利和其他地方的民族主义历史的背景下，否则这一切都不会有什么意义。我已经尝试对希腊和意大利各自的情况进行简单的比较，表明在这两个国家中，国家和其组成地区之间非常不同的关系是如何反映在有关民族和地方传统的学术话语生产中的。① 这种比较的一些内容也呈现于本书的前几章中，因为我已经指出，对文化亲密性这一秘密的狂热捍卫，在希腊表现为对国家层面的文化认同的捍卫，在意大利则更普遍地关乎一个地方区域或城市。意大利认同的分裂与希腊民族和政府的官方性（officialdom）所呈现的同质化面貌形成了强烈的对比。

但二者也有一些相似之处，尤其是对国家的文化和道德缺陷的深刻认识——这些缺陷是在更强大的国家挑剔的凝视下才被视为缺陷，而国家则自封为国际政治伦理和文化价值的仲裁者。在希腊，辩护的整个结构调用了过去的事件，将亚当和夏娃的堕落作为个人弱点和失败的解释，将1453年君士坦丁堡的陷落作为"东方"污点的来源，其他欧洲国家正是利用这种污点在泛欧洲发展的语境下边缘化希腊。在意大利，虽然许多外国势力对土地的占领经常被用来解释它的极度分裂，但同样的辩护语言与日常法律实践的形式非常贴近。在教廷的阴影下——它对这座城市的历史性宰制无一刻不

---

① 见 Herzfeld, 2003。斯坦利·坦比亚（本书正是献给他的）坚持让我不要放弃对希腊和意大利民族主义的比较，如此才能去追求对泰国人类学新的、可能不知所云的兴趣。

存在于人们的脑海里——原罪的幽灵赫然耸立：它填充了法律，解释了根深蒂固的社会习惯，并提供了一个道德借口。这一借口对一个现在痛苦地意识到维持诸如民主、透明、效率等理想声誉困难重重的国家来说变得越发重要。

这些价值观构成了外部世界评判一个国家表现的道德框架的一部分。由此产生的等级制度也在内部被再生产，比如北部对南部的轻蔑评价——这种态度不仅助长了北方的分离主义，同时也导致人们对国家认同的可能性产生严重怀疑。因为这些北方分离主义者作为政治联盟成员参与到一个他们似乎更想破坏而不是维系的国家政府中，他们在本地人同情的呼声中进驻罗马，并在该国最南端的一个岛屿上"殖民"（colonize），并禁止来自首都的度假者进入。最终，非常清楚的一点是，北方分离主义者对更合理、更高效的道德主张，并不符合他们自己通常宣称的标准。

这些奇怪的动态也是罗马正在发生的人口、历史和文化变迁的政治和文化背景。一种普遍的观点认为，罗马在文化上属于南方，而且它只不过是一个村庄（paesi）的集合体，这使得它在面对经济殖民时很脆弱，而它无可置疑的历史重要性——以及蒙蒂在罗马各区中同等重要的地位——也使它成为那些贪得无厌的（golosi）消费者眼中的诱人猎物。可以说，影响这座城市命运的最保守的力量——教廷——在其领导层痛斥物质主义的同时，也可以调用古老的宗教主张和原则，来支持自己对新自由主义经济和意识形态的有利可图的参与。

同样，尽管旧式黑社会的残余势力抗议称他们唯一的作用是保护手无寸铁的人和安排归还被盗的财产，但他们所处的更大的道德世界——在这个世界中，妥协、推诿、贿赂和威胁被包装成友谊，并被本地工人阶级感知为一种团结——通过其自身所培育的恐惧和恭顺的结构，为新房地产企业家刻意制造的分裂和恐吓策略铺平了道路。在地方上，恐吓主要是为了让潜在的骚扰妇女者和敌我不分的小偷受到管束，并确保本地黑社会头目的话总是得到尊重；由人们对彼此的微末罪行心知肚明所构成的共谋关系，促成了一种拒绝完人的可能性的特定的伦理学。

当然，恐惧确实存在，而且有人恶意地利用恐惧。但总的来说，真正重要的是对社会排斥的恐惧。当赌注突然提高时，这种恐惧立即变得更加强烈和危险。国家、教会和黑社会对罗马中部房地产控制权的激烈争夺，不仅威胁了，而且迅速在很大程度上抹去了旧式社会政体的形式，取而代之的是适合新晋国家遗产的大规模标准化过程。然而，这些力量所使用的许多象征暴力的习语都是旧秩序中人们所熟知的。

本地人对历史有着异乎寻常的钻研精神和热情。他们知道这种延续性，并援引它们——有时是刻板的，但有时是相当精细的分析——来解释他们目前的困境，并抵制产生这些困境的力量。他们也知道企业家们在遗赠给教会的空间上建立世俗房地产帝国的长期过程。例如，伊博内西街群体的领袖之一本是一位热爱藏书的出租车司机，这可能不是巧合。换句话说，他对蒙蒂错综复杂的地理知识和对城市悠久历史的丰富理解可以与教区神父媲美，尽管他们关注的重点不同。我们可能永远不会知道伊博内西街的房产是否真的是以遗赠教会的方式开始其现代化过程的；围绕其所有权的反复交易的一个结果就是它的过去在此过程中被埋葬了。但普遍的关联仍然可见,这成为一个使人担忧的疑虑的来源,租户们最终被驱逐的事实尚未从邻里们的意识中消除。

然而,这种遗忘的过程仍在无情地继续着。即使是"蒙蒂社会网络"新来的政治积极分子,他们所关心的也是为留下的人(包括最近才来的更加积极参与活动的成员)创造一个新的和适宜生存的社会环境,这也无意中促成了这种记忆消除的过程。尽管它的运行风格反对新国家秩序的平庸形式,但它对驱逐过程无甚助益的记录再次证明了房地产商战无不胜,而且可能恰恰加强了房地产商的权力。"蒙蒂社会网络"与市政当局的谈判并没有为蒙蒂区的市场夺回昔日的社会角色,仅仅证实了小型但密集的超市所具有的更大的经济实力垄断了食品杂货贸易,而"蒙蒂社会网络"成功地为街区重新夺回安杰洛·马伊学校的运动——现在重新受到市政当局的挑战——也在其成员之间制造了新的裂痕,并提出了谁的集体目标正处于紧要关头的问题。

士绅化无疑是一个全球现象,它与全世界对"遗产"的庆祝共享一种奇特的讽刺意味,即本地的独特性现在已成为一种通行的商品。与此同时,人们很容易遵循传统的全球化观点,即认为全球产品的所有实体在本质上都是相同的。这种观点是错误的,因为本地条件产生了一种态度和期望的网络系统——再次使用我从埃文斯-普里查德那里借来的比喻来谈论崇拜形式的本地化——在本地独特的、有时出乎意料的领会中折射出全球性的模板。[1]

在意大利,本地身份以剧烈且复杂的方式被打得支离破碎。然

---

[1] 人类学家和社会学家已经从经验上对认为全球化必然带来文化同质化的传统观点进行了大量的研究。最有用的批评是根据详细的民族志证据来反对这种简单化的表述。尤见Burawoy, 2000; Fisher and Downey, 2006b: 22; Watson, 2005。

而，它们彼此交织的动态力量使得这种身份在偶尔流露出的团结中重新组合。同样，对遗产的观念，就像高度本地化的艺术修复流派在最适当的历史重建和保护形式问题上彼此竞争一样，闪耀出无数不同的光芒和色调，其强度掩盖了推动整个士绅化进程的经济意识形态的普世主义主张。

然而，也恰恰是这种多样性成为其政治弱势的来源。在联盟不断变化和忠诚度无法确定的土地上，几乎不可能维持一个团结的阵线来对抗新自由主义意识形态的侵入性力量。"蒙蒂社会网络"凭借其对当地社会互动模式的灵活适应以及强硬的知识分子领导，也许比大多数此类事业更有能力对抗城市的快速同质化。但即使是这种值得称赞的努力也遭到削弱。它不能自信地要求传统左翼的支持，因为后者采取了许多新自由主义者的立场。而且，人们普遍认为左翼政客自身的财富已经破坏了他们对工人问题的承诺，这进一步削弱了他们的立场。甚至一些虔诚的天主教徒也越来越质疑助长士绅化进程的教会。许多居民也拒绝政治上极右机会主义式的社会参与，认为极右翼政客在国家层面上受制于贝卢斯科尼领导的意大利力量党——在大多数意大利人看来，这个党派不仅体现出新自由主义下企业家们的无情，而且体现出与将参与性公民价值（participatory civic value）作为最终政治理想背道而驰的腐败。

在这种情况下，由于国家政治领导层软弱无力且不被信任，而市政部门在很大程度上认可新自由主义经营的平庸性，新秩序更坚定的行动者——无论是诚实的商人、教会教士，还是黑社会的恶棍——遇到的只是无组织的、不连贯的抵抗。这种抵抗可以是激烈和持久的，就像伊博内西街殿式公寓的情况。它可以在一段时间内得到很好的协调，调动成员中职业人士和学者的专业技术知识。它甚至可以对该地区的物质结构产生持久的影响，就像缓慢铺开的对某些街道的步行化改造所表明的那样。但是，他们只能赢得那些同时符合新的政治掮客和经济管理者的利益的战斗。例如，在步行化改造的案例中，许多新客（与本地居民一样）也对拥挤的交通所产生的影响感到担忧，他们想象自己生活在一个田园诗般安宁平静的地方，但发现日常噪声和干扰难以忍受后感到非常愤怒。只有当更大的经济利益得到很好的满足时，改善才是可能的——正如当地教会机构鼓励他们的租户整修破旧的住所，却又通过提高租金来冷酷地利用他们虔诚的劳动。

面对这样的力量，罗马社会小型的分支单位曾经通过"自扫门前雪"的伦理来保护他们重视的地方利益，但现在他们丧失了防御能力。他们的工具性妥协的历史、分裂的社会组织和灵活但往往瞬息即逝的联盟并没有培养出持久团结的习惯。这就是在伊博内西街案令人沮丧的地方。这一特殊努力的最终失败特别清楚地表明，小型的和不团结的团体要赢得一场消耗战是多么困难。这里有各种各样的本地社群，其中大部分是为了代表某一街道或某个职业团体的利益而成立的，事实证明，这些组织太容易消逝，无法真正发挥作用。在大多数人对喋喋不休（chiacchiere）的少数人的厌恶中，以及在利益冲突迅速产生所带来的挫败感中，它们早早地就失去了动力。

"蒙蒂社会网络"认识到真正的社会生活必然牵涉冲突，忠诚不是通过崇高的理想而是通过对嵌入社会生活的态度和需求进行实际评估获得的，借此它成功地超越了大多数其他此类组织。但即使在"蒙蒂社会网络"中，也有一些人声称没有时间浪费在闲聊上，还有一些人觉得通过整体共识达成的重点事项没有重视自己的需要。而"蒙蒂社会网络"的时间并不充裕。比如，对威胁驱逐事件登记记录可能是一个有效的策略，而等到这一策略付诸实践时，尽管他们与"行动"（Action）这样的全国性住房权利组织建立了联系，但其效果也只是再次带来一线希望，而且这点希望也很快就被市场巨头们压垮了。"蒙蒂社会网络"的未来也因此越发不确定。

蒙蒂和罗马的裂变结构，部分地解释了为何直到20世纪80年代初，经济弱势的匠人阶层在这一著名的首都的核心区能够幸运地存活下来，自此之后才每况愈下。世界上其他大城市的士绅化发生得更早，在一些案例中甚至早了几十年。罗马仍然是一个没有重要工业基础的社会交往分裂的城市，它对"传统"和其纪念碑的热情无疑是其经济生存的最有力来源，但它那因特定需求形成的经济体制由于其（严格来说）非法性质和对其领导人的诚实与否的依赖性而总是显得很脆弱。

战后资产阶级人口的增长带来了对远离城市中心的宽敞通风的郊区住宅的渴望。在20多年的时间里，匠人阶层在很大程度上被放任自生自灭，其租金基本稳定且低得令人吃惊。这些安排之所以持续存在，部分原因是他们为业主提供了稳定的租金收入，部分原因是对建筑遗产（patrimonio）的监管已经意味着对物理结构的可见变化进行约束和限制，而且这些限制条件也阻止了私人投资对旧建筑做进一步的修复和翻新。对城市来说，维护这一具有非凡历史价值的民用建筑群是一个优先事项，因为它支持了旅游业的发展。但作为城市房地产价格最高的区域之一，这里的经济则一直不景气，无甚收益。

在这一时期，社会变革是缓慢的。首都的中心仍然是一个边缘化的地方，在那里人们更常听到可鄙的地方方言，而不是知识分子和新派精英有教养的标准意大利语。尽管一些电影制作者的关注已经开始赋予它某种程度上的浪漫色彩，但这里的居民还是被认为是粗鲁的和不愿协作的。在这个意义上，蒙蒂确实是一个村（paese），但不是一个乡下村落，而是一个有自己的团结和冲突的文明社区（civil community），是整个意大利半岛上城市生活旧日文明（civiltà）的持久化身。它的生活既不是理想化的民族国家的公民秩序（civic order），也不是新经济秩序中经常伪装成民主的人为共识，而是一个礼仪和威胁的剧场。在这个剧场中，文化上保守的人们即使没有集体政治利益感，也保持着强烈的地方归属感。

与划分出左右的现代性相关的新公民秩序相去甚远，居民们反而分享了一种文明秩序（civil order）——一种用粗犷但有礼貌的举止掩盖了不断变化的利益和联盟的秩序。文明礼貌的生活囊括了对深刻的不公正和相互伤害的记忆，但并不将之视为纯粹的伦理问题，而是视作业已发生的事情，而且是反复发生的事情，尤其是因为名义上教廷权力的取消并没有阻止教会对日常生活的持续干预。罗马人说，教廷的神性"不是三位一体，而是四角铜币"，这不是没有道理的。用诡辩术为高利贷行为辩护，用怀疑论的家长作风使犹太人遭受隔离和强迫皈依，同时利用其地位来掌控被禁止的高利贷行为，并使其为教会的金库服务，[①] 以及教会和兄弟会在推进驱逐

[①] Napolitano（2007）对来自拉丁美洲的天主教移民在罗马持续传教的讨论表明了一种类似对家长服从（paternalistic subjection）的模式，同时也指出了这些移民对本地劳动力可能有不同理解。

中的作用，都有助于证实罗马人的信念，即教会比其管辖下的任何人群更显著、更实质性地代表了灵魂的集体性堕落。

堕落本身是一个过程——一个从罪的原初状态开始的腐烂过程。这种原罪模式似乎为这座城市所体现的许多悖论提供了概念上的解释，尤其是它长期以来为那些似乎违背神律教法的经济行为提供了神学上的辩护。这座"太人性的"（all-too-human）永恒之城的讽刺之处在于，没有什么是永恒的。所有的东西都是临时的、有弹性的、可协商的。事实上，具有讽刺意味的是，正是罗马声称自己所具有的永恒性和不可模仿的地位，在每个时代都要求"将古代的文明重新纳入一个被宣称是当代的价值体系中"①。在这样的文化沃土上，一切都可以被宽恕（condoned）。在思考世俗的宽恕（condono）时，尽管意大利语和英语之间相似的词往往意思大相径庭，但在此，"宽恕"一词有相同的词源。我们可以看到，一种字面上宽容的法律及神学安排为切实的社会生活所需的许多行动的偶然性和临时性提供了支持。人类有缺陷的状态决定了此安排必须始终包含对时间的计算和操纵。社会生活的历史性，及其在经验现实中的嵌入，也是如此。罗马体现并夸大了从永恒乐土中被驱逐的过程。它的快乐和痛苦都是真实存在的，教会代理人的道德缺陷和那些认真对待自己使命的神父同样普遍的痛苦都是对不可避免的缺陷和历史性的提醒——就像寻求推迟审判的周转信贷互助会管理人的顺势迎合；就像试图非法建造的建筑师的算计一样，想知道当不可避免的集体宽恕到来时，他需要付出什么代价，以及何时需要付出这些代价；就像酒吧老板和厨师的胜利和失败一样，他们把自己的

---

① Guidoni, 1990: x–xi.

世俗身体投入——在争论性的、淫秽的、充满流言蜚语的喋喋不休中——通过对时间精准的把控生产诱人味道和气味的工作中。

在房地产市场开始加速发展之前,本地社会的分裂对蒙蒂区的经济生活没有什么实质性的影响。人们的收入很低,而且有时很不稳定,但通常能满足日常生活的需要;人们生意的规模也比较小且切合实际,适合于小规模和面对面的社会互动方式。然而,出于同样的原因,一旦房地产巨头的攻击开始——往往以其独特的高压策略破坏或利用那些居民只能在战术意义上利用的法律[1]——除了政党之外没有阶级团结和抗争的有组织基础。而且,特别是在20世纪90年代初政党重新洗牌后,似乎没有一个政党能有效地捍卫工人阶级的利益。随着传统左翼越来越富裕,他们自身成为问题的一部分,因为工人和匠人被从自己的房子里驱逐出去,左翼人士则搬了进来。"社会法西斯主义者"对许多人来说仍然是令人厌恶的,他们的存在是对捍卫本地社会的一致政治行动的有力抑制;伊博内西街的驱逐案说明了他们的参与可以在多大程度上遏制其他人加入抵抗新经济破坏性力量的象征性事业。

少数借助地方贵族支持的那种旧模式也没有为集体行动提供一个可行的基础。经常被援引为传统罗马生活方式之标志的阶级共生的想法,开始显得不值一哂。新的企业家阶级对浪漫的贵族形象没有兴趣,他们认为贵族已经过时且无关紧要。而在过去,贵族的屈尊俯就正是他们与手工业阶级共存的基础。在新的斗争中,这种共生主义与街头联盟的裂变模式一样毫无用处。在梵蒂冈的高压统治下,曾经是灵活之源的东西,如今在有组织的经济性掠夺——对

---

[1] 关于战略和战术的区别的一个有用的讨论,见 de Certeau, 1984: 52–60。

空间的掠夺、对身份的掠夺、对过去的掠夺——面前，变成了软弱之源。

现在，权力的度量标准是金钱，这种情况是以往难以企及的。而在此，教廷以其人尽皆知的所谓对"自我致富"的虔诚，为适应新的条件做好了充分准备。但也有许多其他人加入了这场竞争当中。当本地黑社会成员无助地看着自己人被不断逐出时，支系更加庞杂的黑社会新代表们，穿着整齐的衣服，开着他们精美的跑车穿梭，为整栋整栋地购买殿式公寓一掷千金，并将其重新修整为昂贵的小户型公寓区。匠人们因为工作的噪声打扰了新住户而无处诉苦，一些贵得离谱、更吵闹的新开张的酒吧以其喧闹的音乐打破了夜晚的宁静，那些一开始声明"反对驱逐"的横幅被其他宣告"待售公寓"的横幅取代——这些都标志着一个社会世界的崩溃，以及它的旧日形象在这个重新洗牌的世界中被迅速抹去的过程。

看吧，这就是遗产的讽刺：它往往意味着以保护的名义对当地社会的破坏。给纪念性建筑设置围栏，以及对不便搬家的居民进行驱逐，都是在城市结构中创造分类学事实的方式；它们是一种意识形态物质化（materializations）的体现，这种意识形态对贫穷、古怪（eccentricity）或创造力毫不留情。民族主义以其包罗万象的神话，及其对同质化和明确分类的热情，为之铺平了道路。但在意大利，民族主义往往既是对共同美德的赞美[1]，也是一种集体的自我谴责练习，在它与遗产管理和士绅化的全球经济结合起来之前，它自身的力量并没有强大到能够带来这样一种严格控制（regimentation）。具有讽刺意味的是，可能正是在将政治主权交给

---

[1] 尤见 Patriarca（2001，2005）对这种特殊倾向的有用的历史背景说明。

欧盟、将文化专业知识托付给联合国的时刻，意大利终于能够宣称一种集体身份。而这种身份比那种关于民族性格的模糊且常常是用于自嘲的东拉西扯更具合法性。但获得这种合法性的，并不是作为一个独立实体的意大利，而是作为一套装置中的模块（a module in a set）的意大利。

考虑到意大利声称拥有世界上 70% 的伟大艺术品，这种说法本身就承认了国家受制于一个包罗万象的美学等级制度。审计文化取代了品味，裁定一个国家处在这套等级制度中的哪个位置。这样一种发展变化，既满足了那些希望有一些具体的依据来吹嘘的民族主义者，也满足了认为这种设计是管理控制的有效手段的新自由主义者。

蒙蒂风景如画的街道无疑可以被纳入类似的对文化资本的量化中。目前正在发生的人口变化和对历史肌理日益复杂的测度肯定会有利于这种变化。这就是关于有形实体的政治学：教区神父与之建立起如此强烈而亲密的关系的居住场所，出租车司机用以与人争论旧书版本的相对优点的那段活生生的过去，违背神圣秩序与人类法则的罪孽的层层积淀——所有跳动的、复杂的呈现都将被官方史学的抽象、商品化的遗产、不在地房东和幕后公司操纵的房地产价格取代。抹去社区生活的象征性和结构性暴力将实现平庸的最终结果，而这肯定不是永恒之城所想象的终极目标。但它是公民纷争原始的、致命的感染，是恐惧和威胁的分裂性萌芽，正是它奠定了都市人的礼节和工人阶级的讽刺所具有的戏剧性；它最终突破了政治体的抵抗能力，使其处于它无法控制的外部力量的摆布之下。政治积极分子可能会在某种程度上成功地扭转这些进程，但现在可能没有任何历史重建的怀旧行动可以将一个正在消失的社会生活的粗糙而温情的亲密关系从灭绝的边缘带回来。

然而，他们的记忆将继续注入那些拒绝目前公民领导者和新房地产市场经营者所提供的平淡愿景的人的行动中——这类人不在少数。在许多方面，贝卢斯科尼的抛物线式职业生涯曲线与他的泰国同行他信的职业生涯曲线惊人地相似。[1] 二者有启发性地暗示了新自由主义机器的力量和限制。两人都面临来自经济学家和其他本地批评家的指摘，他们都没有被大规模全球化的诱惑说服，而且两人都因无法清除之前既存的结构就被迫下台。

这也许是意料之中的事。我在这里论证了全球化尽管带来了大量表面的相似性，但就本地人如何接受和解释这些新的发展而言，可能不会创造出文化统一性。欧盟未能将财政或法律约束强加给意大利政府，这在某种程度上可能是尴尬的来源之一。但它也表明人们对政治生活形式和公民价值观的强烈抵制，二者在意大利的背景下被认为是侵入性和难以处理的。不仅意大利，而且其首都文化破碎的非凡程度表明，试图强加一个统一的公民法则，总是会被非常不同的社会生活愿景扭曲，即使这些愿景已经取代了本书中描述的更早的那种形态。这是一个政治学家和经济学家应该更加注意的信息。我们不必成为文化决定论者，就能看到对所谓普世性主题的地

---

[1] 两人都通过创建手机公司成为成功的商人；两人都在意识到只有具有民族主义目的的政党（意大利力量党；泰爱泰党）才能取得成功后，最终获得了各自国家的政治领导地位；两人都以反腐为竞选纲领，但自己却被指控腐败，如果他们在审判中被定罪，将导致十年内被禁止从政。两人都在成功当选后逃脱了罪责；两人都诉诸他们与选民群体共同的足球兴趣；两人在管理新闻方面都是出了名地脸皮薄，而且都创造性地操纵了关于"透明度"的公共话语来为自己牟利〔Morris 在关于他信的文章中将之与贝卢斯科尼做了很多比较（2004）〕；两人最终都未能继续执政，一个在选举中失利（尽管贝卢斯科尼在 2008 年重新上台），另一个在政变中被推翻。

逐出永恒

方性重塑——如以民间力量重塑公民价值——是强大的力量。这正是因为它们如毛细血管一般，而且是从切身的社会经验中产生的，这使它们比最连贯的正式模型具有更大的现实性。

罗马就是罗马（Roma é Roma）——我经常听到这种表述，它通常没有任何不甘心的感觉，而是带着特殊的自豪感承认罗马在世界历史上的地位，但也认可其人民顽强坚持自己的做事方式。在像"蒙蒂社会网络"这样的组织中，旧的周转信贷互助会的回声仍然偶尔回荡。它如幽灵般地提醒着人们冲突、不信任和暗中交易的存在。而如果没有这些，社会生活也许就没有什么意义。那些听到回声的人重视冲突，它们将是记忆的承载者，但也是社会实践的承载者，这些社会实践深埋于对手势和间接暗示的操弄中、玩笑和争吵中、激烈的抵抗和卑微的自我贬低令人眩晕的交替中、夜晚的威胁和白天的承诺中、保护古建筑时锱铢必较的精确中、寻求新建筑时欺骗性的狡猾中、圣母形象甚至是人类所扮演的圣母角色中——这些形象的意义恰恰由其作者/扮演者的罪恶所赋予的。

罗马就是罗马，蒙蒂是它的"第一区"，对某些人来说，它也被证明是"最后的边疆"。在这里，最终，永恒持续反复、无休止地断裂和凝聚，这就是永恒之城的永恒之悖谬所在。似乎还没有哪只官僚之手能暂时中止时间的所带来的腐坏，因为时间本身永远同时是腐蚀性的和创造性的。如果真的成功中止时间带来的腐坏，那罗马将不再是罗马。

参考文献

AGFE. *See* Advisory Group on Forced Evictions.
Advisory Group on Forced Evictions. 2005. *Forced Evictions: Towards Solutions? First Report of the Advisory Group on Forced Evictions to the Executive Director of UN-Habitat*. Nairobi: AGFE.
Ago, Renata. 1998. *Economia Barocca: Mercato e istituzioni nella Roma del Seicento*. Rome: Donzelli.
Aho, James. 2005. *Confession and Bookkeeping: The Religious, Moral, and Rhetorical Roots of Modern Accounting*. Albany: State University of New York Press.
Angioni, Giulio. 1989. Rubar cogli occhi: Fare, imparare e saper fare nelle tecnologie tradizionali. In *La Trasmissione del Sapere: Aspetti linguistici e antropologici*, ed. Giorgio Cardona, 7–16. Rome: Bagatto Libri.
Anon. 1993. *Le Pasquinate Celebri (1447–188...)*. Palermo: Reprint.
Aquisti, Danilo, ed. 1988. *Carabinieri—La superbarzelletta: Ridere e ancora ridere sulla "Benemerita."* Rome: Roberto Napoleone.
Arlacchi, Pino. 1983. *Mafia, Peasants, and Great Estates: Society in Traditional Calabria*. Cambridge: Cambridge University Press.
——. 1994. *Addio Cosa Nostra: La Vita di Tommaso Buscetta*. Milan: Rizzoli.
Askew, Marc. 1996. The Rise of *Moradok* and the Decline of the *Yarn:* Heritage and Cultural Construction in Urban Bangkok. *Sojourn* 11(2): 183–210.
Banfield, Edward C. 1958. *The Moral Basis of a Backward Society*. Glencoe, IL: Free Press.

Barzini, Luigi. 1964. *The Italians: A Full-Length Portrait featuring their Manners and Morals*. New York: Athenaeum.

Baudrillard, Jean. 1994. *Simulacra and Simulation*. Trans. Sheila Faria Glaser. Ann Arbor: University of Michigan Press.

Belmonte, Thomas. 1979. *The Broken Fountain*. New York: Columbia University Press.

Berdini, Paolo. 2000. *Il Giubileo senza Città: L'urbanistica romana negli anni del liberismo*. Rome: Riuniti.

Bianchini, Giovanni. 1995. *Ragazzi di Malavita: Fatti e misfatti della Banda della Magliana*. Milan: Baldini & Castoldi.

Blok, Anton. 1974. *The Mafia of a Sicilian Village 1860–1960: A Study of Violent Peasant Entrepreneurs*. New York: Harper & Row.

Bocquet, Denis. 2007. *Rome ville technique (1870–1925): Une modernisation conflictuelle de l'espace urbain*. Rome: École Française de Rome.

Boissevain, Jeremy. 1974. *Friends of Friends: Networks, Manipulators and Coalitions*. Oxford: Blackwell.

Bordo, Michael D. 2006. Sudden Stops, Financial Crises and Original Sin in Emerging Countries: *Déjà Vu?* Working Paper 12393, National Bureau of Economic Research, Cambridge, MA.

Bordo, Michael D., Christopher Meissner, and Angela Redish. 2003. How "Original Sin" Was Overcome: The Evolution of External Debt Denominated in Domestic Currencies in the United States and the British Dominions, 1800–2000. Working Paper 9841, National Bureau of Economic Research, Cambridge, MA.

Bourdieu, Pierre. 1977. *Outline of a Theory of Practice*. Trans. Richard Nice. Cambridge: Cambridge University Press.

———. 1984. *Distinction: A Social Critique of the Judgement of Taste*. London: Routledge & Kegan Paul.

Bravo, Gian Luigi. 2001. *Italiani: Racconto etnografico*. Rome: Meltemi.

Broccolini, Alessandra Maria Paola. 1999. Poetiche della Napoletanità: Turismo, folklore e politiche dell'identità al borgo di Santa Lucia. Doctoral thesis, Università degli Studi di Roma "La Sapienza."

Bruto, Lucio Giunio. 1997. *Cicciobello del Potere: Francesco Rutelli politicante in carriera*. Rome: Kaos.

Buchowski, Michał. 1996. The Shifting Meanings of Civil and Civic Society in Poland. In Hann and Dunn 1996, 79–98.

Burawoy, Michael, ed. 2000. *Global Ethnography: Forces, Connections, and Imaginations in a Postmodern World*. Berkeley: University of California Press.

Burgio, Alberto, ed. 1999. *Nel Nome della Razza: Il razzismo nella storia d'Italia 1870–1945*. Bologna: Il Mulino.

Caffiero, Marina. 2004. *Battesimi Forzati: Storie di ebrei, cristiani e convertiti nella Rome dei papi*. Rome: Viella.

Caftanzoglou, Roxane. 2000. The Sacred Rock and the Profane Settlement: Place, Memory and Identity under the Acropolis. *Journal of Oral History* 28:43–51.

———. 2001a. Shadow of the Sacred Rock: Contrasting Discourses of Place under the Acropolis. In *Contested Landscapes: Movement, Exile and Place*, ed. Barbara Bender and Margot Winer, 21–35. Oxford: Berg.

———. 2001b. Στη σκιά του Ιερού Βράχου: Τόπος και μνήμη στα Αναφιώτικα. Athens: Athens Center for Social Research/Ellinika Grammata.

Calabrò, Maria Antonietta. 1991. *Le Mani della Mafia: Vent'anni di finanza e politica attraverso la storia del Banco Ambrosiano*. Rome: Edizioni Associate.

Campbell, J. K. 1964. *Honour, Family, and Patronage. A Study of Institutions and Moral Values in a Greek Mountain Community*. Oxford: Clarendon.

Caporale, Antonello. 2007. *Impuniti: Storie di un sistema incapace, sprecone e felice*. Milan: Baldini Castoldi Dalai.

Cardilli, Luisa. 1990a. Le edicole nei documenti ottocenteschi dell'Archivio Capitolino. In Cardilli 1990b, 153–55.

———, ed. 1990b. *Edicole sacre romane: Un segno urbano da recuperare*. Rome: Fratelli Palombi.

Cascioli, Lino. 1987. *Proverbi e Detti Romaneschi*. Rome: Newton & Compton.

Cellamare, Carlo. 2007. Progett-azione e quotidianità a Monti. In *Storie di Città*, ed. G. Attili, L. Decandia, and E. Scandurra, 53–73. Rome: Edizioni Interculturali.

———. *Fare cittià : Pratiche urbane e Storie di luoghi*. Milan: Elèuthera.

Chatterjee, Partha. 2004. *The Politics of the Governed: Reflections on Popular Politics in Most of the World*. New York: Columbia University Press.

Cole, Jeffrey. 1997. *The New Racism in Europe: A Sicilian Ethnography*. Cambridge: Cambridge University Press.

Cole, Jeffrey E., and Sally S. Booth. 2007. *Dirty Work: Immigrants in Domestic Service, Agriculture, and Prostitution in Sicily*. Lanham, MD: Lexington.

Collier, Jane Fishburne. 1997. *From Duty to Desire: Remaking Families in a Spanish Village*. Princeton, NJ: Princeton University Press.

Connerton, Paul. 1989. *How Societies Remember*. Cambridge: Cambridge University Press.

Cornwell, Robert. 1984. *God's Banker: The Life and Death of Roberto Calvi*. London: Unwin.

Corrubolo, Federico. 2004. L'Historia dell'Origine e Miracoli della Madonna de' Monti in Roma. *Archivio italiano per la storia della pietà* 17:129–213.

Cossu, Tatiana. 2007. Immagini di patrimonio: Memoria, identità e politiche dei beni culturali. *Lares* 71:41–56.

D'Aquino, Riccardo. 1995. Il Luogo ed il Paesaggio: La lunga durata dell'immagine di Roma. Rome: Dedalo.

Das, Veena, and Arthur Kleinman. 2001. Introduction. In *Remaking a World: Violence, Social Suffering, and Memory*, ed. Veena Das, Arthur Kleinman, Margaret Lock, Mamphela Ramphele, and Pamela Reynolds, 1–30. Berkeley: University of California Press.

Davis, John. 1988. *Libyan Politics: Tribe and Revolution—An Account of the Zuwaya and their Government*. Berkeley: University of California Press.

Decandia, Lidia. 2000. *Dell'Identità. Saggio sui luoghi: per una critica della razionalità urbanistica*. Soveria Mannelli: Rubbettino.

de Certeau, Michel. 1984. *The Practice of Everyday Life*. Trans. Steven F. Rendall. Berkeley: University of California Press.

De Cesaris, Alessandra. 2002. *Lo spessore del suolo parte di città: La costruzione del suolo, condizione contemporanea dell'abitare la città*. Rome: Palombi.

Dematteo, Lynda. 2007. *L'idiotie en politique: Subversion et neo-populisme en Italie*. Paris: Éditions de la Maison des Sciences de l'Homme/CNRS Éditions.

de Pina-Cabral, João. 1986. *Sons of Adam, Daughters of Eve: The Peasant Worldview of the Alto Minho*. Oxford: Clarendon.

Detienne, Marcel. 2007. *The Greeks and Us*. Trans. Janet Lloyd. Cambridge: Polity.

Di Bella, Maria Pia. 2008. *Dire ou taire en Sicile*. Paris: Éditions du Félin.

Di Nola, Annalisa. 1990. Spazio aperto e spazio protetto: Le immagini della Vergine tra culto locale e controllo ecclesiastico (XVI–XVII secolo). In Cardilli 1990b, 31–39.

Douglas, Mary, ed. 1970. *Witchcraft Confessions and Accusations*. London: Tavistock.

Doumanis, Nicholas. 2001. *Italy: Inventing the Nation*. London: Arnold.

du Boulay, Juliet. 1974. *Portrait of a Greek Mountain Village*. Oxford: Clarendon.

Eichengreen, Barry, and Ricardo Hausmann, eds. 2004. *Debt Denomination and Financial Instability in Emerging Market Economies*. Chicago: University of Chicago Press.

Eichengreen, Barry, Ricardo Hausmann, and Ugo Panizza. 2003. Currency Mismatches, Debt Intolerance and Original Sin: Why They Are Not The Same and Why It Matters. Working Paper 10036, National Bureau of Economic Research, Cambridge, MA.

Elias, Norbert. 2000. *The Civilizing Process: Sociogenetic and Psychogentic Investigations*. Trans. Edmund Jephcott, ed. Eric Dunning, Johan Goudsblom and Stephen Mennell. Rev. ed. Oxford: Blackwell.

Evans-Pritchard, E.E. 1937. *Witchcraft, Oracles and Magic among the Azande*. Oxford: Clarendon.

———. 1940. *The Nuer: A Description of the Modes of Livelihood and Political*

Institutions of a Nilotic People. Oxford: Clarendon.
———. 1949. *The Sanusi of Cyrenaica*. Oxford: Clarendon.
Faubion, James D. 1993. *Modern Greek Lessons: A Primer in Historical Constructivism*. Princeton, NJ: Princeton University Press.
Faeta, Francesco. 2004. Rivolti verso il Mediterraneo: Immagini, questione meridionale e processi di "orientalizzazione" interna. *Lares* 69:333–67.
Ferguson, James. 1990. *The Anti-Politics Machine: "Development," Depoliticization, and Bureaucratic Power in Lesotho*. Cambridge: Cambridge University Press.
Fernandez, James W. 1983. Consciousness and Class in Southern Spain. *American Ethnologist* 10:165–73.
Ferraiuolo, Augusto. 2000. *"Pro exoneratione sua propria coscientia": Le accuse per stregoneria nella Capua del XVII–XVIII secolo*. Milan: FrancoAngeli.
Ferry, Elizabeth Emma. 2005. *Not Ours Alone: Patrimony, Value, and Collectivity in Contemporary Mexico*. New York: Columbia University Press.
Filotto, Umberto. 1997. L'Usura e il sistema finanziario italiano. In Masciandaro and Porta 1997b, 139–65.
Fisher, Melissa S., and Greg Downey, eds. 2006a. *Frontiers of Capital: Ethnographic Reflections on the New Economy*. Durham, NC: Duke University Press.
———. 2006b. Introduction: The Anthropology of Capital and the Frontiers of Ethnography. In Fisher and Downey 2006a, 1–30.
Francescangeli, Laura. 1990. Dalle guide devozionali all'inventario storico-artistico: simboli e valori. In Cardilli 1990b, 50–58.
Friedl, Ernestine. 1962. *Vasilika: A Village in Modern Greece*. New York: Holt, Rinehart & Winston.
Galt, Anthony H. 1991. *Far From the Church Bells: Settlement and Society in an Apulian Town*. Cambridge: Cambridge University Press.
———. 1992. *Town and Country in Locorotondo*. Fort Worth, TX: Holt, Rinehart & Winston.
Geertz, Clifford. 1973. *The Interpretation of Cultures*. New York: Basic Books.
Gillette, Aaron. 2002. *Racial Theories in Fascist Italy*. London: Routledge.
Giovannini, Cristina. 1997. *Pasquino e le Statue Parlanti: Le mille voci del malcontento popolare in quattro secoli di satire, beffe e invettive*. Rome: Newton & Compton.
Giustiniani, Corrado. 1982. *La Casa Promessa: Un problema che condiziona milioni di italiani*. Turin: Einaudi.
Gluckman, Max. 1963. Gossip and Scandal. *Current Anthropology* 4:307–16.
Goddard, Victoria A. 1996. *Gender, Family, and Work in Naples*. Oxford: Berg.
Gramsci, Antonio. 1975. Quaderni del carcere. Ed. Valentino Gerratana. Turin: Einaudi.
Grasseni, Cristina. 2003. *Lo Sguardo della Mano: Pratiche della località e antropologia*

della visione in una comunità montana lombarda. Bergamo: Sestante (Bergamo University Press).

———. 2007. Introduction. In *Skilled Visions: Between Apprenticeship and Standards*, ed. Cristina Grasseni, 1–19. Oxford: Berghahn.

Gremaglia, Mariella. 2005. Pazienza e tenacia. *In* Anon., *Il Tempo É Un Diritto* (in *Quaderni del Dipartimento Semplificazione Amministrativa e Comunicazione*, Comune di Roma), 6. Rome: Palombi.

Guarino, Mario. 1998. *I Mercanti del Vaticano: Affari e scandali: l'industria delle anime*. [Milan]: Kaos.

Guidoni, Enrico. 1990. *L'Urbanistica di Roma tra Miti e Progetti*. Bari: Laterza.

Halkias, Alexandra. 2004. *The Empty Cradle of Democracy: Sex, Abortion, and Nationalism in Modern Greece*. Durham, NC: Duke University Press.

Handelman, Don. 1990. *Models and Mirrors: Towards an Anthropology of Public Events*. Cambridge: Cambridge University Press.

Handler, Richard. 1985. On Having a Culture: Nationalism and the Preservation of Quebec's *Patrimoine*. In *Objects and Others*, ed. George Stocking, 192–217. History of Anthropology, vol. 3. Madison: University of Wisconsin Press.

———. 1986. Authenticity. *Anthropology Today* 2(1): 2–4.

———. 1988. *Nationalism and the Politics of Culture in Quebec*. Madison: University of Wisconsin Press.

Haney, Lewis H. 1922. *History of Economic Thought: A Critical Account of the Origin and Development of the Economic Theories of the Leading Thinkers in the Leading Nations*. Rev. ed.. New York: Macmillan.

Hann, Chris, and Elizabeth Dunn, eds. 1996. *Civil Society: Challenging Western Models*. London: Routledge.

Harney, Nicholas. 2006. Rumour, Migrants, and the Informed Economies of Naples, Italy. *International Journal of Sociology and Social Policy* 26:374–84.

Heatherington, Tracey. 1999. Street Tactics: Catholic Ritual and the Senses of the Past in Sardinia. *Ethnology* 38:315–34.

———. 2006. Sins, Saints, and Sheep in Sardinia. *Identities: Global Studies in Culture and Power* 13:533–56.

Hemment, Julia. 2007. *Empowering Women in Russia: Activism, Aid, and NGOs*. Bloomington: Indiana University Press.

Herzfeld, Michael. 1985. *The Poetics of Manhood: Contest and Identity in a Cretan Mountain Village*. Princeton, NJ: Princeton University Press.

———. 1991. *A Place in History: Social and Monumental Time in a Cretan Town*. Princeton, NJ: Princeton University Press.

———. 1992. *The Social Production of Indifference: Exploring the Symbolic Roots of Western Bureaucracy*. Oxford: Berg.

———. 1999. Of Language and Land Tenure: The Transmission of Property and Information in Autonomous Crete. *Social Anthropology* 7:223–37.

———. 2001. Competing Diversities: Ethnography in the Heart of Rome. *Plurimondi* 3 (5): 147–54.

———. 2002. The European Self: Rethinking an Attitude. In *The Idea of Europe: From Antiquity to the European Union*, ed. Anthony Pagden, 139–70. Cambridge: Cambridge University Press; Washington, D.C.: Woodrow Wilson Center Press.

———. 2003. Localism and the Logic of Nationalistic Folklore: Cretan Reflections. *Comparative Studies in Society and History* 42:281–310.

———. 2004. *The Body Impolitic: Artisans and Artifice in the Global Hierarchy of Value*. Chicago: University of Chicago Press.

———. 2005. *Cultural Intimacy: Social Poetics in the Nation-State*. 2nd ed. New York: Routledge.

———. 2006. Spatial Cleansing: Monumental Vacuity and the Idea of the West. *Journal of Material Culture* 11:127–49.

———. 2007a. *Monti Moments: Men's Memories in the Heart of Rome*. Film, produced by Michael Herzfeld as an En Masse Films Associated Production. Berkeley: Berkeley Media LLC.

———. 2007b. Small-Mindedness Writ Large: On the Migrations and Manners of Prejudice. *Journal of Ethnic and Migration Studies* 33:255–74.

———. 2008. Mere Symbols. *Anthropologica* 50:141–55.

Hill, Jane H. 1992. "Today There Is No Respect": Nostalgia, "Respect," and Oppositional Discourse in Mexicano (Nahuatl) Language Ideology. *Pragmatics* 2:262–80.

Hirschon, Renée. 1989. *Heirs of the Greek Catastrophe: The Social Life of Asia Minor Refugees in Piraeus*. Oxford: Clarendon Press.

Holmes, Douglas R. 1989. *Cultural Disenchantments: Worker Peasantries in Northeast Italy*. Princeton, NJ: Princeton University Press.

———. 2000. *Integral Europe: Fast-Capitalism, Multiculturalism, Neofascism*. Princeton, NJ: Princeton University Press.

Horn, David. 1994. *Social Bodies: Science, Reproduction, and Italian Modernity*. Princeton, NJ: Princeton University Press.

Impagliazzo, Marco, ed. 1997. *La Resistenza Silenziosa: Leggi razziali e occupazione nazista nella memoria degli Ebrei di Roma*. Milan: Guerini.

Inoue, Miyako. 2006. *Vicarious Language: Gender and Linguistic Modernity in Japan*. Berkeley: University of California Press.

Insolera, Italo. 1993. *Roma Moderna: Un secolo di storia urbanistica 1870–1970*. Turin: Einaudi.

———. 2001. *Roma Fascista nelle Fotografie nell'Istituto Luce*. Rome: Riuniti and Istituto Luce.

Italia Nostra. 1976. *Roma Sbagliata: Le Conseguenze sul Centro Storico*. Rome: Bulzoni.

Jacquemet, Marco. 1996. *Credibility in Court: Communicative Practice in the Camorra Trials*. Cambridge: Cambridge University Press.

Jolly, Margaret. 1994. *Women of the Place: Kastom, Colonialism and Gender in Vanuatu*. Langhorne, PA: Harwood.

Kapferer, Bruce. 1988. *Legends of People, Myths of State: Violence, Intolerance, and Political Culture in Sri Lanka and Australia*. Washington, D.C.: Smithsonian Institution Press.

Kavanagh, Dennis. 1972. *Political Culture*. London: Macmillan.

Kaye, Joel. 2001. Changing Definitions of Money, Nature, and Equality *c.* 1140–1270, Reflected in Thomas Aquinas' Questions on Usury. In Quaglioni, Todeschini, and Varanini 2001, 25–55.

Keane, Webb. 2007. *Christian Moderns: Freedom and Fetish in the Mission Encounter*. Berkeley: University of California Press.

Keesing, Roger. 1982. Kastom in Melanesia: An Overview. *Mankind* 13:297–301.

Kertzer, David I. 1980. *Comrades and Christians: Religion and Political Struggle in Communist Italy*. Cambridge: Cambridge University Press.

———. 1993. *Sacrificed for Honor: Italian Infant Abandonment and the Politics of Reproductive Control*. Boston: Beacon.

———. 1996. *Politics and Symbols: The Italian Communist Party and the Fall of Communism*. New Haven, CT: Yale University Press.

———. 1997. *The Kidnapping of Edgardo Mortara*. New York: Alfred A. Knopf.

———. 2001. *The Popes against the Jews: The Vatican's Role in the Rise of Modern Anti-Semitism*. New York: Alfred A. Knopf.

Krause, Elizabeth. 2006. *A Crisis of Births: Population Politics and Family-Making in Italy*. Belmont, CA: Thomson/Wadsworth.

Lai, Franco. 2002. Imprenditori e contesto culturale: Il dibattito sull'invidia come vincolo all'attività imprenditoriale nella ricerca antropologica. In *Frammenti di Economie: Ricerche di antropologia economica in Italia*, ed. Valeria Siniscalchi, 279–312. Cosenza: Pellegrini.

———. 2004. Trasmissione e innovazione dei saperi locali. In *Fare e Saper Fare: I saperi locali in una prospettiva antropologica*, ed. Franco Lai, 17–30. Cagliari: Cooperativa Universitaria Editrice Cagliaritana.

Lanoue, Guy. 1991. Life as a *Guaglió*: Public and Private Domains in Central and Southern Italy. *Ethnologia Europaea* 21:47–58.

———. Forthcoming. Memories and the "Religious" Use of Civic Space: The Creation of the Myth of Rome. *Archives de sciences sociales des religions*.

Lewis, Charlton T., and Charles Short. 1900. *A Latin Dictionary*. Oxford: Clarendon.

Ledl, Leopold. 1997. *Per Conto del Vaticano: Rapporti con il crimine organizzato nel*

racconto del faccendiere dei monsignori. Naples: Tullio Pironti.
Lifschitz, Daniel. 1993. *L'Inizio della storia: Il peccato originale*. Rome: Edizione Dehoniane.
Loizos, Peter. 1996. How Ernest Gellner Got Mugged on the Streets of London, Or: Civil Society, the Media and the Quality of Life. In Hann and Dunn 1996, 50–63.
Lombardi Satriani, Luigi M., ed. 1999a *La sacra Città: Itinerari antropologico-religiosi nella Roma di fine millennio*. Rome: Meltemi.
——. 1999b. Il santo corpo e l'anatomia dell'anima. Itinerario nelle reliquie. In Lombardi Satriani 1999a, 9–32.
Lozada, Eriberto P., Jr. 2001. *God Above Ground: Catholic Church, Postsocialist State, and Transnational Processes in a Chinese Village*. Stanford, CA: Stanford University Press.
Lukken, G. M. 1973. *Original Sin in the Roman Liturgy: Research into the Theology of Original Sin in the Roman Sacramentaria and the Early Baptismal Liturgy*. Leiden: E. J. Brill.
Maddox, Richard. 1993. *El Castillo: The Politics of Tradition in an Andalusian Town*. Urbana: University of Illinois Press.
Magliocco, Sabina. 1993. *The Two Madonnas: The Politics of Festival in a Sardonian Community*. New York: Peter Lang.
Maher, Vanessa. 1987. Sewing the Seams of Society: Dressmakers and Seamstresses in Turin between the Wars. In *Gender and Kinship: Essays toward a Unified Analysis*, ed. Jane Fishburne Collier and Sylvia Junko Yanagisako, 132–59. Stanford, CA: Stanford University Press.
Malaby, Thomas M. 2003. *Gambling Life: Dealing in Contingency in a Greek City*. Urbana: University of Illinois Press.
Malizia, Giuliano. 1999. *Piccolo Dizionario Romanesco*. Rome: Newton & Compton.
Marcelloni, Maurizio. 2003. *Pensare la Città Contemporanea. Il nuovo piano regolatore di Roma*. Bari: Laterza.
Mariani, Riccardo. 1983. *I (Veri) Bulli di Roma*. Rome: Nuova Editrice Spada.
Marx, Karl. 1976. *Capital*. Vol 1. Trans. Ben Fowkes. New York: Random House.
Masciandaro, Donato, and Angelo Porta. 1997a. Il mercato dell'usura: Analisi macroeconomica e alcune evidenze empiriche sull'Italia. In Masciandaro and Porta 1997b, 1–38.
——, eds. 1997b. *L'Usura in Italia*. Milan: Edizioni Giuridiche Economiche Aziendali dell'Università Bocconi e Giuffrè Editori.
Minicuci, Maria. 2003. Antropologi e Mezzogiorno. *Meridiana* 47–48:139–74.
Mirri, Maria Beatrice. 1996. *Beni Culturali e Centri Storici: Legislazione e problemi*. Genoa: Edizioni Culturali Internazionali.
Moe, Nelson. 2002. *The View from Vesuvius: Italian Culture and the Southern*

Question. Berkeley: University of California Press.

Morris, Rosalind. 2004. Intimacy and Corruption in Thailand's Age of Transparency. In *Off Stage/On Display: Intimacy and Ethnography in the Age of Public Culture*, ed. Andrew Shryock, 225–43. Stanford, CA: Stanford University Press.

Mueller, Reinhold C. 2001. *Eva a Dyabolo Peccatum Mutuavit*: Peccato originale, prestito usurario e *redemptio* come metafore teologico-economiche. In Quaglioni, Todeschini, and Varanini 2001, 229–45.

Napolitano, Valentina. 2007. Of Migrant Revelations and Anthropological Awakenings. *Social Anthropology* 15:71–87.

Nelken, David. 2004. Using the Concept of Legal Culture. *Australian Journal of Legal Philosophy* 29:1–26.

Newton, Brian. 1972. *The Generative Interpretation of Dialect: A Study of Modern Greek Phonology*. Cambridge: Cambridge University Press.

Nicotri, Pino. 1993. *Tangenti in confessionale: Come i preti rispondono a corrotti e corrottori*. Venice: Marsilio.

Niola, M. 1995. *Sui palchi delle stelle. Napoli, il sacro, la scena*. Rome: Meltemi.

Odorisio, Maria Linda. 1990. Il ritrovamento miracoloso. In Cardilli 1990b, 25–30.

Paita, Almo. 1998. *La Vita Quotidiana a Roma ai Tempi di Gian Lorenzo Bernini*. Milan: Rizzoli.

Palidda, Salvatore. 2000. *Polizia Postmoderna: Etnografia del nuovo controllo sociale*. Milan: Feltrinelli.

Palumbo, Berardino. 2001. The Social Life of Local Museums. *Journal of Modern Italian Studies* 6:19–37.

———. 2003. *L'UNESCO e il Campanile: Antropologia, politica e beni culturali in Sicilia orientale*. Rome: Meltemi.

———. 2004. "The War of the Saints": Religion, Politics, and the Poetics of Time in a Sicilian Town. *Comparative Studies in Society and History* 43:4–33.

Papataxiarchis, Evthymios. 1991. Friends of the Heart: Male Commensal Solidarity, Gender, and Kinship in Aegean Greece. In *Contested Identities: Gender and Kinship in Modern Greece*, ed. Peter Loizos and Evthymios Papataxiarchis, 156–79. Princeton, NJ: Princeton University Press.

———. 2006. Τα άχθη της ετερότητας: Διαστάσεις της πολιτισμικής διαφοροποίησης στην Ελλάδα τον πρώιμον 21ου αιώνα. In *Περιπέτειες της ετερότητας: Η παραγωγή διαφοράς στη σημερινή Ελλάδα*, ed. Evthymios Papataxiarchis, 1–85. Athens: Alexandreia.

Pardo, Italo. 1996. *Managing Existence in Naples*. Cambridge: Cambridge University Press.

Parisi, Rosa. 2002. *Il Paese dei Signori: Rappresentazioni e pratiche della distinzione*. Naples: L'Ancora del Mediterraneo.

Patriarca, Silvana. 2001. Italian Neopatriotism: Debating National Identity in the 1990s. *Modern Italy* 6:21–34.

———. 2005. Indolence and Regeneration: Tropes and Tensions of Risorgimento Patriotism. *American Historical Review* 110:380–408.

Paxson, Heather. 2004. *Making Modern Mothers: Ethics and Family Planning in Urban Greece*. Berkeley: University of California Press.

Peters, Emrys. 1967. Some Structural Aspects of the Feud among the Camel-Herding Bedouin of Cyrenaica. *Africa* 37:261–82.

Petrusewicz, Marta. 1998. *Come il Meridione divenne una Questione: Rappresentazioni del Sud prima e dopo il Quarantotto*. Soveria Mannelli: Rubbettino.

Pifferi, Francesco. 2004. *Storia dell'origine e primi miracoli della Madonna dei Monti in Roma (1583), Versione in italiano moderno a cura di don Federico Corrubolo*. Rome: Aracne.

Piore, Michael J., and Charles F. Sabel. 1984. *The Second Industrial Divide: Possibilities for Prosperity*. New York: Basic Books.

Piron, Sylvain. 2001. Le devoir de gratitude: Émergence et vogue de la notion d'*Antidora* au XIIIe siècle. In Quaglioni, Todeschini, and Varanini 2001, 73–101.

Plesset, Sonja. 2006. *Sheltering Women: Negotiating Gender and Violence in Northern Italy*. Stanford, CA: Stanford University Press.

Pocino, Willy, ed. 2000. *Roma dei Giubilei*. Rome: Edilazio.

Pollis, Adamantia. 1987. The State, the Law, and Human Rights in Modern Greece. *Human Rights Quarterly* 9:587–614.

Prasad, Leela. 2007. *Poetics of Conduct: Oral Narrative and Moral Being in a South Indian Town*. New York: Columbia University Press.

Pratt, Jeff. 1994. *The Rationality of Rural Life: Economic and Cultural Change in Tuscany*. Chur: Harwood Academic.

Putnam, Robert D. 1993. *Making Democracy Work: Civic Traditions in Modern Italy*. Princeton, NJ: Princeton University Press.

Quaglioni, Diego, Giacomo Todeschini, and Gian Maria Varanini, eds. 2001. *Credito e Usura fra Teologia, Diritto e Amministrazione*. Rome: École Française de Rome.

Quattrucci, Mario. n.d. *Hai Perso, Commissario Marè*. Rome: Robin.

Ravaro, Fernando. 1994. *Dizionario Romanesco*. Rome: Newton & Compton.

Reed-Danahay, Deborah. 1996. *Education and Identity in Rural France: The Politics of Schooling*. Cambridge: Cambridge University Press.

Ricci, Andreina. 1996. *I Mali dell'Abbondanza: Considerazioni impolitiche sui beni culturali*. Rome: Lithos.

Ricci, Antonello. 1999. Gli occhi, le luci, le immagini: le madonnelle. Spazio del sacro e pratiche devozionali delle edicole religiose. In Lombardi Satriani 1999a, 33–75.

Rizzo, Sergio, and Gian Antonio Stella. 2007. *La Casta: Così I politici italiani sono diventati intoccabili*. Milan: Rizzoli.

Rodotà, Stefano. 2005. *Intervista su Privacy e Libertà*. Ed. Paolo Conti. Bari: Laterza.
Rosati, Massimo. 2000. *Il Patriotismo Italiano*. Bari: Laterza.
Rossetti, Bartolomeo. 1979. *I Bulli di Roma*. Rome: Newton & Compton.
Rosenau, Helen. 1943. The Prototype of the Virgin and Child in the Book of Kells. *The Burlington Magazine for Connoisseurs* 83 (486): 228–31.
Rufini, Alessandro. 1853. *Indicazione delle Immagini di Maria Santissima collocate sulle mura esterne di taluni edifici dell'Alma Città di Roma*. Vol. 2. Rome: Giovanni Ferretti.
Rumiz, Paolo. 1997. *La Secessione Leggera: Dove nasce la rabbia del profondo Nord*. Rome: Riuniti.
Sabetti, Filippo. 2000. *The Search for Good Government: Understanding the Paradox of Italian Democracy*. Montreal and Kingston: McGill-Queen's University Press.
Salzman, Philip C. 1978. Ideology and Change in Middle Eastern Tribal Society. *Man* (n.s.) 13: 618–37.
Sanfilippo. Mario. n.d.. *Roma: I negozi della tradizione*. Rome: Il Parnaso.
Santoloci, Maurizio. 2002. *Edilizia e Vincoli Paesaggistici: Tecnica di controllo ambientale*. Rome: Saurus Robuffo.
Sarfatti, Michele. 1999. Il razzismo fascista nella sua concretezza: La definizione di "Ebreo" e la Collocazione di Questi nella Costruenda Gerarchia Razziale. In Burgio 1999, 321–32.
Savagnone, Giuseppe. 1995. *La Chiesa di fronte alla Mafia*. Cinisello Balsamo: San Paolo.
Scandurra, Enzo. 2003. *Città morenti e città viventi*. Rome: Meltemi.
———. 2006. Presentazione. In Carlo Cellamare, ed., *RomaCentro: dal Laboratorio alla Casa della Città* , 9–11. Rome: Palombi.
Scandurra, Giuseppe. 2007. *Il Pigneto: Un'Etnografia fuori le Mura di Roma—Le storie, le voci e le rappresentazioni dei suoi abitanti*. Padua: CLEUP (Coop. Libreria Editrice Università di Padova.
Scaraffia, Lucetta. 1990. Immagini sacre e città. In Cardilli 1990b, 19–24.
Schneider, Jane. 1998. The Dynamics of Neo-Orientalism in Italy (1948–1995). In *Italy's "Southern Question": Orientalism in One Country*, ed. Jane Schneider, 1–23. Oxford: Berg.
Schneider, Jane, and Peter Schneider. 1996. *Festival of the Poor: Fertility Decline and the Ideology of Class in Sicily, 1860–1980*. Tucson: University of Arizona Press.
———. 2001. Civil Society versus Organized Crime: Local and Global Perspectives. *Critique of Anthropology* 21:427–46.
———. 2003. *Reversible Destiny: Mafia, Antimafia, and the Struggle for Palermo*. Berkeley: University of California Press.
———. 2006. Sicily: Reflections on Forty Years of Change. *Journal of Modern Italian*

Studies 11:61–83.
Scott, James C. 1998. *Seeing Like a State: How Certain Schemes to Improve the Human Condition Have Failed.* New Haven, CT: Yale University Press.
Signorelli, Amalia. 1983. *Chi Può e Chi Aspetta: Giovani e clientelismo in un'area interna del Mezzogiorno.* Naples: Liguori.
Silverman, Sydel. 1975. *Three Bells of Civilization: The Life of an Italian Hill Town.* New York: Columbia University Press.
———. 1979. On the Uses of History in Anthropology: The Palio of Siena. *American Ethnologist* 6:413–36.
Simonicca, Alessandro. 1997. *Antropologia del Turismo: Strategie di ricerca e contesti etnografici.* Rome: Nuova Italia Scientifica.
Singleton, John. 1989. Japanese Folkcraft Pottery Apprenticeship: Cultural Patterns of an Educational Institution. In *Apprenticeship: From Theory to Method and Back Again*, ed. Michael W. Coy, 13–30. Albany: State University of New York Press.
Smith, Neil. 2006. Gentrification Generalized: From Local Anomaly to Urban "Regeneration" as Global Urban Strategy. In Fisher and Downey 2006a, 191–208.
Stendhal. n.d. a, b, and c. *Promenades dans Rome.* Vols. 1, 2, and 3. *Œuvres complètes.* Ed. Victor Del Litto and Ernest Abravanel. Vol. 7, new ed. Geneva: Edito-Service, for Cercle des Bibliophiles.
Stewart, Charles. 1989. Hegemony or Rationality? The Position of the Supernatural in Modern Greece. *Journal of Modern Greek Studies* 7:77–104.
———. 1991. *Demons and the Devil: Moral Imagination in Modern Greek Culture.* Princeton, NJ: Princeton University Press.
Stolcke, Verena. 1995. Talking Culture: New Boundaries, New Rhetorics of Exclusion in Europe. *Current Anthropology* 36:1–24.
Strathern, Marilyn, ed. 2000. *Audit Cultures: Anthropological Studies in Accountability, Ethics, and the Academy.* London: Routledge.
Suputtamongkol, Saipin. 2007. *Technicians of the Soul: Insanity, Psychiatric Practice, and Culture Making in Southern Italy.* PhD diss., Harvard University.
Tagliavini, Giulio. 1997. Fenomeni illegali e riflessi sul sistema bancario. l' "Usura strumentale". In Masciandaro and Porta 1997, 167–90.
Tambiah, S. J. 1976. *World Conqueror and World Renouncer: A Study of Buddhism and Polity in Thailand against a Historical Background.* Cambridge: Cambridge University Press.
Tillett, Margaret. 1971. *Stendhal: The Background to the Novels.* London: Oxford University Press.
Teti, Vito. 1993. *La razza maledetta: Origini del pregiudizio antimeridionale.* Rome: Manifestolibri.

Todeschini, Giacomo. 1989. *La Richezza degli Ebrei: Merci e denaro nella riflessione ebraica e nella definizione cristiana dell'usura alla fine del Medioevo*. Spoleto: Centro Italiano di Studi sull'Alto Medievo.

———. 1994. *Il Prezzo della Salvezza: Lessici medievali del pensiero economico*. Rome: La Nuova Italia Scientifica.

Toye, Francis. 1931. *Giuseppe Verdi: His Life and Works*. New York: Alfred A. Knopf.

Vico, Giambattista. 1744. *La Scienza Nuova*. Ed. Paolo Rossi. Milan: Rizzoli, 1977.

Vismara, Paola. 2004. *Oltre l'Usura: La Chiesa moderna e il prestito a interesse*. Soveria Mannelli: Rubbettino.

Watson, James L., ed. 2005. *Golden Arches East: McDonald's in East Asia*. 2nd ed. Stanford, CA: Stanford University Press.

Yanagisako, Sylvia Junko. 2002. *Producing Culture and Capital: Family Firms in Italy*. Princeton, NJ: Princeton University Press.